·国家社科基金特别委托项目·

本丛书由中国社会科学院世界社会主义研究中心编

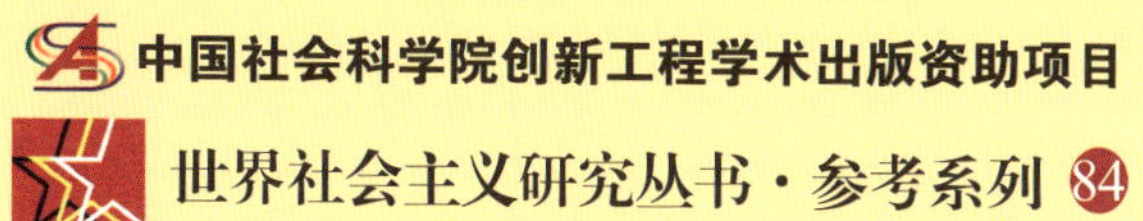


# 国家不安全：恐惧时代的美国领导地位

NATIONAL INSECURITY: AMERICAN LEADERSHIP IN AN AGE OF FEAR

〔美〕戴维·罗特科普夫/著
( David Rothkopf )
孙成昊　张　蓓/译

社会科学文献出版社
SOCIAL SCIENCES ACADEMIC PRESS (CHINA)

---

本书根据 PublicAffairs 出版社 2014 年英文版译出

“美国是军事力量雄厚、经济资源丰富的大国，但所有这一切都建立在不稳定的基础之上，其弱点引人注目。如果这些弱点中的百分之一遭到攻击，一切顺利的话，美国将会跌倒、衰落，最后交出世界领导权。”

——奥萨马·本·拉丹

“我们将会迎来何种程度的危险？我的回答是，如果有危险，那一定是从内部催生的，而不会来自外部。如果遭到破坏是我们的命运，我们自己一定是创造者和终结者。作为自由之国，我们一定会永世长存，或者自毁而亡。”

——亚伯拉罕·林肯

献给阿德雷亚，最无畏的人。

# 目 录

# 序　言
# 镜中之敌

卡丽：我只是想确保我们不再遭受打击。

索尔：卡丽，我很欣慰有人为国家着想。

卡丽：我是认真的。我……我之前曾经忽略了一些事情。我不会，也不能让往事重演。

索尔：那都是十年前的事情了。所有人在那天都忽略了一些事情。

——《国土安全》第一季（2011 年）

美国已步入 21 世纪第二个十年的中期，正面对混乱无序的世界。我们不确定自己在世界的地位，也不清楚未来将扮演怎样的角色。

就与生俱来的自信和发自内心的乐观来说，美国几乎是颤颤巍巍地度过了过去十年。造就这种情况的事件源头大多在海外。不过，有些事情仍是我们一手所致。在面对不止一次重大危机及其后续影响时，美国领导人有时把我们的利益置于险境。如果我们想完全恢复实力，必须扪心自问到底哪里出了错。我们也必须明白在哪里有了收获以及为什么会这样。

要想做到这一点必须更仔细地审视我们的领导人，必须严格把政治及其产生的自发反应置之一边，必须全面看待总统及高级幕僚的好与坏，要明白这些人在某一刻犯错却也能在之后做出重要贡献。美国体系中和世界中发生的事情紧密相关，美国总统常常会面对模糊难懂的世界，只得协调各方之力拉开帷幕，真正了解这个微妙世界的风云变幻。

处于这种“居高临下”的位置才可能以出乎意料的全新叙事方式讲述似乎很熟悉的故事，即过去十年小布什总统和奥巴马总统的故事，还有伊拉克、阿富汗、恐怖主义、金融危机以及新兴大国崛起等事件。然后我们会发现，过去数十年来各种力量如何促使权力越发集中于白宫，而这或许与任何孤立或遥远的事件一样，成为我们面对诸多挑战的原因。我们也会发现，对于维护和增进美国利益来说，幕后的一切如个人斗争、性格特点、总统作为“经理”和总管所做的决定、作为总司令的决策过程等与出现在新闻和网络上的高调作为（比如演讲和峰会）同样重要。

本书旨在讲述这样的故事，让读者能够一瞥在美国面临前所未有的挑战时权力内部的小圈子。这一时段的美国比当代任何一个时期都感到脆弱和不定，从中汲取的具体教训也可帮助美国在快速变化的世界中重振领导力。

2001 年 9 月 11 日上午，美国历史上首次爆发以电视画面呈现的对美战争。数小时之内，世人几乎都目睹了这一场景。

过去，电报会描述引发战争的行为，然后再由报纸复述、演讲阐述，要么在国会，要么在当地会议厅、广播公司或电视台。这些文稿以散文形式呈现，认为即便掺杂感情色彩，民众也能够理智对待。是的，民粹主义者、蛊惑民心者和报业人员试图拨动民众心弦，挑起愤怒情绪，但是激发这些源自内心的反应必须经过理智的考验。

那天上午世界贸易中心和五角大楼遭受基地组织攻击的图像则是另一回事。喷气式客机刺向世贸中心闪闪发光的玻璃外墙。世贸中心被恐怖分子视为目标，是因为它历来是美国活力与力量的象征。另一架飞机撞向美国军事总部的一角。为了逃离大楼里肆虐的烈火，绝望的人们跳下大楼，那剪影如同无助的玩具娃娃。随后，一副难以磨灭、无法想象的画面映入眼帘，世贸中心轰然倒塌，被尘雾和废墟的灰烟吞噬。

人群逃离灾难现场，恶魔般的尘雾通过曼哈顿下城的街道蔓延，紧紧尾随在他们身后。无须更多言语表达，我们的内心足以体会他们脸上的表情。评论员也因震惊而失语。我们都受到震撼，我们感到害怕，我们无法相信自己的双眼。

这一刻，我们大吃一惊，燃烧的神经元常常忽略理智的脑叶，把肾上腺素注入我们的心脏。这种动物性反应没有经过任何转换和稀释就表达了出来。这种感觉挑战了我们从小到大被培养的认知——我们的家园很安全、生活有序，比其他地方更安宁，不会遭到袭击。就连冷战时期的恐惧——睡不着的时候想象听到街上传来苏联大兵的军靴声或者蹲在课桌下，衣服罩在头上，心里盘算着是否能够抵御核打击——都是很主观，很遥远的，和这次袭击比起来简直无足轻重。这次残忍的袭击反复在电视画面和我们脑中呈现，曼哈顿地标、五角大楼一角以及宾夕法尼亚州留下的灰黑色伤痕让我们的安全感锐减。

在二战美国宣战前，鲜有美国人见过珍珠港的图像。而当他们看到时，他们看到的只是电视新闻上播放的一个极其遥远的地方。“卢西塔尼亚号”客轮被鱼雷击沉以及“缅因号”沉没也仅是头条新闻。美国内战时，萨姆特堡还没有摄像机，不过美国人第一次通过如马修·布雷迪等人拍摄的相片感受到千里之外战场上的牺牲。终结1812 年战争的和平协定本已签订，但由于信息传播太慢，新奥尔良战役仍然在协议达成后的数周后爆发。莱克星顿、康科德、邦克山战役之后，小册子作者试图挑起愤怒情绪。在这些旧事例中，有关敌人的标语和漫画被用以鼓舞斗争意愿。但在2001年9月的那天上午，美国人已经认为这些手段都毫无必要。

我们深受震撼，我们不寒而栗，我们怒火中烧，但当时我们还没有意识到这些图像、这些给心灵造成伤害的事件会将我们带进一个与以前相比被情绪左右的时代。我们步入了情绪战胜理智的年代，恐惧心理、复仇欲望等情绪控制我们的行为，促使我们犯错，最后改变了世界对我们的看法，也改变了我们对自己的看法。

再看看我们1945年时截然不同的表现。美国向德国、日本宣战不到五年之后，尽管经历了人类历史上最血腥的斗争和大屠杀，目睹了触及每个美国家庭的牺牲，我们却结束了战争，还立即协助旧敌重建家园，踏上原谅直至忘怀仇恨的历程。然而，“9·11”事件结束十多年后，这场战争仍在继续，斗争手段不断变化，已囊括隐秘的无人机攻击、特别行动、网络攻击以及前所未有的全球监控，甚至疑神疑鬼地在盟友、朋友和美国公民中寻找潜在敌人。本书描述了恐惧时代是如何改变美国外交和国家安全政策制定的。许多政策制定者的言辞告诉读者，脆弱感如何推动和改变我们，这些政策制定者包括幕后策划者和公众视线之外的人。本书讲述了闻名的和默默无闻的官员如何极力控制这种不安全感，如何全面看待这个问题，又是如何把美国重新拉回当初设想的轨道上来的。同时本书还讲述了另一些人的故事。尽管他们大多满怀善意，却受到复杂情绪的牵扯，或利用这种情绪，制定的政策最后破坏了我们的安全，甚至在一些关键场合削弱了我们的国家地位。

除此以外，本书还探究了领导人的性格如何转化为行动。美国政府是地球上最大、最复杂的组织机构，但是其核心仍然是“人”本身。政府运行良好时，总统可以从专业决策者的建议中精挑细选，做出全面的抉择，保证政策得到有效实施，过去的历届政府常常能做到这一点；如果政府运行不畅——比如过去十年中有时就会遇到这种问题——那是因为当权者没有好好利用政府的内在力量，也没有以史为鉴、吸取教训。同时，本书试图解读国家安全委员会的运行状况，究竟哪个环节运转顺畅、哪个环节存在问题以及问题为何出现。

2001 年 9 月 11 日，世贸中心和五角大楼遭遇袭击几小时后，华盛顿陷入恐怖的寂静。许多官员和商人回到家中，把孩子从学校接回，心里不清楚接下来究竟会发生什么（我的孩子们仍然待在乔治敦附近的学校里，我觉得他们在那里更安全。最后他们被接走时学校只剩下几个老师了。就因为这件事，他们到现在还没有完全原谅我）。白宫大楼里忙作一团，国家安全机构的神经中枢大受刺激，不仅对当天事件做出反应，还重新投入精力开始一系列评估，而这个过程在笔者十余年后撰写本书时也尚未结束。

那天午饭时，我和三位同事坐在露天餐桌旁，那时我们都在一家小咨询公司供职。我们所在的米兰咖啡厅位于乔治敦，后来乔治敦也成为恐怖分子计划袭击的地点。但正因为 9 月万里无云的那一天发生了恐怖袭击，之后催生的美国反恐行动挫败了这起阴谋。我记得，当时咖啡厅也只剩下我们了。我们整个上午都在看有关袭击的报道，猜测袭击的原因和影响，给华盛顿相关人士和亲友打电话，获取实时内幕消息，询问家人情况。

与我在一起的有前美国国家安全顾问安东尼·莱克、前中央情报局副局长约翰·甘农和前国务院官员苏珊·赖斯（她后来出任了国家安全顾问）。早前我们站在办公室，看到电视里第二架飞机撞向世贸中心时，托尼·莱克就转向约翰，简单地说道："基地组织。"他们已经追踪这个组织多年，确信其他恐怖组织无法制造这样的袭击。

城市陷入可怖的沉寂，任何遥远的声音都成为不祥之兆。全国的航班都已经停飞，如果偶尔听见飞机引擎的呼啸声，就会不免怀疑另一场袭击是否即将到来。有人说几架飞机已坠毁。那一天，传言四起。

然而，很多说法并不可靠。我们那天的午餐叙谈和其他百万人的午餐主题一样，想要弄清楚发生了什么、接下来又会发生什么。如果这像看上去的那样确实是一场袭击，那么小布什总统几乎别无选择，只能准备开战。只不过要在哪里打仗、战争对手是谁仍然是个悬而未决的问题，但是无论如何回击，中东似乎都会成为准心。不过当时大家都未能想到，这场恐怖袭击造成的变化将在多大程度上改变美国和世界。

十年之后，本·拉丹葬在了印度洋海底。我们也明白了这一切不仅关乎打击与回击、确认威胁和消灭威胁。在这场袭击中，我们失去了 3000 条生命，看着美国的象征性建筑轰然倒塌，这一切让美国人内心激荡起陌生但又难以抗拒的危机感。这种感觉又促使领导人采取行动，而这些行动却比袭击本身更能削弱我们的力量，促使美国反躬自省、自我怀疑，改变了我们的世界观和对美国的世界角色的认识。我们的力量以及与世界其他地区的距离曾赋予我们一种安全感，现在这种安全感已被击碎。我们很难接受这迎面一击，无法采取强硬却恰如其分的回击方式，也无法像以色列、哥伦比亚等国家的政府和人民那样淡定处之，因为他们早已习惯这样的攻击。

重要的是，我们对制造“9·11”恐怖袭击的老基地组织开展“斩首”行动后，会间接促生更强大、更多样的新恐怖主义威胁。虽然 2003 年美国入侵伊拉克时，伊拉克还没有本·拉丹组织的身影，但是在撰写本书时，其恐怖组织数量可能远比 2001 年所有基地组织及其附属组织的数量还要多。[1] 这些恐怖组织威胁伊拉克的生存，杀害了成千上万的人，控制着大片领土。据美国国家情报总监詹姆斯·克拉珀估算，邻国叙利亚的极端分子比伊拉克多出 1 万人，其中至少有 7000 人来自欧洲。[2] 根据以色列情报机构及阿拉伯半岛盟友的估算，这一数字应是克拉珀给出的 2 ~ 3 倍。[3] 事实上，兰德公司 2014 年 6 月发布的报告声称，“圣战派萨拉菲”组织已从 2007 年的 28 个上升至 2013 年的 49 个，“圣战派萨拉菲”分子已从 2007 年的18000 ~ 42000 人增长到 44000 ~ 105000 人。这些组织发动的袭击数量已从 100 起上升至 950 起，增长了 8 倍有余。[4] 马里北部已成为基地组织在全球控制的最大领土。[5] 我们曾在阿富汗及其邻国巴基斯坦崎岖的山区中面临巨大威胁，而如今，北非基地组织和阿拉伯半岛基地组织所造成的威胁实际上与之不相上下。[6]

那天我们在乔治敦时谁都没有想到，基地组织的攻击竟然会实现撼动美国根基这一目标。事实上，就连本・拉丹自己也未曾预料到，他袭击的超级大国居然如此渴望复仇，为了重拾安全感，甚至不惜耗费自身难以承受的数万亿美元，穷尽几乎难以恢复的武装力量，违背长期捍卫的根本原则，疏远自己的盟友，最终还把矛头指向自己。本・拉丹也不曾想到，最后美国甚至整个国际体系基本上都放弃了中东战场，任由其堕入深渊，任由伊斯兰极端分子争夺战略真空[7]（不过，本・拉丹在本书开头的话似乎暗示这就是他的战略）。此外，包括袭击者在内没有一个人能够想象到，针对新出现的威胁，我们会不惜沉重代价做出如此不周全的反应，反而让我们无法真正辨别、讨论或应对威胁未来美国领导力和繁荣的挑战。

2005 年，我写了一本书，书名是《操纵世界的手：美国国家安全委员会内幕》。[8] 这本书讲述了第二次世界大战结束以来，现代美国国家安全机制成立及之后的历史。正如书名所示，这本书在小布什总统对“9・11”事件做出初步反应时出版。小布什的一系列反应也是美国安全体制建立后美国军力最大规模的一次部署。那段时期，诸如“震慑与恐惧”、“我们对他们”等用词、概念以及厚颜无耻的单边主义不仅司空见惯，更得到了美国民众的广泛认可。即使出现阿布格莱布监狱的虐囚丑闻和对关塔那摩监狱及《爱国者法案》的质疑，小布什总统仍然成功连任。

《操纵世界的手：美国国家安全委员会内幕》一书记录了初创于世界大战后的体系及其演变，这一体系促使未受战争创伤的唯一大国美国成为绝对赢家和新国际秩序的主要构建者。全书关注战后的一系列发展，从书写促生联合国、布雷顿森林体系时的活跃创造力和机制建设力，再到美国国防部、中情局、国安会的孕育，最后到记录小布什第一任期的情况。从冷战、冷战刚结束再到“9·11”袭击事件后的头几年，美国不时会遭遇威胁，也常会步履蹒跚，但是美国的力量和决心如此强大，美国内外都相信它是称霸全球的国家。而无论好坏与否，美国领导人也都会展现出运用这一力量的意愿。

毫不夸张地说，从杜鲁门到小布什政府，那些身居高位的人主宰了各自的时代。美国总统则是那种力量的最高象征，通常被称为“全世界最有权势的人”。

但是自那本书完成之后，小布什第二任期和奥巴马执政时，情况发生了变化。由于采取单边主义、违反国际法，我们“搬起了石头砸自己的脚”，受到了伊拉克、阿富汗战争的创伤。此外，鲁莽武断的军事开支、国内的软弱和政治分歧似乎也让我们感到力量在衰减，实力源泉似乎也出现了问题。针对那些政策的反弹迫使美国脱离领导角色，这种后撤力度是一战之后都前所未有的。金融危机、新兴大国崛起、地缘政治重心转移都让我们措手不及，问题更加错综复杂。

过去十年，美国运用国家安全机制的方式也发生了变化。有时候，领导人似乎注意借鉴我在《操纵世界的手：美国国家安全委员会内幕》一书中所总结的历史经验，总统在白宫的国家安全团队定位明确，把政府相关部门最好的观点都搜集起来，协助总统制定政策，然后确保这些部门能够执行总统决策。在这种情况下，机制运作良好。但有些时候，尤其是最近一段时间，总统的白宫幕僚和日益膨胀的国家安全团队扮演着危险的角色。历史已经警示我们，这样会出现“喧宾夺主”

的问题，这些团队取代了本应发挥领导作用的机构，试图完成属于其他机构的工作、微控决策，最后却没有时间制定战略规划，而战略规划只有他们才能完成。这种情况同样削弱了美国的领导力。

实际上，出于这些原因，在现代历史中，贝拉克·奥巴马可能是美国总统中首个不被大家广泛认可的最有权势之人。美国国家安全机制内部运作的变化最为巨大，影响了美国政治圈内塑造美国全球政策的总统、幕僚、同事及对手。奥巴马第二任期内，国家安全委员会的规模已是尼克松—基辛格那个年代的10倍；国家情报总监、中央情报局、国家安全局、国防情报局和名字自命不凡的国土安全部等机构，再加上各层级政治职员及影响各机构思想的各种人员，其规模已远远超过其他政府部门。[9] 不管怎样，他们已经成为国家的心脏。

在内阁会议室、“战情室”、白宫和华盛顿的许多办公室中以及世界各地的站点里，高级官员、将领、情报人员、公关顾问都是值得深入审视的对象，因为就是在这些舞台上，演绎了一幕幕真实的间谍大戏、国际事件、左右战争与和平的行动，为媒体提供了头条，为好莱坞提供了素材。但也必须仔细考虑下列相互有直接关联的事情，包括团队运作方式与运作效果、美国政府的表现和本国及全球民众的安全、解决的问题与遭忽略的问题等。

有些书可能会采取更理论化的方式，把论述重点放在政策和决策过程。但我发现，如果不理解个人性格特点这一驱动因素，就很难理解政策本身和决策过程。这些人的个性特点都颇具魅力，部分原因在于他们都是平凡的普通人，而不是戏剧渲染后或小说中形象高大和与众不同的人物。他们的灵感或狭隘、创造力或表里不一都不断让人意外。此外，在这个被恐惧情绪主宰的时代里，个性比过程更重要。

对于这些不同背景的人，传统理念、报纸头条和电视新闻评论往往塑造出有争议性的“常识”，事实上，他们的特征之一就是与外界的描述截然相反。多年来，我研究他们，在政府工作时和离开政府后与他们共事，我和许多人成为朋友，进一步了解他们，甚至开始讨厌其中几个人（我希望自己讨厌他们的理由是充分的）。在与他们的交往过程中，有一点给我留下了最深刻的印象。无论是在政府、军队和情报机构担任要职的高官，还是为解决棘手问题呕心沥血的决策者，他们基本上都是大家心中所希望的样子。大多数人聪明勤奋、艰苦付出，时时刻刻为了美国和世界人民的利益而努力。

因为他们对什么是我们的最佳利益、如何实现利益持不同意见，所以会出现分歧。又因为当前正处于多极化和政治运转不良的时刻，我们从媒体上看到的几乎都是他们之间的冲突与危机、最高级别政府官员之间的分裂，还有他们各自的起起伏伏。一些人犯下错误，有些甚至是灾难性错误，但是几乎没有人怀揣恶意，即便他们一些行为所造成的后果在许多人看来确实恶意十足。

我采访了他们中的 100 多个人，差不多一半是小布什政府官员，另一半来自奥巴马政府。我当然会以自己的视角看待过去十年发生的事情，但也会尽力用他们的话语讲述。

21 世纪头十年前半段发生的决定性事件是“9・11”，也是我上本书的总结性事件。同样，本书第一章也旨在讲述决定下一个十年美国外交政策的重大事件，即注定命运多舛的出兵伊拉克。我们遭袭后的反应过了火，在程度和广度上对意想不到的后果考虑极为不周，比恐怖袭击原想引发的反应更猛烈地限制和损害了美国。这是一场二阶灾难。想要摆脱伊战的欲望让奥巴马成功当选，也最终促使他从伊拉克抽身，在阿富汗“加大赌注”，以兑现其不会“对恐怖主义示弱”的政治承诺。而这又成了三阶灾难。奥巴马不想用传统方式打击敌人，而是采取无人机、网络攻击和更多特别行动的方式实施打击，其侵犯他国主权的程度超过二战后任何一个美国总统，造成了四阶和五阶灾难。另外一系列灾难性后果则与恐惧有关，美国担心还将遭遇一场严重袭击，尤其是担忧大规模杀伤性武器的攻击。这种恐惧情绪愈演愈烈，导致小布什和奥巴马政府以此为由创立大规模的全球监视体系，却又引发全球网络民族主义的反弹，造成网络“巴尔干化”，削弱了网络的全球性、团结能力和民主化力量。由于前中情局雇员爱德华·斯诺登随机或有预谋地泄露文件，我们才真正开始意识到这一监视活动的规模及其潜在风险。斯诺登本人就是在“9·11”事件后被雇用的，以应对与恐怖威胁相关的可能危险。事实上，从本书中就可以看出，这种恐怖威胁在过去和当前都被可笑地放大了。这支雇佣队伍扩大到超过 50 万人，而这些人都可以接触到绝密文件。这个团队的人数如此之多，甚至比中情局下班后大门敞开出现漏洞的可能性都大。

因此，美国国安局的丑闻以及 2013 ~ 2014 年的后续发酵也可看作六阶灾难。无论你怎么分类这样的间接效应，但这就是“9·11”事件引发的连串效应之一，体现出恐惧能够发挥的作用，同时是一项有效策略。除此以外，读者可以自行判断一些事件对美国及其利益造成的损害，比如违反美国长期以来有关严刑逼供的相关法律、阿布格莱布监狱虐囚事件、关塔那摩监狱丑闻、《爱国者法案》、“死亡名单”①，并且未经正当程序就下令杀死美国和其他国家的人。

兹比格涅夫·布热津斯基是最有战略天赋、最智慧、最严谨的前美国国家安全顾问之一，他曾一针见血地指出，所谓的反恐战争是美国历史上首次针对一种策略开战，而非针对一个敌人。[10]从某种程度上讲，他当然是说对了。但是有时候，我们给战争贴上的标签最终成为自我实现的预言。我们最大的敌人——能够给我们造成最大伤害的敌人，很快不再是“9·11”爆发后几年间迅速出现的几千个武装落后、缺乏训练的基地组织或其他极端组织的乌合之众。其实，最大的敌人是恐惧本身。我们自身的恐惧促使我们采取行动，消耗巨大的经

---

① 美国《纽约时报》曾经披露，美国总统奥巴马握有一份恐怖分子的“死亡名单”，并亲自决定谁先成为无人机的猎杀对象。此举引发外界广泛争议。——译者注

济、人力、政治和外交成本，而原本只有一两个大国才能让我们如此疲于奔命。在这种背景下，我们无非搬起石头砸自己的脚。本书在一开始引用了1838年林肯28岁时演讲所说的话也预言了这一切。

美国的首都已经出现政治失灵、互相指责的问题，读历史当然不是为了吸波助澜。正如本书所描述的那样，可以尽情指责公务员，但也应当给予他们充分肯定，毕竟这些人只是想竭尽所能维护美国利益。总结十年间发生的事件是为了吸取教训，把握对美国和世界前进至关重要的趋势。聆听这个史无前例的时代中“掌舵手”的说法，我们可以阻止这一恐惧时代的延续，或者避免重蹈覆辙。这一点尤其重要，因为有一个结论难以回避，那就是我们不擅长预测未来。一方面，处于美国总统或白宫政治核心圈的高级决策者仿佛是“井底之蛙”，通常接收不到可以让他们获益的观点。另一方面，他们也受困于当下，不得不努力紧跟新闻动态。我过去的书和其他研究安全机制运作的学生都曾提及，这种紧跟动态的行为破坏性地制约战略思维，而且这种约束性正越发严重。由于推特、“脸书”、Reddit等社交媒体的出现，对抗言论大军的政治信息战在全球范围以多语言形式实时打响。一段140字的内容几分钟内就可以酿成外交事件，或者造成难以恢复的政治伤痕。电视剧也不断让人想起现在的时代特征，相信这不是巧合。比如2001年11月播出的扣人心弦的反恐剧《反恐24小时》，每一集都会出现滴答计时的时钟。决策圈里亦是如此。

由于维护美国国家利益变得越来越复杂，能够洞悉利益及相应挑战的手段越来越先进，紧跟动态、“一叶障目”所造成的问题和顶层圈子难以解决的挑战加剧了白宫的闭塞。在任何一届政府初期这个问题都尤为严重，因为高级官员此前长期处于决策圈外，许多人也并不是大型组织的实际负责人。在总统身边工作更是增添巨大压力，不仅让家庭生活在这个崇尚“家庭价值”的城市中受苦，更让这些人失去独特见解。不踏出自己的工作圈子让人筋疲力尽，而一直与观念相近的小圈子同事交流则造成了“集体性失明”。

在她斯坦福大学的办公室里，前国务卿康多莉扎·赖斯向我吐露，“在‘9·11’事件发生之后，我们所做的基本都是‘自然反应’。我们过了好久才停下来，松口气，并开始对我们的行为做出重要评估。”在我采访的过程中，很多在小布什、奥巴马两届政府任职的人都表达了相同观点。

除了深陷当前，另一个令人不安的历史教训就是，回顾过往，华盛顿决策圈唯一注意的“当前”就是刚刚发生的情况。如果将美国比作一辆车，这辆车的驾驶员几乎只依赖仪表盘的指示和后视镜的图像。他们几乎不抬头看看挡风玻璃前的景象。将军们靠上次作战的经验指挥当前战争，而决策者们也只根据上次危机理解下次危机。事实上，政府政策并不是唯一落后于事件的指标，就连那些本职工作就是预测趋势的机构——如国家情报委员会，其定期发布文件判断十年或更长时间的未来形势——所生产出来的材料也只是告诉我们过去一年发生的情况，而不是对未来的判断。

我在克林顿政府任高级官员时读过这些材料。当时我们都觉得冷战结束是历史的分水岭，正如过去的十几年人们认为“9·11”事件有决定性意义一样。然而，那些改变世界的大变化、能发生天翻地覆影响的大变化却被忽视。比如说，1990 年，手机用户只有 1100 万人，然而笔者撰写本书时，这个数字已经上升到 70 亿。再过几年，人类历史上可能首次迎来一个时代，世界上每个男人、女人、小孩都会被链接进一个人造的系统，这个系统将影响他们生活的每个方面——教育、政治、购物和支付的方式。更重要的是，在过去的几年中，国家安全体系逐渐发现，当前很多重要问题与这个新兴数码世界的规则有关：关乎我们怎么打赢网络战，根据什么规则；关乎隐私权和监控的本质；关乎税收和因特网控制权。这些跟冷战或“9·11”事件毫无关联，却是这些事件发生的时代背景。

令人震惊的是，小布什和奥巴马政府对上述发展及其影响未做准备，而这一情况的影响是深刻的。同样影响深刻的还有新兴国家的崛起以及我们对环境问题的应对。环境问题带来的挑战似乎遥不可及，却需要当机立断、有所行动。

在“9·11”事件发生时，我正在一家名叫“智慧之桥”的小咨询公司工作。这家公司旨在利用因特网蓬勃的信息资源为企业和政府提供公开渠道的建议和视角。我们的远大目标是在网络信息的海洋中，为任何组织的任何问题找到答案。然而，我们很快发现，大部分公司并不缺少需要的答案，而是根本不知道要问什么问题。

很多机构存在这一问题，而美国国家安全团队尤其严重。（雪上加霜的是，美国政治体系的丑陋和失灵让很多有能力提出和回答这些问题的有识之士对政府职位望而却步。）出于这一原因，接下来的很多故事都在讲述如何辨别事件背后的问题。但是其中的很多问题到现在都没能引起足够重视。本书的最后一章将专门予以讨论。

为什么要关注这些新出现的问题，因为我深信，为了不辜负美国人民的期待和努力，让美国恢复增长、发挥领导力，就要终结“恐惧时代”。处理想象的、夸大的如恐怖主义等威胁阻碍了对未来的洞察。我认为，责任不光在决策者、军事将领和政客肩上，也在那些试图影响这些人的“意见领袖”肩上，如媒体、智库及其老板。美国人民也有责任，他们本该承担更多领导的责任，现在却没能这么做。

过去十年，美国经历了不少挫折，政府提出错误的优先事项，我想了解这些问题背后思想界的情况。这些机构本应成为决策的积极因素，它们经常与政府官员互动，一方面便于自身研究，另一方面可以通过研究成果影响决策。这些机构同时成为前官员和未来官员的“降落区”，前高官可以回顾总结之前的政策，为未来工作做好准备。我曾经冷酷地开玩笑说，这些机构更像是存肉的大冰柜，等需要启用这些前官员时再拿出来。[11]这种机构与顶尖职位间的“旋转门”制度让他们影响力巨大，也促使他们成为决策圈思维模式的有效代理人。

随着华盛顿进一步极化，审查和批准提名官员也成为又一场恶战的组成部分。大家都想破坏对方声誉，这对决策圈的影响令人不寒而栗。一些未来有望获得政府职务的人不敢公开撰写某些文章或发表某些言论，以免让公众觉得其过于极端或保守，防止被对手利用而阻挠其提名。有些潜在雇主则会觉得选择此类候选人风险太大。因此，大家会发现一些传言中即将担任要职的人写的许多文章空洞无物，不过是为了出名而写，其主要目的就是表明自己忠于党派路线。或许作者还会以创造性的方式体现出与过去言论的区别，表明自己已经调转船头，向左或向右偏上三四度。

智库同样会把精力集中在最近报道的事件，还有当下引发争论的事情，因为这些事最有可能引发关注，帮助这些机构和人员赢得“一席之地”。有一种对华盛顿的描述因此显得分外贴切：一群小孩在操场踢足球，而所有人都在围着球转。有时候，这个类比也适用于描述下列情形：政府官员蜂拥而上，每个人都想接近总统、总统高级幕僚或了解他们的近期安排。不过，这种比喻也可描述这些人急切想要参与当前事件讨论的情景。

因此，一批相当保守的人（并非强调其政治含义，而是这些人的本能都是回避风险）、阻止冒险的政治氛围以及只关注少数能够获得政治回馈的眼前事务的思想界，这一切都让情况更加复杂，导致对创造性思维的制度化回避。这种体制顽固地将创造性思维拒之门外，甚至，在某些情况下，思想界根本无法对新进展进行最基本的分析和持续观察。

在优秀的高级研究员塔拉·钱德拉领导下，我在卡内基国际和平基金会的研究助理做了一份研究，分析了华盛顿十家智库从 2005 年 1 月到 2013 年 4 月中旬发布的所有研究、论文和事件报告。研究对象覆盖了政治领域的多家智库，包括美国企业研究所、布鲁金斯学会、卡内基国际和平基金会（我在那里兼职十五年）、美国进步中心、战略与国际问题研究中心、对外关系委员会（我在那里兼职二十多年）、传统基金会、新美国基金会、彼得森国际经济研究所和伍德罗·威尔逊国际学者中心。

我对这些机构很了解。他们发挥重要作用，定期会向决策者、立法者以及其他美国外交政策方面活跃的利益攸关方提供有价值的前瞻性见解。

我们带着疑问审视了这八年来这些机构发布的事件报告、评论，而这一时间跨度差不多也和本书的关注时段吻合。光是文章、报告的条目清单就快把一个三英寸厚的活页夹撑裂了。所有的条目总数是9858。

条目中提及次数较多的国家有中国（878 条）、俄罗斯（618 条）、阿富汗（405 条）、伊朗（334 条）、伊拉克（286 条）、印度（262 条）、巴基斯坦（256 条）、以色列和巴勒斯坦（204 条）、土耳其（194 条）、巴西（125 条）、朝鲜（109 条）以及埃及（92 条）。相对较少的有叙利亚（54 条）和利比亚（27 条）。地区热点事件和文章提及次数较多的包括美国（611 条）、非洲（590 条）、中东（547 条）、非欧盟的欧洲和欧亚地区（526 条）、欧盟（484 条）、东亚（429 条）、中亚（203 条）、东南亚（142 条）。从更广泛的主题分类，“国家安全和国防”（作为一个大主题）占 619 条，“经济”（作为一个大主题）占 611 条，“反恐战争”占 341 条，“国际组织”占 261 条，“核不扩散”占 169 条。

这一分布看上去似乎已覆盖全球，却体现出华盛顿政策圈的偏好。其中一些和学术圈的年龄层次有关，学者们大多是在冷战期间长大的，这也是俄罗斯或苏联受到如此多关注（1340 场活动和报告）的部分原因。显然，另一大政策研究偏好是当前新闻中不断出现的、进行中的反恐战争及与中东相关的冲突和混乱。在地区或总体话题下出现的这一领域的活动共有 2740 场，另外还有 300 场活动是在防扩散和极端主义对地区影响的话题下举办的。简而言之，约有 1/3 的研究工作投入了这一领域。而以欧盟和欧债危机为主题的报告或活动是讨论非洲和美洲问题的 5 倍多。

此外，其他反常现象同样值得关注，因为它显示了政策圈的一种倾向——或关注时事，或随波逐流。2005 ~ 2007 年，阿富汗几乎成了被遗忘的战场，在此期间只有 63 场报告和活动以此为主题。随着美国大选尘埃落定，奥巴马承诺更多关注阿富汗，政策界对阿富汗的兴趣才有所回升。活动和报告的数量由 2008 年的 28 场增加到 2009 年的 70 场。2012 年，由于美国从阿富汗撤军大势已定，研究兴趣再次减弱，活动和报告数量减至 28 场。

更令人忧心同时也是本书最关心的问题是，政策圈总体倾向于采用政治和地区事务视角，对经济和科技问题不够重视。考虑到“阿拉伯之春”的经济根源、维和的经济因素、世界发展不平衡带来的威胁以及科技对全球事件的深刻影响，这种忽视暴露出严重问题。在“国家安全”这一话题之下的 619 场活动和报告中只有 32 场与网络安全有关，其中 19 场来自同一家机构——战略与国际问题研究中心。同时在我们观察的时间段中，只有一场活动关于中国和网络安全。同时只有 6 场活动关注无人机作战的准则及影响，5 篇报告提到科技的巨大作用，10 篇着重关注科技及其对美国国家安全的影响。

在金融危机爆发前的三年中共有 119 场讨论经济的活动，没有一场关注或提出了爆发大规模金融危机的风险。（但在 2009 ~ 2010 年整个政策圈进入了反应阶段，金融危机成了最热门的话题，直到“阿拉伯之春”爆发后才又转移到中东——关注埃及的活动在 2010 年只有 7 场，这个数字到 2011 年增加了 4 倍。）2005 ~ 2009 年关注欧元区和欧元的活动有 11 场，2009 年 1 场，但是到了 2011 年和 2012 年，数量增至 17 场和 18 场。毋庸置疑，美国或欧洲的金融危机对美国乃至全球经济造成的风险比中东（或俄罗斯）的恐怖分子与混乱要大得多。然而，尽管在金融危机爆发后兴起了研究的热潮，热度也明显弱于反恐战争以及大中东地区的国家。同样值得注意的是，经济、政治和国家安全和科技的决策者和研究者们相互隔绝，很少沟通。这种圈内人的讨论缺乏批判的眼光以及对风险和机会的考量。

简而言之，过去的十年我们不仅被恐惧驱使，也日益陷入“当今”和“过去”的陷阱，我们缺乏创造性分析未来情况的工具和兴趣。这就难怪与我对话过的国家安全顾问（我与过去 50 年除一人外的所有国家安全顾问都进行过对话）普遍的意见是，美国国家安全架构不具备战略思考的能力，不能为未来贡献有用的思想。而围绕这一架构的智力群体——美国政策生态系统的剩余部分也好不到哪里去。这一结果也很好地解释了为什么美国从冷战胜利者、世界唯一超级大国一下就走向衰退，并出现一系列引人注目、让人不安、相互关联的国际政策失败、失灵和“哑火”。

一些人肩负塑造美国世界地位的重任，本书旨在通过这些人的视角观察政策变化的轨迹。论述的结构将结合时间和主题顺序。在叙述中出现重大事件时，将根据重要性加以组织安排。

本书的主要目的不是讲述国家安全机制如何运作或演变。不过，我还是会谈及这些话题。每一章的重点在于塑造近期美国外交和安全政策的关键决定，还有那些影响这些决定的因素，从而揭示美国外交政策如何令人惊讶地犯下一系列错误，我们应当如何去补救以及如何从这一时代重新崛起。要知道，在这一时期，美国作为世界领先强国走入了历史低谷。

第一章和第二章始于伊拉克，这也是小布什第一任期的遗留问题，并且或许在第二任期被总统及其团队视为最紧迫的挑战。第三章审视了小布什政府第二任期内的革新，分析了其对美国对外决策变与不变的两方面影响。第四章回顾了国家安全问题在 2008 年大选中的作用，其中包括经济形势对美国体制的冲击，还回顾了选举对国家安全政策选择、政府过渡的影响。第五章着墨于阿富汗和巴基斯坦这两个奥巴马团队最关注的国家安全议题。第六章和第七章主要分析了与中国关系的演进，中国曾是美国冷战时期的对手，或许未来一个世纪内将成为美国的最有力对手；另外还分析了与俄罗斯的关系，俄罗斯未必强大但常让我们大吃一惊。本书随后探讨了“阿拉伯觉醒”的复杂性以及美国决策者的震惊。接下去又回过头审视了决定这一阶段起点及未来可能趋势的两大事件——奥萨马·本·拉丹之死和网络时代的到来，后者涉及众所周知的美国国家安全局监控丑闻。最后本书总结了奥巴马总统和美国未来外交政策面对的新兴挑战，探讨了美国国家安全体系的演变速度是否足以解决这些挑战，我们该做些什么来接下下一时代可能面对的挑战。

过去一个时代告诉我们，美国在世界各国中的地位很特别。尽管有时候其他国家认为美国恃强凌弱、骄傲自大，但是美国选择退居二线或者领导无力时，其他国家同样会大喊大叫。即使我们和其他人都认为美国在后退，许多国家也仍然指望着我们。即使美国民众厌倦了战争和担当世界领导的代价和风险，世界发现我们撤退并丢弃独一无二的国际地位后也仍然有明显的不适感。因此，美国总统及其顾问无法回避或甩掉这种他人认定的领导力。这一看法以及随之而来的责任让我们更为紧迫，必须确保拥有人力、制度、资源和战略，发挥独一无二的作用。本书的首要目的就是从近期历史中汲取经验和教训，帮助我们更好应对特殊的挑战。

## 注　释

1. R. Jeffrey Smith, “Hussein's Prewar Ties to Al - Qaeda Discounted,” *The Washington*

Post, April 6, 2007; Ehab Zahriyeh, "How ISIL Became a Major Force with Only a Few Thousand Fighters," Al Jazeera America, June 19, 2014.

2. "Transcript: Senate Intelligence Hearing on National Security Threats," *The Washington Post*, January 29, 2014.
3. 根据与中东政府官员的采访内容。
4. Seth G. Jones, "A Persistent Threat: The Evolution of a Qa'ida and Other Salafi Jihadists," The Rand Corporation, 2014.
5. "Divided Mali: Where al – Qaeda Rules the Roost," *The Economist*, September 22, 2012
6. John Rollins, "CRS Report to Congress: Al Qaeda and Affiliates: Historical Perspective, Global Presence, and Implications for U. S. Policy," Congressional Research Service, January 25, 2011.
7. Peter Beinart, "Obama's Disastrous Iraq Policy: An Autopsy," The Atlantic, June 23, 2014; Ali Khedery, "Why We Stuck with Maliki—and Lost Iraq," *The Washington Post*, July 3, 2014.
8. David Rothkopf, *Running the World: The Inside Story of the National Security Council and the Architects of American Power* (New York: PublicAffairs, July 2006).
9. 根据与国家安全官员的采访内容。
10. "Address to the New American Strategies Conference," New American Strategies for Security and Peace, October 28, 2003, http://www.newamericanstrategies.org/articles/display.asp? fldArticleID = 68.
11. David Rothkopf, "Getting Back to Basics Is the Way Out of Afghanistan," *Foreign Policy*, September 8, 2010.

# 第一章
# 伊拉克：惨败完成式

于一个惶恐的人而言，事事风声鹤唳，草木皆兵。

——索福克勒斯[①]

伊拉克是21世纪初美国两位总统分歧最大的地方。乔治·W.布什将其政治遗产押在入侵伊拉克这一举措，而贝拉克·奥巴马则通过承诺结束小布什的战争赢得选举。但是伊拉克这片遥远的土地、“文明的摇篮”也是将两位总统紧紧联系的纽带，让他们本人和国家安全团队困扰不已。

布什陷得太深，奥巴马撤得太快。两人的举动让美国、美国的国际地位以及地区稳定付出了巨大代价。2003年美军入侵伊拉克的后续影响在本书完成时仍在发酵。这片土地动荡不安，久远的仇恨仍在

---

① 古希腊剧作家，古希腊悲剧的代表人物之一，其与埃斯库罗斯、欧里庇得斯并称古希腊三大悲剧诗人。——译者注

溃烂，人们痛苦地认识到，萨达姆·侯赛因的威胁解除后，更大的威胁接踵而至。[1]今天看来，伊拉克的遭遇并不是我们讨论的隐秘战争结果，而是整个中东持续动荡和战争的一个片段，是海湾地区什叶派和逊尼派及两个教派中温和派和极端派几十年争斗的延续。在这场持续冲突中，美国的干预和撤出可能有一天会被视为边缘力量，是鼓动其他因素的催化剂。然而，这仍旧能让我们一窥美国领导人及其核心幕僚如何处理对美国作用和地位、其优先事项等问题的不同看法。

我在国家安全委员会工作的日子里，见识了这些幕僚团队齐心协力的成功，乔治·H. W. 布什总统的团队做出决定，终止伊拉克的敌对行动，但不去巴格达推翻萨达姆政权。[2]我也目睹了幕僚团队的不平衡以及总统缺乏经验是如何酿成错误的，比如小布什做出入侵伊拉克的决定。但从我上本书完成的时间——2005 年开始，这一问题并没有烟消云散，仍在教训、诱导着总统和他们的团队，检验、暴露他们的优势和弱点，并最终影响世界对美国的看法。

2001 年布什就任总统后，得到了“本·拉丹和基地组织对美国构成直接威胁”的警告。但只有小部分人认为应当将这一问题作为优先考虑，大多数人并不认同这一观点，其中包括理查德·克拉克这样的反恐专家。[3]“9·11”袭击发生的几周后，美国国家安全团队的关注已经从袭击的源头——基地组织在阿富汗的分队，转移到伊拉克“未完成的事业”上，并立刻付诸实施，为此还编造了一个“伊拉克正在发展大规模杀伤性武器”的谎言。[4]总统身边的国家安全团队从一开始就因国务院和国防部的竞争而撕裂。由于新总统从未提出要求，团队也一直没有紧凑的决策流程。这刚好符合他的小圈子（副总统理查德·切尼和国防部部长拉姆斯菲尔德）的计划，架空国家安全顾问康多莉扎·赖斯在其第一任致力于打造的决策团队。他们给总统提供了糟糕的选项、糟糕的建议。

伊拉克战争的直接结果是一系列灾难降临美国，在阿富汗没有尽力追求国家安全目标，在阿布格莱布、关塔那摩监狱以及战场上滥用武力。美国为此付出的人力和资金成本也是巨大的。然而，发生在伊拉克和阿富汗的这两场谋划不足、操作失当的战争最具危害性的结果是给美国人民带来的影响。民众对国际干预的代价和复杂程度如此不满，对小布什任期前几年滥用实力如此恐慌，直接导致在小布什继任者贝拉克·奥巴马的任期内，美国在国际舞台上的畏缩几乎达到了令人不安的程度。

然而，政府不是机器，也不像媒体笔下或紧张政治辩论背景下单薄的剪影。政府是一群人组成的，这些人就和他们代表的大部分民众一样，竭尽全力想为国家谋利，想得到认可。人也会随着经历而不断变化、成长、学习。小布什如同他的前任比尔·克林顿、继任贝拉克·奥巴马一般，入主白宫时国际事务经验极其有限。与大部分总统一样，小布什当选总统前的人生经历并未让他准备好执掌世界最大、最复杂的机构。此外，“9·11”事件造成的打击长期冲击美国国家心态，自二战结束以来，整个国家还没有如此不安过。危机发生后，小布什及其团队采取了典型的华盛顿反应模式。首先，他们做出感情回应，然后付诸行动。直到冲动行为造成一系列后果，他们才更仔细地考虑政策选项以及如何在长期成功实现目标。不过，这些措施一直效果不彰，等到 2005 年 1 月小布什成功连任并开启第二任期后，才稍有起色。

斯蒂芬（“史蒂夫”）·哈德利在小布什总统 2005 年 1 月连任后担任国家安全顾问，他回顾了当时自己及其他团队成员为何会错误认为入侵伊拉克是必要的，这一标志性政策错误也决定了美国 21 世纪初的外交政策。[5]“回头看，我在想我们犯的错误会不会是因为考虑不周，我们以为萨达姆·侯赛因这个人做事偷偷摸摸，是因为他拥有大规模杀伤性武器并且不想让人发现，但我们没想到他实际上没有这类武器，只是不想让别人知道真相。”

“他不想让伊朗知道，”他断言道，“也不想让我们知道。”

哈德利是一个思想深刻的人。如果要概括出现代美国国家安全专业人员的形象，从许多方面来看（至少是经验丰富、在常春藤名校接受教育、白人男性），这样的典范人物在言行举止上都会与哈德利相似。由于哈德利经验丰富、处事冷静、目标严谨，他绝对是你希望制定或影响美国最关键外交决策的人。哈德利曾是基辛格的助手，也曾是托尔委员会的法律顾问，该委员会促使国家安全委员会在“伊朗门”事件后重新改造。他还与布伦特·斯考克罗夫特将军长期共事，并且成为他的门徒。众所周知，斯考克罗夫特为评判历任美国国家安全顾问树立了参考标准。然而，哈德利作为国家安全顾问赖斯的助手时，也在2001～2005年成为见证美国外交史最糟糕时期的团队成员之一。

在小布什、奥巴马任内，甚至早在前个世纪卢旺达惨案、越南战争、猪湾事件等外交灾难发生时，我们都可以从一对看似矛盾的关系中吸取教训。那就是，再好的意图也受制于能力、环境、失败领导、行动过程以及团队关系，这些能够导致毁灭性结果。戴维·哈伯斯塔姆写过一本《出类拔萃之辈》，记录了美国如何一步步滑入越战这片泥潭，而很多人都已忘记这本书中满是难以下咽的讽刺。[6]罗伯特·麦克纳马拉和他的“天才”团队聪明过人，然而，他们却犯下一系列可怕的错误。

尽管哈德利以及共事的高级幕僚几乎都不愿完全否定小布什在第一任期做出的决定，但是他们大多认为在“9·11”事件后的几年中出现了误判。国家安全高级团队中的每一个人都在公开场合或私下反思了过去，包括小布什、切尼、拉姆斯菲尔德、赖斯、小布什第一任期内的国务卿科林·鲍威尔，还有一些协助人员如哈德利、副国务卿理查德·阿米蒂奇以及军方高级领导。他们的意见并不一致，互相指责和推诿也在所避免。他们之间的战火一直蔓延到媒体，回忆过去的重大事件时会针锋相对，在华盛顿的鸡尾酒宴会上也不放过彼此。但是小布什第二任期后，从总统到下级官员都意识到大错已酿，必须采取补救措施，而有些措施造成了重大后果。小布什在第二任期间经常采取此类措施。前国家安全顾问桑迪·伯杰曾经告诉我："积累经验确实是学会如何当美国总统的唯一方法。没有任何事情能帮助你胸有成竹做好准备。"

美国国家安全决策过程中最重要的一点，同时是几乎无人理解的一点，那就是其本身孕育着不断调试的可能性。实际上，说起来有些矛盾，这种体制通过民主机制与美国变幻莫测、过度感情化的政治世界相联系，迫使那些身居高位的人不得不质疑自己的决定，且必须承认手中的权力与民众对其行为的支持程度息息相关。在其他例子中，为民服务的欲望和自我意识推动政府想要逐渐改变民众态度和自身应对挑战的方式。杰拉尔德·福特接任尼克松后，认为亨利·基辛格兼任国务卿和国家安全顾问意味着权力过于集中。[7]福特在晚年告诉过我，觉得担任总统后对外交决策过程的最大贡献是重新分配基辛格和另一个国家安全顾问布伦特·斯考克罗夫特间的权力。罗纳德·里根对国安会管理不善导致"伊朗门"丑闻，政府重新评估国安会后让弗兰克·卡卢奇和科林·鲍威尔实施重大和及时的改革，从此国安会不再支持不受全面监督的独立行动，而在里根执政初期和中期，国安会常常支持此类行动。[8]比尔·克林顿在第二任期内升级了国家安全团队，让桑迪·伯杰出任国家安全顾问，相比其前任安东尼·莱克，伯杰与克林顿的关系更好；克林顿还任命更高效的马德琳·奥尔布赖特担当国务卿，换掉了同样可以胜任此职的沃伦·克里斯托弗；还有个例子就是克林顿启用了最有效率的中情局局长乔治·特尼特。[9]伯杰上任后在国安会内进一步确立了关键流程步骤、国家安全原则，提高了团结合作的能力。[10]

布什与奥巴马截然不同的是，布什本人及其团队愿意从第一任期吸取教训，并积极做出改变和人事调整，取得了一定成果。然而，奥巴马拒绝这些变化。与布什不一样，奥巴马在其第二任期头两年已经发现国家安全团队在效率方面明显退步（尽管团队中很多人都孜孜不倦地试图做出改变）。

布什连任的十年后，事实逐渐证明，他在第一任期内对所犯的错误和失败的调整导致了一段时期的混乱，但在第二任期开始后渐渐重新确立秩序。这一过程中最关键的是对总统团队做出一系列重要变动，并重新考虑伊拉克、阿富汗战争以及打击基地组织等行动的运作方式。这么做的直接结果是（特别是在布什八年任期的最后两年），这个以外交政策失败闻名的政府拥有了在过去 25 年中最高效、最成功的国家安全决策过程——哈德利是其中的核心人物，发挥了建设性作用。不过，它的主要任务还是从自己亲手制造的灾难中恢复过来。

## 没有时间思考

在布什总统第一任期内，哈德利的领导是时任国家安全顾问的康多莉扎·赖斯，哈德利是他的副手。两人都天性内敛，极度顽强和忠诚。今天他们还在一家咨询公司共事，这家公司的成员同时包括布什的两届政府成员、中情局前局长、国防部前部长罗伯特·盖茨。赖斯到现在都非常保护总统。然而，在她帕洛阿尔托的办公室里（她继续在加入布什政府之前曾担任教务长的斯坦福大学教书），赖斯坦言："直到事情过去了一段时间，我们才真正有机会有所见解。"

赖斯在国务院工作时的高级助手中，有一位对她至今还心怀敬仰。他同意赖斯的观点："她在任时并没有多少时间反思。我认为这不是她的性格问题，而是一种防御机制。你知道，她这份工作压力巨大。如果一个人只想着自己的错误，那只会把自己逼疯。"[11]

他继续说道："现在想起来，整个系统是失灵的，完全不奏效。

最开始这个团队还能团结一致，在阿富汗的最初几步进行得也挺顺利。随后，缺陷和分歧逐渐暴露，在出兵伊拉克这一决定上判断失误将这一点展露无遗。”[12]

小布什国家安全团队的一位高级官员说得更直白：“布什第一届政府的整个决策过程都是支离破碎的。”[13]这位知情人士坦承，迪克·切尼和唐纳德·拉姆斯菲尔德施加了太多影响，而且在国家安全决策过程之外行事。其他人也未能质疑他们提出的几个关键看法，如是否出兵伊拉克、入侵的目标是什么，或者做出决定后需要多少地面部队才能实现目标。[14]

小布什前任克林顿的一位内阁成员认为，这一决策过程的失效应部分归罪于康多莉扎·赖斯，认为她作为布什的首位国家安全顾问，“要么是无能，要么得为伊拉克的错误负责。两者必有其一。我认为更在乎与总统保持友好关系，而且没能力团结周围那些复杂的人。切尼已经在国家安全委员会之外建立了一个影响决策的独立渠道。况且所有人都知道，赖斯和科林·鲍威尔处不来。作为第一位担任国家安全顾问的女性，她还有点担心无法融入，找不到这个角色的状态”。[15]

另一个针对小布什政府第一任期的常见批评是，总统及其团队很容易接受不成熟或误导性的军事计划。小布什任内国安会直接负责中东战事某一重要领域的高级官员懊恼地表示：“三年后，我们才开始质疑那些将军除了入侵是否还有进一步计划。”或者正如前国家安全顾问兹比格涅夫·布热津斯基评论的那样：“在伊拉克浮现的问题是，战争结束不代表一切就结束了，而恰恰是下一个阶段的开始——制止叛乱、维持稳定、维护政局、处理碎片化的局势，还有如何应对大量涌入伊拉克企图发家致富的美国人……一切变得更加混乱。”[16]

布热津斯基补充道：“一开始，军事行动很顺利。顺利的原因在于他们打的是一场军队间的传统战争。将军的聪明才智可以让一支军队取胜。但是，当你不再与军队开战而是与民众作战时，问题就出现了。美国军队对此并没有做好准备。我甚至不确定他们当前在阿富汗是否做好了准备。”

本书主要关注小布什政府第一任期之后的事情，因此把之前美国干涉伊拉克的行动交由他人评判。不过，在相关谈话中，焦点很自然地都会落在美国总统身上。布伦特·斯考克罗夫特曾是两任总统杰拉尔德·福特和乔治·H. W. 布什的国家安全顾问，他坐在华盛顿市中心俯视法拉格特广场的宽敞办公室里对我说道：“最后，你必须指望总统。在我们的体系里，只有总统才能推动进程、塑造进程，决定谁扮演什么角色、谁又不能扮演什么角色。其他人如迪克·切尼和唐纳德·拉姆斯菲尔德或许很有影响力，但还是得由白宫履行职责。”小布什任内另一位有数十年国家安全事务经验的高级官员总结了与赖斯共事时的问题：“有一段时间，我对康多莉扎·赖斯担任国家安全顾问时的工作评价苛刻。因为我更习惯和同她类型迥异的国家安全顾问共事，比如弗兰克·卡卢奇或者科林·鲍威尔那样的，他们任职时，大家都可以完全信任对方，可以畅所欲言。然而，”他接着说道，“我后来的看法逐渐成熟些了，因为我最后明白过来，不是我来挑选国家安全顾问，而是由这个国家唯一的民选总统来挑选他想要的人。”[17]

小布什在竞选时似乎已透露出会如何处理第一任期内遇到的各种挑战。早在1999年9月，为竞选共和党总统候选人提名资格，小布什在南卡罗来纳州要塞军事学院发表演讲，勾勒出重点突出、理由充分、强势有力的国防政策。[18]他谨慎地与克林顿政府的政策划清界限，认为克林顿政府“无休止、无目标地部署”美国军事力量，而且“当下发起新行动时不考虑未来后果”。[19]他还指责美国在全球范围扩张得太厉害，并承诺在他的任内“我们不会成为分隔交战方的永久维和部队。”[20]虽然后来从未受过赞赏，但是小布什当时还具有先见之明地表示：“恐怖分子或许会试图破坏金融、通信、交通和公共卫生。我们的第一道防线是发出这样一条信息：任何一个组织或者国家必须明白，如果支持此类攻击行为，我们会报以摧毁性的回应。”[21]

当然，回过头看，小布什的要塞军事学院演讲之所以值得一提，一方面固然是因为他有先见之明，另一方面也因为他后来的政策偏离了当时演讲所强调的重点。出现这种情况的部分原因正如布热津斯基所批评的，当时美国军队并不适合完成肩负的任务；“赢得战争”后，美军无法延续早期军事胜利，无法稳定局势，也无法“赢得和平”。共和党内部对小布什执政初期犯下的错误也有所批评，其中之一是指责小布什虽猛烈抨击克林顿喜欢干涉他国的“国家建设”进程，但自己又掉进了同样的陷阱，这一点在伊拉克尤其明显。

前副国务卿阿米蒂奇评论道：“我认为小布什在要塞军事学院演讲中勾勒的前景是正确的。不过入侵伊拉克不仅计划不周，资源还不匹配。其中的原因之一恰恰是我们不想在国家建设上投入精力……我觉得拉姆斯菲尔德绝对不会对国家建设感兴趣，但是他没有为入侵伊拉克做好充分的资源准备，最后导致骑虎难下。”

“当萨达姆·侯赛因的塑像被推倒时，”阿米蒂奇说道，“每个人都把乔治·布什当成天才。然而事情很快就变得一团糟。这时我们应当决定做什么。”

拉姆斯菲尔德反对帮助伊拉克人进行国家建设，这与他作为国防部部长试图掌控伊拉克所有情况的愿望互相矛盾。他想要指挥权，却不愿承担义务，或者用阿米蒂奇的话来说，他“抓住领导权后就想大摇大摆地走开”。国防部部长与国家安全顾问因为美国对伊拉克的掌控能力分崩离析而互相指责。“有一次我正从白宫战情室往外走，康迪（康多莉扎·赖斯的昵称——译者注）在我前面，唐（唐纳德·拉姆斯菲尔德的昵称——译者注）在我身后。就在从战情室通往白宫西翼的台阶上，康迪转过身，我和唐停了下来。她说，‘唐，你能给杰瑞·布雷默①打电话，告诉他三点情况吗？’他回答说不能。她看着唐，说，‘为什么不能？’唐说，‘他不为我工作。’她说，‘那他为谁工作？’拉姆斯菲尔德说，‘哦，他肯定是为国安会工作，因为我知道你们那些人一直和他说话。’所以，一方面，这种倾向不利于实施我们需要的政策，另一方面，这完全是人、流程以及官僚间的斤斤计较。”

“科林·鲍威尔说他听过相同的对话，”阿米蒂奇说，“别的场合，相同的内容。如果我是国家安全顾问，我肯定会跟总统说，‘有他没我，有我没他。’”其他人，包括我交谈过的其他布什内阁成员也肯定了官僚争权、性格不合以及“上层制定错误政策”等问题的存在。[22]

那个时候，美国在伊拉克有心无力、资源不足，民兵武装开始在全国泛滥——骰子已经掷出，美国已无法回头。政府不得不陷入其从未计划好的长期承诺，这件事主宰了布什余任的日常工作。那么，总统和他的团队一开始为什么选择干涉伊拉克？

## 当威胁评估比威胁本身更危险

在极富洞察力的著作《最长的战争：美国与基地组织的持久冲突》中，反恐专家彼得·伯根写道，小布什政府的国家安全团队对“9·11”袭击没有准备，因为其“没能理解基地组织对美国发动袭击的可能性大于诸如伊拉克等传统国家发起袭击”。[23]虽然他们最初的反应可能是正确的——认为这一危险比传统国家敌人造成的危险更为有限，但最终结果是，他们很快被自己更熟悉的教条、主义、错误类

---

① 杰瑞·布雷默为保罗·布雷默的昵称，布雷默时任美军驻伊最高行政长官，在美军入侵伊拉克后掌管伊拉克事务。——译者注

比冲昏头脑，非但没将这次袭击视为某种全新的、有限的危险类型，反而用针对国家的战略和传统战争方式应对。正如古语所言，当你手里只有一把大锤，所有一切看起来都像是钉子：我们的军队是用来袭击、侵略国家的，所以我们将国家和非国家行为体的斗争转变为国家与国家间的战争。

然而，在短短的 18 个月内，从对非国家行为体（基地组织）的袭击做出反应，到入侵容留基地组织的国家（阿富汗），再到入侵与“9·11”袭击毫无关系的另一国家（伊拉克），我们行动的规模和速度事后看无疑是令人吃惊的。而从布什国家安全团队的角度看，每一步都有充足的依据。[24]在阿富汗，为了彻底摧毁基地组织带来的威胁，必须推翻为其提供保护的塔利班政府。然后，由于“9·11”袭击暴露了美国面对恐怖袭击的弱点，而据信萨达姆·侯赛因拥有大规模杀伤性武器且可能交给恐怖组织，因此美国别无选择只有行动。[25]此外，已有 17 份限制萨达姆发展大规模杀伤性武器的联合国决议，按照布什团队的思路，美国的行动是支持国际社会意愿的。[26]然而，从另一层面看，可能是因为打赢深山里的几股恐怖分子不能抵偿“9·11”袭击带来的伤痛，我们需要将敌人扩大，使之与美国精神受到的创伤相匹配。我们需要打倒一个分量十足、辨识度极高的坏蛋。无论如何，尽管美国在该地区迅速扩大行动在事后饱受批评，2003 年的皮尤和盖洛普民意测验却都显示，3/4 的美国人民支持在伊拉克开展军事行动，而且国会民主与共和两党的支持程度相当。[27]

对于以伊拉克为代表的威胁，我们已经准备好一套理论和计划。当世贸中心和五角大楼遭受袭击后需要应对危机时，这套有关伊拉克的惯用理论和计划可以信手拈来，比重新创立新观念容易得多。正如鲍勃·伍德沃德在《布什的战争》一书中所指出的，在“9·11”事件前，“五角大楼数月来都在制定针对伊拉克的军事选项。每一个人……都相信伊拉克总统萨达姆·侯赛因是威胁，他是一个想要或者也许已经在使用大规模杀伤性武器的领导人。任何一场严肃的大规模反恐战争都会把伊拉克当作目标——最终一定会这样”。[28]

那么，我们攻击的两个国家究竟对我们构成了什么实质性威胁？自“9·11”事件后，除了允许基地组织在其领土活动，没有人指出阿富汗政府对美国造成何种具体威胁。实际上阿富汗几乎毫无威胁。有数据估计，在“9·11”事件即将发生的前几年里，塔利班军事组织大约有400辆坦克、200辆装甲运兵车和15架战斗机。[29]阿富汗是世界上最穷的国家之一，其国内生产总值只有25亿美元（差不多是美国一艘尼米兹级航空母舰造价的一半）。[30]时至今日，阿富汗还依然饱受工作、水资源、电力和其他必需品短缺的困苦。

尽管伊拉克被认为对邻国构成潜在威胁，但是从来没有任何可信的组织研究证明伊拉克直接对美国造成威胁。第一次海湾战争以来，美国就划设并维持了禁飞区，以约束伊拉克的空中力量。根据美国战略与国际问题研究中心地区和军事专家安东尼·科德斯曼2001年的评估，“伊拉克的国内生产总值相比伊拉克入侵科威特前有大幅下降（1999年时人均GDP约为587美元），生活水平也远不如战前……1999年，通货膨胀率据估达135%，失业率同样高企”。[31]换句话说，在我们发动袭击前，伊拉克是一个穷困不堪的国家，没有任何人可以对谁造成长期威胁。

当然，美国袭击伊拉克的最主要理由就是该国可能拥有大规模杀伤性武器，可以对地区造成致命打击，或者可以向世界任何地方的恐怖分子提供致命支持。然而，在美国入侵伊拉克的两年前，科德斯曼写到有关化学武器时表示：“海湾战争及随后的联合国监督机制已促使大部分化武储备遭到销毁，生产能力也遭到了削弱。”[32]那时候，不管伊拉克拥有的是何种能力，联合国的监督和制裁都会对其造成巨大冲击。[33]此外，虽然在美国入侵时，伊拉克军队估计有30万~37.5万人，但是其中只有大概5万~6万人属于伊拉克共和国卫队精锐，军队中也只有一半的部门人员配备齐整、“准备充分”。[34]美军入侵时，大多数伊拉克士兵选择了逃跑或者没有参战。按照美国对外关系委员会2003年初一份报告的说法，他们的许多装备“老旧又落后”。[35]伊拉克可能有1800辆坦克可以投入战斗，但是美国战略与国际问题研究中心的评估发现，“伊拉克没有符合美国标准的现代坦克”。战略与国际问题研究中心的报告还指出，伊拉克空军或许有300架战斗机，然而，“许多飞机连续作战能力差或者无法有效作战”，伊拉克海军也只有9艘舰船。[36]

## 进入“新世界”

一个国家困在14世纪，另一个国家因为十年前的战争饱受摧残、贫瘠不堪，甚至对邻国都无法构成长期威胁。这就是美国陷入史上耗时最长、成本最大的冲突时所面临的真实威胁。在美国历史上，或者自从为拓展疆土而屠戮美洲土著居民以来，我们还没有如此“小题大做”地投入过这么多力量。

小布什及其政府把“9·11”袭击当作20世纪各种“冷战”、“热战”中类似的严峻危机去应对。2001年9月20日，小布什在国会参众两院联席会议上发表演讲时说道：

> 恐怖分子指使他们把所有基督教徒和犹太教徒杀死，把所有美国人杀死，而且不管是军人还是平民，也不管是妇女还是小孩。这个恐怖组织及其首领本·拉丹同世界许多国家的组织有着千丝万缕的联系，其中包括“埃及伊斯兰圣战”组织和“乌兹别克斯坦伊斯兰运动”组织。这样的恐怖分子成千上万，分布在世界上60多个国家。他们从自己的国家和邻国招募成员，前往诸如阿富汗之类的国家接受恐怖袭击战术培训，然后被派回自己

的国家或者隐藏在其他国家，策划罪恶勾当，进行破坏活动。[37]

“我们眼睁睁地看着双子塔化为瓦砾，”小布什总统在袭击发生五年后的一次演讲中说道，“也越发确定我们正进入一个新的世界，面临一场新的战争。”[38]彼得·贝克《交火的日子》一书精彩地描述了布什—切尼这一团队的合作，他引用了布什演讲稿撰写人戴维·弗鲁姆的话，“在‘9·11’之前，小布什没有一个大的组织概念”，该书继而认为，反恐战争成了小布什政府后来的主题。[39]这个范围广泛的主题得到了总统国家安全团队每一名成员的积极支持——这一主题符合副总统心中盘旋许久的第六感，即“极端主义正威胁美国安全”，也符合国防部部长拉姆斯菲尔德的看法，即认为出于自卫目的应对“9·11”做出“大”反应。就算是科林·鲍威尔这样持不同意见的人也相信萨达姆拥有大规模杀伤性武器，认同应对大范围威胁做出回应，他在联合国安理会就伊拉克问题陈述时也表现出了这种态度。[40]

“9·11”事件和随后的演讲对美国及美国人造成深远影响。在奥巴马执政期间，美国早已丧失卷入传统冲突的兴趣，但其领导人仍认为应为这一小撮恐怖分子（总规模不超过一所美国普通高中的人数）付出数十亿美元的代价，甚至不惜侵犯其他国家人民的主权。这至少说明，美国的领导人相信，对潜在恐怖主义威胁不作为可能会付出更大代价。

在反恐战争初期，恐怖威胁的源头还不那么清晰可见，布什政府及其计划在白宫内外都得到了普遍支持。布什总统第一任期内盖洛普民意平均支持率高达62%，在“9·11”袭击发生后飙升至90%，在其下令入侵伊拉克时也高达70%。[41]一份《华尔街日报》与美国国家广播公司新闻做出的民调显示，在战争开始阶段，2/3的美国人支持这场战争。[42]2003年5月，战争初步进展顺利，超过4/5的美国人认为这场战争是正义的（根据美国有线电视新闻网和《今日美国》的民意调查），“无论是否存在不合法武器的证据”。[43]

直到一年多后的2004年8月，美国民众的情绪才发生变化，2/3的受访者表示，他们感觉发动这场战争的依据是不充分的。[44]到2005年，3/5的美国人认为不该打伊拉克战争。[45]到了2006年4月，一份哥伦比亚广播公司的民调显示，几乎2/3的美国人不赞同总统处理战争的方式，这种反对情绪一直持续到小布什任期结束。[46]

这种情绪的转变并不是因为民众知道伊拉克不应成为美国的政策优先。它与一种更实用、很“美国”式的认知有关，即伊拉克战场的势头不对。《纸牌屋》中弗兰克·安德伍德一角可能捕捉到了美国建国200多年历史的公理：美国人民不在乎受到欺骗和误导，只要能让他们自我感觉良好。一旦他们觉得挫败、低人一等，感觉美国的地位在衰落，不论多少言辞、无论是事实还是谎言都于事无补，他们将要求变革。

## 纠正之路

而布什第一任期内发生的一系列事件都给美国人民传递了他们最不愿接收的信息。

第一串不和谐的音符奏响在政府内部，连总统和决策过程都没能消解。当时，一位国安会高级官员告诉我，拉姆斯菲尔德“飞扬跋扈、目空一切、难以相处”。[47]前空军参谋长诺顿·施瓦茨将军（昵称“诺蒂”）也强调了拉姆斯菲尔德与军队高层的分歧，他举出了一则与伊拉克密切相关的事例，“他认为可以用非常少的军队完成在伊拉克的任务，这是将领们无法接受也始终无法妥协的”。当被问到是否感觉拉姆斯菲尔德弄不清状况时，这位日后美国无人机项目的总设计师回答说：“是的，他错了，我认为他今天可能已经认识到了这一点。”

正如鲍勃·伍德沃德所写的那样，“赖斯发现当自己对战争计划或军队部署有疑问时，拉姆斯菲尔德有时会不回她的电话”。[48]对于赖斯的顾虑，总统却不当回事，告诉她要“放松心情对待拉姆斯菲尔德”。[49]赖斯在回忆录中写到，国防部一开始对重建及人道主义援助办公室的态度是“飞扬跋扈”、“盛气凌人”。[50]

国务院与国防部以及许多白宫官员的关系开始变得紧张，甚至迅速恶化。部分原因可能是鲍威尔是全美家喻户晓的人物，也是拥有个人追随者和广受欢迎的政治人物。鲍威尔的副手理查德·阿米蒂奇如实说道：“鲍威尔和……一些白宫和国防部官员存在根本性不合，这主要与鲍威尔太受欢迎有关。尤其是对那些新保守主义者，我想他们会不胜其烦。”还有部分原因是鲍威尔质疑入侵行动的一些根本性理念。拉姆斯菲尔德决定派遣小规模攻击部队，而众所周知，鲍威尔的理念是派遣压倒性规模的军队。

国务院高级官员认为，那些新保守主义者沾沾自喜地将某些“受宠”幕僚的甜言蜜语照单全收，这些幕僚中最典型的就是伊拉克流亡人士艾哈迈德·沙拉比。沙拉比多年来积极并有效地在华盛顿国家安全决策者间编织人脉网，寻求再次干预萨达姆·侯赛因政权的机会，希望能够在伊拉克发挥自身作用。一位国务院高官评论道：“关于艾哈迈德·沙拉比有一件事，就是他常常把入侵伊拉克描绘成，按我的话说就是小菜一碟，就好像伊拉克人民都会爱我们，会向我们扔来糖果，我们会成为中东的民主灯塔。只要我们在伊拉克站稳脚跟，就能以此为基础向伊朗施压，他们也将承认以色列。这些听起来都挺好。但事实上，这太荒谬了，太荒谬了。”2004 年，沙拉比还在小布什发表国情咨文时受邀坐在贵宾席上，阿米蒂奇把这个事情作为自己观点的例证。他也很确定，沙拉比能够出现在那个位置上只有一个原因：“只有一个人可以促成这件事，那就是迪克·切尼。”[51]

在入侵伊拉克行动圆满完成后，应采取何种基本政策再次引发分歧。赖斯写道：“总统想要美国在战后发挥领导作用。”[52]她记录到，在“战情室”召开的一次国安会会议上，总统明确表示，自己觉得美国欠伊拉克人民一个建设民主未来的机会。[53]但是，赖斯坦率地告诉我，自伊拉克行动进入后入侵时代以来，“我们就无法影响五角大楼了”。拉姆斯菲尔德认为应采取的方式很清楚：进去后就出来。“如果伊拉克人想把政府改造得能够体现托马斯·杰斐逊和亚当·斯密提倡的自由民主，我们可以帮助他们启程，但随后就只能祝他们一路顺风了，”他在回忆录《已知与未知》中写道。[54]他又补充道：“论及战后伊拉克，最艰巨的挑战在于两种不同战略方式之间的冲突。出现辩论合情合理，只不过这种状态一直延续了下去，既没有在国安会得到彻底讨论，也没有最终得到妥善解决。”[55]

在这些重量级官员离任后出版的书籍中继续体现出这些分歧。切尼写道：“推翻萨达姆之后，我们很早就开始不断讨论这个问题，即是否要在伊拉克建立民主政府。我认为我们别无选择。”[56]赖斯回忆道：“唐（拉姆斯菲尔德）认为我们没有这种责任。如果一个强人在伊拉克出现，那就随他去吧。”[57]拉姆斯菲尔德对总统观点的提炼似乎有些讽刺：“小布什常常表示，自由是上帝的礼物。他仿佛觉得有义务在中东推广自由。”[58]这些回忆录片段的观点并不一致，原因很简单，这些人的看法本来就各不相同。

战略层面的裂痕必定会引发操作层面的分歧。据小布什国安会团队成员回忆，国安会部长级会议上，任性急躁或傲慢自大的内阁成员会抛出自己的看法，然后有意忽略其他竞争对手的观点。[59]在有些情况下，诸如拉姆斯菲尔德等人往往不做任何准备就来开会，并在会上公开提出自己的看法，而不是之后在私下与其他人商量。正是由于这类啼笑皆非的举动，在一些争议性决定上出现争论也就不足为奇了，其中包括消灭萨达姆·侯赛因的复兴党以及解散伊拉克军队。实际上，在和那个时期的高官交流后，几乎没有一个人可以说清做出这两个决定的根本原因，许多人认为，布雷默一个人选择了这么做。而布雷默告诉我，执行这两个决定前都得到了国防部和白宫的同意。其他许多官员声称，这些决定是为了实现一个目标（相对削弱伊拉克复兴党和军队的关键人物），但一位内阁官员表示，这些决定传递给布雷默时“变了味”。

胡佛研究所出版了迈克尔·奥汉隆研究员的一份评估报告，这份报告能让人一窥伊拉克行动所造成的沮丧和挫败。[60]报告称伊拉克行动“是继 1983 年黎巴嫩、1993 年索马里之后策划得最糟糕的行动，它引发的灾难可能比越南战争还要严重”。尽管结论如此，美国人把几乎所有懂得治理国家的伊拉克人都“支走”还是造成了灾难性后果。孤立阿拉伯复兴党和解散伊拉克军队为民兵武装的兴起提供了舞台，这些贻害无穷的问题直到美军撤出伊拉克后都不会解决。[61]一些遭解散的伊拉克军队领袖同“伊斯兰国”这样的极端组织合作，给奥巴马总统第二任期带来困难。

实际上，在 2003 年 6～10 月期间，伊拉克民兵武装发起的攻击次数翻了一番，达到每月 1000 起。[62]斯坦利·麦克里斯特尔将军是五角大楼伊拉克战争副总指挥，也是行动的重要设计师，2003 年 9 月之后担任联合特种作战司令部司令。他写道：“入侵后，4 月的振奋感和 5 月的信心很快烟消云散；6 月，不安感上升；8 月，五角大楼弥漫着紧张气氛。”[63]白宫团队不愿意承认伊拉克正逐步陷入内战，因为美国民众不愿意看到军队卷入这样的斗争，伊拉克局面愈加复杂且瞬息万变，和华盛顿的形势一起制造了一种动荡万分、危机四伏的环境。[64]

小布什总统可能反对白宫使用“叛乱”一词形容伊拉克局势，但在伊拉克这无疑已成为最大担忧（而他之后的决策者的基本原则已成为，如果某个问题是政策讨论中的禁忌话题，那么就应该率先解决这个问题）。[65]

由于存在多个组织，叛乱的形势日益复杂。[66]其中最大的“玩家”

是扎卡维领导的基地组织和穆克塔达·萨德尔的迈赫迪军。扎卡维的组织主要由伊拉克逊尼派穆斯林代表组成，而萨德尔的支持者则都是伊拉克的什叶派穆斯林。[67]

白宫“惊讶地”（用总统的话来说）发现萨达姆·侯赛因并没有大规模杀伤性武器，这一事实进一步侵蚀了对伊拉克战争的支持度。[68]毕竟，这些武器的存在是美国政府动员国际支持的基础（美国政府在几个月里用了好几种理由来推销此次侵略活动，而在最后才强调大规模杀伤性武器，因为美国国防部和国务院的官员发现这一理由在欧洲人那里特别好用）。一位曾在民主党和共和党政府中任职的高级官员回忆起国际武器核查官员汉斯·布利克斯颇有深意的问题：“如此确定伊拉克有大规模杀伤性武器的国家怎么竟然不知道它们在哪儿？”[69]

一位广受尊重的杰出外交官尼古拉斯·伯恩斯在此期间担任美国驻北约大使。多年后，伯恩斯在位于肯尼迪政府学院的办公室里回忆道：“那时北约内部分歧严重，法国和德国都非常反对美国的行动。这伤害了同盟关系。然而，后来又出了关塔那摩和阿布格莱布监狱虐囚事件。这些都让欧洲民众对美国产生了抵制心理，民众的不满情绪是很强烈的。”

在小布什第一任期任职于白宫后来又去国务院工作的高级官员回忆说：“2003 年底局面开始失控。所有人都很震惊，也完全没做好准备……我坐在那里阅读各种简报，一会儿说我们在维护管道，一会儿又说在恢复伊拉克电力供应。这就像电影《土拨鼠之日》，每天都听到同样的报告，哪里哪里又短缺了，我们却没法解决。这个问题显然和整个体系有关。”[70]当时甚至是之后几年，大家都觉得在伊拉克犯下的错误只会留在伊拉克，这就像拉斯维加斯推广的旅游广告一样。直到后来人们才慢慢明白，伊拉克行动的代价和后果远大于此。由于美国扶植的什叶派政权孤立并解散军队成员和逊尼派，这些人选择了极端主义，而这又引发了伊拉克和叙利亚的民间冲突，从而使这一区域真正成为恐怖主义的磁石。美国入侵前一直宣称伊拉克是恐怖主义的轴心和磁石，而在美军入侵造成这个国家动荡后，这种说法才成为现实。

## 费卢杰：一场考验，一面棱镜

费卢杰位于伊拉克安巴尔省中心，这座古城自诞生以来就变更过许多次名字。幼发拉底河改道后流入该城一条名为“帕鲁革撒”的河渠，而这个词的意思恰巧就是“分割”，不幸地昭示着过去十年来这座城市深陷的分歧与争斗。[71]费卢杰曾名为“庞拜狄撒”，也曾是千年来世界犹太学者最重要的聚集中心之一。[72]后来，费卢杰因“清真寺之城”而闻名，其城内及周边拥有超过200座清真寺。[73]

费卢杰坐落在著名的“逊尼派三角地带”，距离巴格达43英里，对于美国决策者来说是重要的战略要地，同时是美国入侵伊拉克后动乱四起的标志性地点。[74]战争初期，费卢杰基本逃过一劫。但是由于出现叛乱，三场甚至有人认为是四场大型战斗在这座城市打响，其中一场造成了美国自越南战争以来的最大伤亡，其他几场则促使叛乱武装和美军制造暴行。最近一场战役始于2013年底，并一直延续至2014年，极端武装分子再次控制费卢杰，美国和伊拉克政府之前与其开展三场血腥斗争后取得的成果付诸东流。[75]

2003年5月1日，小布什总统在海军“林肯”号航空母舰甲板上宣布“主要战斗任务结束”，身后还挂着“任务完成”的横幅。[76]就在4月28日，费卢杰的反抗群众还在抗议关闭当地一所高中，结果遭到美军第82空降师开火，造成近90人受伤，17人死亡。两天后，另一场抗议又导致2人丧生。[77]

费卢杰有30万居民，上述事件后来也被视为一种警告，警示这座城市藏有引发动乱的暗流。第一次暴力流血事件发生约一年后，叛乱分子袭击了向美军运送补给的车队。[78]4 名“黑水公司”的雇员被叛乱分子抓走虐待并烧死，尸体被悬挂在桥上示众。[79]事件引发了如今大家所称的第一次费卢杰战役，美军则称之为“警惕决心行动”。[80]

麦克里斯特尔认为，任务从一开始就障碍重重。费卢杰对美国人敌意浓烈。反美的流言蜚语不断蔓延，有些甚至是无中生有，比如有人声称美军夜视镜可以透视当地妇女的衣服。[81]相比一年前，关于美军施暴的流言更是飞速传播，难以控制。[82]海军陆战队包围了城市，但美国盟友和伊拉克临时政府施加政治压力，威胁倘若美军不撤退他们就解散，小布什总统被迫下令部队停止军事行动。[83]

武装当地伊拉克力量的行动也功败垂成，草率成立的“费卢杰旅”中有许多成员迅速加入叛乱分子队伍。[84]扎卡维也利用这种形势吸引民众的支持。

美国消除政治阻碍的幕后努力终获成功，并在 2004 年 11 月发起“幻影愤怒行动”。[85]对美军而言，由此引发的第二次费卢杰战役是伊拉克战争中最激烈的一场。美军发起密集、猛烈的炮攻和空袭，1000 多个叛乱分子丧命。[86]美军还对敌人使用了可以烧毁皮肤的白磷弹，这成为证明美军暴行的又一个例子，进一步激起城中民众对美军的仇恨。[87]最后，尽管战役取得了胜利，却向整个战争的失败又迈进了一步。费卢杰的多数家庭住房和建筑物遭到损坏或摧毁，这也再次助长了民众的怒火。[88]饱受摧残的费卢杰保持了一段时间的宁静，但到 2005 年时，几乎每天都会发生袭击事件。

## 汗流浃背，焦虑不安

2004 年夏天，在经历了一个季度持续加剧的动荡之后，美国政府做出了有力行动，将其在伊拉克当地的领导权由一个已被占领的政府转移到美国大使馆（全世界最大的使馆），使馆的任务是帮助伊拉克人建立一个自立的政府。美国在伊拉克的最高领导权也从布雷默转移到约翰·内格罗蓬特身上。[89]内格罗蓬特是一名老练的外交官，年轻时在很多外交使馆任职，包括美国驻越南的使馆。与布雷默一样，内格罗蓬特也曾在亨利·基辛格身边工作，在开始其伊拉克使命前是美国驻联合国大使。[90]同时，乔治·凯西被任命为驻伊多国部队的司令。[91]凯西的父亲是从西点军校走出的将军，参加过朝鲜战争和越南战争，后来在越战期间因直升机失事阵亡。[92]

如果说，冷战的经历影响了反恐战争中美国对极端主义对手的理解，害怕重蹈越南战争的覆辙则更深刻地影响了美国的军事行动以及国家安全政策。鲍威尔在越南战争的经历让他坚信，战争中一定要使用压倒性力量，也让他在第一次海湾战争中坚持不打到巴格达，以避免再陷越战式泥潭。[93]有一种思想认为必须克服美国的越战耻辱和因此形成的分歧，这种思想影响了里根之后的共和党国家安全政策。[94]拉姆斯菲尔德抗拒帮助伊拉克建设国家、推崇“速进速退”的行动，这些都可以从中找到根源。对“越战式惨败”的恐惧也迫使小布什总统推动其团队在伊拉克采取新战略和新战术，让美国在伊拉克的表现有所转好。海湾战争时美军大部分高级领导都经历过越战岁月的洗礼，反复品味、讨论、反思越战的教训。然而，他们对越战教训的理解和应用并不成功，这才导致了伊拉克、阿富汗以及反恐战争的错误——这些错误也会像越战影响他们一样影响下一代美国领导者。奥巴马政府对卷入任何地区冲突的迟疑就是一个明显的表现。

布雷默有多重汇报责任，如向国务院的鲍威尔以及向总统汇报，而内格罗蓬特则纯粹作为国务卿鲍威尔的代表来到伊拉克。这位资深外交官坚持通过传统的国务院渠道汇报，让白宫国家安全委员会的很多工作人员都很沮丧。[95]而内格罗蓬特认为，让他最恼火的莫过于另一位资深外交官鲍勃·布莱克威尔。布莱克威尔在布什第一任期时任美国驻印度大使，随后来到白宫担任总统副助理，在赖斯手下担任战略计划协调员。他以行事粗犷著称，甚至有传言称其曾推搡过身边的工作人员。[96]他的一位亲密同事坦言："他非常聪明，但人际交往能力很差。不是零分，是负分。"[97]

布莱克威尔对内格罗蓬特和鲍威尔坚持用传统渠道沟通有看法，内格罗蓬特这样评论道："鲍勃对我很生气。他有时给我打电话说，希望从我这里多听到点消息。我就说，'嘿，鲍勃，你问科林·鲍威尔去吧，或者看我们的外交电报'。我上任后，从巴格达到华盛顿的电报数量涨了100倍。"

内格罗蓬特说道："科林让我到那里做的第一件事就是评估所谓的重建计划，并提出如何改进的建议。"内格罗蓬特向后来成为乌克兰大使的比尔·泰勒建议"重新计划"对伊拉克军队和警察的培训项目，这主要是因为内格罗蓬特有在越南的经历，坚信"我们在越南开始'越南化'进程太晚了"。换句话说，他们想让伊拉克人尽早参与维护自身安全。

内格罗蓬特还从越南的经历中找到了"文官和军官的合作模式"。他知道，越战中克赖顿·艾布拉姆斯将军并不热心推动战争越南化是因为"威廉·威斯特摩兰将军希望由美国人战斗"。所以，内格罗蓬特特别注意培养与凯西将军本来就已经不错的关系（他曾表示，"我们是真的好朋友"），这种合作从一开始就注重融合文官和军官自上到下的努力。这非常有用。而此前的布雷默和其军事同僚里卡多·桑切斯将军"几乎不怎么说话"。而另一位小布什国家安全团队的高级官员则直接得多："他们简直无法容忍对方。而且我不确定他们知不知道自己究竟在做些什么。"

为了更好地理解叛乱分子的"组成元素"，内格罗蓬特和凯西创立了一支"独立小组"（政府内部有时称之为"独立团队"，小组的目的是争辩和测试各种情景、计划和假设），小组分析人员包括军方和大使馆官员。[98]当年9月，他们提出报告，认为“首要危险是逊尼派，要在他们完全与扎卡维的叛乱分子融为一体前将其融入政治体系”。[99]分析人员估计叛乱分子人数在8000～12000左右，并得出结论：“叛乱分子相较九个月前实力大增，足以在未来几个月破坏伊拉克临时政府的合法性。”该小组敦促应把政治和解列为首要任务。[100]

内格罗蓬特赞扬了布莱克威尔领导下的白宫和国安会团队，认为他们在伊拉克2005年1月的大选中发挥了建设性作用。大选的目标是产生议会，制定新的国家宪法，推动伊拉克自治。不过，内格罗蓬特及其在巴格达的团队发现，华盛顿对选举细节的管理仍然有些令人沮丧。“在当时的困境下，选举进行得相当顺畅有效。然而，我们确实要应付为梅根·奥沙利文工作的白宫国安会人员。”奥沙利文当时是国安会的高级主任，后来成为负责伊拉克和阿富汗事务的副国家安全顾问。内格罗蓬特表示，奥沙利文“会向总统提问，再让他在视频会议时问我问题。比如说，他们为什么不能通过邮件投票？或者为什么不能通过因特网投票？这让人有些沮丧——他们在那里汗流浃背，焦虑不安”。

内格罗蓬特也认为凯西将军在维护选举安全方面“技术精湛”，不过，据凯西本人回忆，“选举日时有将近300次袭击”。符合条件的选民中有58%来到超过5000个投票站参与选举，赋予新选举出的议会充分的合法性。但是，大部分选民是什叶派和库尔德人，逊尼派参与选举的比例只有2%。凯西在回忆录中写道，选举成功是因为“投票率和安保措施”。然而，“缺乏逊尼派的参与意味着他们将在宪法制定中缺少影响力”。在他看来，基地组织已经无力“阻止选举”，表明“支持敌方的人也寥寥无几”（这种短视之见完全忽略了逊尼派被剥夺部分基本权利和被疏远后可能造成的潜在危险，这种危险在美国撤出伊拉克后的几年内迅速显现，助推了逊尼派极端分子和伊拉克政府间的紧张关系及斗争。[101]这些极端分子并不信任伊拉克政府，费卢杰再次爆发冲突，战火还燃向了伊拉克西部和北部）。

因此，客气点也只能说凯西的观点是过于乐观。[102]2005 年，来势汹汹的叛乱分子挑战了凯西的“乐观”，也最终导致美国对伊拉克政策的重大创新，这至少暂时扭转了小布什在伊拉克的行动方向，避免了可以预见的失败，也为美军撤离伊拉克创造了必要条件。后来几年，美国在伊拉克提出的行动计划（被称之为“增兵计划”）引发了激烈辩论，之后还被错误运用到了阿富汗。奥巴马第二任期内，一支新的叛乱力量崛起，“增兵计划”无法持续应对这种情况，或者无法产生长期有效的结果。不过，“增兵计划”这个例子也很好地说明了小布什团队如何从第一任期吸取教训、如何在执政最后几年内为取得其他方面的重要进展奠定了基础。

## 注 释

1. Suhad Al – Salhy and Timi Arango, “Iraq Militants, Pushing South, Aim at Capital,” *The New York Times*, June 11, 2014; Thomas Erdbank, “In the Shadows of Shrines, Shiite Forces Are Preparing to Fight ISIS,” *The New York Times*, June 26, 2014; Caroline Alexander, “Maliki Turns to Militias to Halt Militant Onslaught,” Bloomberg, June 12, 2014.
2. Rothkopf, *Running the World.*
3. Richard A. Clarke, “Strategy for Eliminating the Threat from the Jihadist Networks of al Qida: Status and Prospects,” Declassified by D. Sanborn on April 7, 2004; Peter L. Bergen, *The Longest War: The Enduring Conflict between America and al – Qaeda* (New York: Free Press, January 2011), 42.
4. David Rohde and David E. Sanger, “How a ‘Good War’ in Afghanistan Went Bad,” *The New York Times*, August 12, 2007.
5. Mike Allen, “Rice Is Named Secretary of State,” *The Washington Post*, November 17, 2004.
6. David Halberstam, *The Best and the Brightest* (New York: Ballantine Books, 1972).
7. Rothkopf, *Running the World*, 154.

8. Rothkopf, *Running the World*, 248, 252 - 259.
9. R. W. Apple Jr. , "A Domestic Sort With Global Worries," *The New York Times*, August 25, 1999; Michael Dobbs and John M. Goshko, "Albright's Personal Odyssey Shaped Foreign Policy Beliefs," *The Washington Post*, December 6, 1996; Bill Powell, "How George Tenet Brought the CIA Back from the Dead (Fortune, 2003)," Fortune, November 18, 2012.
10. Rothkopf, *Running the World*, 371 - 372.
11. 根据与国务院官员的采访内容。
12. 根据与国务院官员的采访内容。
13. 根据与小布什政府高级官员的采访内容。
14. 根据与小布什政府高级官员的采访内容。
15. 根据与克林顿政府官员的采访内容。
16. 根据与前国安会高级官员的采访内容。
17. 根据与小布什政府高级官员的采访内容。
18. "A Period of Consequences," *The Citadel*, September 23, 1999, http://www3. citadel. edu/pao/addresses/pres_ bush. html.
19. 同上。
20. 同上。
21. 同上。
22. 根据与小布什政府高级官员的采访内容。
23. Bergen, *The Longest War*, 50.
24. 根据与小布什政府高级官员的采访内容。
25. 同上。
26. 同上; "Saddam Hussein's Defiance of United Nations Resolutions," *White House Archives*, http://georgewbush - whitehouse. archives. gov/infocus/iraq/decade/sect2. html。
27. "Public Attitudes Toward the War in Iraq: 2003 - 2008," Pew Research Center, March 19, 2008, http://www. pewresearch. org/2008/03/19/public-attitudes-toward-the-war-in-iraq - 20032008/; Frank Newport, "Seventy - Two Percent of Americans Support War Against Iraq," Gallup, March 14, 2003, http://www. gallup. com/poll/8038/seventytwo-percent-americans-support-war-against-iraq. aspx; Alison Mitchell and Carl Hulse, "Congress Authorizes Bush to Use Force in Iraq," *The New York Times*, October 11, 2002.
28. Bob Woodward, Bush at War (New York: Simon and Schuster, July 2003), 49.
29. Benjamin S. Lambeth, "Air Power Against Terror: America's Conduct of Operation Enduring Freedom," The RAND Corporation, 2005, 76 - 77; "Taliban Lose Grip on Mazar - i - Sharif," *The Guardian*, November 7, 2001.
30. "World DataBank: World Development Indicators," The World Bank, http://data. worldbank. org/data - catalog/ world - development - indicators.
31. Anthony Cordesman, "The Military Balance in the Gulf: Iraq," Center for Strategic and International Studies, August 3, 2000.
32. 同上。
33. George A. Lopez and David Cortright, "Containing Iraq: Sanctions Worked,"

*Foreign Affairs*, July/August 2004.

34. Anthony Cordesman, "Iraqi Armed Forces on the Edge of War," Center for Strategic and International Studies, Washington, DC, 2003.
35. Sharon Otterman, "IRAQ: Iraq's Prewar Military Capabilities," Council on Foreign Relations, April 24, 2003.
36. Cordesman, "The Military Balance in the Gulf: Iraq."
37. "Text: President Bush Addresses the Nation," *The Washington Post*, September 20, 2001.
38. "President Bush's Address to the Nation," *The New York Times*, September 11, 2006.
39. Peter Baker, *Days of Fire: Bush and Cheney in the White House* (New York: Doubleday, 2013), 157.
40. Steven R. Weisman, "Threats and Responses: Security Council; Powell, in U. N. Speech, Presents Case to Show Iraq Has Not Disarmed," *The New York Times*, February 6, 2003.
41. "Presidential Approval Ratings—George W. Bush," Gallup, accessed May 9, 2014.
42. Neil King Jr. and David S. Cloud, "Thirty Nations Join U. S. in Coalition Against Iraq," *The Wall Street Journal*, March 19, 2003.
43. Dana Milbank and Jim VandeHei, "No Political Fallout for Bush on Weapons," *The Washington Post*, May 17, 2003.
44. Frank Davies, "Public Support for War Declines; Nearly 70 Percent Say Basis for Invasion Was Faulty," The Kansas City Star, August 21, 2004.
45. "Iraq," Gallup, http://www.gallup.com/poll/116500/presidential-approval-ratings-george-bush.aspx.
46. Richard Benedetto, "Iraq Speeches Have Done Little to Buoy War Support; Americans Tune Out as Casualties, Violence Drown Out Bush's Message," *USA Today*, April 14, 2006.
47. 根据与国安会高级官员的采访内容。
48. Bob Woodward, *State of Denial: Bush at War, Part III* (New York: Simon & Schuster, 2007), 109-110.
49. 同上。
50. Condoleezza Rice, *No Higher Honor: A Memoir of My Years in Washington* (New York: Crown, 2011), 192.
51. 根据与国务院高级官员的采访内容。
52. Rice, *No Higher Honor*, 191.
53. Rice, *No Higher Honor*, 187.
54. Donald Rumsfeld, *Known and Unknown: A Memoir* (New York: Sentinel HC, 2011), 482.
55. Rumsfeld, *Known and Unknown*, 486.
56. Dick Cheney and Liz Cheney, *In My Time: A Personal and Political Memoir* (New York: Threshold Editions, 2011), 387.
57. Rice, *No Higher Honor*, 187.
58. Rumsfeld, *Known and Unknown*, 499.

59. Woodward, *State of Denial*, 241.
60. Michael E. O' Hanlon, "Iraq Without a Plan," *Policy Review*, December 1, 2004.
61. Jane Arraf, "U. S. Dissolves Iraqi Army, Defense and Information Ministries," CNN, May 23, 2003; Tim Arango, "Uneasy Alliance Gives Insurgents an Edge in Iraq," *The New York Times*, June 18, 2014.
62. Woodward, *State of Denial*, 244.
63. Stanley McChrystal, *My Share of the Task: A Memoir* (New York: Portfolio Trade, 2013), 106.
64. Woodward, State of Denial, 266; 根据与小布什政府高级官员的采访内容。
65. David E. Sanger, "New Woodward Book Says Bush Ignored Urgent Warning on Iraq," *The New York Times*, September 29, 2006.
66. Edward Cody, "Foes of U. S. in Iraq Criticize Insurgents," *The Washington Post*, June 26, 2004.
67. 同上。
68. George W. Bush, *Decision Points* (New York: Crown, November 9, 2010), 261.
69. 根据与前高级官员的采访内容。
70. 根据与小布什政府前高级官员的采访内容。
71. E. Yarshater, editor, *The Cambridge History of Iran*, *Volume 3: The Seleucid*, *Parthian and Sasanid Periods*, Part 1 of 2 (Cambridge, UK: Cambridge University Press, 1983), 70.
72. Michael Grant, *A Guide to the Ancient World: A Dictionary of Classical Place Names* (New York: H. W. Wilson Co., 1986), 391; "Academies in Babylonia," JewishEncyclopedia. com, accessed June 27, 2014.
73. Jackie Spinner, "Fallujah Residents Emerge, Find 'City of Mosques' in Ruins," *The Washington Post*, November 18, 2004.
74. "Iraq's 'Sunni Triangle' Scene of New Deadly Attacks," CNN, January 22, 2004; Anthony Shadid, "Iraq's Forbidding 'Triangle of Death,'" *The Washington Post*, November 23, 2004.
75. Liz Sly, "Al - Qaeda Force Captures Fallujah Amid Rise in Violence in Iraq," *The New York Times*, January 3, 2014.
76. Human Rights Watch, "Violent Response," June 17, 2003, www. hrw. org/en/node/12318/section/4.
77. Sarah Left, "US Troops 'Kill 13 Protesters,'" *The Guardian*, April 29, 2003.
78. Jeffrey Gettleman, "Enraged Mob in Falluja Kills 4 American Contractors," *The New York Times*, March 31, 2004.
79. 同上。
80. "Marines, Iraqis Join Forces to Shut Down Fallujah," CNN, April 6, 2004.
81. McChrystal, *My Share of the Task*, 131.
82. 同上。
83. Joel Roberts, "Iraqi Forces Taking Over in Fallujah," CBS News, May 1, 2004.
84. Glen Kessler, "Weapons Given to Iraq Are Missing," *The Washington Post*, August 6, 2007.
85. "Battle for Falluja Under Way," CNN, November 9, 2004.

86. Dexter Filkins, "In Fallujah, Young Marines Saw the Savagery of an Urban War," *The New York Times*, November 21, 2004; Jackie Spinner and Karl Vick, "U. S. and Iraqi Troops Push into Fallujah," *The Washington Post*, November 9, 2004.
87. Robert Burns, "Pentagon Used White Phosphorous in Iraq," *The Washington Post*, November 16, 2005.
88. Jackie Spinner, "Fallujah Residents Emerge, Find 'City of Mosques' in Ruins," *The Washington Post*, November 18, 2004.
89. Suzanne Goldenberg, "Negroponte to Be Bush Envoy," *The Guardian*, April 19, 2004.
90. Wil Haygood, "Ambassador with Big Portfolio: John Negroponte Goes to Baghdad with a Record of Competence, and Controversy," *The Washington Post*, June 21, 2004.
91. Eric Schmitt, "The Reach of War: Man in the News—George William Casey Jr. ; A Commander with 4 Stars to Tame the Iraqi Furies," *The New York Times*, July 5, 2004.
92. 同上。
93. Eric Schmitt, "The Powell Doctrine Is Looking Pretty Good Again," *The New York Times*, April 4, 1999.
94. James Mann, *Rise of the Vulcans: The History of Bush's War Cabinet* (New York: Penguin Book, 2004), 63 - 64.
95. 根据与国安会官员的采访内容。
96. Glenn Kessler, "Bush Adviser on Iraq Policy to Step Down," *The Washington Post*, November 6, 2004.
97. 根据与国务院官员的采访内容。
98. Michael Gordon and Bernard Trainor, *The Endgame: The Inside Story of the Struggle for Iraq, from George W. Bush to Barack Obama* (New York: Vintage, 2012), 96.
99. 同上。
100. 同上。
101. Matt Bradley and Bill Spindle, "Unlikely Allies Aid Militants in Iraq," *The Wall Street Journal*, June 16, 2014.
102. Ellen Knickmeyer, "Insurgent Violence Escalates in Iraq," *The Washington Post*, April 24, 2005.

# 第二章
# 不一样的总统

我喜爱那些在困难中微笑、在忧虑中坚强、在反思中成长的人。沉沦是狭隘之人的专长。内心坚强、忠于原则的人必会至死追求原则。

——托马斯·潘恩

到了 2004 年，鉴于乔治·布什的标志性行动——伊拉克战争已举步维艰，他团队的分歧也日渐加深，毫无疑问的是，如果小布什总统连任，他必须做出重大改变。[1]小布什在 2004 年 11 月成功连任，击败了民主党候选人、未来的国务卿约翰·克里，选民票数只超过对方 300 万张，50.7% 对 48.3% 。

然而转变的基础早已打下。科林·鲍威尔将军早就开始留意国家安全团队的缺陷，并开始思考新的构成。[2]一位知情人士透露，在鲍威尔和小布什的一次对话中，鲍威尔开门见山。“国务卿对他的领导说，‘有些时候国安会系统根本不运作。各人的性格和观点差距太大’。而小布什总统的回答是‘就像温伯格和舒尔茨吧’。”温伯格和舒尔茨是里根时期的国防部部长和国务卿。而鲍威尔立刻回答，根本不像温伯格和舒尔茨，因为他在他俩身边工作过。鲍威尔说，温伯格和舒尔茨“会想办法解决问题。现在完全不是这样，体系根本不运转，这样对你没有帮助。如果你需要在选举后做出一些变化，我认为你应该对国家安全团队进行大调整，引入点新鲜血液。调整就从我开始，我应该离开了”。[3]

鲍威尔的身边人说，他早已向小布什总统明确表示，自己只打算当一任国务卿，但无论如何他的离去似乎都是必要的。据说，鲍威尔表示自己必须要第一个离去，这是因为他认为“和团队里的其他人在理念上有巨大分歧。他们也对我有相同看法。所以团队无法运作”。小布什不愿意接受鲍威尔的说法，“但他听了进去”。[4]

历届国务卿和国防部部长的关系都有问题，到了 2004 年，鲍威尔和拉姆斯菲尔德之间的冷淡和隔阂已经让体系无法运作。拉姆斯菲尔德的一位高级军事助手告诉我，国防部部长正“扳指头数日子”等着鲍威尔的离去。拉姆斯菲尔德自传中对这一事件的回避似乎隐藏着狂风暴雨。他完全没提这件事，只说鲍威尔“离开了”国务卿职位。[5]拉姆斯菲尔德的前门徒和终身挚友——前副总统切尼说得更明白。[6]“换一个新国务卿是重中之重”，他认为，尽管自己此前支持鲍威尔的任命，但必须换人，因为他对“鲍威尔处理政策分歧的方式十分失望”。

切尼继续写道：“我时不时听到，他反对伊拉克战争。实际上，现在仍能听到这样的话。但是我从没听见他在任何会议中提出过反对伊拉克战争的观点。他似乎认为表达意见的最好的方式就是对政府外的人指责政府的政策。”[7]

鲍威尔与小布什总统的白宫办公厅主任安德鲁·卡德在小布什总统连任后进行了一次对话。[8]卡德告诉鲍威尔，经过讨论，总统希望他辞职。鲍威尔提出想再留几个月做完手头项目以及参加包括北约高级别会议等几场会，但卡德说，小布什总统希望他立刻辞职。鲍威尔被告知，在经本人确认后，康多莉扎·赖斯会接替其职位。鲍威尔指出，在其前几次与小布什总统的谈话中，总统想对国家安全团队大换血，而卡德对这一评论不置可否，表示鲍威尔不适合插手。鲍威尔和其他一些人认为拉姆斯菲尔德严重妨碍了整个机制的有效和团结，但鲍威尔离开时，拉姆斯菲尔德仍留在原位，这让鲍威尔这位前将军深感羞辱。[9]

过了一段时间之后，拉姆斯菲尔德的助手保罗·沃尔福威茨才离开。拉姆斯菲尔德本人在 2006 年底也离开政府。但鲍威尔离职时，这些情况还并不明朗。[10]

赖斯回忆说："总统成功连任后，我们的第一次对话是……为了应对这次自 1812 年战争后对美国本土最糟糕的袭击，我们'砸碎了很多瓷器'。但你知道，我们必须要把事情安排好，不能只是不停地'砸'。"

"另外，他提出让我当国务卿，"她回忆道，"主要是这个。我们要与同盟重新建立关系。我们要找到方法在当地建立机制。他希望我在中东巴以问题上做出些成绩……然后他提出了一系列日程，这些问题在他第一任期时都还没有浮出水面，因为当时我们只是被动地根据形势做出反应，也因为'9·11'事件彻底改变了我们对世界的看法。"

早在小布什第一任期担任国家安全顾问时，赖斯与小布什总统的关系就非常紧密，甚至一天花六七个小时与他在一起。[11]在这一点上，她充分甚至过分完成了布伦特·斯考克罗夫特口中国家安全顾问的两件首要任务之一——为总统提供人力。也由于这一原因，她没有太多时间投入另一项任务——管理跨部门合作。由于国家安全团队中的分歧以及总统第一任期对该体系工作规范的重视不够，这一任务显得格外紧迫。

“毫无疑问，”赖斯日后真诚、坦率地回想道，“带着国家安全顾问的经验去国务院，已经了解国务院存在的问题，这都是非常有利的。当然，斯蒂芬·哈德利正担任国家安全顾问，也非常有帮助。作为国家安全顾问，他比我强多了，因为他的个性更适合。我认为我的个性更适合当国务卿。我总是开玩笑说，我们终于坐对了位置。当然，总统对我的信任是至关重要的。”

康多莉扎·赖斯知道，还有一个因素将塑造这一新的国家安全团队——小布什总统本人。他不再是那个新手。用赖斯的话来说，“总统成长了”。她从总统管理国防部的新举措中就能看出来。他会“对国防部做出要求。比如在做出增兵决策后命令部队进入伊拉克，他表现得非常自信”。小布什总统本人加强了对伊政策的控制力，逐渐解除了副总统的掌控权（一位资深的国安会官员称副总统“不断砸碎瓷器”）。而这位官员说：“总统本人不想对朝鲜动武，不想对伊朗动武，只想运用外交手段。总统变了很多。”赖斯非常保护总统，与总统接近的很多高级官员都支持她的观点。政府的行动也说明了这点。即使出现了阿富汗局势恶化以及俄罗斯2008年针对格鲁吉亚的进攻性举动，除了增兵伊拉克外，小布什第二任期内也没有发生其他重大冲突。只要有可能，总统就会选择外交或有限甚至最好是秘密的军事行动。

哈德利也和赖斯颇有共鸣。他回忆起曾经与约瑟夫·奈讨论小布什第一任期和第二任期的差别。约瑟夫·奈是著名的政治学教授、哈佛大学肯尼迪政府学院前院长、克林顿政府时期国家情报委员会主席。奈告诉哈德利：“我有这么一个看法，当大家比较赖斯和你在国安会工作所面临的挑战时，你的突出优势是面对的是一位二任总统。这位总统知道自己的所思所想，经历了两场战争、‘9·11’事件、反恐战争，认识每一位世界领导并至少与他们会面过无数次，而且无论好坏基本上已经形成自己的政策，还对自己信心满满。这是位很不一样的总统。”

赖斯回忆过渡期的工作时表示，自己提出了鲍威尔和拉姆斯菲尔德不和的问题。“我认为科林（鲍威尔）担任国务卿时掌控力不够，这也阻碍了他的有效工作。我还记得自己很坦率地向总统指出了这一点：我不想在国务院浪费时间与拉姆斯菲尔德争辩外交政策。我不会这么做。如果你想让我和他争辩，那还是另选高人吧。”

“而且，你知道，我们俩关系很好，我可以直接这么讲。”

赖斯下定决心，担任国务卿就必须掌控有力，不能“对细节过分吹毛求疵”。她赞赏哈德利很好地完成了国安会的核心任务，帮了大忙，比如协调跨部门决策并为总统提供合适选项、直接向总统建言献策、监督各部门执行总统的最终决定等。赖斯坚持认为哈德利给她的支持远大于自己给鲍威尔的：“史蒂夫的角色至关重要。”

哈德利在国安会内部及相关部门工作了数十年，对这份工作有了清晰的理念。他认为跨部门决策机制有两种模式。“国内事务方面总是以白宫人员为主。白宫人员会和总统有一些交流，提出一些政策主张。等政策基本上思考成熟或者成形后，内阁官员才会加入其中，并参与执行环节。”

不过，在国家安全事务方面情况就大为不同了。哈德利表示，在这种情况下主要依靠“部长级官员为主的机制”，“我们商议政策主要依靠涉及国家安全的部长级官员、国务卿、国防部部长、参谋长联席会议主席、情报机构人员等，我们会一起把政策建议和选项告诉总统”。哈德利还顺便提及，他发现奥巴马政府通常把以白宫为主的传统国内事务决策模式运用得更为广泛，如运用在外交决策和国家安全政策方面。

哈德利强调，自己描述的决策模式是小布什心仪的。尤其是在第二任期，总统意识到必须赋予内阁官员权力，哈德利将这种考量夸赞为“商人”视角。

哈德利认为小布什的国安会机制并没有开足马力，因此提出要改变，而他自己也身体力行推动改变。实际上，哈德利早就与小布什和卡德说过这件事，由于小布什第一任期内国安会运作不灵，哈德利建议应当把国安会团队全部换掉。“很显然国务院和国防部摩擦不断，很显然一些关键人物借便利‘走后门’影响决策，很显然决策出了错，”哈德利回忆道。一开始，哈德利的建议被束之高阁，因此2004年出任国家安全顾问时，哈德利仍然得和小布什第一任期遗留下来的矛盾做斗争。哈德利认为可以用两种方式处理这种矛盾，这两种方法都是灵巧的官僚式“柔道”。他不喜欢用个性生硬地追求某种结果，而是尝试借用他人的影响力实现更好的结果，比如总统或者内阁部长级官员。

他非常生动形象地阐释了这些方式。“总统在开完国安会会议后，会想一晚上，第二天早上7：10来到办公室，说‘哈德利，我刚做出某结论，打电话给盖茨吧’（鲍勃·盖茨于2006年接替拉姆斯菲尔德成为国防部部长）。我会说，‘不，不，总统先生。您桌上电话有一个按钮写着国防部部长，按下按钮，鲍勃·盖茨就会来，相信我。您的命令应当由他传递给军队，而我不在指挥链条中’，”哈德利说，“我真的认为与内阁官员的每周例会至关重要，总统、副总统、（新）幕僚长乔舒亚·博尔滕。这样，总统能够向他的阁僚们表达观点并直接听取意见。”

哈德利描述的第二种情景完美地展现了他的管理哲学——既服务了总统，引导了运作过程，又得到了总统国家安全团队中其他资深成员的信任和支持，因而给未来的国家安全顾问树立了榜样。“比方说，你早上5：15到达办公室，看了看报纸，发现有一个报道来源于国务院走漏的消息。有两种处理办法，一是7：10去总统办公室说，‘总统先生，您肯定看了邮报上的文章吧，是从国务院走漏的。我已经给康迪打过电话，告诉她必须要管好自己的部门。所以您不用担心，已经搞定了’。这种处理方法是对每一个国家安全顾问的诱惑，因为你总想取悦老师或老板。另一个选项，也是我推荐的做法，就是早上5：10打电话给康迪，她那时还在台阶器上锻炼。你说，‘康迪，你看了报纸没有？头版新闻来源于你的部门，看一下然后打电话给我。’她15分钟之后会打过来，说，‘我已经看过了。问题是这样的，我打算那样做’。我会说，‘好的。那你7：00给总统打电话吧，他一进办公室，就要告诉他发生了什么，你打算做什么’。她不是傻子。她知道需要与总统保持密切的关系。她这样做了。当你7：10走进总统办公室，总统正在打电话。他拿着听筒，对我说，‘是康迪。她正在说邮报披露的那件事’。这样，在国家安全顾问的层面系统才运作了起来，不损害内阁成员与总统的关系，也让每个人看上去都很出色。”

顺便提一句，正如上述例子所展现的一样，最优秀的美国国家安全顾问正是用最成熟、最完备的管理战略来做自己的工作。尽管每位国家安全顾问不尽相同，但他们都具备相同特点——赋予其他工作人员权力，在此过程中又要抵制人性的弱点，不去抢同僚的风头。布伦特·斯考克罗夫特就是这样一位大师，部分原因可能是他在进入老布什政府前已经干过这份工作，而且对自己与总统的关系有信心。这让他能与时任国务卿詹姆斯·贝克分工明确。贝克是行政机构的发言人，而斯考克罗夫特尊重这一设定，同时要求同样与总统十分亲密的贝克参与国家安全决策过程，而不是绕过这一机制。众所周知，兹比格涅夫·布热津斯基与国务卿万斯关系不好，但他还是运用了一些设计巧妙、执行有效的管理战略。比如，他每周都会召开国安会高级成员的会议，人数大约为40人（这个数目只比奥巴马时代国安会成员人数的1/10多一点）。在会议上，他会汇报与卡特总统的私人交流，因为“我知道这给每个在场的人一些在华盛顿混迹的资本，一种被重视、有门路的感觉”。他每天都会收到高级成员的工作总结以及给他的问题。他将这些文件装订在一起，在从白宫乘车回家的路上阅读。他会在一些总结上标注，并写上自己的评论以及给成员的问题。用这种方式，他保持与整个团队的沟通并管理其工作。但是，由于他清楚华盛顿的内部人士对同事布热津斯基的动向异常敏感，他会将未经标注的所有总结装订起来，放在自己白宫西翼套房办公室秘书的桌子上。这样，布热津斯基就做到了完全透明，也减少了同事间的背后诽谤。在克林顿执掌白宫的年代，国家安全顾问桑迪·伯杰每周主持召开 ABC 会议（A 代表国务卿奥尔布赖特、B 是伯杰自己、C 是国防部部长威廉·科恩），确保他与国务卿及国防部部长之间关系的顺畅。此后，奥巴马任内的国家安全顾问汤姆·多尼伦几乎复制了这一模式。

哈德利描述了作为国家安全顾问第一次与国家安全相关媒体的会面。“他们都彬彬有礼，但含蓄地提出了问题，‘像康迪这样与总统关系密切的厉害角色都不能制止鲍威尔、拉姆斯菲尔德、切尼之间的争吵，你这样窝囊的人怎么能办到？’”

他继续说道：“你将如何应付这些 700 磅的大猩猩？你将如何化解争执？我的答案是，‘我不会尝试去做这些’。如果 700 磅的大猩猩意见分歧，我会直接去 40 英尺开外找 1200 磅的大猩猩，他是政府内最好的战略家。他会听取各方意见，然后做出抉择。我的同事都很专业，如果我给他们表态和倾听的机会，他们总会听总统的。”

哈德利补充道，为了确保决策流程顺畅，他也和许多前任的做法一样，与国家安全方面的核心官员会面，其中包括国务卿、国防部部长、副总统、国家情报总监、中央情报局局长以及军方主要的将军等。他们会一起坐在国家安全顾问办公室内，开会时间从下午 4：00 到 6：00 或 6：30。如果有必要的话，“我们会讨论操作层面的不同问题。大家可以畅所欲言，因为在那里没有其他工作人员，不用担心走漏信息”。

哈德利是那种能够捕捉细节的人，他明白在一天快要结束时，决策流程往往取决于身在其中的每一个人。他表示："我会给他们提供不含酒精的饮料、奶酪酱和玉米片，因为你知道，下午大家总是会有点情绪不稳，肚子也会饿。"

## 再怎么努力，我们也没法选择盟友

小布什总统的政治遗产几乎完全压在了伊拉克身上，他也在重新调整团队和优先事务。2005 年的过渡时期更是让伊拉克局势雪上加霜。选举之后，临时政府总理伊亚德·阿拉维失去了信誉，尽管据说内格罗蓬特和凯西喜欢与阿拉维共事，但美国仍然向他施压，迫其交出权力。[12]4 月 7 日，易卜拉欣·贾法里接替了阿拉维。[13]美国驻巴格达使馆的一些人认为贾法里是个招惹麻烦的选择，因为他与伊朗走得太近，而且对教派主义导致的日益上升的危险和代价不够敏感，甚至故意视而不见。[14]

凯西表示，这段时期美国与伊拉克政府的关系恶化了，在"许多部门"失了势。然而，凯西依然没有放弃将责任转移给伊拉克人的战略。[15]2005 年 6 月末，美国在巴格达的文职机构又出现顶层人事变动，其变动根源在华盛顿。当年早些时候，作为重组情报机构的行动之一，内格罗蓬特被任命为美国第一任国家情报总监。[16]国家情报总监一职设立于"9·11"事件发生后，主要为解决美国各情报机构间条块分割、沟通不畅的问题。[17]按小布什政府一名高级顾问的话说，"创立国家情报总监的目的在于把跨部门情报职能（中央情报总监联合情报机构的职能）与执掌中情局（中情局局长的职能）区分开，因为此前这两个职能往往由一位官员承担，导致中央情报总监兼中情局局长只关注中情局的运作，而忽略了整合各情报机构的职责。"[18]

设立该职位后的近十年，许多担任国家情报总监一职的人（其中包括与我对话的三个）都认为设置这个职位很大程度上来说是个错误。国家情报总监的协调职能实际上就是 1947 年《国家安全法》规定中央情报总监所应发挥的作用。同时，为了提升协调和沟通能力，还增添了一层官僚机构，最终又增加了 200 人。从这两方面看，这确实是华盛顿应对问题的典型方式：无非是把原有方式重复一遍，只不过这次更卖力，而且增加更多官员。设立国家情报总监既没有完全解决中情局、联调局、国安局和国防部情报局间的紧张关系，也完全没有让情报机构预算问题得到充分重视或有效控制，更没有最终在情报决策过程中树立一个绝对权威。很快，当让中情局承担某项工作时，中情局局长就会要求能够直接面见总统。此外，官场旧有的惯性和官僚斗争逐渐帮助中情局恢复了地位，至少在多届政府决策圈内，中情局局长已经与国家情报总监平起平坐。换句话说，一个本已复杂的情形变得更加错综复杂。

不过，在国家情报总监一职创立伊始，大家普遍认为内格罗蓬特是合适的人选，觉得他能成功履行职务，因为内格罗蓬特不仅帮助设立了这个职务，还监督整合预算的工作。最重要的是，他在集中精力并颇有效率地推进情报机构的科技现代化。

接替内格罗蓬特出任驻巴格达大使的人是扎尔梅·卡利尔扎德，他在阿富汗出生，喜欢喋喋不休，曾任国安会负责西南亚、近东和北非事务的高级官员，在接到赴伊拉克上任的命令时正担任美国驻阿富汗大使。他的语言能力强，了解当地情况，与总统和新的国家安全团队成员关系密切，而且亲和力十足，很快便进入了自己的新角色。[19] 卡利尔扎德在 2005 年 7 月 24 日抵达巴格达履新。[20]

卡利尔扎德透露说，他本来是文职团队两人组成员之一，任务是掌管伊拉克事务，但由于布雷默说服了总统，告诉他这一计划行不通，布雷默应该一人行动，总统才让卡利尔扎德赴阿富汗当大使。

卡利尔扎德之后成为美国驻联合国大使。“伊拉克的暴力程度及带来的损失造成了政治影响，”卡利尔扎德称，“有一种观点变得越来越盛行，那就是总统甚至整个国家都对我们战略的有效性失去了信心，因为暴力程度太高了。我认为有必要审视我们正在做的事情，看看哪些有效、哪些无效。从总统向凯西将军提的问题就可以看出，他开始寻找新答案、新手段。我的任务首先是让伊拉克不同的民族和宗教派别形成政治共识。这就是我们一开始着手的工作。”

凯西用一份名为“确保战略胜利”的汇报欢迎卡利尔扎德的到来，这份汇报也表明凯西仍然深信事情正在正确的轨道上，最终伊拉克人将担负起伊拉克的安全责任，进而为美国大规模撤军打开大门。[21]尽管如此，这一新的领导集体还是延续了内格罗蓬特—凯西这一组合的传统，在 2005 年 8 月发布了一份报告，声称为了实现美国的目标应当扩增而不是裁减美军。[22]建议的方式包括用更多精锐兵力保卫某一地区，随后再扩展到其他地区。这是反叛乱战略的最初版本。鉴于凯西强烈反对增兵，根据迈克尔·戈登和伯纳德·特雷勒在《终极游戏：伊拉克斗争的内幕》中的精彩描述，这一团队支持“在特定地区小规模增兵”。[23]

这一报告与 9 个月前另一支独立团队做出的评估截然不同。[24]由于凯西反对，加上卡利尔扎德倾向于关注政治和解，没有人卖力推动这份报告。直到 18 个月后，这一政策才发生根本转变。凯西在白宫和国会广泛活动，声称行动是“现实的、可以实现的”，但由于目标尚未达成，美军还要在伊拉克待上一段时间。[25]他得到了国防部高级官员的支持。这些官员一是受了凯西经手的评估报告的影响，二是本身就倾向（正如我们中的大部分人那样）相信自己和自己批准的计划，而罔顾局势发展（独立小组之所以重要，是因为他们置身于事外，能客观地看待既定计划，而计划的拟定者和实施者往往做不到这一点）。

同时，康多莉扎·赖斯在国务院也委托了一位才华横溢且深得她信任的顾问——菲利普·泽利科评估伊拉克局势。[26]泽利科与军队的观点不一样，他认为叛乱活动在扩大、演变，而美国军队战线过长、疲于奔命。[27]他担心这一局势变得像越南战争一样，因而开始寻找有效的解决方法。他想出的点子与小规模增兵类似，用军事术语表达就是“清除和控制”。[28]其他一些新建议还包括帮助伊拉克人建设基础设施、提升能力等，这些也都成为赖斯 2005 年 10 月 19 日在国会陈述的主要观点。[29]

可以料想到，拉姆斯菲尔德不乐意见到赖斯超越国务院的外交活动范畴。[30]他担忧这种方法会导致美国在伊部署更多兵力，撤军也会更困难。[31]同时，伊拉克于 10 月通过了第一部宪法，但是再一次绕过了逊尼派，这加剧了泽利科和其他人已经指出的伊拉克教派矛盾。[32]

拉姆斯菲尔德在总统面前以及在国安会内都支持凯西的看法，还安排凯西向哈德利汇报。[33]拉姆斯菲尔德的回忆录记下了 2005 年 11 月 2 日的一场国安会会议，这场会议旨在“讨论（伊拉克）选举的安全战略和美国军队规模这个老问题”。小布什和其他与会人员都询问，除了已经派遣的 16000 名士兵，是否需要为 12 月中旬即将到来的选举增派美军人员。凯西表示，“没有一个指挥官”需要额外兵力。[34]

拉姆斯菲尔德是这样描述凯西及其团队的：“他们很清楚，军力太少可能会造成原本可以阻止的暴力。但是，我们都意识到，如果在错误的时间、错误的地点增兵，就会削弱伊拉克领导层力量，阻碍一个刚处于萌芽期的主权国家的发展。”[35]2014 年当伊拉克再次陷入动荡时，回首当年的辩论，可能不得不承认，拉姆斯菲尔德和凯西的看法是正确的——增兵只能暂时稳定伊拉克局势，或许只会制造出稳定的种子已经生根发芽的假象。

凯西曾引用过一位指挥官空军将军诺顿（“诺蒂”）·施瓦茨的话，施瓦茨当时是军事运输司令部司令，随后担任空军参谋长。他在后来表示：“我认为当时一切都很清楚，后来也很明显，‘清除和控制’战略不能实现我们想要的结果。因此，又演变成了‘清除、控制、建设’战略。依我看，这个战略基本上也不成功，因为我认为，重建社会是件复杂、费力的事情，最后会需要更大的投入。”

2005 年 12 月的情报报告证明，局势以一种出人意料的方式恶化：叛乱分子渗透进聚集的拘留人员，联军拘留设施成为有效招募反对派的学校。[36]这些设施非但没有削弱叛乱力量，反而增强了他们的实力。

此外，伊拉克 12 月 15 日的议会选举再一次发挥了分裂的作用。[37]选举框架对地位稳固的什叶派有利，却对温和派和逊尼派不利。戈登与特雷勒写道：

> 为了公平竞争，国务院的官员汤姆·沃里克和阿拉伯国家都支持一个秘密项目——向伊拉克的新兴政治团体提供资金和物质援助。资金将提供给坚持遵守民主原则的党派。虽然多年来都有人为这个提议游说，但提案从未实施过。国务院的一些官员甚至是白宫官员反对干涉伊拉克选举进程，这些人阻碍了这个提案的实现。伊朗以及伊拉克邻国却不觉得干涉伊拉克选举是什么禁忌。[38]

由于担心伊朗构成的威胁，美国曾经与萨达姆·侯赛因交好，甚至到了为他提供情报的地步，使他能够在 20 世纪 80 年代对伊朗发动神经性毒气攻击。[39]第一次海湾战争后美国仍让萨达姆主政，这是因为担心倘若萨达姆下台，伊朗会借机利用出现的权力真空。但是在“9·11”事件发生后，美国的战略发生了变化，推翻萨达姆成了目标。沙拉比和其他人表示，只有推翻萨达姆以后，伊拉克才会成为美国真正值得依靠的盟友，这种观点将政府一步步拖入最终发生的危机之中。[40]美国采取的政治和军事措施不仅逐渐让伊拉克难以成为支持美国的盟友，还不断强化了伊朗的实力。因此，伊拉克已无法制衡未来可能拥有霸权的伊朗，伊朗的地位也相对提高了。[441]

12 月 15 日的选举进展顺利，并未出现太多暴力活动，投票率达到 70%。[42]这主要是因为卡利尔扎德、凯西与逊尼派达成一致，在选举期间以美国停火为筹码，换取逊尼派叛乱分子降低攻击烈度。恐怖主义暴力活动次数下降到年初数量的 1/3，这表明逊尼派政治领导层仍保有与叛乱分子的直接沟通渠道，他们此前也曾表示能够掌控叛乱。[43]内格罗蓬特指出："一些人或许会批评凯西处理教派冲突的方式，但他决定三天内禁止任何车辆在伊拉克活动。当时我怀疑这种方法并不高明，但事实证明，他的方法阻止了许多临时爆炸装置被引爆。"

两个月后，2006 年 2 月 22 日，短暂的平静以一种剧烈的方式被打破。[44]伊拉克萨迈拉的阿里·哈迪清真寺遭炸弹损毁。这座清真寺以金顶闻名，是伊拉克最神圣的圣殿之一，埋葬着被什叶派视为穆罕默德精神继承人十二伊玛目中的两任。[45]这一清真寺好比伊拉克什叶派的图腾标志，其重要性相当于美国人心目中的双子塔。[46]不过，美国人却诡异地没能保护好双子塔。清真寺遭毁激起伊拉克国内的暴力活动，什叶派认为逊尼派应为爆炸事件负责，当时的伊拉克已接近什叶派和逊尼派公开爆发内战的程度。

卡利尔扎德和凯西希望贾法里总理能够控制什叶派的报复行动，但用凯西的话来说，贾法里认为这一袭击是"对伊拉克什叶派人口的直接进攻"，因而不愿意照做。[47]当美国情报机构称这次袭击是由扎卡维和基地组织策划的，他们立刻意识到这将真正改变游戏规则、激化冲突、蓄意破坏美国长久以来的努力。[48]如前所述，逊尼派和什叶派的矛盾可能裹挟整个地区，蔓延至叙利亚和海湾地区，也突显了美国对伊拉克的干涉是在地震断层上起舞：我们来了，我们积极行动，然而，地下积聚的巨大力量我们远无法控制——逊尼派和什叶派的间隙可追溯至约 1400 年前即公元 632 年先知穆罕默德的继承人之争。[49]现在想起来，认为美国的短暂干涉可以管理、控制甚至解决这一紧张，是自大在当代外交政策中的最显著体现。

一位时任国安会高官的同事告诉我，“这次袭击也成了白宫对伊拉克局势看法的分水岭。一些人……更加深刻地……怀疑凯西战略的有效性，他是否拒绝接受现实，我们在伊拉克当地的领导是否管用，这些人是否能给华盛顿准确的情报”。戈登和特雷勒也有类似批评：“在萨迈拉危机中，凯西仍不愿放弃他的战略的中心要义，即将责任转移给初生的伊拉克武装。”[50]

凯西不愿意转变战略，其国防部的领导拉姆斯菲尔德同样如此，这与他们的核心观念息息相关。他们认为美国军队的存在招致伊拉克社会的厌恶——美国驻军不是消除袭击的良药而是潜在的导火索。无论这一观念是否正确，他们的方式都没有起作用。[51]2006 年 3 月 21 日，中情局发布的报告称，基地组织根本没得到美国军队的有效遏制，反而“继续增长”且“威胁安全，阻止合法的政治和经济发展”。泽利科递交给赖斯的报告同样令人不安。矛盾的是，尽管有了这些报告，凯西战略还是有一项值得质疑的内容——他坚持要给伊拉克军队和警察部队的人数设置 32.5 万人的限制，这一数字后来屡遭质疑，被认为过小。[52]但是正如美国视自己的部队是潜在导火索，他们也认为，如果伊拉克军队规模过大，风险和成本会更高。[53]于是，美国更加重视管理军队规模，而不强调解决伊拉克国内潜在的安全问题。

2006 年 4 月，伊拉克迎来了首位“常任”总理努里·马利基，他是一位反对萨达姆的什叶派政治家。[54]卡利尔扎德事实上鼓励马利基争取这一职位。[55]小布什对他的任命也非常满意，在其当选的新闻正式公布之后第一时间联系了他。[56]“恭喜你，总理先生，”小布什说，“我想让你知道，美国全力支持伊拉克的民主。我们将一起努力击败恐怖分子、支持伊拉克人民。希望你能满怀信心地担当领导。”[57]此后两人都称希望与对方建立密切关系，事实上他们也做到了，至少是暂时稳定了伊拉克局势。[58]约瑟夫·奈曾经对哈德利表示，小布什进入第二任期后变得更加自信，事实上，小布什连任后更加深度地参与了马利基与美国在伊拉克团队每周的决策。小布什定期与他们举行电话会议，据卡利尔扎德说，“他展示了对细节和重大问题的敏锐掌握，过去三年伊拉克的经历锻炼了他”。用小布什的话说，他不想给马利基压力，但想“获得他的信任”，“帮他做出艰难决定”。[59]虽然时间证明马利基时常是个不容易对付的伙伴，但是他确实比其前任在位的时间长，且美国伙伴认为他比贾法里和阿拉维更有能力。

最后一点揭示了一个至关重要的事实，这个事实或许显而易见，却往往被忽视：在评估美国国家安全决策者的表现时，必须时刻记住，他们往往受制于海外伙伴及其做出的选择。国家安全政策关乎合作，尽管有些伙伴往往想威胁甚至破坏美国的政策选择，或者根本不愿意和没能力帮忙。小布什的个人团队在其第二任期内向好的方向转变，部分原因是与海外伙伴取得了成果，虽然有时仅仅是零星的成果。马利基很好地展示了这一点，他比前任取得了更多进展，但他个人作为领袖存在严重缺陷，最终成为奥巴马总统无法依靠甚至帮倒忙的伙伴。[60]伊拉克民事骚乱愈演愈烈，美国最终将马利基退位作为提供援助的条件。在教派冲突席卷全国、美国和其他国家纷纷要求其退位的压力下，马利基于 2014 年 8 月 14 日辞职。[61]

## “低谷”

随着伊拉克局势不断恶化，国会任命了由前国务卿詹姆斯·贝克和国会议员李·汉密尔顿（国会山公认最受尊崇的外交政策领袖之一）负责的委员会，对伊拉克事务建言献策。[62]一位小布什政府的高级幕僚表示，这是“一个令人不安的时刻”。[63]不出意料的是，这个委员会抖出了许多内幕人士数年来早已知晓却又难以启齿的秘密。

2006 年 5 月 19 日，科林 · 鲍威尔出现在这个名为伊拉克问题研究小组的委员会前，猛烈抨击了自己曾经服务过的政府。[64]他认为派入伊拉克的兵力太少，也曾经建议负责行动的汤米 · 弗兰克斯将军多派一些，但遭到了回绝。[65]他重申了国务院曾经提出的批评，即政府过分依赖艾哈迈德 · 沙拉比，过于相信他会率领 1 万人帮助美国实现目标的承诺。[66]一位国务院高级官员表示，最后“沙拉比只带来了 600 个暴徒”。国务院内部人士也声称“鲍威尔并没有在伊拉克军队解散前得知这一决定”。鲍威尔批评之前的同事不了解作为占领军的实质；批评选择一个负责防空的杰伊 · 加纳将军领导占领行动；批评布雷默阻止卡利尔扎德为他工作，因为卡利尔扎德本可以与布雷默苦斗的伊拉克政治精英进行有效沟通。[67]鲍威尔还表示，由于指挥链条不清晰，布雷默和桑切斯的目标经常南辕北辙。[68]伊拉克问题研究小组成员之一、前中情局局长、后担任国务卿的罗伯特 · 盖茨直接问了鲍威尔一个问题，小布什团队是否知道自己在做些什么？鲍威尔回答道：“他们不知道。国安会流程根本不奏效。”[69]

康多莉扎 · 赖斯最亲密的幕僚之一表示：“在伊拉克事务方面，贝克—汉密尔顿委员会引发了危机……伊拉克发生那些事情后，政府中的互信大多瓦解，一切确实陷入了低谷。我还记得曾经去找康迪（康多莉扎）……对她说，‘大家只是想要看到希望。他们想知道我们有解决办法，我们有计划方案’。”[70]

赖斯和拉姆斯菲尔德一起去了伊拉克，尽管小布什敦促他们要体现团结精神，但事情并没有因此得到改善。[71]赖斯写道，她“怀疑这是源于外界‘唐恨康迪’和‘康迪恨唐’的报道，而这已经成为对华盛顿的标准描述”。[72]

赖斯对伊拉克之行持“怀疑”态度，但在赖斯看来，拉姆斯菲尔德则是“赤裸裸地抵触”。他们到达伊拉克后，事情从糟糕变为更糟。赖斯在回忆录《无上荣耀》中也提及了这次访问：

> 然而，每次和唐一起在公众场合露面都成为一场灾难，从我们第一次媒体见面会就已显露。与国防部和国务院媒体团成员举行圆桌会议时，彭博社的贾宁·扎卡赖亚问道，我们的“秘密”访问是不是对当前安全形势的某种回应。实际上，当然是了，我们想表达的就是目前安全形势并不好。但是，一般人都会知道应该怎么回答，要避免引起轰动。但唐立马予以回应：“我认为此行根本不是回应些什么……你的问题让我无言以对。”我试图缓和当场的氛围，表示伊拉克安全部队能力有所提升，然后让下一个人提问。事实上，我接连回答了随后的好几个问题，而唐却故意在一张纸上涂涂画画……我们的表现再一次强化了外界对我们不和的说法，对此我也无能为力。[73]

赖斯回国后，要求泽利科和她的伊拉克事务特别助理吉姆·杰弗里评估在伊拉克战略胜利的可能性。[74]赖斯承认，在2006年夏天，白宫已经开始更为严肃地质疑对伊政策是否处在正确的轨道上。她鼓励自己的助理开展“不设限评估”，可以质疑前提假设、提出新的选项。[75]助理给出了三个选项：[76]一是“全面反叛乱”，意味着要求增加军力；二是“选择性反叛乱”，这无非是“清除、控制、建设”战略的变种；三是“盖上盖子”，实际上是阻止局势恶化，但不积极寻求局势改善。不出意料的是，考虑到对政府建议的可操作性，幕僚们倾向于折中选项。①

当时的进展以及国防部对转变方式的抵触，赖斯都看在眼里，内心十分沮丧。[77]她最终以一种非正式的、不加掩饰的方法向总统传递了自己的看法。作为小布什的亲密助手，赖斯从竞选时起就在他的身

---

① 亨利·基辛格有一次开玩笑似的告诉我，他喜欢告诉理查德·尼克松当下只有三个选择：第一个是全球核战争，第二个是彻底投降，第三个是他想让总统采纳的处理方式。

边工作，因而有足够的信心。“总统先生，”她说，“我们的工作不奏效——真的不奏效，正在走向失败。”[78]赖斯认为，指出这一点并不是说每天向总统汇报伊拉克形势的政策过程出了问题。

当然，2006年还是有“闪光点”的。[79]麦克里斯特尔将军及其领导的联合特种作战司令部发现了扎卡维的踪影，并一举将其击毙。一个意味深长的片段是，当凯西打电话告知拉姆斯菲德这一消息时，用他本人的话说，国防部部长正“心神不宁”，因为“从伊拉克发来的报告中很少有好消息。[80]老天啊，我对自己说，‘这个地方还能出什么错?’”但是，扎卡维的死隐藏着一层更阴暗的信息，而当时的领导层并未深切领会。美国官员往往在热衷人物报道的媒体诱导下将敌人过度人格化，这有时能起作用，比如说在全国性运动中，领导人通常要以他个人为中心构建机制，但在基地组织这样去中心化、松散的组织中，高层人物的死亡并不一定会削减威胁度。奥巴马总统日后也发现，本·拉丹死后，与基地组织有关的极端分子人数却在增加、活动范围变广。虽然扎卡维死了，但是伊拉克的反叛活动仍在不断扩大。

我们常常将一些国家安全威胁过度人格化，奥巴马的前副国务卿罗伯特·霍尔迈茨非常有洞见的一句评论是：“在向公众说明外交政策和国家安全问题时，有一种将对手妖魔化的趋势。这种办法用在本·拉丹和扎卡维身上可能比较合适，因为他们在各方面都很邪恶。但风险是，当他们被击毙或被妖魔化后，我们通常会感到释然，有一种成就感，而减少了对支持他们的内在力量的关注。即使政府政策没有失焦，公众注意力也会。”

2006年整个夏天，其他渠道也传来要求改变方式的鼓点声。6月12日，小布什总统在戴维营会见了其主要幕僚和外部专家，包括记者、著名评论员罗伯特·卡普兰，前中情局探员迈克尔·威克斯，约翰霍普金斯大学高级研究学院教授艾略特·科恩和美国企业研究所的弗雷德·卡根。[81]卡根日后和杰克·基恩将军一起在外围为“增兵”

摇旗呐喊，影响力巨大。会谈的主题是为了支持更成功的反叛乱行动是否应该派遣更多部队、使用不同手段，日后切尼也写到自己不反对这个讨论。[82]会谈后小布什立刻飞往伊拉克，他对马利基说，“我过来不仅是来看看你，我还要告诉你，美国只要做出承诺，就一定会遵守。”[83]

回来之后，小布什在一次新闻发布会上被问到了军力水平的问题。[84]他说：“兵力多少将由凯西将军决定，他在咨询了伊拉克政府后会提出建议。但无论凯西将军的决定是什么，要传达的信息都是‘我们将和你站在一起’。”[85]但在幕后，总统已经对凯西公开表示无须增兵的立场产生怀疑，更不同意凯西“年底前可以减少驻军人数”的建议。[86]凯西的立场与总统每天看到的报告内容严重脱节。很快，就连凯西自己都意识到，扎卡维之死激起的报复行动已排除了减少兵力的可能性。

哈德利悄然进行着国安会自己的政策评估，提防着不让消息走漏，因为这一工作本身就与小布什和凯西“伊拉克一切都好”的公开表态相悖。[87]鉴于哈德利一贯的政策管理作风，他希望即使方式转变也必须得从巴格达的凯西那边开始。他给包括拉姆斯菲尔德、凯西、卡利尔扎德在内的主要官员发去了一长串问题。[88]后面两个人同意详细地回答这些问题，尽管根据鲍勃·伍德沃德的记录，这种做法让他们“备受屈辱”。[89]

哈德利的手下包括梅根·奥沙利文，她之前也是布雷默在伊拉克的幕僚。[90]奥沙利文曾经支持保持现状，但是后来逐渐改变立场，认为原有方式“站不住脚”。她认为只有美国有能力控制教派暴力活动，伊拉克能力还不足，如果美国不采取新方式的话，暴力活动只会不断升级。[91]在仔细审视局势后，奥沙利文撰写了题为“前方之路：四个构想”的报告，提出了若干政策选项。[92]一是“边缘调整”，即基本不调整政策；二是“集中精力”，即美国专注于打击基地组织，把教派问题交给伊拉克自己处理；三是“加倍投入”，即美国投入更多资源；四是“在马利基身上下注”，即向伊拉克提供更多资源，希望他们能够因此解决不断发展演变的问题。[93]

2006年年中到年末，奥沙利文的报告只是众多类似报告中的一份。早些时候，国安会幕僚布雷特·麦格克撰写了极具影响力的访后报告，他从伊拉克回来后认为“凯西将军仍然对稳定巴格达没有什么严肃的计划”，并且敦促美国政府“从根本上纠正对伊政策”。[94]8月末，另一位国安会幕僚比尔·鲁提撰写了题为“改变伊拉克内在力量：增兵并战斗，创造喘息空间，加快过渡步伐”的报告，提出一系列对策建议。[95]他同样得出结论，凯西犯下错误，导致美国国内和伊拉克付出更多代价。另一个国防部内的“上校委员会”也批评参谋长联席会议中上司的战略漂移状态，并对此提出了六个在伊拉克可供考虑推行的政策选项。他们的结论是，“对战争特征的恰当认识至关重要”，为了获得在伊拉克的胜利，美国决策者和军方领导必须“克服”当前存在的“速战速决”理念。这显然打击了推崇“速进速撤”思想的拉姆斯菲尔德。[96]

10月出访后，哈德利给小布什写了一份备忘录，也提及了上述顾虑。[97]小布什回忆道：“史蒂夫（哈德利）的评估是，马利基‘要么对正在发生的事情毫不知情，要么错误地表达了自己的意图，要么他的能力还不足以将良好意愿转化为实际行动’。”[98]到2006年11月末，小布什向马利基表示，如果能够保证合作并支持美国，自己愿意投入“数万额外军力”。小布什在回忆录里写道：“马利基做出了全方位保证，要坚持到底。”[99]

值得强调的是，小布什坚守承诺，与马利基保持深度接触。[100]他们俩频繁沟通，小布什的幕僚认为这是体现“小布什投入的明确信号”。无论这么做有何种好处，至少这种方式与小布什的继任奥巴马有着鲜明对比。奥巴马入主白宫后，对其他外国元首采取了“甩手”

政策。总统或许应当顺势而为，调整自己的个性。换句话说，小布什更加直接地介入后，主导了对伊政策的必要调整，努力阻止 2006 年这一阶段恶化为任内“最糟糕”的时刻。

在幕后的马利基却并没有帮上什么忙。他的政府机构本应防止教派暴力活动，但实际上在火上浇油。[101]伊拉克国家警察常常捏造罪名，绑架并逮捕大量逊尼派人士。许多人就此失踪，杳无音信。[102]同年夏初，凯西开始了一项名为“共同前进”的行动，希望证明美国能够将更大的安保责任转交给伊拉克，但事实表明，伊拉克方面还没有准备好迎接挑战。[103]

卡利尔扎德与凯西一样不愿意增兵。[104]11 月中旬，卡利尔扎德写了一份备忘录，表示“派遣更多美军并非长久之策。增派的部队将影响其所在地，但暴力活动仍然会转移到其他地区。伊拉克人保卫伊拉克才是可持续的对策。随着我们不断撤出，美国部队应当聚焦一些特别职责，比如打击基地组织、防止外部干涉、增强并监督伊拉克部队”。[105]11 月 22 日，凯西以电话会议的方式参加国安会会议，给出了几乎一模一样的观点。[106]从国安会的决策流程上看，值得强调的是，电话会议被逐渐广泛使用，这也让白宫能够开展范围更广的对话，可以直接获取现场危机和涉及相关利益局势的一手信息，并且将现场重要人员纳入，成为商议政策的重要因素。

卡利尔扎德与我对话时承认：“增兵肯定不是我们的主意，肯定不是凯西或我的想法。但我不反对。我不认为这件事有什么影响力，我认为在不同派别间达成政治协议……将会更重要。但我们不反对。”卡利尔扎德知道政治进程需要花费时间，而增兵带来的安全将会很有用。

## “让人震惊万分又无比沮丧的发现”

对比解散伊拉克军队和在伊拉克增兵这两个决策，用谚语“成功有很多父亲，而失败却是个孤儿”来描述再恰当不过了。前者被广泛视为灾难性决策，没有人愿意与这一决定甚至决策过程有半点关系，而后者至少被认为是阶段性成功，很多人认为自己为这一战略转折而发声，应该获得肯定。

这样的差异也同样存在于两个决策过程中。一个过程完全断裂，产生极坏的结果，所有牵涉其中的人都试图与其撇清关系。另一个产生了两个好结果。首先可能是增兵本身，更重要的是，尽管内部惯性反对并削弱了一部分人的权威，总统和他的团队仍然达成了一个结论——改变在所难免。有时，最好的与最困难的政策选择就是承认错误。事实上，对小布什政府国安会团队最严厉的指责就是，他们花了太长时间才发现错误（还有少数一部分人直到今天还不愿意承认，一开始出兵伊拉克本身就是错误的）。

如果说成功有很多父亲，很多人都认为其中最重要的一位就是前陆军副总参谋长杰克·基恩。当凯西模式失败态势愈加明显时，基恩越来越愿意为改变政策而发声。2006 年 9 月，他与拉姆斯菲尔德会面。[107]关于这次会面的报道有不一致之处。拉姆斯菲尔德凭借着事后之智，抱着试图修补名誉的心理，写到基恩的观点与自己的“大致吻合”。[108]对于这次会面伍德沃德则给出了一个不一样的版本，他说基恩对拉姆斯菲尔德十分坦率，拉姆斯菲尔德被基恩“我们正走向战略失败”的观点吓呆了。[109]

基恩对局势的判断与对越南战争的反思有异曲同工之处，他认为“用常规战术应对非常规敌人”是灾难的标准配方。[110]他还批评了“短期战争战略”制造的陷阱，这一战略认定美国军队将尽可能早的将责任移交给伊拉克人，但始终无法实现，直到后来美国人接管了“保护伊拉克人民”这一此前没有承担的责任。[111]基恩认为，解决方法是扩充美国在伊拉克的部队，实现“将叛乱民兵与群众永久隔离”的目标。[112]尽管历史证明这是一个不可能实现的目标，但是将叛乱民兵和群众至少隔离一段时间、让局势稳定、让当地政府有机会承担治理责任成了日后追求的处方。然而，伊拉克和越南一样，叛乱武装几乎不受“短期战争战略”的制约，他们在这里长期存在，因而拥有最大的优势——耐心。

基恩的最后一点直接指向凯西。[113]“我们应该有一个能掌控全局的人，”在伍德沃德的笔下，基恩这样对拉姆斯菲尔德说道，“应该有一个知道自己在干什么的人。”[114]基恩其实意有所指，即他的门徒、反叛乱战略专家戴维·彼得雷乌斯将军。彼得雷乌斯早已树立起美国军队最优秀思想者的声誉，他拥有普林斯顿大学的博士学位，更重要的是，他是美国军队反叛乱实战手册的编写者之一。

理查德·阿米蒂奇是强调基恩关键作用的很多人之一。“我认为（增兵）主要的构思者或许是杰克·基恩。他应当得到最多的褒奖。我个人认为，这是小布什总统任期内最勇敢的决定之一，这是他支持率最低迷时期做出的决定……当然这一决定不是成功的唯一因素，其他因素同样很重要。但是增兵和逊尼派的觉醒让局势暂时平缓了下来。”考虑到伊拉克日后的局面，应强调这种局势缓和只是暂时的。更重要的是，由于未能充分认清增兵效果是否能持续，还有对两个不同形势做出了错误类比，助长了以下想法，即如果在伊拉克增兵“有效”，相同的战略在阿富汗也应该有效。

前美国驻印度大使、前副国家安全顾问鲍勃·布莱克威尔认为，包括他自己和梅根·奥沙利文在内的国安会团队对白宫决策发挥了重要作用。实际上，布莱克威尔对奥沙利文（目前在哈佛大学）赞赏有加，认为他是理念背后最重要的智囊之一。国务院官员则宣传泽利科和杰弗里的评估发挥了作用。[115]一些在国防部的支持者认为“上校们”扮演了决定性角色。毫无争议的是，伊拉克的局势发展、凯西观点同现实的脱节促使政策必须得到纠正。

所有这些观点通过积极的、多层次的国安会流程转化为政策，小布什重视打造国安会的这一职能，哈德利负责精心组织。[116]国安会内的副部长级官员在哈德利副手 J. D. 克劳奇的领导下提出政策选项，然后这些选项会拿到一系列国安会部长级官员会议上商讨，总统通常会参加这一会议。[117]在总统的要求下，哈德利和其他白宫团队高级成员“广泛”吸纳外部建议和信息，帮助总统决策。根据参与其中的人透露，在如此反复商讨的决策过程中，新的战略形成了。[118]此外，总统还劝说赖斯等“持异议的国安会部长级官员”支持增兵。总统和哈德利（与彼得·佩斯将军共事）从头到尾都积极与军方高层沟通，确保总司令和国防部不会分裂，以免被国会利用而破坏了行动。[119]

最后，当然还得小布什总统拍板。小布什写道，到秋季时他已经“决定需要调整战略”。[120]在回忆录里，小布什写到，成功实现政策调整还包括另一个因素，基恩与拉姆斯菲尔德见面时并不知道这个因素。“为了取信于美国人民”，小布什总统写道，战略调整“还需包括人员调整。[121]唐·拉姆斯菲尔德建议，在伊拉克我可能需要新鲜血液。他说得对。我还需要新的指挥官。乔治·凯西和（中央司令部司令）约翰·阿比扎伊德已经超时承担任务，早就到该回国的时候了。他们的职位也需要补充新鲜血液”。拉姆斯菲尔德记录道，自己早在当年夏天就考虑调兵遣将，因为担心民主党会重新夺回国会两院控制权，而这一切的确很有可能发生。[122]此外，在小布什资深幕僚看来，拉姆斯菲尔德/凯西战略强调逐渐将安保任务转移给伊拉克，而增兵战略并非替代战略，是一种重新控制安全形势的方法，为“推动政治进程、提升伊拉克安全部队能力，保证美军撤离后伊拉克部队能够应付局面”争取时间。[123]

小布什在万圣节前夕把想法告诉了切尼。[124]他说已下定决心，要做出调整，并且已经要求鲍勃·盖茨接替拉姆斯菲尔德的职务。[125]小布什此举清楚地表明了切尼的影响力也在萎缩。此前，他曾两次劝阻小布什不要炒掉拉姆斯菲尔德，一次是在 2004 年选举之后，还有一次是在 2005 年。[126]但这一次，“生米煮成熟饭”后总统才告诉切尼，足以让他好好体会其中深意。“他知道我会反对，”副总统回忆道，“我怀疑他都知道我会说什么，他也不想听。”[127]选举后的那个周末，切尼打电话告诉自己的良师益友拉姆斯菲尔德，总统要做出调整。[128] 2006 年 11 月 7 日，随着拉姆斯菲尔德宣布辞职，一开始就造成小布什政府跨部门机制紧张和分裂的主要因素消失了。[129]同时，拉姆斯菲尔德是切尼最重要的盟友，而不是小布什最重要的盟友，在拉姆斯菲尔德的有力支持下，切尼才成为美国历史上最有影响力的副总统。因此可以预见，拉姆斯菲尔德的离去对切尼来说是不利的。虽然切尼直到最后都在政府决策中扮演着超越职能的角色，但显而易见的是，他已经无法拥有之前的影响力，小布什总统也更加自信地收回了原来过多赋予副总统的权力。

盖茨是小布什找来的美国政府这 30 年来最杰出的职业国家安全官员之一。盖茨不仅担任过中情局局长，还是布伦特·斯考克罗夫特的副国家安全顾问。那时的国安会被公认为历史上运转最顺畅、运作最理想的国安会。盖茨决断力强，与小布什的父亲关系密切，注重团队合作。无论从哪个方面看，他几乎都被视为纠正拉姆斯菲尔德时期混乱与摩擦的解药。

拉姆斯菲尔德宣布辞职三天后（他在 12 月中旬才正式离任），小布什与国家安全核心团队会面，成员包括哈德利、赖斯、切尼、拉姆斯菲尔德、内格罗蓬特、彼得·佩斯将军（参谋长联席会议主席）以及 J. D. 克劳奇。[130]小布什要求他们撰写一份战略评估。[131]哈德利明白，小布什倾向支持增兵，于是哈德利开展幕后工作，支持总统决定。[132]尽管马利基口头上承诺要和美国全面合作，但实际上有所顾虑，哈德利打消了他的顾虑，还努力劝说凯西不要反对这个想法。[133]随后召开的国安会会议越来越倾向于接受增兵计划。

12月11日，哈德利找了五位专家去白宫与总统会面，[134]其中包括杰克·基恩、艾略特·科恩、弗雷德·卡根。[135]这些人都呼吁转变反叛乱战略。在国安会第二天的电话会议上，凯西终于意识到华盛顿的看法正在改变，他将其称为“让人震惊万分又无比沮丧的发现”。[136]整个阶段，赖斯都对增兵持反对态度，主要是因为她和泽利科担心，如果没有新的战略，用她的话说就是更多的兵力只会导致“更多挫败和更大风险”。[137]

## 在“坦克”会议室

2006年还发生了两个重要的人事变动。4月14日，小布什总统用乔舒亚·博尔滕接替了其第一任白宫办公厅主任安德鲁·卡德。[138]博尔滕说话轻声细语，是个爱骑摩托车的律师。在小布什第一任期，博尔滕担任白宫行政管理和预算局局长，不久之前还担任负责政策的白宫办公厅副主任。20世纪90年代，他一直是高盛集团的高级主管。[139]安德鲁·卡德担任办公厅主任时的工作可圈可点。他广受同事敬重，对华盛顿政治观察敏锐。他曾是美国汽车业在白宫的主要游说人，并在老布什手下担任交通部部长。但小布什任期内，白宫运转并不像瑞士钟表那样有序高效，而博尔滕的任命将帮助改善这一切。

在很多方面，博尔滕都和哈德利非常相像：聪颖、资历过人、安静、有律师风范，且甘居幕后。在呈现政府内部的冲突观点时，他总是非常公平。白宫办公厅主任很像副总统，是全世界最庞大、最有权力的机构之上的守门员。但是，最好的办公厅主任总是能隐藏自我，成为总统的延伸。博尔滕日后证明自己出色地完成了这份困难的工作，在艰难时局中促成了巨大转变。他同样具有其前任不具备的优势：一位经验丰富、充满自信的领导。

谈到接受这份工作，博尔滕说，“我确实跟总统说了我的直觉，我认为公开讨论有益于总统的国家安全决策过程。这种直觉是在我上任几个月后逐渐形成的，国防部和军方给总统的信息总是愿景多一些、现实少一点，这是不应该的。”博尔滕接着又含蓄地批评了他的领导在第一任期过于“尊重”军队：“正是因为总统这种发自内心的强烈支持，还有他对军人天生的尊重，导致他对军人的质疑和挑战要少于对其他下属，这是我和他相处时发现的。但是他应该对任何向他汇报工作的人提出质疑和挑战。”博尔滕鼓励其他人发表看法，邀请了一批退休的高级军队官员与总统会面，向他汇报对伊拉克形势的看法。

第二大人事变动博尔滕功不可没。在失败了三次之后，他终于说服了老朋友、前老板高盛集团首席执行官亨利·保尔森加入政府，担任财政部部长。[140]保尔森被任命那一天，我本人正在前商务部部长、华尔街顶尖公司黑石集团的创始人彼得·彼得森的办公室中。我问彼得森，为什么保尔森不要世界上最好的工作，而要做世界上最困难可能也最难被认可的工作。彼得森说，从他与保尔森的对话判断，高盛的这位首席执行官担心世界经济正走向危机，可能需要他这样的人去应对。

博尔滕证实保尔森曾经这样预言过，确实是因为担心金融危机爆发才最终促使保尔森接受了这份他推辞了数月的工作。[141]保尔森还在小布什政府任内承担了另一项国际任务——在中国事务上担当“先锋”，这一点也促成了他的最终决定。世界第一大经济体的好坏与他切身相关，且他在那里关系广泛、颇受尊重。担任财政部部长后，虽然传统外交政策团队仍深陷中东事务，用赖斯的话来说，还在修补那个“破碎的瓷器”，但是保尔森的工作依然获得了高层领导关注。

博尔滕，尤其是保尔森在小布什任内遭遇的第二场重大危机中发挥了关键作用。无论从任何一个角度看，这场危机对全球造成的影响程度都超过了“9·11”事件。华尔街再次遭受打击，只不过这一次是由于一场全球性金融灾难。这场灾难导致了大萧条之后最严重的经济崩溃。如果要挑选案例考察小布什政府的能力成长，处理金融危机就是很好的例子，与应对“9·11”事件形成了鲜明对比，体现出总统及其团队极佳的危机管理能力、卓越的个人勇气和顽强的意志。本书将在后面章节提到这一点。

在伊拉克事务上，博尔滕同样发挥了重要作用，确保哈德利及其团队能有必要的渠道支持总统。总统也越发急切地想要拿出一个解决方案。“关于总统，有一件事情大家可能没发现，”博尔滕说道，“就是大家不知道他其实是一个团队领导，或者说是一位教练。他真心认为，如果事情变糟了，自己有义务让大家振作起来，让大家保持劲头，让大家满怀希望。我担当这个职务后才发现，要做到这些没那么简单。但即使总统自己已经筋疲力尽，甚至满腹狐疑，他也仍然会参加那些内阁会议，揽住别人的肩膀，在精神上给他们加油打气。”我常常听到小布什第二任期的团队成员表达这种看法，其中包括哈德利、赖斯，军方官员以及吉姆·杰弗里在内的国安会高级官员。即使是一些不太认同小布什政策的职业官员也认可这些人的观点，肯定了小布什领导力中充满人情味的这部分。

博尔滕鼓励小布什寻找新的解决之道，小布什也努力敦促自己的团队这么做，有一个例子可以说明这一点。[142]2006 年 12 月 13 日，小布什去了一趟国防部。那一天，小布什和切尼在国防部的“坦克”会议室（国防部内的一个会议室，高级军官在这里会谈、制订计划）与参谋长会面。[143]此行目的是争取让所有的军队高级官员支持增兵计划。[144]参谋长的立场与凯西以及华盛顿许多民主党人类似，想要把责任更多转移给伊拉克人，或者至少增兵前必须看到伊拉克人愿意努力承担更多责任。[145]

小布什决定前往“坦克”会议室直面那些指挥官们，不过据博尔滕回忆：“即使当小布什告诉参谋长他基本上不考虑他们的建议，并且准备加倍下注、准备增兵时，他也努力表现出沟通的姿态，表明他与参谋长们是一个团队的……他其实基本上早已下定决心要增兵了。”博尔滕的说法与小布什自己的说法略有出入，小布什曾表示自己是在“坦克”会议室里才最终下定决心的。博尔滕继续说道：“小布什早就明白，那些军官大多是反对增兵的。于是，他让我先给拉姆斯菲尔德打电话，告诉他总统想和参谋长们见个面。拉姆斯菲尔德那时候已经被换掉了，但还是得完成正式离任前的工作。顺便提一句，拉姆斯菲尔德受人尊敬，不过确实是指挥链条中一个固执己见的人。因此，任何与参谋长的联络都得通过他完成。”

“于是，拉姆斯菲尔德说道，‘好啊，当然了，我会把他们领过来。我们什么时候见面？’我说道，‘不，他想去国防部’。然后，拉姆斯菲尔德说道，‘好的，那就在我办公室开个会’。我说道，‘不，他想去坦克会议室，就是参谋长的地盘，他想在那里见他们’。拉姆斯菲尔德反对这种做法，因为他是国防部部长，他是连接参谋长联席会议与总统的桥梁。尽管参谋长联席会议主席和总统之间有直接联系，但是我想拉姆斯菲尔德可不这么认为。”

博尔滕继续道：“我们去了‘坦克’会议室，总统聆听了所有人的意见。要知道，他关注着每一个人。有一个人，我想应该是陆军参谋长吧，他说，‘坦率地讲，总统先生，我们担心您谈论的事情会让陆军崩溃’。总统听到这句话，愣了一下，然后俯身凑到桌子对面，说道，‘让我告诉你什么会让陆军崩溃吧。我认为，如果我们再遭遇像越南战争那样的失败，就会目睹陆军又一代的崩溃’。不过，总统采取了有利于沟通的方式表达观点，‘我明白你的顾虑。我在乎陆军的每一个将士。实际上，这是我要这么做的原因之一。因为我们不能再让如此伟大的部队崩溃了’。我相信，一些参加会议的参谋长肯定认为……总统犯了‘大错’。但我敢肯定他们也会这么觉得，‘嘿，总统来找我们了，他来听我们的意见，他和我们一样在乎我们的人’。”

这场会议在好几个方面起到了效果。会议不仅体现了小布什的行事方式，帮助他与军方接触，同时突显了小布什第二任期管理风格的转变。会议公开驱散了2006年以来萦绕在白宫的幽灵——伊拉克即将成为下一个越南。会议还强调了小布什已经认识到迫在眉睫的危险：他身陷囹圄，部队正跟随自己，他知道即使之前是自己的决定造成这种后果，现在也得由自己领导大家走出困境。

起初反对增兵的赖斯再一次展示了她与总统的坦诚关系。[146]在与小布什于得克萨斯州农场的会面中，赖斯说道："你去做吧，这是一件正确的事……我将竭尽所能帮助你。但总统先生，这是你最后一张牌了，它最好能管用。"小布什自己也在书中写道："这个决定非常艰难，但我确信这么做是正确的。我从政府内外人员那里搜集了事实和观点，质疑了所有假设，权衡了所有选项。我知道增兵在短期内不会受到欢迎。不过，当华盛顿很多人都放弃了在伊拉克获得胜利的希望时，我却没有。"[147]

布什宁愿选择一条政治上十分艰难的道路，这不是第一次也不是最后一次。值得注意的是，尽管"胜利"被大力鼓吹，除非民主和稳定在伊拉克生根，这次增兵从未被视为长久之计。基恩说要"一劳永逸"地打败叛乱分子，但是这一计划执行的每个细节透露出，其重点是暂时稳定住伊拉克局势以同时实现两个互相关联的目标：伊拉克局势可控时，将伊拉克安保责任转交给伊拉克人，让美国撤退时给众人留下一切都井然有序的印象——美国不仅除掉了萨达姆，还解决了在此过程中伊拉克出现的问题。[148]

这次增兵最终实现了这些中短期目标。到2008年底，伊拉克基本实现了相对稳定。[149]但暴力从未彻底减弱，叛乱分子得以重整力量，政府继续在暗中为教派冲突推波助澜。[150]在伊拉克领导层政治化的影响下，伊拉克安全部队的实力严重受限。但小布什的继任者奥巴马总统认为，自己作为总统的核心责任之一就是撤出伊拉克，越彻底越迅速越好。[151]他没能与伊拉克人达成必要协议，没能在伊拉克留下一部分兵力。批评人士，包括当时驻伊拉克的部分政府人员，都认为奥巴马政府没有竭尽所能争取达成这些协议。[152]随后，2011 年叙利亚陷入困境，危机尚处于初期时，美国和盟友都不愿意干涉或积极支持叙利亚温和反对派，很快极端主义引发的骚乱便流入邻国伊拉克。增兵六年后，叛乱的威胁再次严峻，足以威胁伊拉克政权的存续和地区稳定，这给美国的干预又提出了新的问题。

## 彼得雷乌斯和增兵

增兵对凯西将军来说不是好消息。凯西说他在圣诞节前后得到通知，总统不仅想增兵，而且凯西之前就不同意的两个旅的增兵规模竟被视为“太少。”[153]几天之后，海军陆战队上将彼得·佩斯告诉凯西，“总统决定增兵五个旅，并有意任命戴维·彼得雷乌斯作为凯西的继任者。”[154]凯西写道，小布什决定“选择不一样的路径”让他非常失望，但他“立刻为这一路径的成功而努力”。[155]

在自传中，凯西写道：

> 我认为自己本应该直接给总统更广泛的政策选择，实现在伊拉克的目标。我与国防部部长以及参谋长联席会议主席讨论了改善伊拉克安全形势的不同选项：加速移交安保责任；局部增强与在伊多国部队小型和大型的联合行动；遵照固定的时间表共同撤退；维持现状。但在最后，我只给总统提供了我们选择的路径——加速移交责任，但我认为应当给他更广泛的选择以满足他的政策需求。[156]

凯西的这番话是既承担责任又批评上级时最老练的说辞。但凯西的错误之一就是向错误的将军征求意见。比起那些上级领导，他更应该和杰克·基恩多讨论讨论。切尼曾经写道，基恩“在我军能够承受多大压力、怎样调动参谋长等问题上提供了重要视角”。[157]此外，这位陆军副参谋长的建议“很有分量”。在副总统眼中，基恩的观点“帮助说服他本人和其他决策者增兵是可行的”。[158]

2007年1月10日，小布什在电视演讲中宣布增兵。[159]一个月后，伊拉克多国部队司令正式从凯西变更为彼得雷乌斯。[160]局势很快有了改善。从某些方面看，美国采取了判定伊拉克局势是否好转的新方法，增兵计划在五个月后（当年6月）才会实施，但美国发现宣布的政策变化还没真正落实就已经发挥了作用。

小布什写道：“彼得雷乌斯将军观察进展的衡量标准很有趣，引起了我的注意，他的衡量标准是伊拉克人提供的情报信息。过去，伊拉克人害怕叛乱者和非法武装的报复，不敢与我们的部队合作。但安全形势转好后，情报信息的数量从2月份的12500条上升至5月份的近25000条。我们的部队和情报人员借助这些信息剿灭了街上的叛乱分子，缴获了武器。反叛乱战略奏效了。”[161]这揭示了增兵和任何一个反叛乱战略的核心要素。战略的目标不是直接击败叛乱分子从而实现军事目的，而是保护伊拉克人民，让他们更安全，改变他们与美国占领军的关系。

一些华盛顿官员认为，彼得雷乌斯骨子里算是个政治型将军。[162]他不仅在军事和学术方面才能卓越，还在华盛顿联盟变幻莫测、暗流涌动的政治环境中如鱼得水。他知道如何创造腾挪的空间，如何取悦媒体记者，如何赢得领导层决策者的信任。他在镜头前和秘密会议室里都表现出色，干脆利落地提供建议，既有外交人员一般的细腻，得到授权时又会展现坚决强硬的一面。他是可以给予政治领导人信心而让竞争者嫉妒的将军。在政治、政策、外交、媒体互相影响的世界里，彼得雷乌斯在军队中的竞争者缺乏他那样长袖善舞的能力。不过，这种嫉恨最终都因彼得雷乌斯在伊拉克和中东开展了有效的行动而式微。好指挥官必须具备政治技能，尤其是在复杂政治环境中指挥占领军、执行反叛乱战略的技能。

彼得雷乌斯上任时清楚地知道自己想要做什么。自汤米·弗兰克斯以来，他或许是第一个有自己计划并得到所有人认可和支持的指挥官。他的计划部分源自之前制定的反叛乱指南。彼得雷乌斯发现，自己制定的指南在任命听证会上也受到了关注："我当初做反叛乱指南时，许多人建议我不要设定反叛乱人员与全体民众的比例。我觉得我们必须清醒、诚实地承认，依据经验，有一条基本法则，那就是在20～25个民众中你必须得有一个与叛乱分子做斗争的人，这样才能成功。这就像物理定律一样。我告诉他们，'我知道他们会在这个问题上刁难我。任何一个精明的人都将在听证会上用这个问题把我逼入绝境'。当时的参议员希拉里·克林顿如果不刁难我，我还会觉得奇怪呢。她说道，'将军，根据您的计算（结合人口规模），知道吗，需要数量为 XX 的部队，但实际上数量只能有这么多'。我回答道，'是的，谢谢您，参议员，但不要忘了那些承包商——他们实际上在各种任务中取代或增强了我们的部队，这些力量也应该被算入等式中'。其实，我料到自己会因为指南的事情被刁难，事实也正是如此。"

彼得雷乌斯履新一个月后还拥有了另一个优势，那就是美国驻伊拉克大使也换人了。新大使瑞安·克罗克是美国外交界最有经验、最受尊敬的外交官。他此前曾担任过美国驻黎巴嫩、科威特、叙利亚和巴基斯坦大使，后来在贝拉克·奥巴马任内担当美国驻阿富汗大使。[163]政府圈内人都知道，他在 2002 年与他人一起为科林·鲍威尔撰写了一份评估，内容是美国入侵伊拉克可能会有哪些潜在危险。[164]这份评估备忘录是克罗克与另一位杰出的外交家、后担任副国务卿的威廉·伯恩斯共同完成的，准确预测了事后发生的教派斗争和地区动荡。[165]这份评估与其他就伊拉克大规模杀伤性武器能力做出的评估不同，指出制裁和之前的海湾战争让伊拉克经济受到过去的影响，重建伊拉克将是项错综复杂、花费不菲的任务。[166]

彼得雷乌斯就任几周后，基恩被派去做一份非正式的评估。[167]他回来的报告指出，彼得雷乌斯在马利基那里做成了凯西无法做到的事情，比如得到了打击什叶派武装分子的许可。[168]基恩还提醒政府要保持耐心，决策制定者或有影响力的幕僚让自己的方案得到通过后，通常提的第一个建议都是这么一条。[169]提出新建议后，无论是外交界还是商界，大家都会竭尽全力让方案通过，一旦真的通过了，他们又会要求给予充足时间实现方案中的目标。毕竟预期目标意味着一切。

同时，彼得雷乌斯采取了他职业生涯一直在酝酿的战略，这一战略早在他撰写博士论文《美国军事以及越南教训》时就已萌生。[170]他曾对我说："人的领域最为关键，应保护人。重点应为人员提供保护，而不是将这一任务拱手让给伊拉克安全部队。他们对眼前的暴力无能为力。而保护民众的唯一方法是离开美军所在的坚固基地，深入民众所在的社区——这里是教派断层线所在，也是最大的暴力威胁所在。"这番话再次强调了政治技巧和军事才能有强烈的共通之处。彼得雷乌斯告诉我，在增兵的头一年，美国和伊拉克部队仅在巴格达地区就建立了 77 个新据点，体现了这一新行动的巨大规模。"我们的部队必须一个街区、一个街区地扫除威胁，将它们用水泥屏障隔开，防止自杀式爆炸袭击者随便流窜。所有想法的核心是：保护民众就要住在群众中间，不能远离我们的保护对象，不能藏身在巨大的基地之中。"

改变做法不仅只是部署美国军队训练伊拉克安全部队。"我们必须完全改革伊拉克的警察部队，他们已被教派争端恐吓、腐蚀甚至'绑架'。警察部队中，所有将军级指挥职务都易主，所有旅长级指挥官都更换（有些旅甚至不止一位旅长被更换），70% 的营长离职。然后我们开始正式重新训练和装备，调整对象还包括一些伊拉克部队。"

"另一个重要想法是，这样强大的叛乱力量不可能斩草除根，因此必须尽可能争取更多的叛乱分子和解——让更多人成为伊拉克问题的解药而不是继续成为问题。这不是什么奇思妙想，也不会唾手可得。我们并没有靠运气。我们知道该做什么。战争开始的第一年夏天，我还是 101 空降师师长。当时，在布雷默大使的批准下，我就做过与叛乱分子和解的工作。当时我们是唯一有权限做这一工作的师。”

并不令人吃惊的是，鉴于伊拉克战争的历史，派遣新团队后注定会提交一大堆评估报告。由于事关重大，所有人都想知道哪些措施管用，哪些不管用。上任一个月后，彼得雷乌斯就让将军委员会成员麦克马斯特带头起草了一份评估报告，麦克马斯特本人在塔尔阿法实施了有效的反叛乱措施。[171]关于这份报告，戈登和特雷勒说：“其中依然未解密的部分读起来像国防部文件的缩减版，里面充斥了错误的预设和判断，谴责美军卷入伊拉克的程度越来越深。”[172]

基恩五月再次造访，向切尼汇报“走势已发生重大变化”。[173]他再次提醒，不要对很快取得胜利抱有期待，并警告死伤人数可能在降下来之前还有上升。但总体来说，他对自己的门徒还是充满溢美之词的。[174]

六月，盖茨面临抉择，是否要推荐彼得·佩斯继续担任参谋长联席会议主席。在考虑了国会山的气氛后，他认为，再次提名佩斯只会为伊拉克政策招来更多辩论。[175]他建议另找他人，而一直声称对佩斯钦佩有加的小布什也同意了。[176]于是，迈克尔·马伦得到任命。[177]佩斯的任期缩短并不是因为其表现不佳，而是由于当时的政治风向。

基恩七月返回，发现形势又有了些进展。但他同时汇报，觉得华盛顿对彼得雷乌斯的支持不够。基恩记下了彼得雷乌斯所表达的沮丧，还称伊拉克团队并没有从赖斯那里得到明显的支持，在军事指挥系统中甚至有人暗中作梗。[178]

而彼得雷乌斯认为，情况很复杂。“盖茨有时很严厉，”他回忆说，“盖茨的领导权威不容置疑，他会阶段性地提醒人们这一点。我认为他甚至享受自己严厉的一面。但是我很幸运与他保持了很好的关系，因为你知道，我是他在伊拉克的人。他也知道在军事指挥系统中，有人并不太支持我。”而根据这一系统高层人士的消息，海军上将法伦接管中央司令部后，第一件着手干的事就是派詹姆斯·亚历山大·“桑迪”·温尼菲尔德（日后成为参谋长联席会议副主席）评估伊拉克形势并为法伦制订撤减计划。显然，他一开始不能告诉彼得雷乌斯自己的行动。然而，这最后导致了两人的冲突。据称，彼得雷乌斯说：“要么告诉我你在做什么，要么我就把你请出去。法伦可以解雇我，但这是我的职责范围。我有权知道正在发生什么。”结果是，温尼菲尔德向彼得雷乌斯摊了牌，而彼得雷乌斯认为这一计划完全无用，因为增兵还未完成一半。尽管据说盖茨和小布什两人常支持彼得雷乌斯，法伦和彼得雷乌斯之间的冲突还是持续了数月。

上述事例表明了这位“政治型将军”是如何使用手中的权力，又是如何疏远自己的同事甚至上司的。

赖斯认为，华盛顿的气氛发生了转变。[179]“两年来的头一次”，大家开始认为“政府转过弯来了”。增兵“从感觉和实质上都对民众安全有了影响。[180]伊拉克人终于决定解放自己，认清这是他们的战斗，而不仅仅是我们的”。赖斯的这番评价显然又采取了某些人所反对的衡量标准，他们认为不该用这种标准评判是否会取得长期成功，因为责任转移到伊拉克人身上后还没有击溃很多叛乱分子。不过，新战略显然初见成效，逐渐打消了怀疑者的疑虑。

伊拉克的政治进展更慢一些。2007 年夏，克罗克和彼得雷乌斯同意向国会汇报情况，国会可能将向这个新团队提出尖锐的问题。彼得雷乌斯抛给国会一点政治甜头，提议撤出一小部分部队，但是小布什和切尼表示怀疑。无论如何，这次内部讨论的火药味远不及几年前。赖斯写道：“政府内部在这个问题上的分歧并没有大家想得那么严重。既然伊拉克局势在好转，我们也可以讨论一下‘眼前的收尾’，因为结束这一切也不意味着我们仓皇而逃了。”[181]

彼得雷乌斯接手巴格达八个月后，克罗克和彼得雷乌斯出现在国会。两个人配合得天衣无缝，绝对不像布雷默和桑切斯那种公开敌对的关系，也不像凯西和卡利尔扎德那种互相协作但毫无建树的关系。克罗克认为，如果美国保持现有步调，出现一个“安全、稳定、民主的伊拉克”是可能的。[182]他们提供了支持自己观点的数据，其中包括巴格达平民死亡率下降了70%，整个伊拉克平民死亡率下降了近一半。[183]他们还强调，教派冲突出现锐减，简易爆炸装置和炸弹袭击也不断减少，意义重大。[184]小布什称赞他们的表现“克制、坚韧以及高度可信……描述的画面不会错。增兵奏效了”。[185]克罗克和彼得雷乌斯出席国会的三天后，小布什宣布2000名海军陆战队士兵将在当月末离开伊拉克，圣诞节前另一个旅将撤离。[186]两天后，基恩将总统的一封私人信件交给了彼得雷乌斯，信中央写道：“我想让戴维知道，我想让他赢。这就是任务。只要他需要，想要多少兵力都行。”[187]这样一封秘密递交的信件更增加了其对彼得雷乌斯的意义。他表示：“这对我太有意义了。”

对于增兵为何在当时能够镇住叛乱，有好几个解释其原因的理论。伍德沃德认为有三个关键因素：美国的情报搜集能力有所提高，能够更精确地打击叛乱分子；基地组织“野蛮暴行”对民众的影响；还有“意外的好运”——什叶派领袖穆克塔达·萨德尔下令停火。[188]最后一点很重要，因为萨德尔的手下力量强大。

卡利尔扎德仍然觉得增兵的作用是次要的。“我们夸大了，”他说道，“大家都觉得，由于我们增派了3万人的部队，所以增兵是改变等式的决定性因素。增兵当然重要，但是其他事情同样重要。”第一，马利基是更有效率的总理。之前贾法里当总理的时间太长了，他只是个夸夸其谈、自我膨胀的人，不是个决策者。马利基一旦找准自身定位，就想要努力推动事情取得进展。我记得有一次，彼得雷乌斯把我叫了过去，请我帮忙阻止马利基前往巴士拉与迈赫迪军斗争。不过，马利基正是因为这样才能成为国家领导人。第二，基地组织的暴行疏远了许多原本是武装反对派的逊尼派阿拉伯人。随着逊尼派的觉醒，他们开始换边站，在实现我们的共同目标中发挥更具建设性、更有益的作用。第三，伊拉克安全部队的建设达到“临界质量”。第四，除了部队数量增加外，联军还采取了发动民众安防的反叛乱战略。

“现在当然，”他略带伤感地说，“我们认为增兵就是一切，我们想在任何一个地方复制这种方法。但看看，这一战略在阿富汗并不管用。”这一点同时证明了“胜利有一千个父亲”以及“将军都想打最后一场战争”的谚语。这是彼得原理①被运用到了政策中。一旦什么政策成功，我们就要一再使用，直到它不再管用。这同时也符合另一个常见的决策错误：使用错误类比。小布什政府中有很多冷战斗士，他们视苏联的覆亡、东欧的和平革命为一生最大的成功，而出兵伊拉克，他们期待伊拉克人也会有一样的反应。但是，形势根本无法做类比。一个最常见的错误类比就是，每当一个国家受到战争和危机的打击，就会有人提出要发起“马歇尔计划”。但是，“马歇尔计划”的成功依赖于很多条件，这些条件在之后的形势下都不复存在。第一，当时我们在欧洲取得了全面胜利，因而很容易对被打败的国家施以我们的意志。第二，苏联的威胁极大地加速了欧洲缓冲区的重建。第三，我们帮助重建的国家本身就有经济成功的历史，对于后来那些建议实施相似计划的国家，这一条件很少存在。

彼得雷乌斯认为还有一个重要因素，使小布什第二任期内美国在伊拉克取得了巨大成功，那就是总司令个人的投入。“总统对伊拉克的关注是难以想象的。他每周都要与那里的大使和军事指挥进行电话会议，共同实施政策。对于美国总统而言，这是史无前例的。每周例

① 彼得原理是美国学者劳伦斯·彼得在对组织中人员晋升的相关现象研究后得出的一个结论；在各种组织中，由于习惯于对在某个等级上称职的人员进行晋升提拔，因而雇员总是趋向于被晋升到其不称职的地位。彼得原理有时也被称为“向上爬”理论。——译者注

行电话会议在周一早上7：30开始，时长一小时，整个国家安全团队都会到场，包括副总统在内的所有负责人。这是总统个人时间方面难以想象、前所未有的投入。"

总统利用电话会议了解地面形势，而到了第二任期时，小布什处理国际大事、面对国际领袖的技巧也有了明显提升。对此，赖斯补充了一个视角："我给你两个非常好的例子——马利基和卡尔扎伊。他们都是很难打交道的人。但是总统很早就决定，我们应该与他们发展一种工作关系，平等的、国家首脑之间的合作关系。所以他愿意与这些人进行长时间的电话会议，而奥巴马政府就不愿意这么做。小布什总统树立的这种工作方式让马利基能够膨胀一点。因为知道美国总统支持他，他会做出更好的决定。"

赖斯认为，小布什也是用同样的方式对待阿里埃勒·沙龙的。"我认为他在沙龙那里推动两国方案所取得的进展，任何人都不曾做出。"赖斯说，小布什能够在"战略层面工作"但是也"能够站在别人的立场考虑问题，因而对于他提出的方案，如果我们通力合作，往往可以实现。我多次见证了这一点，认为这是他了不起的天赋"。

"所以，"赖斯总结道，"他进化了。他一直具备战略思考能力，但这一点不断增强。他能够结合战术与战略，这非常重要。"这句话是换了一种方式在说明，在经历了第一任期的错误和教训后，小布什在第二任期内能时常找到方法取得一些小的胜利。

## 注　释

1. Dan Balz, "Bush Wins Second Term," *The Washington Post*, November 4, 2004.
2. 根据与小布什政府高级官员的采访内容。
3. 同上。
4. 同上。

5. Rumsfeld, *Known and Unknown*, 631.
6. Cheney, *In My Time*, 425.
7. 同上。
8. 根据与小布什政府高级官员的采访内容。
9. 同上。
10. Todd S. Purdum, "Wolfowitz Nod Follows Spread of Conservative Philosophy," *The Washington Post*, March 17, 2005; Sheryl Gay Stolberg and Jim Rutenberg, "Rumsfeld Resigns as Defense Secretary After Big Election Gains for Democrats," *The New York Times*, November 8, 2006.
11. Glen Kessler, *The Confidante: Condoleezza Rice and the Creation of the Bush Legacy* (New York: St. Martin's Press, 2007), 6 - 8.
12. Gordon and Trainor, *Endgame*, 139.
13. Robert F. Worth, "Iraq's New President Names Shiite Leader as Prime Minister," *The New York Times*, April 7, 2005.
14. Gordon and Trainor, Endgame, 147.
15. George Casey, *Strategic Reflections: Operation Iraqi Freedom, July* 2004 - *February* 2007 (Washington, DC: National Defense University Press, 2012), 55.
16. Gordon and Trainor, *Endgame*, 128.
17. William Branigin, "Bush Nominates Negroponte to New Intel Post," *The Washington Post*, February 17, 2005.
18. 根据与小布什政府高级官员的采访内容。
19. Joel Brinkley, "Bush Names Envoy in Kabul to Be Ambassador to Iraq," *The New York Times*, March 11, 2005.
20. Gordon and Trainor, *Endgame*, 158.
21. 同上。
22. Gordon and Trainor, *Endgame*, 161 - 162.
23. 同上。
24. Gordon and Trainor, *Endgame*, 160.
25. Casey, *Strategic Reflections*, 66.
26. Woodward, *State of Denial*, 412.
27. 同上。
28. Gordon and Trainor, *Endgame*, 175 - 176.
29. Woodward, *State of Denial*, 418.
30. Gordon and Trainor, *Endgame*, 175 - 176.
31. Woodward, *State of Denial*, 418.
32. Casey, *Strategic Reflections*, 74.
33. Casey, *Strategic Reflections*, 76.
34. Rumsfeld, *Known and Unknown*, 678.
35. Rumsfeld, *Known and Unknown*, 678 - 679.
36. Bob Woodward, *The War Within: A Secret White House History 2006 - 2008* (New York: Simon and Schuster, 2009), 34.
37. Gordon and Trainor, *Endgame*, 183.
38. 同上。

39. Shane Harris and Matthew M. Aid, "CIA Files Prove America Helped Saddam as He Gassed Iran," *Foreign Policy*, August 26, 2013.
40. Jane Mayer, "The Manipulator," *The New Yorker*, June 7, 2004; Leslie H. Gelb, "Neoconner," *The New York Times*, April 27, 2008; Dexter Filkins, "Regrets Only?" *The New York Times Magazine*, October 7, 2007.
41. Ned Parker, "Ten Years After Iraq War Began, Iran Reaps the Gains," *The Los Angeles Times*, March 28, 2013; Michael R. Gordon, "Iran Supplying Syrian Military via Iraqi Airspace," *The New York Times*, September 4, 2012.
42. Casey, *Strategic Reflections*, 84 – 85; Gordon and Trainor, *Endgame*, 184.
43. Gordon and Trainor, *Endgame*, 183.
44. Gordon and Trainor, *Endgame*, 192.
45. 同上。
46. Woodward, *The War Within*, 35.
47. Casey, *Strategic Reflections*, 89 – 90.
48. Woodward, *The War Within*, 35.
49. "Sunnis and Shias: Islam's Ancient Schism," *BBC News*, June 20, 2014.
50. Gordon and Trainor, *Endgame*, 193.
51. Woodward, *The War Within*, 38.
52. Woodward, *State of Denial*, 453; Casey, *Strategic Reflections*, 87; Gordon and Trainor, Endgame, 200.
53. Gordon and Trainor, *Endgame*, 200.
54. Nelson Hernandez and K. I. Ibrahim, "Top Shiites Nominate a Premier for Iraq," *The Washington Post*, April 22, 2006.
55. Tim Arango and Michael R. Gordon, "Amid Iraq's Unrest, Maliki Campaigns as Strongman," *The New York Times*, April 29, 2014.
56. Bush, *Decision Points*, 361 – 362.
57. 同上。
58. 同上。
59. 同上。
60. Jay Solomon and Carol E. Lee, "U. S. Signals Iraq's Maliki Should Go," *The Wall Street Journal*, June 19, 2014.
61. "Maliki Steps Aside, Easing Iraq's Political Crisis," *The Washington Post*, August 14, 2014.
62. "The Story Behind the Iraq Study Group," *The Washington Post*, November 21, 2006.
63. 根据与小布什政府高级官员的采访内容。
64. Woodward, *The War Within*, 46 – 47.
65. 同上。
66. Woodward, *The War Within*, 49.
67. Gordon and Trainor, *Endgame*, 270.
68. Gordon and Trainor, *Endgame*, 270.
69. 同上。
70. 根据与小布什政府官员的采访内容。

71. Rice, *No Higher Honor*, 459 – 460.
72. 同上。
73. 同上。
74. Rice, *No Higher Honor*, 506.
75. 同上。
76. Woodward, *The War Within*, 55.
77. Rice, *No Higher Honor*, 515.
78. 同上。
79. Bush, *Decision Points*, 365.
80. Gordon and Trainor, *Endgame*, 207 – 208.
81. Gordon and Trainor, *Endgame*, 208 – 209.
82. Cheney, *In My Time*, 435.
83. Gordon and Trainor, *Endgame*, 211.
84. Woodward, *The War Within*, 57 – 58.
85. CQ Transcripts Wire, "Bush Press Conference," *The Washington Post*, June 14, 2006.
86. Bush, *Decision Points*, 363.
87. Woodward, *The War Within*, 71.
88. Woodward, *The War Within*, 73.
89. 同上。
90. 同上。
91. Woodward, *The War Within*, 61.
92. Woodward, *The War Within*, 190 – 192.
93. 同上。
94. Gordon and Trainor, *Endgame*, 277 – 278.
95. Gordon and Trainor, *Endgame*, 288 – 289.
96. 同上。
97. Gordon and Trainor, *Endgame*, 290 – 291.
98. Bush, *Decision Points*, 373.
99. Bush, *Decision Points*, 374.
100. 根据与小布什政府官员的采访内容。
101. Gordon and Trainor, *Endgame*, 227.
102. 同上。
103. Gordon and Trainor, *Endgame*, 214.
104. Gordon and Trainor, *Endgame*, 293.
105. Gordon and Trainor, *Endgame*, 294.
106. 同上。
107. Rumsfeld, *Known and Unknown*, 701.
108. 同上。
109. Woodward, *The War Within*, 129.
110. 同上。
111. Woodward, *The War Within*, 130.
112. Woodward, *The War Within*, 132.

113. Woodward, *The War Within*, 134.
114. 同上。
115. 根据与国务院官员的采访内容。
116. 根据与小布什政府高级官员的采访内容。
117. 同上。
118. 同上。
119. 同上。
120. Bush, *Decision Points*, 371.
121. 同上。
122. Rumsfeld, *Known and Unknown*, 705 - 706.
123. 根据与小布什政府高级官员的采访内容。
124. Cheney, *In My Time*, 442.
125. 同上。
126. 同上。
127. Cheney, *In My Time*, 443.
128. Rumsfeld, *Known and Unknown*, 707.
129. 同上。
130. Woodward, *The War Within*, 207.
131. 同上。
132. Woodward, *The War Within*, 264.
133. 同上。
134. Woodward, *The War Within*, 279.
135. Cheney, *In My Time*, 449 - 450.
136. Woodward, *The War Within*, 284.
137. Rice, *No Higher Honor*, 545.
138. Michael A. Fletcher, "OMB Head to Replace Card as Top Bush Aid," *The Washington Post*, March 29, 2006.
139. 同上。
140. Michael A. Fletcher and Paul Blustein, "Financier Chosen to Head Treasury," *The Washington Post*, May 31, 2006.
141. Edmund L. Andrews and Jim Rutenberg, "Bush Nominates Wall Street Chief for Treasury Job," *The New York Times*, May 31, 2006.
142. Gordon and Trainor, *Endgame*, 305.
143. 同上。
144. 同上。
145. 同上。
146. Rice, *No Higher Honor*, 545.
147. Bush, *Decision Points*, 378.
148. Michael Abramowitz and Robin Wright, "Bush to Add 21, 500 Troops in an Effort to Stabilize Iraq," *The Washington Post*, January 11, 2007.
149. David Petraeus, "How We Won in Iraq," *Foreign Policy*, October 29, 2013.
150. Steven Lee Myers and Sam Dagher, "Storm of Violence in Iraq Strains Its Security Forces," *The New York Times*, April 24, 2009.

151. Max Boot, "Obama's Tragic Iraq Withdrawal," *The Wall Street Journal*, October 31, 2011.
152. Khedery, "Why We Stuck with Maliki."
153. Casey, *Strategic Reflections*, 145.
154. Casey, *Strategic Reflections*, 146.
155. 同上。
156. Casey, *Strategic Reflections*, 144.
157. Cheney, *In My Time*, 454.
158. Cheney, *In My Time*, 454.
159. Bush, *Decision Points*, 382.
160. 同上。
161. Bush, *Decision Points*, 380 – 381.
162. Steven Lee Myers, "Generally Speaking," *The New York Times*, April 6, 2008.
163. Robin Wright, "A Diplomat Who Loves the Really Tough Jobs," *The Washington Post*, January 11, 2007.
164. 同上。
165. 同上。
166. 同上。
167. Woodward, *The War Within*, 331 – 332.
168. 同上。
169. Woodward, *The War Within*, 332.
170. Andrew J. Bacevich, "The Petraeus Doctrine," *The Atlantic*, October 1, 2008.
171. Gordon and Trainor, *Endgame*, 356.
172. 同上。
173. Woodward, *The War Within*, 356.
174. 同上。
175. Woodward, *The War Within*, 363 – 364.
176. Bush, *Decision Points*, 386
177. White House Office of the Press Secretary, "President Bush Nominated Admiral Michael Mullen and General James Cartwright to Chairman and Vice Chairman of the Joint Chiefs of Staff," *White House Press Release* (June 28, 2007).
178. Woodward, *The War Within*, 377.
179. Rice, *No Higher Honor*, 592.
180. Rice, *No Higher Honor*, 592 – 593.
181. Rice, *No Higher Honor*, 595.
182. Gordon and Trainor, *Endgame*, 433.
183. Bush, *Decision Points*, 384 – 385.
184. 同上。
185. 同上。
186. Woodward, *The War Within*, 388.
187. Woodward, *The War Within*, 389 – 390.
188. 同上。

# 第三章 另一个小布什

恐惧让我们感受到自己的人性。

——本杰明·迪斯雷利

在执政最后阶段，小布什的形象在许多人心目中就是不善言辞、磕磕巴巴，被副总统和国防部部长耍得团团转，还实行强硬的、单边主义的国内外政策，有损美国在世界上的地位。然而，对第四十三任美国总统的感觉与实情的差距之大，或许超过对罗纳德·里根之后任何一个总统的误解。里根在镜头前和蔼可亲、平易近人，但在镜头背后却为人冷漠、让人心寒。

近几年来，小布什的地位缓慢回升。[1]撰写本书时，他的支持率和反对率几乎是一半对一半。部分原因是，相对继任者，媒体对前总统的报道不再那么锱铢必较。也因为大家开始用以往头条中不怎么出现的视角看待他的总统任期，针对他的讽刺漫画逐渐消失，一些更微妙的观点不断涌现。

那些与小布什关系密切的人认为，媒体的描述和他真实的任职状态出入很大，这让他们内心很沮丧。但是，在为撰写本书做调研的过程中，我发现不光是小布什的盟友，实际上就连那些本该不会同情他的人也持有类似观点。调研期间，我和 30 位左右的外国领导人进行过谈话，包括国家元首、政府负责人和外交部部长，大部分与小布什会面过的人不仅称赞他的热情和投入，还赞扬他知识面广，精心准备会议内容，善于倾听，反应迅速，而且尤其值得信赖。“至少和乔治·W. 布什在一起时，”我撰写本书时一位仍然在位的拉美国家总统表示，“你总能知道自己的位置。他很直接，也很守信。奥巴马就不是这样。”有意思的是，这是一位左翼国家领导人，通常都对美国百般苛责。但是世界各地都有人这么评价小布什，无论是左翼还是右翼，无论是新兴国家还是英国、法国等美国的传统盟友。美国中东盟友国家的一位外交部部长告诉我：“或许发生在这里的事情都得怪美国和小布什犯了错，不过我可以告诉你，今天大家很想念小布什。他不完美，但对朋友来说，他是真正的朋友。”

即使贝拉克·奥巴马政府后来采取的政策更符合国际舆论对美国的期待，与我谈话的外国领导人也没有任何一个喜欢奥巴马胜过小布什。这不能证明任何事情，不能说明小布什和奥巴马的政策哪个更优，或者哪个对美国更好。这只反映了一个简单的事实，这个事实与小布什离任时大家普遍的观点相悖。小布什被视作一个单边主义者、一个侵略者，甚至有时被视为一个小丑，但是他给共事的人留下的印象却与媒体上呈现的形象截然不同。

因特网上有大量网站嘲笑小布什表达时犯的语法错误，或者称其为“布什主义”。小布什也在后总统时期的公共演讲中自嘲演讲时的错误和丑态。但是这种轻浮的幽默其实并不能反映小布什的真实能力，就像《周六夜现场》节目讽刺杰拉尔德·福特举止笨拙一样不靠谱。要知道，福特是密歇根大学橄榄球队队员，很可能是最有运动天赋的美国总统。

对于外界没有准确呈现小布什，他第二任期内的白宫办公厅主任乔舒亚·博尔滕同样很沮丧，但他很聪明地把部分原因归结在小布什自己身上。“大多数同事都责怪媒体，我却认为小布什也得对自己后来的形象负很多责任。因为尽管他特别聪明，又有战略思想，但他在成长过程中憎恨那些天生拥有特权的精英阶层，所以从来不想让大家觉得自己与那些人为伍，于是就离经叛道，表现得更像是普通人，而不是精英。”

博尔滕的观点我也常从白宫、国防部、国务院的工作人员和公务人员那里听说，他继续说道：“我不会用‘充满智慧’形容他。但他似乎是自愿加深人们对自己的刻板印象——一个不善言辞、不爱读书的人。我并不认为他有意这样做。但我确实觉得非常沮丧，我们在一定程度上辜负了总统，没能将他私底下的形象展现给公众。”

博尔滕认为大家低估了小布什总统（借用享誉世界的布什主义），甚至是误解了他。这种误解不仅伴随他的第二任期，甚至在最高法院裁决他打败戈尔，成为美国总统的那刻起就开始了。“尽管我同意，他在两任任期中进步很大，学会从错误中成长，但我也认为，他从就任那一刻就非常清楚总统的职责。这一点上，作为总统儿子的经历帮了大忙，他清楚地了解父亲的总统生涯。这让他知道，作为总统该怎样集中精力。”

“我们听了很多汇报，”博尔滕继续说，“关于总统所需知道的所有话题，汇报者都是该领域的专家。”尽管小布什在性格和经历上都做好了当总统的准备，在对具体问题的了解上却不是这样。“他知道州长该知道的事务，差不多是总统事务的一半。但是他每次参加汇报之前，都会读完国家安全团队等准备的一厚沓备忘录。”国家安全团队由赖斯领导，团队包括国防部副部长保罗·沃尔福威茨、副国务卿罗伯特·佐利克和国防政策委员会主席理查德·珀尔。博尔滕还说：

“他总会就讨论的问题发表自己的原则性观点，表达他的视角和哲学。这种做法贯穿他的整个任期。他总会清晰地表达自己的观点，从而引领讨论。我们可以就此进行讨论，但会议主要还是研究如何执行。”

约翰·内格罗蓬特也表达了同样观点。他是职业公务员，作为首任国家情报总监曾与小布什总统亲密合作：“他比任何一位总统都更亲力亲为地关心情报。他喜欢各种汇报，每天半个小时，一周至少六天。当然，我为他工作的时候，他已经认识了世界上所有领导人，了解了所有事务。所以他是一位非常好的客户。”

据内格罗蓬特观察，小布什总统并不像博尔滕所说是个兢兢业业的读者——总统自己偶尔拿这种形象来打趣。但这两个人都认为，小布什总统对工作准备充分。“如果可以选择，他不会去阅读材料，而是听别人汇报，因为他喜欢与人互动。我们可以就不同议题深入探讨。他喜欢直接与分析人员见面，并与他们争论……他会坦诚自己有不同观点，并询问很多细节。当然，在我们给他汇报时，他经常告诉我们他最近在读哪本书。与公众的认知相去甚远的是，他读的都是深刻的大部头著作。”

博尔滕认为还有一些秉性让小布什成为优秀的领导者：“他愿意赋权他人，包括他的办公厅主任。当他对白宫人事有想法，他会说，‘现在你全权负责，我会相信你，直到你失去我的信任’。我认为他与他团队的沟通十分有效率。”

关于小布什总统的领导才能，博尔滕还说了一点，我也经常从别人那里听说：“他是整个团队的领导。手边的一个例子就是金融危机。那是一个具有决定意义的会议。（时任美联储主席）伯南克、保尔森和（时任纽约联邦储备银行行长）盖特纳走进来说，‘我们处在崩溃边缘，眼前就是又一次大萧条的悬崖。除非国会批准，花 1 万亿美元救助银行，不然灾难就会降临’。顺便说一句，小布什本人非常憎恶这一提议。但是他做出决定，前往国会山，告诉他们需要 7000

亿美元。他做出这个决定后，所有人都很吃惊，特别是保尔森、伯南克和盖特纳这个三人组合。总统走向他们三个，我不记得他是不是抱了抱每个人的肩，但他说的话我记得很清楚，‘不要担心，我们做了正确的事。我们将挺过这一切。’”盖特纳证实了这一故事。另一位高级官员也回忆了差不多时间发生的一则故事，他与盖特纳一样，后来也出任了奥巴马政府高级别的国家安全职务。“我看到总统在窗台前与一位内阁官员谈了20~30分钟……这位官员表现得很震惊……似乎手足无措。但总统安慰了他。我在想，如果美国人民能看到危机中总统那20~30分钟的表现，会对他有不同看法，会觉得尽管风险很大，他们的钱却没有所托非人。”这一观点也与总统及其政府在第一任期时对照明显，当时“9·11”事件的爆发使他们深受震动，从而开启了恐惧时代。这也是小布什成长的另一个表现，他不仅自己表现得平静有度，还能成为身边人的支撑。

小布什任内负责全球民主战略的副国家安全顾问埃利奥特·艾布拉姆斯认为，这种方式不只是工作上的“将心比心”那么简单。他说：“我认为，小布什把自己视作一个国家的领导、一个政府的领导，认为必须避免悲观情绪和沮丧失落，必须不断传递信心、能量和乐观。我觉得他这么做不仅是性格使然，也是出于一种管理风格故意这么做的。他觉得总统执政就应该这样。”

前商务部部长卡洛斯·古铁雷斯曾担任谷物食品公司家乐氏的首席执行官，他认为，小布什进入第二任期后变得尤其有效率，部分原因在于他的管理技巧。“看看这个团队吧，管理技巧前所未有地凸显。切尼曾是首席执行官。拉姆斯菲尔德曾是首席执行官。鲍尔森曾是首席执行官。我曾是首席执行官。鲍威尔曾是最高指挥官。赖斯曾执掌国安会，哈德利曾是她的副手。博尔滕来自一家顶级银行。大家都认为管理技巧很重要。我的意思是，在小布什领导下，你最好准备好手中的信息，而且要准时。在这方面必须严格要求，这是一种自上而下的纪律。”这种情况与小布什第一任期内常常出现的松散状况不符，当时拉姆斯菲尔德和切尼妨碍了国安会流程，他们通过私人关系背地里寻求总统批准，接触鲍威尔和赖斯等。第二任期内的官员把小布什连任后的政府比作一艘运行节奏不断变快的船。比如，彼得雷乌斯表示：“总统总是高度投入、准备充分，他对细节的全方面掌握常常让我大吃一惊。他还是个好领导，善于倾听，支持自己的团队，在一些极其艰难的时刻从不慌张，从不动摇，例如 2008 年 3 月巴士拉战役刚打响的那几天。”

出现上述这些评价，有几个原因发挥了作用。第一，古铁雷斯有些夸张地认为，这么说是为了给小布什打气加油，为了表示忠心。第二，为了反驳把小布什视作笨蛋的普遍看法。这种看法已经将小布什塑造为可笑的漫画形象，并且广为传播。第三，与一种意识的觉醒有关，即在顶级官员成功必备的重要技巧中，管理能力是最被低估的一项，这种觉醒在克林顿、小布什和奥巴马执政任期中姗姗来迟。华盛顿最严重的问题是，往往把表达观点的能力与做成事情的能力混为一谈。被提名担任要职的人往往出身学界、智库、法律公司或立法部门，但是他们根本没有管理经验。这些人被放在了高位，负责庞大而复杂的机构。随后，大家就会质疑，为什么他们不能更有效率，为什么时不时会有错误甚至大错酿成。这种病症困扰着小布什，也困扰着他的前任和继任。与克林顿一样，小布什在身边认真组建了一个更好的团队来管理白宫和国安会。在他的第二任期内，白宫和国安会的管理结构都得到了更新升级。

康多莉扎·赖斯提到，她的上司曾经和克林顿分享过一条管理经验，赖斯提及这一点也是为了和奥巴马对比，因为大家指责奥巴马连任后仍然处理不好管理问题：“布什总统担任过州长，他知道如何赋予他人权力……到第二任期时更是如此。汉克·保尔森就是个好例子。小布什邀请保尔森出任财政部部长，保尔森担任财政部部长时与其他人不同，财政部没有脱离白宫而运作。鲍勃·盖茨是另一个例子，他经验颇丰。他真正让国防部运转起来。”赖斯指出，小布什不仅授权给内阁部长们，还发自内心地鼓励他们高调发挥作用：“他真诚地把部长们推向前线。效果很好。你会觉得自己能够胜任工作。”

“律师并不具备这些技能，”哈德利说道，他本人是耶鲁大学法学院的毕业生。他说的话并不是想针对接替他职责的团队。“律师知道如何把所有一切都拢在自己身边。这是个弱点，也是个问题。因为事实上，管理一个庞大的组织需要真正的技巧。奥巴马团队里有一些聪明人，如果他们的能力得以发挥，可以做很多有利于我们国家的事情，也可以让总统看上去更出色。但是，他们必须懂得如何向那些办事的劳动力发送信号，他们与这些人大多素未谋面。懂得如何领导这样一个组织，尤其是懂得如何激发变革，这才是真正的技巧。”

“你需要在这方面有过成功经验的人才，”哈德利继续说道，“这是小布什政府的一个标准。”哈德利的分析在奥巴马的第二任期得到佐证。奥巴马第二任期做出了不少调整，特别是在经济领域。商务部部长普利兹克曾是一位商人[2]，国家经济委员会经济主任杰弗里·泽恩斯也曾从商。[3]美国贸易代表迈克尔·弗罗曼和财政部部长雅各布·卢都曾在花旗银行工作。这样的例子还有很多。[4]

而在另一方面，一位国务院负责中东事务的前高级外交官指出，奥巴马总是用其律师的直觉为无所作为辩护。他宣称，国内因素或国际法束缚了他的手脚。然而，正如这位前大使指出，他在引用法律时是不一致的。当他不愿意干涉叙利亚也知道国会不会同意他采取行动时，才称必须为干涉叙利亚寻求国会授权。但一年之后，他又称因为一个法律上的技术原因可以不征求国会意见，最后用 5 名关塔那摩的囚犯交换了美军士兵鲍·贝里达尔中士。[5]

哈德利认为，单靠管理技巧并不够，他为小布什的辩护也远不同于大部分媒体的评价：“管理技巧很重要，但是政策同样重要。我认为很多人怀念小布什总统的一点是，他是一位出色的战略家。几天前我看到一篇文章批评奥巴马总统试图担当战略家。但是总统确实就是战略家，他是人民选举出来做决定的那个人。而且如果你经历了总统路上的艰辛曲折，也会认为自己就是那个做决定的人。”

哈德利认为，小布什“实际上是很好的战略家”。他认为这位前领导有“前瞻性，哪怕开始大家反对他的决定，后来也会觉得是正确的、有先见之明的”。哈德利继续说：“有时，这些决定在大家看来是与他的性格及公众形象不符的，然而是与他的原则和价值观息息相关、密不可分的。”但是，这一评价似乎在其入侵伊拉克的战略决策中无法体现。在金融危机爆发之前，伊拉克战争无疑是小布什总统第二任期最主要的事务。所以，哈德利眼中“正确、有先见之明的”片段到底指的是哪些？

## “非洲是一个国家……”

当小布什总统说出“名言”——“非洲是一个饱受疾病困扰的国家”时，绝对是又丢面子又伤使命的。[6]但在这一当众失言之后，小布什总统的团队在非洲确实做了不少事，甚至可以说留下了重要的政治遗产。美国两党以及全世界的非洲专家和活动家都积极评价了小布什总统在非洲的倡议，特别是关于发展以及艾滋病防治的行动。他们认为这不仅是小布什任期的巨大贡献，也为美非关系树立了标杆。

U2 乐队的主唱、著名的活动家博诺对小布什的大部分政策都持批评态度，但他在《每日秀》接受乔恩·斯图尔特采访时的一段话让很多人大感吃惊，“我们希望奥巴马总统能够继续小布什总统的努力。我知道你可能难以接受，这确实让人难以置信。你知道，约翰·克里为此努力过，希拉里·克林顿以及克林顿总统本人都在谈判桌上付出了很多努力，将非常昂贵的……药物价格降了下来。但小布什总统的贡献最大，他最出色。”[7]博诺认为，500 万非洲人由于小布什总统任期开展和支援的药物计划而活了下来。另一个中立的视角来自比尔·伯恩斯，他是职业外交官，后来升为大使，挤入美国国务院最高层，并在奥巴马政府出任副国务卿。他认为小布什政府的两个项目——千年挑战公司和“总统艾滋病紧急救援计划”取得了特别的成就，是非洲政策的核心。“我认为 10 年、20 年、30 年后，人们再写小布什总统任期的这段历史时，这两样将特别突出，尤其是‘总统艾滋病紧急救援计划’。”

“非洲政策，”康多莉扎·赖斯说道，“是一个很好的例子，很多事情我们在第一任期就着手去做，在第二任期更加重视，因为总统和我都深信不疑，我们必须带头在世界的那片大陆上做得更多。”小布什写道，我还没当总统前就和赖斯在得克萨斯州州长宅邸里聊过，认为非洲是一个重点对象。[8]小布什回忆道：“康迪（赖斯）对这方面感触很深。她觉得非洲潜力巨大，但常常被忽略。”[9]

“千年挑战账户”创立于 2002 年，用于监管向贫穷国家的援助分配。[10]在宣布这一项目时，小布什还提出了美国对外援助翻番的目标。[11]与之前的对外援助不同，这次对被援助国家提出了一些要求，要求这些国家接受美国援助前必须符合一定标准。[12]赖斯在回忆录中提及这一项目，写道：“我们认为‘千年挑战账户’是在奖励好的行为，但不仅限于此。关键是，如果没有良治和反腐，国家永远不会发展。基于其他情况的对外援助比浪费还糟糕，会永远让这些国家把国际体系拒之门外，永远无法让人民受益。”[13]美国考虑的标准包括实现开放、透明、必要的改革、自由市场和民主。[14]2002 ~ 2008 年，根据小布什回忆录中的计算，美国与其他 35 个伙伴国家向“千年挑战账户”投入了 67 亿美元的种子基金。[15]

赖斯写道：“‘千年挑战公司’运用严格的标准和协商式的流程让受援国和美国之间达成协议。项目采用量化方式衡量对象国是否实施良治，是否抗击腐败，是否用财于民，然后挑选符合标准的受援国。符合标准并表现出色的国家能够得到资金丰厚的合同，比如坦桑尼亚获得6.98亿美元，加纳获得4.57亿美元，摩洛哥获得6.97亿美元，萨尔瓦多获得4.61亿美元，等等。”[16]

小布什回忆当时刚宣布完“千年挑战账户”后，自己前往加拿大总理让·克雷蒂安在加拿大主持的“八国集团”峰会，与法国总统雅克·希拉克有过一段交谈：

> 我是第一个发言的。我谈论了“千年挑战账户”以目标为导向的原则，这和“八国集团”以援外占一国国内生产总值的比例来衡量慷慨与否的传统标准相去甚远。我说完以后，雅克·希拉克凑过身来，拍了拍我的胳膊。“乔治，你是不折不扣的单边主义者，”他说道。然后他爆发了：“美国怎么能坚持把援助和反腐挂钩呢？怎么说也是自由世界制造了腐败！”他声称我一点都不懂非洲文化……他讲完以后，我举起手来。克雷蒂安摇了摇头。他想给其他领导人发言的机会，但是我不能忍受希拉克的言论。我立马予以回击：“美国没有殖民非洲国家。美国没有制造腐败。美国人再也不愿意看到有用的资金被窃取，人民却继续受苦。是的，我们在调整政策，不管你喜不喜欢。”[17]

随着资金流向参与国家，项目逐渐有了支持者。[18]但包括博诺在内的一些人反对。[19]赖斯认为：“他同意项目的原则，但是我认为他并不想和小布什站在一起。”[20]小布什后来向对项目做出贡献的这位摇滚明星致敬，表示：“我对博诺的尊敬与日俱增。他给劳拉和女儿们带去温暖。他经常送来感谢的信件。他是一个有真正信仰的人。博诺很尖锐，但从来不以愤世嫉俗或政治的方式表现出来。”[21]

另一个推动这一项目的人是科林·鲍威尔，他也是项目设计者之一。一些人知道因为和小布什关系紧张所以他最后离开团队，因此当鲍威尔依然支持项目时，这些人很惊讶。鲍威尔 2006 年在《外交事务》上发表了题为“没有一个国家落下”的文章，这位前国务卿认为这个项目是小布什不断演进的外交政策的关键要素。[22]鲍威尔写道：“政治和经济自由的共生是‘千年挑战账户’的基础，提供了以自由市场为基础的合约——这就是项目的精髓所在。”鲍威尔指出美国对外援助从 2000 年到 2006 年翻了一番。他还在文中提到，其他一些同时开展的类似项目也在帮助有需要的国家，包括旨在缩小全球数字鸿沟的“数字自由倡议”、“粮食换和平计划”、“总统艾滋病紧急救援计划”以及“刚果盆地森林伙伴计划”，该计划建立了“由 13 个国家、3 个国际组织和 10 个公民社会组织组成的联盟，目的是保护世界第二大的热带雨林”。[23]

按照我的评判，鲍威尔颇为正确地指出了“发展并不是‘软’政策问题，而是核心国际安全问题……贫穷滋生了失落和仇恨，意识形态的旗手可以将这种情绪转化为对恐怖主义的支持，尤其是在那些既贫穷又缺乏政治权利和自由的国家。”这个观点得到华盛顿政治光谱两侧人士的共同支持，至少在行政分支是这样。许多人都身体力行支持这种看法，包括总统小布什以及小布什任内前美国贸易代表、副国务卿罗伯特·佐利克、两个赖斯——康多莉扎和苏珊、前国务卿詹姆斯·贝克和沃伦·克里斯托弗。

华盛顿就是华盛顿，有批评的声音并不令人意外。更不令人意外的是，其中两位批评者都是民主党坚定的支持者，而且日后都在奥巴马政府担任要职。[24]

在“千年挑战账户”发起一年之后，后来成为奥巴马政府行政管理和预算局局长、国家经济委员会主任的吉恩·斯珀林与汤姆·哈特合写了一篇文章。[25]文章称：“美国长期以来都以协调、有效的方式帮助大多数贫困国家。[26]按照其当前的方式，‘千年挑战账户’是一种倒退。”他们认为，这代表了“贫困国家需要面对新一层的官僚体系”，因为“没有指出其他双边和多边捐助者明确的合作程序”。

苏珊·赖斯当时还是布鲁金斯学会的高级研究员，尽管她支持对非洲加大援助，却对这一项目持批评意见，她认为小布什的努力不够深入。[27]苏珊认为“千年挑战账户”的影响微乎其微，表示尽管小布什承诺“在2010年之前要将对非援助翻番……这一承诺却没有带来新的资金投入”。她还称：“总统宣称在过去的四年中对非援助增加了2倍；事实上，美国对非援助甚至没有翻番。从2000财年到2004财年（赖斯这篇文章完成时），对非援助用美元计算只增加了56%。其中过半数用来增加紧急食物援助，并没有用来减贫。”[28]

奥巴马上台后继续实行“千年挑战账户”，但其提供的资金还不到小布什总统最先提议的1/3。[29]部分原因是美国自己也面临严重的经济困难。有一方面奥巴马做得确实比小布什好。小布什宣布“千年挑战账户”时，没有规定国家在获得项目协议前要加强性别平等。[30]在奥巴马的影响下，这一点得到了改变。[31]创造女性赋权的条件、践行男女平等是决定一国能否获得“千年挑战账户”、衡量落实情况的重要标准。

## 雄心勃勃的艾滋病项目

在其执政初期，小布什总统已认定，联合国领导的应对艾滋病的方式——对抗艾滋病、肺结核和疟疾的全球性基金“笨拙累赘、官僚主义、缺乏效率”。[32]他向负责政策的白宫办公厅副主任博尔滕求助，让他找到更好的方式。[33]博尔滕从美国国立卫生研究院和政府中抽调了人马，组成了一个团队。[34]博尔滕的副手杰伊·莱夫科维茨这样形容这个小组的第一次碰头：

为落实总统对国际艾滋病危机的关注，博尔滕找到了（美国国立卫生研究院资深研究员）安东尼·弗契，他刚与（卫生和人力服务）干事汤米·汤普森从非洲出差回国。我们本来以为，弗契会提议给他的疫苗项目投一大笔钱。但我们错了。弗契说，给研究投钱不一定会很快造出有效疫苗。他指出了世界艾滋病最严峻的问题：病毒的母婴传播。在非洲，每年有200多万携带HIV病毒的妇女生育，在怀孕、生产和母乳过程中造成至少70万婴儿感染……但好消息是，目前有一种名叫奈韦拉平的药物已经上市，它能有效减少母婴传播HIV病毒的概率。如果我们能购买足够多的药物，并设计一个分发药物的系统，我们就能大大阻止艾滋病传播。[35]

这一想法日后被称作“母婴传播防治倡议”，成为博尔滕领导的工作小组的核心计划，申请获得5亿美元拨款。[36]小布什总统很喜欢这个想法，但认为这离他想要的对抗艾滋病的大动作还有些差距。[37]所以他让这个团队回到起点，再想一个范围更大、影响更广的计划。莱夫科维茨回忆说，博尔滕给团队带来了总统的旨意：“总统希望我们在对抗艾滋病方面更有雄心。”[38]他接着说：“钱不是问题。”结果就产生了“总统艾滋病紧急救援计划”，用小布什总统的话来说，该计划最初有三大目标：“治愈200万艾滋病患者、减少700万例新感染、照顾1000万HIV携带者。”[39]

“下一个问题，”小布什写道，“是该把哪些国家放进去。我决定重点关注最贫穷、病人最多的国家，比如撒哈拉以南非洲的12个国家和加勒比地区的两个国家。全世界艾滋病患者有50%在这14个国家。”[40]小布什第一任期提出这一计划时，美国经济正面临困境，但总统还是为计划执行的头五年要来了150亿美元。[41]虽然在国会山遭遇了很多阻碍，比如约翰·克里等民主党参议员极力反对（克里正打算参选总统，并且有自己的计划)，国会最终还是同意了这一倡议。[42]

该项目采取了所谓的“ABC”方法防止艾滋病传播后，争议声就不绝于耳。“ABC”指的是“青少年禁欲，包括延迟第一次性行为的年龄，杜绝婚前性行为，接受艾滋病病毒检测，忠诚于婚姻和一夫一妻关系，高危性行为人群坚持使用避孕套”。[43]这种方法招来许多批评，其中“左倾”的智库美国进步中心发布了一份报告，可以很好地代表那些反对声，报告的题目是“意识形态如何战胜科学：为什么‘总统艾滋病紧急救援计划’无法发挥潜在作用”。报告指出，在小布什推行的方法中，许多基于信仰提供帮助的人很少强调“C”部分即避孕套使用的重要性，而“A”部分（禁欲）尽管不奏效，却成了相对更核心的方法。[44]虽然小布什自己总喜欢说禁欲“每次都奏效”，但研究人员反驳了这种看法，认为感染病毒的高危人群实际上是已婚妇女，对于她们来说禁欲这招根本没用。[45]2006 年美国政府问责办公室也提出了“ABC”方法中的这个缺陷，认为这是需要解决的问题。[46]

另一类批评是指责美国将可能失去联合国全球基金的支持。[47]提出批评的人想从联合国那里寻求资金支持，他们还认为联合国全球基金的目标是让饱受艾滋病之苦的人能获得费用更低的药品，而“总统艾滋病紧急救援计划”实施“ABC”方法的驱动力带有宗教色彩(有些人这么认为)。2005 年，小布什政府最后还是同意了使用仿制药的做法，“总统艾滋病紧急救援计划”资助治疗病人的成本由此下降了 3/4。[48]

尽管批评人士会对“ABC”方法有不同意见，但“总统艾滋病紧急救援计划”还是得到了认可，受到广泛赞誉。据莱夫科维茨表示，到 2008 年时，这一计划已经“向大约包括 270 万孤儿和无助儿童在内的 660 万人提供了救助”。[49]康多莉扎·赖斯注意到，这个计划已经向“约 5700 万人”提供了咨询服务，这个数字相当于整个法国男女老少的人数。[50]这是巨大的付出。2007 年，小布什为下一个五年争取资金，并在 2008 年得到批准。[51]

奥巴马在全球健康方面几乎保持了同样水平的资金投入，但是资金分散在了更多项目上，因此实际上减少了对“总统艾滋病紧急救援计划”和抗击艾滋病的投入。[52]南非大主教戴斯蒙德·图图 2010 年在《纽约时报》发表评论文章认为：“奥巴马总统今年向该计划增加了 3.66 亿美元，比他竞选时承诺的 10 亿美元少多了……该计划对多数国家的援助都没有增加。”[53]他还写道：“在小布什任内，每年大约可以新增 40 万能够接受治疗的非洲病人。而在奥巴马任内，这个计划下新增接受治疗的人数将下降到 32 万，会导致未来五年 120 万本可避免死亡的人过世……奥巴马总统还提议削减美国对抗击艾滋病、结核病和疟疾全球基金的资金投入，从今年的 10.5 亿美元降至 10 亿美元。”

2013 年，独立的国家科学院出炉了一份重要研究报告，该报告基于对全球 400 个受访者的调查结果，发现“总统艾滋病紧急救援计划”具有“全球变革性”意义，是“救生索”，在世界范围广受好评。[54]“过去 30 年来，艾滋病已夺去近 3000 万人的生命，对抗艾滋病的斗争漫长而艰苦，该计划‘重塑了希望’。”在“总统艾滋病紧急救援计划”推出之前，撒哈拉以南的非洲只有少于 10 万人能够得到抗反转录病毒药物的治疗。[55]到小布什执政后期，这个数字增加了 20 倍。[56]据英国广播公司报道，小布什有关疟疾的倡议让 15 个国家的染病人数减少了一半。[57]

2013 年小布什总统图书馆落成开放时，大家已经逐渐形成一种共识，即小布什的对非政策不仅是他执政期间对外政策的亮点，甚至可能是美国政府历史上影响最深远、最积极的对非政策。小布什政府平均每年向非洲大陆提供超过 50 亿美元的人道主义援助，超过任何一届政府，美国前总统吉米·卡特提及这一点时对小布什说道：“总统先生，我想说我对你满怀敬意，并诚挚地感谢你为世界上最需要帮助的人所做的贡献。”[58]比尔·克林顿表示，多亏了小布什，“有数百万人今天才能活下去，我才能看到其中一些人的脸庞”。[59]

另一位摇滚乐手、活动家鲍勃·盖尔多夫与小布什总统一起访问非洲，之后他说：“小布什政府内部有分歧，但不是在非洲。我听说他的政策是无能的，但不是在非洲。小布什政府制造了苦难，但不在非洲。在非洲，他的政府拯救了数百万人的生命。”[60]讽刺的是，与奥巴马总统相比，小布什反而比其继任者更有资格获得“美国第一位关注非洲的总统”的称号。

奥巴马总统也认可小布什总统抗艾滋项目的影响：“小布什总统应当因此获得巨大赞誉。这非常重要，拯救了数百万人的生命。”[61]奥巴马就任时，人们对他的非洲政策抱有深切期待，因为他确实是第一位与非洲有深厚渊源的美国总统。[62]他的父亲出生在肯尼亚，在竞选时奥巴马也在非洲问题上做出了很多承诺。这种期待以及与小布什的对比成为奥巴马总统的负担。

在《外交政策》的一篇文章中，苏丹裔企业家莫·易卜拉欣写道：“我不认为奥巴马总统给了非洲多少关注。”同时写道：“小布什是非洲的英雄。”[63]

## 意识到新兴世界的重要

小布什总统在任时，形势已非常明朗，美国需要以新的方式面对新兴经济体。2001 年，就职于高盛公司的经济学家吉姆·奥尼尔发布了一份报告《构建更好的世界经济体——金砖四国》。[64]“金砖四国”是巴西、俄罗斯、印度和中国四国英文单词的首字母缩写。他的这份报告标志着，世界将以不一样的眼光看待经济增长、社会和政治变化的引擎。

这四个国家覆盖了全球陆地的1/4，人口数量占全世界总人口的40%。[65]中国是世界人口最多、经济增速最快的国家，按GDP计算，很快就要成为世界第二大经济体。[66]这是一个崛起中的经济超级大国，也有可能在几年后成为美国最重要的地缘政治对手。然而，与美国和苏联的对抗不一样，中美关系不是“零和游戏”。两国经济联系日益紧密，中国的发展对美国有好处，而中国的困难也会成为美国的困难。[67]然而，我们还是应该找到方法制衡中国在亚洲的影响，以保护我们盟友的安全、维护能源供应通道、保护国家利益。[68]俄罗斯尽管不能和苏联相提并论，但作为世界能源、矿产市场领导者，正迅速获得新的影响力。[69]此外，俄罗斯仍然是世界第二强大的核国家。巴西是我们这个半球第二大人口大国，土地面积世界第五，经济总量世界第七。[70]第四个“金砖国家”印度即将成为世界人口最多的国家，目前也是世界最大的民主国家，本书下文还将着重讨论。[71]

小布什总统就任时，后冷战时代的美国地缘政治立场要求我们更多地关注这些国家。“9·11”事件的爆发转移了小布什总统的注意力，使其第一任期无法关注这一日益清晰的事实。但到了小布什总统第二任期，他本人、赖斯以及国安会团队都清楚不过，实施外交和国家安全资源的再平衡不能再拖延了。

在面对发展中国家几个最难办的国家时，特别是印度和巴西，小布什政府采取了不少创新的办法。对前者，采用了一项大胆的外交行动；而对后者，成就了一段出人意料却历久弥新的个人友情（中国和俄罗斯将在第六章、第七章重点探讨）。

## 与印度的协议

早在克林顿执政时期，美国就有意增强同印度的关系。尽管1998年印度和巴基斯坦竞相进行核试验，让克林顿政府疲于奔命，第一夫人希拉里还是对印度进行了重要访问，副国务卿斯特罗布·塔尔伯特则牵头塑造对印度更积极的政策。[72]

2001 年，鲍勃·布莱克威尔出任美国驻印度大使，积极强调两国关系的重要性。[73]他在向国务院发回的电报和打给国安会同僚的电话中时常强调，美印关系具有战略性意义，必须投入更多时间经营。布莱克威尔认为，印度或许是制衡中国力量不断增强的最重要伙伴，同时还能帮助抵消、监视、遏制巴基斯坦可能造成的威胁。[74]正如《华盛顿邮报》格伦·凯斯勒在他的书《红颜知己》中写的那样："鲍威尔对布莱克威尔的电报视而不见，他讨厌布莱克威尔。"[75]（我们之前讨论过布莱克威尔的交际能力。）

在康多莉扎·赖斯的坚持下，2002 年《国家安全战略》中加入了强调对印关系重要性的内容。[76]凯斯勒写道，这部分内容由菲利普·泽利科代表赖斯撰写，赖斯希望"写出来的内容能够指明美印更广阔的伙伴关系，有意淡化核问题"。[77]强调最后这一点是因为 1998 年印度核试验后，两国关系就受此事件影响而趋于紧张。核试验进一步恶化了印度和巴基斯坦之间的紧张局势，大大提高了次大陆两个地缘政治对手核冲突的可能性，加剧了大家对世界范围内核扩散的忧虑。[78]此外，由于印度并未加入《不扩散核武器条约》，向其提供民用核技术或者签订约束印度核项目能力的条约变得更为复杂。[79]根据《不扩散核武器条约》，美国不能向印度转让或出售核能源技术。[80]

泽利科撰写的那部分表示："分歧仍然存在，包括印度的核发展、导弹项目以及经济改革步伐。但是，过去这些问题可能主导了我们的对印思维，今天我们要开始换一种角度，把印度看成与我们拥有共同战略利益并不断发展的世界大国。通过加强与印度的伙伴关系，我们可以更好地解决分歧，塑造充满活力的未来。"[81]鲍威尔担任国务卿期间，在布莱克威尔的请求下，美国在对印外交上取得了一些进展。到 2004 年时，名为"下一步战略伙伴"的双边机制得以建立，但成果不多，大部分原因在于印度官僚机构不愿践行其一开始承诺实施的控制出口机制。[82]这一机制可以有效限制印度分享其核技术的能力，从而解决核扩散问题。

赖斯担任国务卿后，寻求加强与新德里的关系。赖斯在《无上荣耀》一书中写道："印度需要民用核能力，想要突破约束其发展的高科技合作限制……然而，这种突破不仅仅与核能力有关，还会激发与印度在更广泛领域的合作，这个国家在经济事务中是知识革命的崛起国。"[83]

赖斯继续写道："对我们来说，即使不想'制衡'中国，能够与亚洲另一个崛起国合作，尤其是与一个民主国家合作，也是喜闻乐见的。"[84]一位与小布什共事的国务院高级官员表示："赖斯必须这么写。我们从来没说过在'制衡'中国。但是'制衡'这种说法也是得到默许的。因为从某种程度上说，我们确实尝试这么做。"

随后，赖斯积极劝说自己在白宫的上司，应该先不顾法律的障碍和过去的历史，寻求与印度在核技术转让上达成协议，这么做符合美国利益。[85]小布什同意了。他还在无意中加快了向巴基斯坦出售美国先进战机 F－16 的进程。[86]这一决定是为了帮助美国增进与巴基斯坦领导层中友善力量的关系，主要是军方和总统佩尔韦兹·穆沙拉夫。这符合美国对该地区的一贯政策，因为巴基斯坦虽未必是可靠的伙伴，却能在打击基地组织和地区其他极端主义组织中发挥关键作用。副国务卿鲍勃·佐利克听说军售一事时，认为印度得知对手实力得到加强肯定不高兴，要求美国就这件事情与印度商量。[87]美国采取的战略是在 2005 年 3 月派赖斯前往新德里，告诉印度军售的事情，同时再提出一些提升美印关系的宏伟计划。[88]赖斯在与印度总理曼莫汉·辛格会面时表示，计划之一就是两国在民用核能源方面开展合作。[89]

前副助理国务卿尼克·伯恩斯回忆道："确实是康迪（赖斯）的主意。是她担任国务卿后第一次访印时的事情。她与总理会面之前就打定主意，如果不能在会议室里搞定这头大象（我们这么称呼印度），如果不考虑到一些事实，比如我们已经制裁了印度 30 年，而印度虽然没有加入防扩散体系，但作为一个被抛弃的国家比巴基斯坦更能遵守国际准则，没有扩散核材料，那么我们就无法推动与印度的军事和政治关系。访印回来后，赖斯把我叫到了她的办公室，对我说，‘我希望你负责印度这件事’。我说我从来没去过印度，我不是印度问题专家。她说道，‘你是个协商者，谈妥这件事’。于是，接下来几年我全身心地投入到与印度商量协议的事务之中。”

2005 年 7 月曼莫汉・辛格访问华盛顿期间，两国将宣布达成和平使用核能的协议。[90]当在华盛顿的印度代表团和白宫都在期待这项声明时，赖斯的印度同僚纳特瓦尔・辛格却告诉她，事情出现了波折。[91]辛格总理担心自己难以在四分五裂的议会中获得支持。外交努力立刻展开。赖斯派出副国务卿尼克・伯恩斯，看是否能找到解决方案，同时她通知总统，为协议告吹做准备。[92]

总统回复“非常不妙”，赖斯上床睡觉时脑中萦绕着这句话：“早上四点半就醒了，直挺挺地坐在床上，想着不能让这件事黄了。于是 5：00 给尼克打电话，告诉他‘我不准备放弃，安排我见总理’。”[93]经过后续协商，印度总理终于同意在其下榻的酒店会见赖斯。他住在声名显赫的维拉德酒店，位于宾夕法尼亚大道上，与白宫只有一个街区之隔。[94]

赖斯回忆自己在会面上说：“‘总理先生，这个协议机会难得。您和小布什总统将有机会让美印关系处于新的起点。我知道您觉得难度很大，但对总统也一样困难。我来这里不是商讨措辞，而是想让您告诉手下，协议一定要办成。’辛格总理个性和缓，说话轻声细语。他推脱了几下，但最后还是同意让他的人再做努力。”[95]这一次努力成功了，那天晚些时候协议得以公布。[96]

尼克・伯恩斯是这一协议的首要谈判人，当时他与国安会的阿什利・泰利斯一起工作。他告诉我说：“2005 年 7 月 18 日宣布我们将努力达成这项协议时，整个防扩散圈子、所有智库都反对。后来这一协议花了两年时间才达成。当时有很多国会议员对此深感不安。政府中也有人对此不安，特别是那些从事防扩散工作的人。但是我们明白，我们需要印度，不是去遏制中国，而是为了在印度洋和东亚地区加强我们的地位，我们需要与印度建立宏大、更宏大的关系。这为协议提供了动力。”

他继续说：“我不会说政府高层对此有太多不同意见，但在中层和一些机构可能存在。因为这毕竟是对过去 30 年美国政策突然的、剧烈的转变。”伯恩斯然后指出：“这就是国安会能发挥有效作用的时刻，斯蒂芬·哈德利是管理问题、处理分歧的大师。”

最终达成协议的过程异常复杂。为了使协议合乎美国法律，就必须修正 1954 年颁布的《原子能法案》，允许向没有签署《不扩散核武器条约》的国家出售核技术。[97]国会进行了广泛讨论和角力，直到 2006 年底协议才达成。此外，“还需与印度沟通协议第 123 款的具体内容，规定交易的具体条件，且交易需要获得国际原子能机构以及核供应集团的批准。”[98]在这之后，国会不得不通过。[99]而辛格也面临阻力，印度议会有一些人极其珍视不结盟原则，担心被拉入美国的轨道。[100]事实上，2008 年印度总理还为此面对不信任案。[101]

赖斯回忆起最后的国会投票：“负责法律事务的助卿杰夫·伯格纳告诉我票不够。但最后一刻我们搞定了盖瑞·艾克曼，也就意味着搞定了必要的民主党票数。最后国会以 298 票对 117 票通过。”[102]她认为博尔滕帮助协议通过了参议院，强调了在处理大问题上“政府内部同心同德”的重要性。[103]团队越大、越团结、越有能力，就越有可能用政治和外交方式取得突破。

在谈到这一突破的重要性时，资深外交官比尔·伯恩斯说：“我还记得那一刻，总理辛格走出来，我们终于谈成了那个不敢相信可以谈成的协议。但是总统一直在推动。这再次证明他是战略性的领导人。他与辛格总理关系很好，直到今天他在印度的声望都很高。他知道，对印度这样的国家就必须要用长期战略框架来考虑。"

"要知道，"尼克·伯恩斯说道，"确实是康迪和史蒂夫的功劳。在小布什第二任期里，他们不仅要求我们关注两国在民用核方面的关系，还要求我们关注两军关系和政治关系……在各类问题上，我们和他们打交道的方式都与之前不同……在我看来，小布什总统推动的最重要的战略倡议之一就是发展与印度的新关系。"伯恩斯提到了有关协议的另一点："厉害的是，协议得到了两党的支持，这在华盛顿颇为罕见。我记得在民用核协议这件事上，我经常与参议员拜登会面，也与参议员奥巴马和参议员克林顿见面，努力说服他们支持协议。最终他们都同意支持了。妙的是，在奥巴马成为总统后，他得到了共和党的支持继续处理与印度的重要关系。"

## 小布什和卢拉

乔治·W. 布什和路易斯·伊纳西奥·卢拉·达席尔瓦的岁数相差不到一年。[104]两个人都是总统。第三十五任总统卢拉出生在巴西的卡埃特斯，小布什出生于格蕾丝—纽黑文医院，然而，两个人性格和经历上的鸿沟远远超过他们出生地之间的距离。众所周知，小布什是总统的儿子、参议员的孙子，出身富贵，在美国最好的学校接受教育。卢拉则出身贫寒，10 岁前都不识字，并且在二年级就退了学。[105]小布什曾在石油行业工作，当过棒球队老板。[106]卢拉人生中大部分时间都在工厂工作，19 岁操作车床时失去了一根手指。[107]小布什成为当权派中的当权派，成为美国共和党内的贵族。卢拉出任工会主席，后担任劳工党领袖，成为巴西政坛的左翼力量。[108]

2003 年卢拉当选巴西总统后，用卢拉高级助理的话来说，他接触小布什的方式充满"警惕和怀疑"。[109]这不仅因为巴西领导人常常如此对待美国总统，还因为这两个人似乎尤其水火不相容。

但是，小布什之前担任过得克萨斯州州长，该州距离墨西哥很近。小布什执政后，决意改善美国与拉丁美洲的关系。他入主白宫几周后便表示："最好的外交政策要从家园开始……我必须在这个半球搞好关系。"[110]在这一精神的指导下，小布什 2001 年 9 月 10 日与墨西哥总统比森特·福克斯会面，商讨美国和墨西哥未来的合作倡议。[111]然而，一天之后发生的恐怖袭击一下子成为小布什外交政策的首要重点，美墨合作的计划暂时搁置。

卢拉当选总统后，由于他的左翼色彩，华盛顿满怀忧虑。卢拉的前任费尔南多·恩里克·卡多佐因为推动改革、发展与美国的积极关系而受到尊重和喜爱，卢拉会继续这一对美政策吗？有些人把卢拉形容为激进分子，认为他更愿意和古巴的菲德尔·卡斯特罗、委内瑞拉的乌戈·查韦斯待在一起，而不是一个美国的共和党总统。

"一开始，"据一位伊塔马拉蒂宫（巴西外交部）的一位高级职业外交官说，"大家都觉得两国关系冷冰冰的。或许不会像卡多佐执政时那么活跃。2002 年底小布什与卢拉会面前，我们都不知道能期待些什么。"

康多莉扎·赖斯言简意赅地表达了自己的怀疑："全球商界都用质疑的眼光看待卢拉——白宫也一样。"[112]

"我们不需要也不想要另一个查韦斯，我们对拉美出现的向左走倾向十分警惕，"一位前国安会人员说道。从各方面看，卢拉似乎都构成了一点挑战。

小布什和卢拉第一次会面时，一开始气氛有些尴尬。[113]据赖斯描述，卢拉戴着的社会主义胸针着实吓了小布什一跳。随后，两个人之间逐渐有了些化学反应。赖斯用"真实"一词形容卢拉，我也经常听见外国领导人用这个词形容小布什。"卢拉，"赖斯写道，"似乎是我们可与之合作的人。"[114]

卢拉的一位顶级幕僚说道："卢拉很感激小布什认真聆听他的想法。两个人之间很快就有了尊重彼此的感觉。他们俩都喜欢开玩笑，都喜欢用风趣闲聊的方式沟通。我们发现，他们的共同点超过了之前的想象。"

两个人的关系不断发展，一年之后，他们在巴西会面，同意在反恐、非洲等问题上开展高级别磋商。[115]非洲问题对卢拉来说是重中之重，因为巴西和非洲关系极其紧密。会后，卢拉表示："毫无疑问，我相信我们两国的关系足以震惊世界。"[116]

接下来几年，两人的友谊进一步发展，最终使两国受益。[117]双边贸易扩大，国际问题上的分歧缩小，在能源、反恐等一系列重大领域开展合作。与此同时，卢拉还与拉美左翼国家保持了很好的关系。[118]事实上，据一位那一时期的白宫工作人员称，卢拉在美国和拉美左翼国家之间发挥的沟通作用"深受总统和国安会肯定"。[119]

两国关系的提升也不仅是总统私人外交的结果。小布什总统、赖斯、哈德利、国防部高层以及军队都十分重视美国与西半球的关系，因此美国与西半球国家的关系得以增强，那些平日里觉得受冷落的伙伴也对此心怀感激。此外，这也让政府里从事拉美事务的工作人员觉得备受尊重。

罗伯塔·雅各布森是职业外交官，2012 年初被提名为负责西半球事务的助理国务卿。在此之前她在国安会短暂任职，并在国务院步步攀升，2002～2007 年担任墨西哥事务办公室主任，后来成为负责加拿大、墨西哥、北美自由贸易协定的副助理国务卿。因此，她清楚地了解政府优先事务转变对其团队的影响。

"我们有时感觉像外交政策界的罗德尼·丹泽菲尔德①，"雅各布

---

① 罗德尼·丹泽菲尔德是美国著名喜剧演员，他有一句经典的台词是"我没有得到尊重"。——译者注

森从一个拉美专家的视角说起，“很多负责拉美事务的同事对负责其他地区业务的同事心怀怨气，因为那些人觉得我们做拉美工作并不需要多少技能。”

“这是一个很有趣的现象，”她继续说道，“每年我都会发现我的助理对一些人火冒三丈。他们自认为曾在西欧或亚洲（有时也包括中东）这些‘真正的’地方工作，参与‘真正的’政策落实，他们就应该在西半球轻轻松松获得一个大使职位……这能有多难，是不是？当政策优先发生转变，我们的领域受到重视，这些偏见才得以消除。”

赖斯强调，她本人、总统以及国安会高度关注新兴国家。尼克·伯恩斯列出了一些结果：“我与安东尼奥·帕特里奥塔合作得亲密无间，他后来成为巴西外交部部长，现在是驻联合国大使……我们有一位非常积极的助理国务卿汤姆·香农（后来成为美国驻巴西大使，现在是国务卿克里的顾问）。我们与巴西签有生物燃料协议。在联合国安理会改革议题上与巴西合作。因为我们觉得世界力量平衡在变化。我们仍然在顶端，但是需要与这样的其他国家建立更好的工作关系。”

帕特里奥塔也肯定了这一点：“小布什总统任期是美巴关系的高潮。部分原因是，美国有一个多边、多层级的工作方式。美国的接触是自上而下的。”香农也肯定说，这种关系的使命感是在上层缔造的：“我一直觉得这是头号优先事务，康迪（赖斯）、史蒂夫（哈德利）以及总统对我的要求和建议都有积极回应。”

小布什的商务部部长古铁雷斯用另一个例子证明个人层面、总统外交的影响。“你知道，”他说，“小布什与卢拉关系很好……好处是在地区事务上卢拉无法对小布什总统提出批评……记得查韦斯曾经称总统是个‘魔鬼’吗？他的原话是，‘这里闻上去像有硫磺？’（时任厄瓜多尔财政部部长）拉斐尔·科雷亚说，‘这是对魔鬼的侮辱’。

但是科雷亚当选总统后，小布什总统打电话恭喜他当选。这让他彻底折服。科雷亚再也没有当众谴责总统。他谴责帝国主义和美国某些政策，但绝不会攻击总统本人。他（小布什）就是有这样的能力。”

美国对巴西的处理方式以及相互增进的理解也同样适用于西半球的其他国家。其中一个中心项目是“哥伦比亚计划”。[120]这是美国和哥伦比亚一项共同的倡议，旨在消灭哥伦比亚数十年的内战。项目始于克林顿执政时期，从一开始就要求总统间的合作，以确保项目资金和政府间的有效合作。[121]这一计划初期的一个片段极好地展示了总统间私人关系的重要性。当时，美国拟定了对计划的展望（由负责政治事务的副国务卿托马斯·皮克林领导，皮克林是当代美国最杰出的外交家之一），也提出了对资金的需求。[122]这一项目的拟定者认为，他们需要 17 亿美元，但是国会不同意再提供新的资助。在这一黑暗时刻，克林顿不得不给哥伦比亚总统安德烈斯·帕斯特拉纳打电话，告诉他美国无法支持这一计划，尽管这对哥伦比亚的未来很重要。谈话要点都已准备好了。克林顿总统打电话时，屋里唯一一个陪着他的人是国安会负责拉美事务的阿图罗·瓦伦朱拉，他后来在奥巴马政府担任负责西半球事务的助理国务卿。电话接通了，克林顿向帕斯特拉纳解释了情况。他的团队拿不到钱。电话那头是长时间的沉默，帕斯特拉纳受到了很大打击。电话挂断后，总统对瓦伦朱拉说：“这是我当总统以来最难打的电话。”他的眼里含着泪。然后，心烦意乱的总统说，“我要给（众议院议长）丹尼斯·哈斯特尔特打电话。”[123]

克林顿给议长打了电话，使出浑身解数，极力劝说议长给予资金支持。[124]当初如果克林顿放手不管，这个项目就彻底没戏了。两位领导人之间的私人关系促使一方努力推动了“哥伦比亚计划”。

“哥伦比亚计划”成为美国过去半个世纪来处理西半球关系的成功典范之一，该计划的优势之一是倾注了政府上下的努力，包括整个国安会团队及其组成部门的有效合作。同时，计划也很好地说明了某个项目若想获得成功，无论是美国政府还是外国政府换届后都必须保证政策的连续性，不能受到政党更替或者国家方向变化的影响。

幸亏在这个倡议方面，小布什和哥伦比亚总统帕斯特拉纳的继任阿尔瓦罗·乌里韦·贝莱斯之间的关系甚至比他和卢拉还要好。[125]乌里韦与小布什极为不同。小布什不拘小节、和蔼可亲，身为总统依然与朋友打成一片、唠唠叨叨。乌里韦则恰好相反，仿佛一个时刻神经紧绷的世界领导。即使在用餐时刻，乌里韦说话也十分严肃，谈论一些枯燥的话题和要点，让别人怀疑他究竟还能不能放松一点。尽管乌里韦的紧张态度有时令人生畏，但是他时刻想着要竭尽全力打击哥伦比亚的叛乱组织，而在小布什心里，这些叛乱组织和他要着力打击的恐怖分子类似。两个人因为共同的目标团结在一起。当时，哥伦比亚驻美国大使是在美国出生的路易斯·阿尔伯托·莫雷诺，他被广泛视为在华盛顿最有效率的外交家，后来担任了美洲开发银行主席。[126]莫雷诺与小布什任内的白宫、国安会、国务院和国会最高层都保持着深度的联系。他精心发展了一些只有最成功外交官才能运作的关系。

不过，小布什刚执政时对“哥伦比亚计划”的效率持怀疑态度。帕斯特拉纳与叛乱分子谈判以及遏制毒贩的行动未见成效，让他的总统威望受挫。新上任的乌里韦更是未经考验。小布什想重新评估和调整计划，“改变计划特点”。[127]用赖斯的话说，乌里韦“明确表示要打击那些准军事组织，即便他们与自己的政党有瓜葛。[128]乌里韦第一次与小布什总统会面时，描述了面对的挑战和克服挑战的决心。总统立即被他的强硬所吸引。‘你是认真的吗？’总统问道，‘因为如果你是认真的，那就必须准备采取强硬措施。除掉他们的领导层，然后他们会开始退败’。乌里韦向总统保证，他正打算这么做”。

在“9·11”后的“恐惧时代”，小布什采取了与时代主题相符的一贯做法，继续支持“哥伦比亚计划”，并将其打造为反恐战争的新战场——而若放在历史的另一个时刻，这种做法可能会被视作为了加强西半球关系、巩固政权稳定或者推动打击毒品的战争。[129]从中多少可以一窥华盛顿政治的特点。当政客发现针对某一问题的做法符合公众需求时，他们就会拼命采取这一措施，榨干措施的一切功效，直到这种做法不再发挥作用。当一个话题主导了全国媒体的讨论时，整个国家都变得狂热，大家脑子里似乎只容得下一个念头。在全球反恐年代，即布什执政年代，没有什么法子比过度利用美国人对另一场灾难性打击的恐惧更好使了。打击恐怖主义、维护安全成为多个倡议的深层逻辑，而有些倡议却与任何反恐行动都难以扯上关系。美国与墨西哥的边境问题不再关乎移民，而是关乎"边境安全"、防止渗透。[130]港口和国内基础设施得到升级是为了"加固我们的资产"。发展健康计划是为了回应"生物威胁"。[131]警察部门得到更多资金是为了能够"率先快速反应"。[132]即使采取某项行动的首要原因与反恐毫无联系，但如果能找到一个为保障安全的理由，行动也能得到更多资金。政客利用国家集体性创伤后的精神失常实现一系列与反恐毫无关联的目标。"哥伦比亚计划"实际上正处于这样的灰色地带。计划的一部分内容确实有助阻断让恐怖主义受益的武器和毒品运输，但是还有一些内容只是为了打击毒品交易、稳定地区重要盟友，因为哥伦比亚是拉美为数不多愿意公开支持美国的国家。

"哥伦比亚计划"在平定哥伦比亚内战、减少边境暴力方面是很成功的。然而，毒品流却没有受到多大阻碍。2006 年美国国会研究局发布的一份报告称："尽管'哥伦比亚计划'加大了对毒品作物的清查和封锁，美国追踪毒品走势的机构仍表示，美国海洛因和可卡因的供应、价格、纯度均保持稳定。[133]哥伦比亚是世界上毒品最大的供应地，美国境内 90% 的可卡因或产自哥伦比亚，或经由哥伦比亚进入美国。"

批评人士还称，尽管小布什和乌里韦在安全方面的合作很成功，但在人权记录上表现不佳。[134]两人都认为打击敌人"目的可以为手段正名”，因而往往采取严厉行动。直到小布什的最后几年——特别是奥巴马上台后，美国国务院确保将法律和国际准则作为美哥关系的重要前提（以及美国—哥伦比亚自贸协定通过），乌里韦才开始重视解决人权问题。[135]

墨西哥是小布什 2001 年海外访问的第一站，但它的重大象征意义很快因“9·11”事件的爆发而被遗忘，在此之后，墨西哥并没有得到多少重视。但随着小布什第二任期调整的开始，其团队也开始重视墨西哥。此外，2006 年墨西哥也迎来新领导人费利佩·卡尔德龙。卡尔德龙与小布什一样，都对打击毒品和有组织犯罪持强硬立场。他表示愿意在这些领域与美国开展合作，2007 年 10 月“梅里达倡议”公布。[136]小布什的团队欢迎这一想法，将其定义为“国家安全优先事项”。[137]这一倡议与以往不同，它的出发点是美国和墨西哥对跨境毒品问题都有责任。[138]美国必须抑制国内毒品需求，同时帮助墨西哥打击毒品走私。[139]美国政府承诺在项目启动的头三年投入 15 亿美元。[140]美国国会研究局的评估认为，这一项目有效地增进了美国和墨西哥的沟通与合作。[141]

美国政府机构广泛地参与了计划，甚至可以说是凝聚了全体国安会的努力。罗伯塔·雅各布森负责国务院的墨西哥事务，参与了“梅里达倡议”的起草。她与“与 15 个美国政府机构一起工作。最初与墨西哥人开会，大家都不确定两边如何合作。当我们需要政策支持，或与国防部、国土安全部甚至司法部的紧张关系需要纾解时，国安会发挥了传统角色——调解人、中间人、政策协调人。随后，他们让我们重新投入到项目中去，做出必要调整，开展其他必要工作，包括与东道国协调”。

“梅里达倡议”成功的一个标志是在奥巴马政府得以延续。[142]当然，正如所有新政府的习惯一样，它被冠上了“超越梅里达”的名号。这与在牙膏盒上打上“全新升级”没什么两样，而且这种重新命名往往起不了多少作用。对“全新升级”的“梅里达倡议”来说，奥巴马团队承诺要加强项目倚赖的墨西哥司法和执法机制，但对“梅里达倡议”的资金支持却在减少，每年的投入只有早期承诺的1/3。[143]

小布什的拉丁美洲计划中有不少亮点都被“9·11”事件扬起的尘土掩埋。其中最重要的莫过于美洲自由贸易区计划。它诞生于克林顿时代，2001年4月小布什在美洲峰会中重提倡议。[144]他畅想这一自贸区将带来一个巨大的市场，“包括8亿消费者，经济总量达到13万亿美元”。[145]但在“9·11”事件发生后，美国的政策疏远了很多拉美左翼国家，也由于北美自由贸易区和南方共同市场（巴西与拉丁美洲南部锥形地区国家的贸易协定）这样现有的贸易协定不温不火，更重要的是因为美国关注点已经转移，关于美洲自贸区的讨论渐渐偃旗息鼓，到2003年彻底停滞。在第四届美洲峰会上，尽管大多数国家支持重启讨论，南方共同市场却持反对意见（小布什与卢拉有深厚友情，但巴西仍无法克服根深蒂固的疑虑支持美国加深与该地区的一体化）。这让小布什的团队只能寻求其他方向获得进展。

上述只是小布什执政期间贸易议程的一部分，在他第一任期内主要依靠美国贸易代表罗伯特·佐利克，第二任期同样仰仗担任美国贸易代表的苏珊·施瓦布。施瓦布获得了白宫，财政部部长汉克·保尔森，商务部部长古铁雷斯，赖斯和佐利克（当时在国务院）的鼎力支持，得以推动贸易议程，实质上决定了小布什和奥巴马时代在贸易方面迈出的最大步伐。这其中包括与中美洲和多米尼加共和国的自由贸易协议（CAFTA－DR），前文提及的与哥伦比亚的自由贸易协议，与巴拿马、秘鲁的自由贸易协议，还有在西半球之外与韩国的自由贸易协议，甚至范围更广的跨太平洋伙伴关系协定（TPP）倡议。[146]在这些协议中，与哥伦比亚、巴拿马和韩国的协议直到奥巴马执政后才落实，而跨太平洋伙伴关系协定的前途在撰写本书时尚未可知。说其前途未卜主要是因为国会民主党人士的反对，加之奥巴马政府尤其是总统本人意愿不强，不想过多干涉而扭转形势。

这些在贸易上取得的进展应该算入小布什的外交政策成绩单，但由于他在伊拉克、阿富汗以及反恐战争上引发的争议，这些成就常常被忽略。事实上，小布什第二任期做出了很多好成绩，却因为未能影响整个时代“主旋律”而遭到忽略。当时的时代背景是美国在伊拉克和阿富汗的窘境，还有 2007 年美国金融系统开始遭受的巨大灾难。金融危机成为小布什任期最后一段时间的主题，这个主题将奥巴马抬上了继任者的位置，也在小布什即将完成两届任期时揭示出这位美国领导人的真实性格。

## 注　释

1. Chris Cillizza, “George W. Bush’s Approval Rating Just Hit a 7 - Year High. Here’s How. ” *The Washington Post*, April 23, 2013.
2. Jackie Calmes, “Obama Picks Nominees for Commerce Dept. and Trade Representativo,” *The New York Times*, May 2, 2013.
3. Neil Irwin, “Jeffrey Zients, Obama’s Next Top Economic Adviser,” *The Washington Post*, September 13, 2013.
4. Calmes, “Obama Picks Nominees for Commerce and Trade”; David A. Graham, “Who is Jack Lew, Obama’s Nominee for Treasury Secretary,” *The Atlantic*, January 9, 2013.
5. 根据与前国务院官员的采访内容。
6. John Cochran, “Bush’s Big Trip: Why Africa? Why Now?” *ABC News*, July 8, 2003.
7. “Bono Praises George W. Bush,” *Politico*, December 1, 2011.
8. Bush, *Decision Points*, 334 - 335.
9. 同上。
10. “Millennium Challenge Account,” The White House, http://georgewbush - whitehouse. archives. gov/infocus/developingnations/millennium. html.
11. White House Office of the Press Secretary, “Remarks by the President on Global Development,” *White House Press Release* (March 14, 2002).
12. Larry Nowels, “The Millenium Challenge Account: Congressional Consideration of a New Foreign Aid Initiative,” Congressional Research Service, August 26, 2003.

13. Rice, No Higher Honor, 226.
14. Curt Tarnoff, "The Millennium Challenge Corporation," Congressional Research Service, April 12, 2012.
15. Bush, *Decision Points*, 350.
16. Rice, *No Higher Honor*, 428.
17. Bush, *Decision Points*, 349 – 350.
18. Tarnoff, "Millennium Challenge Corporation"; Celia W. Dugger, "El Salvador: MYM461 Million U. S. Antipoverty Grant," *The New York Times*, November 30, 2006; Celia W. Dugger, "Tanzania: U. S. Aid Plan Announced," *The New York Times*, September 20, 2007.
19. Nina Easton, "Foreign Aid, Capitalist Style," *Fortune*, November 21, 2011.
20. Rice, *No Higher Honor*, 227.
21. Bush, *Decision Points*, 349.
22. Colin Powell, "No Country Left Behind," *Foreign Policy*, January/February 2006.
23. 同上。
24. Susan E. Rice, "We Must Put More on the Plate to Fight Poverty," *Washington Post*, July 5, 2005; Susan E. Rice, "The Threat of Global Poverty," *The National Interest*, Spring 2006; Susan E. Rice and Stewart Patrick, "The 'Weak States' Gap," *The Washington Post*, March 7, 2008; Gene Sperling and Tom Hart, "A Better Way to Fight Global Poverty: Broadening the Millennium Challenge Account," *Foreign Affairs*, March/April 2003.
25. Sperling and Hart, "A Better Way to Fight Global Poverty."
26. 同上。
27. Rice, "We Must Put More on the Plate to Fight Poverty."
28. 同上。
29. "President Obama Requests MYM1. 125 Billion for MCC to Continue Innovative Approach to Development Assistance," Millennium Challenge Corporation, February 15, 2011.
30. White House Office of the Press Secretary, "Fact Sheet: The Obama Administration's Comprehensive Efforts to Promote Gender Equality and Empower Women and Girls Worldwide," *White House Press Release* (April 19, 2013).
31. 同上。
32. Bush, Decision Points, 336.
33. Jay P. Lefkowitz, "AIDS and the President—An Inside Account," *Commentary*, January 1, 2009.
34. 同上。
35. 同上。
36. 同上。
37. Lefkowitz, "AIDS and the President"; Bush, *Decision Points*, 337 – 338.
38. Lefkowitz, "AIDS and the President."
39. Lefkowitz, "AIDS and the President"; Bush, *Decision Points*, 339.
40. Bush wrote: Bush, *Decision Points*, 339.
41. "Text of President Bush's 2003 State of the Union Address," *The Washington Post*,

January 28, 2003.
42. Lefkowitz, "AIDS and the President."
43. Scott H. Evertz, "How Ideology Trumped Science: Why PEPFAR Has Failed to Meet Its Potential," Center for American Progress, January 2010.
44. 同上。
45. Bush, Decision Points, 340; Sarah Boseley, "U. S. Defends Abstinence Policy Amid Uproar," *The Guardian*, July 15, 2004.
46. David Brown, "GAO Criticizes Bush's AIDS Plan; Abstinence - and - Fidelity Provision Sowing Confusion," *The Washington Post*, April 5, 2006.
47. Raymond W. Copson, "The Global Fund and PEPFAR in U. S. International AIDS Policy," Congressional Research Service, November 3, 2005; Evertz, "Why PEPFAR Has Failed to Meet Its Potential."
48. "President's Emergency Plan for AIDS Relief," Government Accountability Office, March 2013.
49. Lefkowitz, "AIDS and the President."
50. Rice, No Higher Honor, 229; "Data: Population (Total)," The World Bank, http://data.worldbank.org/indicator/SP.POP.TOTL? page = 1.
51. Bush, *Decision Points*, 341.
52. Tiaji Salaam - Blyther, "The President's Emergency Plan for AIDS Relief (PEPFAR): Funding Issues After a Decade of Implementation, FY2014 - FY2013," Congressional Research Service, October 10, 2012.
53. Desmond Tutu, "Obama's Overdue AIDS Bill," *The New York Times*, July 20, 2010.
54. Editorial Board, "PEPFAR's Glowing Report Card, 10 Years Later," *The Washington Post*, February 25, 2013.
55. Salaam - Blyther, "The President's Emergency Plan for AIDS Relief (PEPFAR)."
56. "The Power of Partnerships: The U. S. President's Emergency Plan for AIDS Relief, 2008 Annual Report to Congress," The Office of the United States Global AIDS Coordinator, 2008.
57. Martin Plaut, "Has Bush Been Africa's Best Friend?" *BBC News*, January 16, 2009.
58. Dana Hughes, "George W. Bush's Legacy on Africa Wins Praise, Even from Foes," *ABC News*, April 26, 2013.
59. 同上。
60. Plaut, "Has Bush Been Africa's Best Friend?"
61. Office of the White House Press Secretary, "Press Gaggle by President Obama Aboard Air Force One," *White House Press Release* (June 28, 2013.)
62. Stephanie Hanson, "Imagining Obama's Africa Policy," Council on Foreign Relations, December 22, 2008; Todd Moss, "Missing in Africa: How Obama Failed to Engage an Increasingly Important Continent," *Foreign Affairs*, October 2, 2012.
63. Ty McCormack, "Mo Ibrahim Prize for Achievement in African Leadership," *Foreign Policy*, October 17, 2012.
64. Jim O' Neill, "Building Better Economic BRICs," Goldman Sachs, *Global Economic Paper* no. 66, November 30, 2001.

65. "Country Comparison: Population," CIA World Factbook, https://www.cia.gov/library/publications/the-world-factbook/rankorder/2119rank.html; "Country Comparison: Area," CIA World Factbook, https://www.cia.gov/library/publications/the-world-factbook/rankorder/2147rank.html.
66. "Country Comparison: Population"; David Barboza, "China Passes Japan as Second-Largest Economy," *The NewYork Times*, August 15, 2010.
67. David Barboza, "China's Treasury Holdings Make U. S. Woes Its Own," *The New York Times*, July 18, 2011; Menzie D. Chinn, "American Debt, Chinese Anxiety," *The New York Times*, October 20, 2013.
68. "Dust-up at the Shangri-La," The Economist, June 1, 2014; Fred Hiatt, "Rocky Waters Between China and Japan Could Affect America," *The Washington Post*, January 26, 2014.
69. Jim Nichol, "Russian Political, Economic, and Security Issues and U. S. Interests," Congressional Research Service, March 31, 2014.
70. "Country Comparison: Population"; "Country Comparison: Area"; "GDP ranking," The World Bank, last updated May 8, 2014.
71. "UN: India to Be World's Most Populous Country by 2028," *BBC News*, June 14, 2013; Krista Mahr, "The World's Largest Democracy Is Heading to the Polling Booth," *Time*, April 7, 2014.
72. Todd S. Purdum, "Hillary Clinton Finding a New Voice," *The New York Times*, March 30, 1995; Strobe Talbott, Engaging India: Diplomacy, Democracy, and the Bomb (Washington, DC: Brookings Institution Press, 2004).
73. Kessler, *The Confidante*, 51.
74. 同上。
75. 同上。
76. "The National Security Strategy of the United States of America," White House Office of the President, September 2002, 10, http://www.state.gov/documents/organization/63562.pdf.
77. Kessler, *The Confidante*, 51.
78. John F. Burns, "Nuclear Anxiety: The Overview; Pakistan, Answering India, Carries Out Nuclear Tests; Clinton's Appeal Rejected," *The New York Times*, May 29, 1998.
79. Rama Lakshmi and Steven Mufson, "U. S., India Reach Agreement on Nuclear Fuel Reprocessing," *The Washington Post*, March 30, 2010.
80. 同上。
81. Kessler, *The Confidante*, 51.
82. 同上。
83. Rice, *No Higher Honor*, 437.
84. 同上。
85. Kessler, *The Confidante*, 57.
86. 同上。
87. Kessler, *The Confidante*, 50.

88. 同上。
89. Kessler, *The Confidante*, 54.
90. Rice, *No Higher Honor*, 438 - 439.
91. 同上。
92. 同上。
93. 同上。
94. 同上。
95. 同上。
96. Steven R. Weisman, "U. S. to Broaden India's Access to Nuclear - Power Technology," *The New York Times*, July 19, 2005.
97. Rice, *No Higher Honor*, 696 - 698.
98. Rice, *No Higher Honor*, 696 - 698.
99. 同上。
100. 同上。
101. Niraj Sheth and Paul Beckett, "Indian Leader Survives Vote; Onus Now on U. S. Congress," *The Wall Street Journal*, July 23, 2008.
102. Rice, *No Higher Honor*, 698.
103. Rice, *No Higher Honor*, 698 - 699.
104. Bush, *Decision Points*, 2; Richard Bourne, *Lula of Brazil: The Story So Far* (Berkeley: University of California Press, 2008), 1.
105. Bourne, *Lula of Brazil*, 1 - 7, 12 - 13.
106. Brooks Jackson, "Bush as a Businessman: How the Texas Governor Made his Millions," *CNN*, May 13, 1999.
107. Bourne, *Lula of Brazil*, 16.
108. Bourne, *Lula of Brazil*, 34, 44.
109. Liz Throssell, "Lula's Legacy for Brazil's Next President," *BBC News*, September 30, 2010; Raymond Colitt, "Odd Friends, Bush and Lula Foster Brazil - US Ties," *Reuters*, March 30, 2007.
110. William M. LeoGrande, "A Poverty of Imagination: George W. Bush's Policy in Latin America," *Journal of Latin American Studies*, vol. 39, no. 2, May 2007.
111. Office of the White House Press Secretary, "Remarks by President George Bush and President Vicente Fox of Mexico at Arrival Ceremony," *White House Press Release* (September 5, 2001).
112. Rice, *No Higher Honor*, 257.
113. Rice, *No Higher Honor*, 257 - 258.
114. 同上。
115. Luiz Alberto Moniz Bandeira, "Brazil as a Regional Power and Its Relations with the United States," *Latin American Perspectives*, vol. 33, no. 2, May 2006.
116. Office of the White House Press Secretary, "President Bush Welcomes Brazilian President Lula to White House," *White House Press Release* (June 20, 2003).
117. Colitt, "Odd friends."
118. Tim Padgett, "Brazil's Lula: A Bridge to Latin America's Left?" *Time*, March 14, 2009.

119. 根据与小布什政府官员的采访内容。
120. LeoGrande, "A Poverty of Imagination."
121. 同上。
122. 同上。
123. LeoGrande, "A Poverty of Imagination."
124. 同上。
125. 同上。
126. "Luis Alberto Moreno, President," Inter – American Development Bank, October 2013, http://www.iadb.org/en/about – us/departments/biographies, 1347.html? bioid = 4.
127. Rice, *No Higher Honor*, 257.
128. 同上。
129. LeoGrande, "A Poverty of Imagination."
130. Michael A. Fletcher and Jonathan Weisman, "Bush Signs Bill Authorizing 700 – Mile Fence for Border," *The Washington Post*, October 27, 2006.
131. Sheryl Gay Stolberg, "The President's Budget Proposal: Health Spending; Bucks for Bioterrorism, but Less for Catalog of Ills," *The New York Times*, February 5, 2002.
132. Radley Balko, "A Decade After 9/11, Police Departments Are Increasingly Militarized," *The Huffington Post*, September 12, 2011.
133. Connie Veillette, "Plan Colombia: A Progress Report," Congressional Research Service, June 22, 2005.
134. 同上。
135. June S. Beittel, "Colombia: Background, U.S. Relations, and Congressional Interest," Congressional Research Service, November 28, 2012; "US: Colombia Human Rights Improved," *Al Jazeera*, September 12, 2009.
136. Steve Coll, "Whose Drug War?" *The New Yorker*, November 10, 2011; Clare Ribando Seelke, "Mérida Initiative for Mexico and Central America: Funding and Policy Issues," Congressional Research Service, August 21, 2009.
137. Rice, *No Higher Honor*, 565 – 566.
138. Seelke, "Mérida Initiative."
139. Clare Ribando Seelke and Kristin M. Finklea, "U.S. – Mexican Security Cooperation: The Mérida Initiative and Beyond," Congressional Research Service, August 15, 2011.
140. 同上。
141. 同上。
142. Clare Ribando Seelke and Kristin M. Finklea, "U.S. – Mexican Security Cooperation: The Mérida Initiative and Beyond," Congressional Research Service, April 8, 2014.
143. 同上。
144. Luisa Angrisani, "More Latin, Less America?" *The National Interest*, Fall 2003.
145. 同上。
146. "CAFTA – DR (Dominican Republic – Central America FTA)," Office of the United States Trade Representative, accessed June 25, 2014; J. F. Horneck, "The

U. S. - Panama Free Trade Agreement," Congressional Research Service, November 8, 2012; "Peru Trade Promotion Agreement," Office of the United States Trade Representative, accessed June 25, 2014; Choe Sang - Hun, "U. S. and South Korea Reach Free Trade Agreement," *The New York Times*, April 2, 2007; William Mauldin and Siobhan Hughes, "Fast - Track Trade Bill's Path in Congress Gets Bumpier," *The Wall Street Journal*, February 5, 2014.

# 第四章
# 选举挑总统，危机验总统

恐惧留给自己，勇气与大家分享。

——罗伯特·路易斯·史蒂文森

在民主国家，总统基本无一例外体现了时代，而不是塑造了时代。不过，少有人能够像美国总统那样，自己的个性特点会对那么多人造成深远影响。总统的个性特点很少在国际上彰显，其真实情况也与竞选演讲和电视广告中宣传的大相径庭。反而是在危机之中，总统的个性常常在私下里得以表现。实际上，几乎所有的总统都会面对至少一次巨大危机，这些危机会显露他们的本色。

小布什面对了两场危机。两场危机都发生在曼哈顿下城的核心金融区，每一场危机都撼动了美国对自己的信心，脆弱感从主干道向千家万户弥漫，塑造了“恐惧时代”的大背景。

不幸的是，只有其中一场危机塑造了小布什的整个总统任期。或许因为这场危机率先来临，发生在他总统任期第一年的9月。也或许由于第二场危机到来时，他的执政时日已经所剩无几。无论如何，小布什遭遇的第二场危机以不同于第一场危机的方式显露了他的个性，这恰恰是因为小布什内在的一些特点促使他身为总统不断改变和演进。小布什刚刚就职总统时还是个初学者，带领惊慌失措的国家做出错误的反应，但经历过第一任期后，他已经成长了。

小布什总统留下的复杂遗产影响了他的继任者。奥巴马一开始表现得想与小布什划清界限，他竞选时的承诺都是扭转小布什的政治、经济、国内和国际政策。但是小布什的很多政策和方法都被奥巴马继承。小布什就像一个游荡在奥巴马白宫中的幽灵，对其政策的影响有时甚至超过奥巴马的小圈子甚至其本人。

## 弱点累积：经典的范式

第一次见蒂姆·盖特纳时，他还是财政部部长劳埃德·本特森身边的一位年轻助手。我们当时都在一个访问中国和日本的代表团里，盖特纳是职位相对较低的官员。我对他的两个印象是，非常聪明、非常年轻，看上去仿佛刚走出高中教室就登上这架横跨太平洋的波音707 飞机。他很有礼貌也很有职业风范，我不得不承认，尽管他面相年轻，却给我留下了深刻的印象。

在克林顿执政的几年中，我目睹了他在后来两位财政部部长罗伯特·鲁宾和拉里·萨默斯手下平步青云。两人都算得上是他的导师，因为看到盖特纳分析问题精准、职业操守崇高，在华盛顿风波不断的氛围中也能处变不惊，而对他赞赏有加。在克林顿执政的最后三年里，盖特纳担任负责国际事务的财政部副部长。[1]他曾在达特茅斯大学获得亚洲研究学位，也在中国学习过。很明显，他即将成为美国经济政策决策圈的一员。2003 年，他 42 岁时任纽约联邦储备银行的行长。[2]

他卸任奥巴马财政部部长后，在对外关系委员会纽约总部的大办公室里，我与他进行了一次长谈。盖特纳告诉我，他一接手纽约联储银行的工作，就很快确立了优先事项。他很快就有了一种危机即将降临的感觉，金融体系已经发出动荡前的信号。盖特纳开始评估风险，他让自己纽约联储的前任杰拉德·科里根广泛召集了一组风险管理师，让他们检查主要金融公司的风险管理情况。他们的任务是找出哪里的举措过时、哪里有了进展、新的挑战是什么，然后再提出政策建议。

盖特纳说，他努力更新认为过时且漏洞百出的金融衍生品体系，为更有韧性的体系打下基础。为此，他与美国证券交易委员会、其他全球企业的监督机构以及美联储密切合作。盖特纳说，他已经注意到信贷控制出现了普遍腐蚀、充满风险的高杠杆，他开始预估形势走向。盖特纳基本的观点是“我们的体系已挣脱了所有体系需要的制衡、挣脱了大萧条之后设置的基本保护，我们在各种风险累积的风暴面前岌岌可危，这些风险最终都将一一成为现实：可疑借贷、风险管理宽松、重要领域缺乏透明、一些增长正在酝酿泡沫，等等”。

预测灾难是一回事，阻挡灾难是另一回事。当盖特纳还在纽约联储银行时，那次载入史册的危机就已降临。当灾难越靠近，他就越能感觉自己和其他监管同仁的能力受到约束，他们已无法阻挡或管控这场危机。

作为美国一位联储银行行长，一个在纽约有极高影响力、与华尔街关系密切的人，盖特纳控制金融风险的能力却很有限。他进退两难：“联邦储备局所能控制的风险仅限于美国金融体系的一部分。如果你看一看政府资助企业、投资银行、通用电气金融业务和美国国际集团这样的非银行机构、货币市场基金、不受监管的互助储蓄银行，你就会知道这一体系的大部分风险都在我们的影响范围之外，其杠杆不受任何实质约束。我为此深感不安。”

他与我谈话时没有明说，但言下之意是克林顿执政期间，由于取消了《格拉斯—斯蒂格尔法案》中有关隔离投资银行与商业银行的关键条款，联邦政府失去了一些影响力和控制力。克林顿的财政团队稳步采取了依靠崛起金融市场自我管理的方式，助长了暗藏危机的衍生品市场爆炸的可能性，而这后来在盖特纳预测的金融危机中扮演了重要角色。

盖特纳的问题或者整个美联储的问题是，“大家觉得我们是负责任的、有担当的，认为我们有责任避免危机，能够在大火蔓延前将火扑灭”。即使盖特纳并不清楚危机将以何种方式到来，他也觉得我们十分脆弱。盖特纳认为这个体系有很多工具已经演化为“可以分摊或规避风险”，这些工具很好也很强大。“但是它们会产生矛盾的效果：普通危机变得更易于解决，造成的损害会变少，因为这些工具可以帮助分摊危机，大家可以更好地回避风险。但是到最后，这些工具却可以让威力更大的冲击造成更严重的损害，而且更难以控制。”

金融行业的自我建设让其能够解决在路上的磕磕碰碰，却更容易让车坠落悬崖。盖特纳担任纽约储备银行行长时意识到这一正式机制的有限性，盖特纳把自己的顾虑告诉了保尔森，并与其他十多个最大的金融机构最高执行官设立了一系列常规但非正式的联系机制，让他们可以与自己进行有创造性和成系统的对话。[3]通过这些方式，盖特纳与这些人讨论了危机、最佳行动方式以及如何未雨绸缪，取得了其他方式所无法实现的进展。这种方式成为盖特纳和保尔森迎战金融风暴的关键一步。

对于筹划国家安全计划的人来说，2008～2009 年的金融危机反映出一个反复上演的主题：下一场大危机或大冲击常常不会来自预期的源头或方向。还有一点很快显现，即这场危机不只是与美国经济相关的挑战，不单牵涉美国工人和利益攸关方的福祉，实质上还具备全球属性，与美国在海外的声誉和威望息息相关。换句话说，这场危机事关国家安全。“9·11”事件后的若干年里，美国国家安全设计师们倾尽全力确保对曼哈顿 17 英亩金融区造成冲击的袭击不会重演。

然而，美国领导层大力扩展国土安全、情报和国家安全团队规模，却万万没想到美国面临的最大威胁恰恰来自之前本·拉丹所瞄上的街区。美国金融体系酝酿发酵的危机对美国、美国经济以及美国国力的立足之本都造成了消极影响，影响远远超过恐怖主义分子和其他国际对手所能造成的。正当我们紧盯海外恐怖分子及其支持者带来的威胁时，却没注意到美国经济基石的最薄弱处已经绑上了一颗定时炸弹。

这场危机揭示了众多问题，其中之一是顶层国家安全政策谋划者处理复杂经济问题的能力有限，日渐复杂的市场进一步加剧了这一现实。即使有官员在国家经济委员会和国家安全委员会均担任职务，美国政府中经济政策和安全政策制定者间的联系依然不活跃。偏见、习惯和决策过程的结构让这个问题更为复杂。国务院前资深经济官员鲍勃·霍尔迈茨表示，资深经济官员常常会参加外交政策会议，但是即使一些国内政策会议对国际政策有重要影响，外交官员也从来不参加。霍尔迈茨还说，即使是那些涉及重要经济利益的安全问题，其中的经济部分有时依然会被错误地边缘化，对市场如何运作有着深入洞见的高官往往被排除在会议之外。

未来若干年最严峻的国家安全隐患都能找到经济根源。飙升的食品价格催生了“阿拉伯之春”，严重的不平等和年轻人失业问题为其火上浇油。[4]中国崛起和其他新兴国家的出现是经济现象，但造成了深刻的政治和安全后果。资源冲突、气候变化、天然气交易等方面给俄罗斯或者美国带来经济隐患，这些也不可避免地与两国的政治和安全纠缠在一起。

盖特纳指出，美国领导层关注伊拉克、阿富汗和反恐战争时，美国经济内部的定时炸弹正在倒计时。未能及早发现即将出现的问题，小布什经济团队必须承担一定责任。一个典型的泡沫正在形成。从克林顿执政后期到2006年，美国房地产市场攀上巅峰，美国平均房价上升超过125%。[5]能够获取低利率抵押贷款导致房价上涨，而在盖特纳前往美联储时，过热的体系已经多多少少耗尽了优质的贷款者，正向次级抵押贷款者提供贷款。[6]正如盖特纳所言，作为风险管理工具的衍生品正在加剧恶化形势。[7]这些衍生品帮助银行从业人员将质量参差不齐的贷款重新打包，从而把风险附着在优质贷款中传给投资者。[8]这些投资者属于风险厌恶者，但又不太在意风险管理。不良贷款在看似健康的大型金融机构中不断累积，一旦金融系统中的关键节点出现问题，金融风险将像瘟疫一样在这些机构中肆虐。[9]

经济危机另一个重要影响是塑造了 2008 年大选的结果。2008 年 9 月 15 日雷曼兄弟集团破产掀起了金融危机的高潮，在此之前，麦凯恩参议员似乎领先民主党候选人奥巴马。[10]然而在几天之内，由于麦凯恩出现失误，而奥巴马对危机采取灵活、不偏不倚的处理方式，使天平向他倾斜。[11]

## “去布什化”

贝拉克·奥巴马在里根时期迈入大学校门，在老布什执政时期攻读法学硕士。[12]他是第一位职业生涯始于后冷战时代的美国总统。

1996 年奥巴马当选伊利诺伊州参议员，正式踏入政坛。[13]他的自传《无畏的希望》一书勾勒了其此后的火箭式上升。[14]2000 年他参加民主党全国代表大会时几乎处于破产状态，洛杉矶一家租车行拒收他的信用卡，他甚至无法获得大会的入场券。4 年之后，民主党总统候选人约翰·克里给了他天大的机会，选择他在波士顿举行的民主党全国代表大会上做主旨发言，而当时他只是一个州参议员，正竞选代表伊利诺伊州的联邦参议员。[15]周二晚上，他 17 分钟的演讲收获了巨大的欢呼声。[16]但他并未谈及国际政治，甚至没提到他一开始就反对的伊拉克战争，可能怕得罪曾投票支持战争的克里参议员。这次演讲穿插讲述了他的个人经历。作为一位后来的美国总统候选人、一位年轻的政治家，他的身世与美国本土以外的世界紧密相连。他的生父来自肯尼亚，而他的母亲与老奥巴马离婚后又嫁给了印尼人罗罗·素托罗。奥巴马在雅加达上学，六岁到十岁一直在那里度过。[17]他在西方学院（此后转学到位于纽约的哥伦比亚大学）求学时，发表了第一次公众演讲，内容是抗议南非的种族隔离政策。[18]在哥伦比亚大学，作为政治科学专业学生，他主要关注国际关系。[19]在求学期间，他游历印尼、巴基斯坦和印度。他的祖母可能来自堪萨斯州，但奥巴马的事业早已“走出堪萨斯”①，来到自己可以大显身手的舞台。

奥巴马第一次扬名是在芝加哥的一次集会上，作为州参议员，他公开反对国会授权伊拉克战争。[20]在竞选联邦参议员时，他在这一话题上一直较积极。[21]当选联邦参议员后，他在参议院外交关系委员会上谋得职位。委员会当时的主席是共和党人理查德·卢格，奥巴马很快与他建立了良好的工作关系。2007 年参议员约瑟夫·拜登当选主席。奥巴马任参议员期间在国际事务上一直较为活跃。2005 年访问包括乌克兰在内的苏联地区之后，他与卢格联合支持了一项削减原苏联地区常规武器的立法。[22]他访问了欧洲、中东、非洲、中亚，后来成为欧洲事务的小组委员会主席。[23]2008 年他投票支持《外国情报监视法修正案》，这项法案保证电信公司可以协助国家安全局进行窃听行动，而不受官司打扰。[24]此举呼应了其总统任期内发生的重大事件。他也投票支持对伊朗加大制裁。

值得瞩目的是，从他当选联邦参议员的那一刻起，关于其参与总统竞选的传言就甚嚣尘上。这一点也反映了他政治生涯平步青云的特别之处。有来源说，这一话题最早出现在 2005 年，他对自己参议员办公室的幕僚长彼得·劳斯说：“我可以向你保证，我不会参选。我

① “走出堪萨斯”（not in Kansas）为美国电影《绿野仙踪》的一句台词，本文为了与奥巴马母亲老家堪萨斯州呼应，意为奥巴马来到了政治的大舞台。——译者注

的两个孩子还很小，我没那么鲁莽。”[25]（由此可见，他不是一个好预言家，自我意识也不强。）不过，他竞选团队的首席顾问戴维·阿克塞尔罗德和罗伯特·吉布斯都表示过，未来有可能参选，但至少会在参议院服务八年。[26]然而，他的团队十分精明地意识到，既然他们已经创造了“轰动效应”，就要最大限度地利用。

奥巴马“不求上进”的决心并未坚持太久。2005 年去了俄罗斯和乌克兰之后（这次出行对之后的总统执政产生了巨大影响），奥巴马猛烈抨击小布什政府对卡特里娜飓风处置不当，进一步树立了自己的形象。[27]2006 年初，电视台采访奥巴马时问他是否会参加总统竞选，奥巴马仍然坚称自己不会参选，但其实已经在幕后与经验丰富的竞选专家安妮塔·邓恩合作。[28]邓恩是参议员汤姆·达施勒手下表现卓越的顾问和前幕僚，而达施勒曾经是参议院多数党领袖，他的建议和幕僚对奥巴马参选有至关重要的作用。[29]达施勒后来成为奥巴马竞选团队负责人之一，劳斯之前也是达施勒的幕僚。[30]

约翰·海尔曼和马克·哈珀林撰写了一本关于竞选的生动又深刻的书，名叫《权力的游戏》，书中描述道，奥巴马被参议院多数党领袖哈里·里德等人哄骗上竞选之路，如里德告诉奥巴马：“你在这里不会走太远（这里指的是参议院）”，还有“我知道你不喜欢现在做的事情（意思是要志存高远）”。[31]里德在自己的回忆录《好的战斗》中写道，他对奥巴马表示，2008 年或许是属于他的一年。“如果你想成为总统，”里德说道，“现在是时候了。”[32]

大家对于奥巴马前途的信心部分由于其他民主党竞选人的情况。尽管还有几个符合资格、前途光明的竞选者（包括后来的副总统乔·拜登），最热门的当属参议员希拉里·克林顿。希拉里拥有高知名度和规模庞大且经验丰富的竞选团队，她的丈夫是当代美国历史上最伟大的政客之一，而且多少有一些关于如何成为总统的心得。但是，希拉里也很脆弱。克林顿夫妇包袱很重，如果她当选，就会形成类似布什父子的王朝政治。[33]华盛顿内部人士认为，这种王朝政治是政治环境的缺陷，在这种环境下小布什发动了令人不满的战争，经济形势也饱受指责。事实上，克林顿夫妇在从政期间指责了大量民主党人士，伤害了他们的感情。这些民主党人渴望找到另一个人选。里德和达施勒加入了由其他参议员和领导层组成的党内当权派，其中包括著名参议员泰德·肯尼迪，他们都纷纷催促奥巴马考虑参选，因为当时的特殊情况使得 2008 年大选对他尤为有利。[34]

当时的时间点对奥巴马十分有利，由于伊拉克局势的反作用力、阿布格莱布监狱丑闻、关塔那摩监狱丑闻以及其他外交政策失误，再加上经济形势不佳，大家对小布什的好感度跌落，而奥巴马似乎完全站在小布什的对立面，烙上了“非小布什”的标签。

小布什出身“贵族”，奥巴马家族则拥有非洲血统，出身更为平凡。小布什即便在其最亲密的支持者看来也属于反精英人士，奥巴马则更富学者气息。小布什是没有架子、友好随意的人，奥巴马则更为冷酷高傲。小布什通常不善言辞，奥巴马则擅长即兴演讲。两个人上演的是情感与理智的对决，白与黑的对决，共和党与民主党的对决，老一代世界观和新一代截然不同世界观的对决，当权派与局外人的对决。

在华盛顿，一句充满智慧的至理名言是总统选举很少牵扯国际问题。不过正如许多其他至理名言一样，仔细想想，这一句话很难成立。2004 年小布什成功连任就是因为树立了反恐的强硬形象，大家都认为他还会继续强硬下去，在“9·11”事件后，反恐议题已经主导美国选民的心态。[35]老布什击败了迈克尔·杜卡基斯，大多因为大家认为老布什在国际问题上能够胜任，能够继承罗纳德·里根树立的美国全球性权威。[36]而杜卡基斯永远是竞选中一幅照片所描绘的形象——一个滑稽矮小的人戴着一顶并不合适的头盔，看上去并不像一个有说服力的总司令。里根曾经承诺要让美国再次强大，在冷战中加强对苏联的抗争，最终恢复美国在全世界的声誉。[37]尼克松计划结束越南战争。[38]艾森豪威尔竞选总统前则是盟军在欧洲的最高指挥官，在核心位置带领美国取得了最卓越的军事和外交胜利。[39]换句话说，总统竞选人有关外交政策的表述常常至关重要，选民即使不把“外交政策”列为最关切议题，但对其重要性依然心知肚明。从个人角度来看，外交政策不重要，但从美国在全球的力量投射来看，这一点显然十分重要。2008 年，虽然贝拉克·奥巴马是来自伊利诺伊州不太出名的参议员，但是他站了出来，对伊拉克战争说不，一下子将他与大多数民主党竞选对手区分开来，也把他与总统——伊战的设计者和执行者区别开来。

此外，由于宪法赋予总统的权力，总统在外交方面拥有更大自由。在国际舞台上总统受到国会限制最少，因而也最能展现自我。同时，国际行动也会塑造对美国自身的认知，造就国民的骄傲或遗憾。结果是，尽管美国选民不一定熟知外交政策的每一个问题，他们对总统执政的总体印象会影响对总统和国家的认知。这是一种内在的影响。

2006 年，民主党赢得中期选举胜利后，真切感受到了共和党面临下一届总统选举时的虚弱。[40]尽管 2006 年几乎一整年奥巴马都忙着否认竞选传闻，却在背后为自己的选举排兵布阵。[41]他与最亲近的幕僚商议后得出结论：属于他的时刻来临了。当奥巴马在纽约与大金主会面时，他得到了很多支持。[42]在华盛顿与汤姆·达施勒、科林·鲍威尔这样的资深政客交流时，他听到了鼓励。[43]鲍威尔作为小布什总统的前国务卿，早已与他曾服务过的政府形同陌路。奥巴马的顾问认为，在竞选过程中，鲍威尔可以在种族问题、国家安全和外交政策上给奥巴马很多建议。[44]尽管鲍威尔早已没有竞选总统的抱负，但他在与奥巴马的会面之后却笃定这位年轻的参议员有凌云志向，且应当马上行动，而不是等到 2012 年或 2016 年。[45]后来，鲍威尔给了奥巴马极大的帮助。[46]他在2008年和2012年两度发声支持奥巴马，增强了奥巴马在国家安全问题上的可信度。

然而也有迹象显示，出于律师的直觉，奥巴马习惯权衡利弊，因而容易模棱两可。在2006年末，他告诉亲密助手瓦莱丽·贾勒特自己已有意竞选，然而几天后他又对阿克塞尔罗德说，自己又有了新的顾虑。[47]

参议员希拉里·克林顿2007年1月中旬访问伊拉克和阿富汗，在正式打响竞选之前就发出信号，将积极讨论这类议题。[48]紧接着，奥巴马也发起了总统竞选“探索性”委员会。[49]克林顿在1月20日致支持者的邮件中正式宣布竞选。[50]2007年2月10日，贝拉克·奥巴马在伊利诺伊州的春田市正式宣布参选。[51]他选择这个地点大有讲究，伊利诺伊州春田市是林肯的故乡。

他的宣布竞选演讲与他2004年在民主党大会上的演讲差不多，又背诵了一遍个人经历。[52]最后才谈到几个重点政策关注，他表示将在初选和与共和党候选人对决时反复谈论。其中几点有关国家安全议题。他对观点的表述是“战争取代了外交、战略和远见”。他谈到了气候变化、减少石油依赖。最后他给出了其外交政策的核心主题，该主题定义了他的竞选甚至整个总统任期：

> 最重要的是，让我们成为这样一代人，永远牢记在那个9月11日所发生的一切，以我们所有的力量都用来对抗恐怖分子。政治已经无法在这个问题上将我们分化——我们可以共同行动来保卫国家的安全。我与共和党参议员迪克·卢格合作通过了一项法案，确保销毁世界上某些最致命的、无人防护的武器。我们可以通过共同努力，依靠一支更强大的军队来追踪恐怖分子，紧缩他们的金融网，我们还可以提高我们情报机关的效率。但我们还需要明白，最终的胜利在于重建我们的联盟，将那些信念和价值

输出到国外，为世界数百万人带去希望和机遇。

但如果我们不结束伊拉克战争，所有这一切都不可能实现。许多人都知道我从一开始就反对这场战争。我认为这是一个悲剧性的错误。今天我们为那些痛失亲人的家庭、无数心碎的人们和那些消逝的年轻生命而感到悲伤。美国，是时候把我们的军队撤回来了。是时候承认牺牲美国人的生命永远无法解决其他国家国内战争中的政治分歧了。这就是为什么我计划将我们的军队在2008年3月以前撤回来。让伊拉克人知道我们不可能永远在那里，这是我们最后的也是最美好的希望，给逊尼派和什叶派施加压力，让他们坐到谈判桌前磋商寻求和平解决途径。[53]

这就是奥巴马必须实现的关键平衡。美国仍然没有从“9·11”事件的伤痛中恢复。美国仍然惧怕恐怖分子和恐怖袭击。在这种环境下，任何向恐怖主义示弱的竞选人都无法获胜。基于同样的原因，奥巴马想把伊拉克战争与反恐战争切割开。小布什总统的反对者一直认为，伊战和反恐战争即便有联系也只是无关紧要的联系，伊战更像是鹰派编造的谎言，只为了处理第一次海湾战争后有关萨达姆·侯赛因的未尽事宜。即使在小布什政府内，国务院负责政策规划的主任理查德·哈斯也曾对外声称，伊拉克战争是一场“选择性战争”。[54]奥巴马想设计出不会出现类似战争但又能打击恐怖主义的方式。后来，这种方式包括了重点支持在阿富汗的战斗（所谓打击基地组织残余力量及其盟友的必要之战）。[55]奥巴马任内，作战手段进一步扩展，包括使用无人机、网络攻击、特别行动以及其他不用大量部署陆军和海军陆战队的战斗方式。奥巴马正确地捕捉到民众渴望结束伊拉克乱局的心情，却继续以不同的形式将国家安全定义为打击恐怖主义。这是因为，美国国家安全政策的首要政治目标仍然是解决让国家最不安全的因素。

## 新的内部小圈子

华盛顿内部人士玩的政治游戏之一是通过政策圈人士谋求成为热门竞选团队成员，目标当然是在下一届政府中占有一席之地。我自己也玩过几次，但玩得不够娴熟。玩家的手段各有不同，但要成为圈子的重要成员之一，越早入席胜算越大。因为这样能向最终赢家更好地表露忠心。同时，也能增加成为内部小圈子成员的可能性，拉近与竞选人的距离。

奥巴马参选初期，若干这样的人在新竞选人身边组成了核心外交团队。位居中央的是那些奥巴马在参议院外交关系委员会工作时就熟识的人，比如他在参议院的幕僚及担任国会议员时主要的外交政策顾问马克·利珀特，或者认识奥巴马的参议员幕僚，比如达施勒的前幕僚丹尼斯·麦克多诺。[56]利珀特服现役后（美国海军预备部队军官），麦克多诺在2007年接替了他的位置，从此之后担任核心职务。竞选团队的其他早期成员来自智库和支持奥巴马的传统机构（麦克多诺也在一家名为美国进步中心的进步主义智库工作过）。[57]其中，对奥巴马最重要的小圈子成员是苏珊·赖斯。[58]赖斯在克林顿政府内担任助理国务卿和国安会官员，而且她和其他几位关键团员一样都在布鲁金斯学会做过研究。[59]赖斯毕业于斯坦福大学，随后获得罗兹奖学金，其父亲曾是联邦储备银行董事，母亲是教育学专家。赖斯还担任过杜卡基斯和克里的竞选政策顾问，并且在民主党决策圈顶层有深厚的人脉。

赖斯离开布鲁金斯学会后加入了奥巴马团队，远离了克林顿阵营中的许多核心幕僚。[60]不过，其中一位幕僚告诉我说："我觉得苏珊无法融入我们。有些与参议员克林顿走得很近且注定要成为重要外交政策顾问的人与赖斯处不来，比如理查德·霍尔布鲁克。她被边缘化的可能性很高。”

奥巴马知道赖斯做事果断而周全，因此把组建外交政策和国家安全顾问团队的重任交给了她。[61]与其他参与竞选的幕僚一样，赖斯在头两年拿不到任何薪水。[62]在伊拉克问题上，她和总统保持一致。奥巴马之后向《纽约时报》表示：“我有苏珊·赖斯，她会发动人脉关系，确保我拥有顶尖的外交政策人员。”奥巴马开始依靠赖斯，赖斯迅速占据核心地位。[63]

许多曾经与赖斯关系紧密的人被纳入团队，比如前国家安全顾问安东尼·莱克，赖斯在布鲁金斯学会的同事、国安会专家伊沃·达尔德，前国家安全政策幕僚盖勒·史密斯，前国安会发言人塔拉·索南夏恩等。[64]很快又有数十人加入团队，这些人按照传统的竞选团队职能划分，分别从事地区性和功能性议题的工作。

索南夏恩后来成为负责公共外交事务的副国务卿，她描述了被招入竞选团队的过程。首先是安东尼·莱克联系了她。莱克极为看好奥巴马，积极邀请索南夏恩加入赖斯领导的小团队。团队成员包括托尼（莱克）、盖勒·史密斯、布鲁克·安德森、格雷格·克雷格（后来成为奥巴马的白宫顾问）、马克·利珀特和丹尼斯·麦克多诺。“我们定期碰头讨论有关选举的各方面问题，”索南夏恩说道，“后来我负责女性、犹太人和老兵问题。我们有一个由迈克·麦克福尔领衔的俄罗斯小组（麦克福尔后来担任了美国驻俄罗斯大使）。讨论时我们打破陈规，没有主题、职能、地区、议题、官方报告、通信、战略思考之分。”

她继续说道：“团队的工作很多，我们如何与小布什拉开距离？如何将我们与民主党其他候选人区分开？我记得我们在《外交事务》杂志上写了一篇文章，概括了奥巴马外交政策的八九点核心原则。”考虑到第四十三届美国总统（小布什）受损的声誉，将奥巴马与他区分开是非常自然的战略，这也会是 2008 年任何一位民主党候选人的主题。然而，当奥巴马当上总统后，便会发现这是一把双刃剑。一方面，他的政策被视为是对小布什政策的逆向反应，受到诟病；另一方面，有人批评他与小布什的差别拉得不够大。无论是向左还是向右，在竞选时的慷慨陈词、大获全胜之后，奥巴马都很难赶走小布什时代的影子。

其他高层民主党人也被吸纳进竞选活动，担任有影响力的重要角色，尽管他们并不是核心圈子的成员。其中一位是前总统卡特的国家安全顾问兹比格涅夫·布热津斯基："2007 年的初夏，他开始准备演讲，其中很重要的一篇是关于伊拉克的。他联系了我。我一直批评伊拉克战争，这点大家都知道。丹尼斯·麦克多诺向我建议，在奥巴马发表这篇关于伊拉克的重要演讲时，由我当介绍嘉宾把他请出来。"

布热津斯基回忆说："奥巴马约我吃午饭，我们聊了聊。他非常喜欢我的书《第二次选择》，这本书批评了小布什政府。所以，当他问我是否愿意担任他在爱荷华州演讲前的介绍嘉宾时，我同意了，这样就参与了他的竞选活动。"布热津斯基的参与是非官方的。"我告诉他，美国右翼的犹太媒体和领导人将对我发起攻击，因为我坚持认为巴以和平方案符合美国利益。我其实认为，这对以色列的长期生存至关重要。但我要因此承受骂名，所以不想正式成为你团队的一员。"尽管不是正式联系，奥巴马和布热津斯基在竞选期间甚至竞选结束后都保持着邮件往来。布热津斯基对候选人奥巴马"留下了深刻印象"，"他理解世界发生的变化，美国该怎样换个玩法玩游戏。之后，我也有了一些顾虑，比如说，他的一个性格特点是，以为对事情表态、定义就是行动。而我却认为这只是行动的开始，战略和执行要跟上，否则这些不会自我实现。但是，从一开始在很多方面我都认为他很了不起。"

其他高级顾问发挥了非正式的角色。米歇尔·弗卢努瓦后来担任国防部副部长。她说："我并不参与特定一人的竞选活动而针对其他人。因为我当时（在新美国安全中心）担任领导工作，我表示将帮助每个有求于我的候选人。希拉里和奥巴马都找了我。所以我和他们两位都见了面。”约翰·布伦南也以类似的方式，间歇性地参与了奥巴马的竞选活动，他后来也和弗卢努瓦一样参与了新政府的过渡过程。布伦南随后成为白宫反恐事务顾问，最后升任中情局局长。

## 熊　市

2007 年夏季，当候选人正忙着筹集资金、建立网络和团队时，美国感受到了大动荡来临前的第一次战栗。房价在经历史无前例的攀升后开始大幅度下滑，房市存量、取消抵押品赎回权开始增多。2007 年 6 月，两家贝尔斯登对冲基金被迫破产，因为它们投资的 3A 级抵押担保证券被披露根本不是 3A 级，价值一落千丈。[65]到了八月，盖特纳得知抵押贷款公司美国国家金融服务公司已无法负担自己的回购书。[66]2008 年 1 月，世界银行发出警告，信贷危机将打击世界实体经济、减慢世界经济增长。[67]小布什总统和保尔森的回应措施是，2 月 13 日签署 1680 亿美元的经济刺激计划。[68]但是 3 月中旬，金融危机的第一波浪潮还是意想不到地袭来。贝尔斯登这一华尔街最显赫、最可靠的投资银行深陷危机之中。

贝尔斯登拥有 85 年的历史，如今市场正在惩罚企业以抵押贷款造就的安稳地位，其现金储备飞速萎缩。贝尔斯登出了问题的说法不胫而走，企业股价直线下滑。尽管贝尔斯登备受尊崇的前总裁艾伦·“埃斯”·格林伯格出面澄清谣言是“荒谬的”，但是无济于事。[69]随后一天，现任总裁艾伦·施瓦茨也出现在电视节目中，大家纷纷向他提问，询问公司是不是第二天就无法提供更多资金。[70]3 月 13 日晚，贝尔斯登管理层发现可供使用的现金不到 30 亿美元——已经无法开始第二天的工作。[71]施瓦茨一边向摩根大通寻求资金，一边给盖特纳打电话，警告他如果再没有新的资金，破产可能会是贝尔斯登唯一的选择。施瓦茨甚至顾不上摩根大通总裁杰米·戴蒙正与家人庆祝生日，急切请求戴蒙与他达成协议，考虑为贝尔斯登提供250亿美元的信贷额度。戴蒙表示愿意考虑一下。[72]

第二天早上4：45，盖特纳、鲍尔森和美联储主席本·伯南克组织了一场气氛紧张的电话会议。贝尔斯登命悬一线。如果他们不批准贷款，贝尔斯登的灾难性影响将在市场蔓延。他们最终同意向贝尔斯登提供紧急贷款，并花费了几个小时敲定协议条款和对外措辞，其目的就是在开市可能造成恐慌前抛出这一消息。在开盘前交易略微走高后，市场出现第一波更为疯狂的抛售行为。[73]保尔森给几个金融机构的大佬打电话，敦促他们不要趁火打劫。然而，股市持续下跌超过300点。[74]

唯一能够拯救贝尔斯登的是被收购，但是摩根大通开出的每股2美元的建议价格，只相当于贝尔斯登几天前股价中微不足道的一小部分。[75]贝尔斯登管理层别无选择。周日下午，即3月16日，双方敲定协议。[76]晚上，美联储宣布允许投资银行直接向政府贷款，这种情况前所未有。[77]美国一直将投资银行与管理更为严格、更有保障的商业银行区别对待。投资银行拥有更多自由。2008年前，政府没有理由帮助投行脱困。但是投行发展得太大，对金融系统太重要，政府别无他法。不帮助投行会引发更多问题。可事实证明，出手相助只会让这些银行日后向政府要得更多。但是，大家都担心贝尔斯登倒下后会导致一系列机构崩塌，造成“多米诺”效应，最终引发经济萧条。“我们觉得”，盖特纳表示，“我们已经遏制了危机。但实际上，我们真正做的是为几个月后的政策考虑和干预行动做了准备。”

这场危机之后，保尔森会说针对贝尔斯登的“方案”只是个例外，以市场为基础的解决方式应当发挥主要作用。[78]这种说法在9月中旬很快将受到挑战。

在金融市场震动的背景下，面对似乎战无不胜的希拉里·克林顿，奥巴马的竞选活动进展顺利。他在爱荷华州党团会议轻易击败了希拉里，尽管希拉里在新罕布什尔州卷土重来，但是到了三月中旬，希拉里的团队开始很严肃地考虑她可能会失败，而新贵奥巴马可能会赢。[79]美国面临内忧外患，民众似乎在呼唤“新面孔新气象”。

就在这一时刻，奥巴马迎来了最美妙的时刻，发表了有关美国种族关系的决定性演讲，在这一问题上正面发声，让他的竞选与之前任何人的都与众不同。[80]这场演讲改变了美国在不安全或恐惧时代下的政治辩论主题，聚焦在一些能够引起深度共鸣、激发希望的主题之上。奥巴马通过演讲传递出一条信息，自己一旦当选，会成为美国历史性的分水岭，因为这将为这个充满疑虑的时代注入希望。他言辞有力，同时表示，政治似乎能够超越华盛顿的积怨，造成深远影响。

市场危机即将成为美国最严峻的国家安全威胁，奥巴马有关种族政治的关键演讲决定了他之后的执政道路将与上任伊始截然不同，在2008 年 3 月中旬的短短几个小时内，这两件事成为美国历史的转折点。

## 一届重新定义的总统任期，一届明确定义的总统任期

2008 年，初选已经结束，党大会也已经开完，贝拉克·奥巴马和麦凯恩分别成为民主党和共和党的总统候选人。[81]此时，奥巴马外交政策和国家安全团队的规模已经和公司没有两样，总人数有 300 多人，比小布什的团队多 50%（这也预示了后来发生的事）。[82]奥巴马的外交政策团队大小是麦凯恩—佩林竞选团队的 4 倍。

《纽约时报》引用丹尼斯·麦克多诺的话说：“这无疑是个庞大的团队，但政府也很庞大。如果不能得到应该知道的信息，情况会更混乱。”苏珊·赖斯将这一团队“根据地区和议题分为 20 个小组”。希拉

里退出后，她团队的人又加入了进来。麦克多诺和利珀特负责员工事务，他们都在奥巴马芝加哥竞选总部工作，工资也由竞选团队支付。除此之外，还建立了一个“高级国家安全工作组”，在这一庞大的机构之上指定了13位要员，其中包括：前国务卿马德琳·奥尔布赖特、前国务卿沃伦·克里斯托弗、前国家安全顾问安东尼·莱克、前参议院军事委员会主席萨姆·纳恩、克林顿时期的国防部部长威廉·佩里以及苏珊·赖斯。13人中有9人是克林顿政府的前高官。除了奥尔布赖特之前是希拉里的顾问之外，其余的人很早就开始拥护奥巴马。[83]

奥巴马管理其顾问团队的做法与管理其位于芝加哥的竞选团队一样，都展示了召集、管理这样政策机构的顶尖水平。这一评价并不是说他们提供的政策建议有多好。2004年约翰·克里的竞选团队也是一个庞大的机制，这一点在奥巴马那里得到了继承。这种大团队除了召集搜罗有经验的顾问之外，还有其他一些目标。他们带进竞选“大本营”里来的还有资深评论人。这群背景丰富的男男女女写时政评论和文章、接受采访、在美国的各大论坛中发声。这些人在社交媒体、博客、播客以及其他新媒体中吸引选票。在竞选活动中能表达自己观点的人会得到自豪感，因而更容易形成统一战线。只有到了空闲职位被挂出、有人入选有人落选时，不和谐的情况才会发生。就算那个时候，最早的团队成员也认为有希望在政府获得一官半职，因而保持低调、严守纪律、避免内讧而引起党内指责。不管怎样，理论上是这样的。

2008年8月23日星期六，奥巴马添上了他外交团队的关键一环。他任命特拉华州六任参议员、参议院外交关系委员会主席约瑟夫·拜登为副总统。[84]

在初选期间，拜登曾严厉指责过奥巴马，有一次他甚至说，这位年轻的伊利诺伊州参议员没有做好当总统的准备。他在美国广播公司《本周》节目中说，“我认为他有一天可以准备好，但现在，我认为他没有。总统不是那种可以上岗再培训的工作。”[85]奥巴马是在参议院外交关系委员会中（那时，委员会中还有奥巴马未来的国务卿克里、未来的国防部部长哈格尔）结识拜登的。两人建立了很好的工作关系。[86]同时，正如他乐意指出的那样，他在华盛顿有丰富经验，服务过七任总统。他很好地平衡了奥巴马的年轻，也能够消除对这一团队“没有经验”的指责。他名气很大，一位奥巴马的工作人员说，拜登的名字“就是品牌”。[87]这位工作人员同时指出，他们认为奥巴马十分在意人们觉得他“太嫩”。

正如所有的任命一样，当时的背景发挥了重要作用。在奥巴马选拔人手的最后阶段，头条新闻经常是国际重大事件。伊拉克议会没有通过一项重大的选举法；[88]第一项关于美国关塔那摩监狱的判决下达；[89]巴基斯坦的政治形势一片混乱；塔利班在阿富汗有所行动——武装分子策划的十几次自杀式爆炸袭击了美国位于阿富汗霍斯特省的军事基地，巴基斯坦塔利班也在一家兵工厂策划了一起爆炸事件，造成60多人死亡。[90]那个月的头条事件中，最复杂的莫过于高加索局势。俄罗斯总统普京做出大胆的决策，派兵进入格鲁吉亚共和国“意图分裂”的南奥塞梯和阿布哈兹。[91]尽管美国和北约要求俄罗斯撤军，俄罗斯还是坐实了战果，紧张局势升温。[92]就在拜登得到副总统任命的三天前，康多莉扎·赖斯在华沙宣布，美国将提供给波兰“不针对任何人”的导弹防御系统。[93]这向俄罗斯人发出清晰、有力的信号，不要让危机升级。局势很快稳定了下来，不过俄罗斯及其支持者继续控制了这两个“独立地区”。

竞选后期，副总统候选人拜登就声称，奥巴马作为总统很快会经受外国领导人的考验。“记住我现在站在这里说的话，”拜登在10月份西雅图的一场民主党筹款会议上表示，“看着吧，我们会迎来一场国际危机，这场危机会考验这个家伙的勇气。”[94]拜登的话最终被证明是对的，只不过奥巴马面对的考验不止一次，而是许多次。一些人想要试探新任美国总统的能耐，其中之一就是普京，他在 2014 年重新上演在格鲁吉亚的赌博行为，这一次地点变成了乌克兰。不难发现，奥巴马和拜登组合的反应与小布什和赖斯组合的反应迥然相异，可以说没有那么迅速有力。

即便是一个集规模、质量、技巧于一身的组织也不能确保领导在应对大多数挑战时能胸有成竹。很多人都讨论过“黑天鹅事件”（能够产生重大影响的意外事件），大家通常认为，正由于是黑天鹅，所以从定义上看这类事件无法预测。但事实上，过去几十年里所有著名的国际“黑天鹅事件”都被预测到了，包括苏联解体、“9・11”事件、互联网的出现以及股市泡沫的破裂等。真正无法预料的是这些事情在何时发生、如何发展、如何应对、事件发生时对领导人的束缚、谁来处理等。也就是说，事件在什么样的背景下发展演进难以预料。真正考验人的是如何处理事件发生时的背景情况，即使对那些早有准备的人来说亦是如此。

如同所有竞选人一样，奥巴马也想做到胸有成竹。然而，最后却是华尔街而不是国际事件发挥了决定性作用。华尔街促使奥巴马能够领先于经验丰富、颇受媒体欢迎的共和党对手，让多数美国民众相信奥巴马更适合当总统，相信奥巴马能够领导处理复杂的国际事务。

突如其来的事件在数日内终结了贝尔斯登悠久而光辉的历史，金融危机却并未停下脚步，继续发酵。美国经济下滑重创就业形势，从贝尔斯登危机一直到当年夏末，超过 100 万人失业。[95]抵押贷款证券的价值继续下滑，将政府赞助的抵押贷款巨擘房利美和房地美逼入窘境，9 月初时它们被政府接管。[96]华尔街的许多大型金融机构向抵押贷款证券投入巨资，几乎毫无防备地遭受了流动性危机的打击。[97]这一场系统性危机不仅笼罩了美国，还影响了全球。美国作为世界第一大经济体，对世界经济增长和投资者信心至关重要。然而，这场危机真正的源头可以追溯到主要来自亚洲的大量现金流入，这些资金促使美国房地产市场的泡沫不断膨胀。泡沫破裂时，那些投资者同样遭受打击。因此，危机造成的金融和经济后果影响了方方面面。

白宫和财政部人员投入到疯狂的工作中。国家经济委员会照例召开会议，该委员会的作用与国家安全委员会类似，从第一任领导罗伯特·鲁宾开始就努力维持其重要性。[98]鲁宾在克林顿第一任期内离开委员会，担任财政部部长，国家经济委员会因为他的离去失去了大部分影响力。在小布什任内，由于汉克·保尔森个性杰出，而且在世界上享有盛名、影响巨大的投资企业坐过头把交椅，他自然成为众人的焦点。据一位资深白宫幕僚透露，小布什总统认为保尔森应发挥指挥作用，把他视为战场司令官，想要向他提供帮助。[99]小布什从头至尾都表现得像是保尔森的资深幕僚，而保尔森更像是橄榄球比赛中指挥进攻的四分卫。

博尔滕如此描述危机："我们可以说前后都被危机缠身，被紧紧地缠住了。我的意思是，我们刚上任八个月，'9·11'发生了，而金融危机则一直伴随我们离开白宫。从我这个职位看，金融危机虽然不如'9·11'更让人震惊，但实际上更可怕。"博尔滕承认，小布什团队当时正瞪着未知的深渊："面对'9·11'，我们大概知道要应对些什么、应该怎么做，知道敌人是谁、该做出何种反应。摧毁敌人。保卫国家。"但是金融危机与此不同。"一周一周过去了，我们不知道怎么做是正确的。没有剧本。而且或许我们确实犯了一些错误。不过，危机还是被很好地处理了。保尔森、伯南克和盖特纳有很大的功劳，我感觉，他们的细致工作与草率决定发动伊拉克战争时的国安会工作不一样。"

保尔森、盖特纳和美联储主席伯南克组成的三人领导小组是这一危机管理团队的核心。[100]"我们时刻保持联系，"盖特纳说，"我们信任、尊重彼此。"从九月初到中旬，他们之间的电话和会面次数明显增多。[101]几乎在同一时间，总统竞选活动的声势也越来越浩大。在这一背景下，危机管理团队每一个举动都受到更多关注、被赋予了更多政治含义，也让挑战更加艰巨。危机和大选的交叠，让所有人——小布什总统以及两位总统候选人都卷入了战斗。

在公众眼中，甚至从公共政策的角度来看，雷曼兄弟公司无力履行义务、继而陷入绝境，才真正将危机的深度和复杂性引入更高阶段。[102]雷曼兄弟公司曾是世界上最有声誉的金融机构。当美林证券面对相似的流动性危机后，它找到了接盘手美国银行。[103]而雷曼兄弟的白衣爵士却没有出现。它向美国政府请求救助，但保尔森在与盖特纳、伯南克以及小布什、博尔滕以及白宫团队商量后，告诉雷曼兄弟的首席执行官理查德·富尔德，应听从市场力量，政府不会救助，雷曼兄弟不得不破产。[104]几天之内，保险巨头美国国际集团也陷入困境。货币市场基金资金纷纷撤离，雷曼兄弟破产后的一周内，1400 亿美元资金被取出——是前一周取出数额的 20 倍。[105]

市场已呈自由落体状，全球衰退的前景凸显。每一天形势都在变化，都需要有不同的应对方法。9 月 15 日，雷曼兄弟被准许破产。两天之后，美联储向美国国际集团提供 850 亿美元借贷，据称，目的是防止该公司的失败蔓延至整个系统。有些人确信，纯政策分析不能支持这些决定。美国国际集团前首席执行官汉克·格林伯格曾着重向我指出，雷曼兄弟一直是高盛最大的对手，过去的仇怨让保尔森做出任由雷曼破产的决定。而美国国际集团最大的债权人是高盛，美联储对它救助，就等于救了保尔森的老东家。

同一时刻，在总统的明确支持下，保尔森和伯南克与国会山的领袖们见面，讨论用 7000 亿美元购买不良资产。[106]这一举动可能在未来带来巨大的政治后果，但这些没有买家的不良资产可能将整个世界市场和经济拖到谷底。在激烈的辩论后，决定很快做出。每一次，白宫都试图在崩溃发生前行动，阻止全球性市场恐慌。另外两家大金融机构——华盛顿互助银行和美联银行找到了新的买家。[107]救助计划在国会受阻，引发的市场震动不得不让立法者重新考虑。[108]危机已经向海外蔓延。10 月 3 日，小布什总统签署了 7000 亿美元的“不良资产救助计划”。[109]股票市场继续下跌，“不良资产救助计划”签署后的那一周，美国股市经历了 75 年以来的最低潮。[110]美联储宣布将在金融领域之外的银行和公司注入资金。[111]税法得到放宽，方便让银行购买不良资产、返还公司资金以增加流动性。[112]美联储领导全球主要央行同步降息，给世界经济注入流动性。[113]美国召开七国集团峰会，并于 11 月中旬召开二十国集团峰会。这是一个史无前例的举动，代表美国政策的重大转变。美国承认了新的经济现实，七国集团这样传统的工业经济大国已无法管理世界经济，中国这样新的大国将成为中心角色。[114]在混乱之中，保尔森另一个关键举动是召开九家最大金融机构的首脑会议，迫使他们接受救助资金。[115]此举的重要意义在于减少了银行对于接受救助的耻辱感，并告诉所有人这一解决方案是系统性的。

上述一切发生的同时，总统竞选活动还在进行中。在回应危机出现失误后，麦凯恩在民调中的微弱优势消失了。[116]最初他的反应云淡风轻，用略淡疲惫、反应式的口气说，美国经济基本面很强。[117]之后，又反应过度，提出要终止竞选，以专心投入华盛顿的决策。他的这一举动有利用危机捞取政治资本之嫌。而奥巴马冷静、去政治化的回应方式为他加分不少。[118]辅佐他的团队是极有能力、广受尊敬的专业人士，包括劳伦斯·萨默斯和罗伯特·鲁宾。[119]2008 年 9 月 25 日，小布什总统召开了与两位总统候选人的会议，表明三人在危机中有效协调，也试图将危机管理提到日常政治之上。[120]小布什团队的这一举动应当受到赞赏。由于奥巴马团队为其做了充分准备，奥巴马在对话中保持着和解和安抚的态度，而麦凯恩却启动了参议员模式，背诵着共和党候选人的演讲要点，并承认他并没有看过保尔森提出的那份计划。[121]

根据乔纳森·奥尔特的描述，奥巴马情不自禁地以竞选的角度看待这场会议。[122]他离开会场后说道："太不现实了。朋友们，刚才在那里看到的让我突然明白，我们必须得赢。我们不能输掉这场选举，因为这些人无法掌管国家。[123]哈里·里德后来写道："我认为，正是这两个人在这场关键考验中截然不同的表现决定了贝拉克·奥巴马的当选。"[124]

自危机爆发以来，对于小布什团队是否采取了有效措施，外界不可避免地掀起了一场辩论。不过，大家逐渐意识到，无论团队是否犯了错误，至少保尔森、伯南克和盖特纳行动果断，小布什总统及其白宫团队也冒着巨大的个人政治风险给予了他们支持。虽然五年后仍然能感受到这场危机的余波，但是这些人的行动开始遏制住危机的势头。一个比较明显的证据就是欧洲领导人没有采取果断措施，结果导致经济出现衰退的几年后承受了另一场危机，而欧洲遭受的打击远比美国沉重（不可否认，部分原因在于欧盟体系结构的问题）。我比较同意小布什白宫经济团队两位成员的评估，一位是前国家经济委员会主任基思·亨尼西，另一位是前经济顾问委员会主席爱德华·拉齐尔。[125]他们认为，在奥巴马执政之前，小布什已经给危机造成的伤口有效止血了（然而，我既不相信那种轻描淡写的说法，认为奥巴马总统本人及其经济顾问并未面对多么严峻的挑战，也不相信夸大奥巴马团队贡献的说法，将处理经济衰退的功劳全部揽在他们身上）。金融危机发生五年之后，亨尼西和拉齐尔在 *Politico* 网站上写道："奥巴马 2009 年 1 月就任总统时，金融危机已经结束了。但奥巴马团队基本上模糊了这个事实，他们把 2008 年后期的金融冲击与随后发生的宏观经济衰退混为一谈。几乎所有阻止金融危机的政策都在 2008 年秋天出台，而那时小布什仍在担任总统。大家可以批评小布什政府和美联储处理危机的行为，很多人确实批评了。但不应当质疑的是，这些举措在奥巴马担任总统前就实施了。"[126]

即使是奥巴马的竞选顶级幕僚、后来在奥巴马政府担任职务的劳伦斯·萨默斯也同意这种看法，即小布什及其团队处理金融危机的很多方式富有建设性，与应对“9·11”事件的手法迥然不同：“我认为小布什政府做了两个极其重要的判断……第一个是他们决定不救雷曼。你知道的，他们认为那样做是绝对不合法的，而且也没有合法的办法……第二个判断从某些方面看更具影响力，他们打算……采取注入资金的计划，所有的银行和金融机构都能获得资金，避免某些得到资金的机构受人诟病。一旦决定实施如此大范围的计划，提供资金所依据的条件就得让不需要资金的机构也能获得资金，也就是说，这些条件一点也不苛刻，大大提升了行动效率。”

盖特纳从历史视角分析了金融危机后指出，伯南克和前美联储主席艾伦·格林斯潘都说过，引发2008年危机的金融震荡比引发大萧条的更为剧烈：“我给你两条理由证明这一点。如果对比大萧条初期和2008年秋季的财产损失……后者是前者的5倍。另一个衡量金融崩溃风险的标准是拆出资金的风险，而2008年是大萧条时期的2倍。”

“如果你处在面临那种风险的形势下，”盖特纳继续说道，“而且还面对一大堆干燥的易燃物和全面崩溃的风险，唯一的办法就是提供大量金融刺激抵消萎缩的私人需求。你还得保持非常非常低的利率，让利率长期保持低位，才能帮助你抵消和缓冲危机。但是，如果金融体系垮掉的话，光是这两个方法也难以奏效。”

盖特纳详细解释了他们如何确定金融系统没有遭到彻底破坏。由于保尔森在政府资助企业中颇有权威以及“不良资产救助计划”出台，他们“得以将大量额外的金融力量注入系统，对金融系统做出有力的资产重组。三件事的组合最终使增长回归：六个月后出现了正增长。之前还在加速萎缩，六个月后就能以3%的速度增长，无论按什么标准，这都是相当惊人的。”盖特纳总结说：“如果没有这些初期的决策，特别是在2008年夏天阻挡了恐慌的蔓延，奥巴马执政后应对衰退采取的措施根本不可能实施。奥巴马执政初期那几年的措施也很重要——可以说很关键，但如果 2008 年秋天我们动作没那么快，结果会糟糕得多。”

一位前内阁要员称是小布什“统筹了”这些应对措施，是“他表现最好的时期”。[127]另一位资深公务员评论称，如果民众能看到小布什如何提振团队士气、鼓励大家勇往直前，大家对他的印象就会转变。正如之前指出的那样，小布什的民意支持率一直保持在非常低的水平。时任商务部部长、家乐氏公司前首席执行官古铁雷斯评论说：“眼前的一切让人印象深刻。小布什就是首席执行官，以最棒的方式领导大家。给团队赋权、必要时亲自上马做出决策，哪怕这些决策不受欢迎。”

博尔滕指出，总统知道他做的这一切不会带来政治收益。“总统知道自己的支持率不高，知道接下来的行动会让自己更不受欢迎，但他不在乎。找不到很多人对这些行动表示支持。民主党人反对，因为这是紧急援助银行。共和党人反对，因为这是紧急援助。我听保尔森讲过一个段子，他说一份民意调查显示，美国人对忍受折磨的支持率高于‘不良资产救助计划’。小布什知道这一切，他说，管他呢，如果这是对的，我们就做。”不采取这些大胆行动会招致更严重的金融风暴。尽管小布什的决策不受欢迎，但确实比其他的做法更好。

“如果你和保尔森或其他人谈论此事，”这位前白宫办公厅主任、前高盛董事说，“他们会告诉你，小布什对金融危机的了解很深。我经常发现，他对这件事的领悟力比我强得多，虽然可能不及保尔森和伯南克，但他对形势的理解和掌握力很好。他没有试图插手伯南克和保尔森的工作，而只是和他们讨论。他永远都愿意讨论问题。周五下午保尔森打来电话，说某某机构有麻烦了，但我们认为没那么糟糕。到了周日，总统与伯南克等人通电话，他们描述了事态的紧急，周一甚至周日晚上亚洲市场开门时可能出现的严重后果。他知道发生的每件事，他掌握所有信息，提出尖锐问题。我认为他有很好的直觉，也掌握最好的处理办法。”

史蒂夫·哈德利试图安慰总统，任期的最后三个月竟然遇到这种灾难。总统的回复展露了他的性格，用哈德利的话来说就是“非常男人，也很真实”。小布什的回答是：“我很高兴在我的任期内发生了这种事。我们已经干了七年半了，有自己的团队，也度过了不少危机。我们的准备和历练比新总统，无论是谁，都要充分得多。”哈德利认为：“尽管这将成为‘小布什的经济衰退’例证，因为他的任期内爆发了危机。但他很高兴，这件事发生在现在，因为不可能有比他更好的团队。我们成熟了，我们有经验，历史会证明这是对的。”

## 遗失在换届中

2008 年 11 月 4 日，不到 2/3 的美国选民投下了选票。[128]但这 1.3 亿人却创造了历史，其中 52.9% 的人将选票投给了美国历史上第一位黑人总统。这次大选显示出美国在地理上的分野。[129]东北部、中西部的工业地区、西海岸支持奥巴马，而南部、平原地带仍坚定地支持共和党，将票投给了麦凯恩。

奥巴马胜出的分水岭意义不仅仅是这一重。几年之后，黑人总统出现在椭圆办公室已被人欣然接受。但 2008 年他的胜出代表了美国巨大而深刻的变化。奥巴马有穆斯林名字，他的父亲在穆斯林家庭长大。美国选民在“9·11”事件七年之后就选择了这样一位总统，体现了美国的包容和开放，这一点经常被人忽视。奥巴马的胜选同样代表传统政治的分水岭。小布什得以当选，因为他承诺要重塑传统美国价值。奥巴马当选是因为他承诺变革。经历了小布什执政的八年，美国的民主似乎变得笨重复杂，甚至被腐败沾染。对恐怖袭击及其余波心有余悸的美国人希望领导层也出现变革。

在当选之前，奥巴马就下定决心，一旦赢得选举就要实现平稳过渡。[130]他更想学习共和党的那种过渡模式，运作有序、角色明晰，并且干净利落地任命各个重要岗位官员。为了处理好这一过程，奥巴马精心挑选了一支团队，包括他芝加哥的心腹密友彼得·劳斯、瓦莱丽·贾勒特和前克林顿政府任内的白宫办公厅主任约翰·波德斯塔，后来波德斯塔担任了美国进步中心首任总裁。[131]波德斯塔深知白宫应该怎样运作，是奥巴马值得信赖的人选，他明白如何以冷静、成熟、“不折腾”的方式处理事务，而奥巴马在总统竞选期间就已经给自己的处事风格打上了这样的标记。[132]

奥巴马的过渡计划被称为“奥巴马—拜登过渡项目”，项目最终招揽了超过 400 人在华盛顿的办公室和芝加哥的联邦大楼里工作。[133]小布什承诺要和这个团队倾力合作，博尔滕与哈德利都立即投入相应工作，确保衔接工作比小布什接任克林顿时更加顺畅。[134]当时，小布什团队进入白宫后，发现克林顿的幕僚们淘气地把键盘上的“W”键给抠掉了，而“W”是小布什中间名字的首字母。

有人建议奥巴马考虑过渡时期政策时把“朋友留在家里”。[135]这是因为克林顿堪萨斯州的朋友们在他执政初期并非什么有益资产，而吉米·卡特佐治亚州的伙伴们担任政府要职后同样被视为卡特执政的障碍。奥巴马曾经承诺，要让说客远离自己的政府，因为不想让华盛顿的金钱文化腐蚀政府。[136]回过头看，客观而言，奥巴马并未遵循这些原则，也没有实现目标。[137]2008 年 11 月 6 日，奥巴马的第一个任命对象就是他在芝加哥的老朋友——国会众议员拉姆·伊曼纽尔，邀请他出任白宫办公厅主任。[138]随后几天之内接连宣布劳斯、阿克塞尔罗德和贾勒特担任要职。[139]奥巴马的小圈子很快形成，成员大多来自芝加哥。小圈子后来饱受政府内部人士诟病，大家都认为这切断了奥巴马和幕僚团队其他人员的接触。

关于白宫办公厅主任的任命，伊曼纽尔的前任博尔滕认为：“对于白宫办公厅主任来说，可能任命时有两种冲动举动要不得。一是任命经验不足的人，比如克林顿任内的麦克·麦克拉蒂。顺便说一下，我很敬重麦克，但是我觉得，他自己可能都这么认为，不应该让没有华盛顿政治经验的人担任白宫办公厅主任。二是任命那种会犯名人错误的，这种人习惯当领导，觉得自己很重要，而白宫办公厅主任更强调是白宫‘幕僚的’主任，其重要性超过‘主任’本身。但还有第三类错误，即任命一个无法融入总统团队的人，这种情况就发生在后来奥巴马政府内的比尔·戴利（拉姆·伊曼纽尔的继任）身上。”在博尔滕看来，伊曼纽尔之前担任过白宫幕僚，非常了解总统及其团队运作，同时还在国会工作过，知道华盛顿政治的游戏规则，因此奥巴马这一任命没有犯上述错误。值得观察的是，伊曼纽尔反复无常的个性究竟会帮助还是阻碍他做好这份工作。要知道，在美国政府中，这个职务的权力有时仅次于总统，堪比副总统。

奥巴马提出想让希拉里·克林顿出任国务卿时，他的小圈子大吃一惊。[140]选举尘埃落定九天之后，奥巴马把克林顿请到自己的办公室，克林顿也被奥巴马的选择吓了一跳。[141]曾在克林顿政府担任职务的波德斯塔几个月来一直在推动这个建议，奥巴马也早有考虑。理查德·沃尔夫在《叛逆者：奥巴马总统之路》一书中引用了奥巴马的话："我们其实在确定能够赢得初选时就认为，她可以是一个非常有效率的国务卿。我觉得她严于律己、一丝不苟、聪明灵活，可以向世界呈现十分强大的形象。"[142]很明显，奥巴马对克林顿的描述也可以适用在他这位候任总统身上。还有一点很明显，或许说出来也不意外，据资深竞选幕僚表示，"一些人对奥巴马的这个任命想法感觉很不舒服。克林顿曾经是他们的敌人，是他们千方百计想要打击的对象"。[143]竞选曾经极其惨烈，气氛剑拔弩张，一触即发。

据说希拉里被奥巴马的提议吓了一跳。[144]在传记《艰难抉择》中，她回忆了竞选残余的紧张气氛充斥着她和奥巴马选后的第一次见面，之后也难免尴尬。[145]在听说了奥巴马让她担任国务卿的提议后，她提出了其他人选，包括前美国驻联合国大使理查德·霍尔布鲁克。[146]如果希拉里当选，霍尔布鲁克有可能成为她的国务卿人选。然而，奥巴马却非常执着，他让拜登、伊曼纽尔、波德斯塔等人也加入游说希拉里。[147]他们的联手起先并没有发挥作用。[148]希拉里 11 月 19 日再次予以拒绝。奥巴马仍未放弃，他的理由是国家需要希拉里——这再次展现了总统的巨大“权力”，即能以国家的名义而非个人的需要发出请求。[149]希拉里连夜思忖，与丈夫及密友商议。[150]第二天早晨，奥巴马从贾勒特那里得到消息，希拉里改变了主意，她接受了国务卿职位。[151]

温迪·谢尔曼从团队层次揭示了换届过渡的过程，她与汤姆·多尼伦（他同时领导国安会过渡）共同主持国务院的过渡过程。她回忆说：“我们并没有花很多时间讨论国务院和白宫的交接。过渡的重点是国务院如何组织、如何反映总统的优先关注——所以国际开发署这样的问题最重要。我们想让发展与外交、国防一样发挥重要作用，希拉里成为国务卿后也在这一问题上印上了自己独特的标记。”

鉴于经济危机还在发酵，奥巴马于 11 月 24 日任命盖特纳为财政部部长，同时任命萨默斯为国际经济委员会主席，成为他的首席白宫经济顾问。[152]克里斯蒂娜·罗默担任白宫经济顾问委员会主任，成为政府首席经济学家。据盖特纳说，奥巴马最早在选举前的 10 月份就找他谈话，说：“你知道我可能需要你做这些。”奥巴马指的就是复苏和危机管理工作。

盖特纳并未一口应下：“我当时并不愿意，我劝他放弃这个想法。其中一个理由我认为是对的……我当时已经忙得喘不过气来了，如果你让我做这个工作，我就不得不抽出一部分精力，能施加的影响力将受到很大限制，将受到很多选择的束缚。但最后，他做出了选择……尽管他要承担与过去有太多牵连的风险。”

盖特纳和萨默斯回忆说，团队很快就开会讨论具体问题。第一次电话会议是在 12 月初，包括了总统、伊曼纽尔与核心团队的其他成员，会议立刻开始制定当前任务。[153]参加会议的一个人形容说：“危机并未因大选或过渡就停下来。”两个人都承认，出于这个原因，小布什团队十分专注，确保过渡平稳顺利。

“我的印象是那次会议确定的任务就是奥巴马第一任期的经济任务，”盖特纳回忆说。那次会议的充实内容也表明，在小布什任期最后几个月，无论他与保尔森、伯南克之前的成绩如何，仍有很多工作要做。“我们在讨论，”他说，“当务之急是如何防止下一次大萧条。如果你不这么做，其他一切都不可能，所以为什么不先做这些？总统不太高兴，他说，‘这些对我来说不够。我不会用阻止了什么来定义我的任期’……他还说，你知道的，他关心医疗、能源，我们有很多事情要做，不只是解决金融危机。”

在白宫经济团队的层面，讨论非常少。据说，就这些问题萨默斯没有与总统进行过讨论，只和伊曼纽尔讨论过一次。在这次会面中，萨默斯的提议与克林顿时期国家经济委员会第一任主席鲁宾所提的一样，让国家经济委员会作为国安会的平行机构运行。[154]然而，伊曼纽尔、萨默斯和他们的前任一样，都没能实现这个愿景。由于鲁宾的个人势力，他担任国家经济委员会第一把交椅时，给这一机构带来了一些影响力。[155]但在随后几年，由于委员会人员减少、与其他机构缺乏传统联系、财政部权力过大等种种原因，国家经济委员会成为白宫内部机构中的二等公民。事实上，在国际问题上，只有它与国安会共同行动才能有所影响。奥巴马时期担任国际经济顾问的迈克尔·弗罗曼与总统关系很近，是奥巴马的法学院同学，如同盖特纳、萨默斯一样，也是克林顿时期鲁宾核心圈子里的人。[156]尽管如此，国际经济委员会的影响力还是十分有限。

另一个合理动力驱使总统选择了盖特纳：在危机和不安的情况

下，他希望保证决策的连续性，在面对复杂挑战时，他认为这么做很有必要。财政部显然是一个需要保证连续性的部门。还有则是国防部的领导层，因为美国还未从伊拉克和阿富汗脱身。于是，奥巴马请求罗伯特·盖茨留任国防部部长。[157]同样的，奥巴马想要传递出清晰有力的信号，他不仅能够获得全面的国家安全建议，还能够与军方共事。因此，他启用了詹姆斯·琼斯出任国家安全顾问。[158]64 岁的琼斯是海军陆战队将军、前北约欧洲盟军最高司令。一开始他对担任一份本质上为幕僚的工作犹豫不决，但是奥巴马承诺，会在做出任何重大决策前都咨询他这位国家安全顾问的意见。[159]身材高大、寡言少语的海军陆战队将军最终答应出任这一职务。奥巴马国务院过渡团队负责人、前国务卿沃伦·克里斯托弗的幕僚长托马斯·多尼伦被任命为约翰的副手。[160]丹尼斯·麦克多诺和马克·利珀特双双加入国安会，发挥重要的支持角色，麦克多诺负责战略沟通，刚刚从伊拉克回来并获得铜星勋章的利珀特则担任幕僚长。

奥巴马在 12 月 1 日的新闻发布会上宣布了对克林顿、盖茨和琼斯的任命。[161]与他们一起的还有被提名出任国土安全部部长的珍妮特·纳波利塔诺、被提名出任司法部部长的埃里克·霍尔德，还有因为竞选期间领导国家安全团队有功的苏珊·赖斯，她被提名出任美国驻联合国大使。赖斯的职位属于内阁级别，意味着确保她是总统的关键幕僚，总统仍然会倾听她的意见。在发布会上，奥巴马表示组建特性鲜明的多元团队至关重要，因为“根据我对历史的了解，白宫面临的一个危险是陷入集体迷思，大家对所有事情都人云亦云，没有讨论，也没有不同意见”。[162]奥巴马表示，他欢迎“白宫内部的激烈辩论”。[163]

米歇尔·弗卢努瓦和前国防部副部长约翰·怀特受邀负责国防部的过渡工作。[164]为了完善国家安全团队，奥巴马希望任命约翰·布伦南出任中情局局长。[165]然而，布伦南却因为某些争议问题成了“避雷针”。[166]在小布什任内，布伦南是前中情局局长乔治·特尼特的顶级幕僚，当时中情局实施的一些政策备受争议，如使用“先进的审讯技巧”以及建立关塔那摩监狱。因此奥巴马不得不放弃对他的提名。[167] 同样在约翰·波德斯塔的建议下，奥巴马选择了莱昂·帕内塔出任中情局局长。[168]帕内塔之前是克林顿任内的白宫办公厅主任、白宫行政管理和预算局局长，之前还担任过国会众议院预算委员会主席。虽然他直接处理国家安全事务的经验有限，但被认为是对两党人士都会采取柔性策略的杰出管家，而且享有公正无私的美名。此外，他还作为伊拉克问题研究小组的一员参与处理一系列重大问题。[169]

帕内塔描述当时的情形时轻声笑道：“这个选择太出人意料了，因为我大部分工作显然都集中在，比如，预算问题和其他政策领域。不过你知道，作为预算委员会主席、白宫办公厅主任以及行政管理和预算局局长时，我和其他机构建立了诸多联系，也了解他们所做的工作。然而，当总统问我的时候，我只是说道，‘您的目的是什么呢?’他说，主要就是想重新树立中情局的声誉。中情局遭受了许多打击，许多人批评中情局的所作所为，还发生了很多伤及士气的事情。我回答道，‘要知道，如果这是您想要的，您必须明白，我可不是会手下留情的人。我会告诉您……情报机构到底出了什么问题。如果这就是您想要的，那就好。如果这不是您想要的，您最好现在就告诉我’。然后，他说道，‘是的，这正是我想要的’。”

帕内塔在政府工作时还没有国家情报总监这个职位。因此，帕内塔首先要面临的一个问题就是，相对迄今极其独立的中情局局长一职，该如何定义国家情报总监的作用。帕内塔认为，这个问题最终还是走上了台面，因为对国家情报总监角色的定义并不完备。“担任这一职务的人会本能地发现……国家情报总监在政府内除了能协调情报机构工作外并没有太多权力，于是他们开始……出击，去寻求更多凌驾于各机构之上的权力，这造成了内部的冲突。在我去之前，冲突就以各种形式公开化了。”

然而，布伦南没有被遗忘。他被任命为副国家安全顾问以及反恐特别顾问。[170]作为总统反恐战争的最高助手，他在白宫西翼的地下室有办公室。他很快成为奥巴马最信任、最倚重的国家安全团队成员。

当被问到这一过程有多少是在纠正小布什团队的错误时，布伦南回答说“有一方面这样的工作”，但是作为专业的情报官员，他的兴趣是保证反恐阵线——工作层面、海外工作以及反恐界内部合作的连续性。作为即将上任的白宫顾问，格雷格·克雷格认为要颁布行政命令——禁止一些做法、采取一些做法，以兑现竞选承诺。布伦南也参加到讨论中：“我努力确保大家考虑到这些行动带来的后果。”

在官僚体系内部，重构也引起了一些不适。德里克·肖莱参与过国安会交接，此后成为国务院负责政策规划的副主任，后来又在白宫和国防部工作。他说：“我们出现在国安会的门口，里面的人有些紧张，你知道的，担心。搞政治的相对放松一些，他们知道自己肯定得走。那些专业人员最担心，因为他们不知道我们会怎么样，他们是否会失去工作，是否因为曾在小布什政府工作而有了污点。”

肖莱认为这种工作不安全感的根源在于，“行政秘书是国安会唯一一个由法律规定的职位。所以，新团队有相当大的空间做出变动。自从民主党人上台后，明显有了很大变化——成立了国土安全委员会，在克林顿任期内较为边缘的反恐架构现在成了一个主要力量中心。整个伊拉克—阿富汗办公室完全是新的设置。所以我们着手做了很多工作”。

肖莱注意到，团队中的很多人都想创造一个更小、更流畅的结构。但是考虑到新的角色和职责，奥巴马政府最终集结了有史以来最多的国安会员工，远超历任政府。其实，自 1947 年国安会创建到现在，白宫国家安全团队的规模不断扩大。但奥巴马团队的重要之处在于，它发出了一个信号，揭示了总统的为人及他对自己任期的期许。

描述事物过分简单化是危险的，但理解奥巴马国安会团队的一种方法就是将其看作两组人。第一组成员都是政坛老手，有能力帮助一位外交经验有限的年轻总统穿梭于世界广袤舞台，驾驭国内复杂机构。另一组人是年轻的工作人员，密切参与了总统的竞选活动，忠于总统个人以及其竞选的主要观点，包括离开伊拉克、关注阿富汗、在世界范围内重塑双边关系、与“敌人”接触、纠正小布什前期标志性的特点——对“9·11事件”的过度反应，等等。第一组人有拜登、盖茨、多尼伦、克林顿、琼斯和帕内塔；第二组人包括麦克多诺、利珀特、罗兹和鲍尔斯。在奥巴马执政期间，两组人因观点不同时常关系紧张，而对这些紧张局面的处理最终显示了总统的个性以及其作为领导人的抱负。

## 注 释

1. “U. S. Treasury Secretary Timothy Geithner to Join CFR as Distinguished Fellow,” Council on Foreign Relations, February 6, 2013.
2. 同上。
3. 根据与美国高级经济官员的采访内容。
4. “Let Them Eat Baklava,” *The Economist*, March 17, 2012.
5. Marc Labonte, “CRS Report to Congress: Asset Bubbles: Economic Effects and Policy Options for the Federal Reserve,” Congressional Research Service, September 25, 2007.
6. Alec Klein and Zachary A. Goldfarb, “The Bubble,” *The Washington Post*, June 15, 2008.
7. Klein and Goldfarb, “The Bubble.”
8. 同上。
9. 同上。
10. Chuck Todd and Seldon Gawiser, *How Barack Obama Won: A State - by - State Guide to the Historic* 2008 *Presidential Election* (New York: Vintage, January 6, 2009), 24.
11. 同上。
12. The Associated Press, “Old Friends Recall Obama’s College Years,” *Politico*, May 16, 2008.
13. Margot Mifflin, “Obama at Occidental,” *The New Yorker*, October 3, 2008.
14. Barack Obama, *The Audacity of Hope: Thoughts on Reclaiming the American Dream* (New York: Vintage July 2008).
15. David S. Broder, “Democrats Focus on Healing Divisions,” *The Washington Post*,

June 28, 2004.

16. "Transcript: Illinois Senate Candidate Barack Obama," *The Washington Post*, July 27, 2004.
17. 同上。
18. Mifflin, "Obama at Occidental."
19. James Traub, "Is (His) Biography (Our) Destiny?" *The New York Times Magazine*, November 4, 2007.
20. "Transcript: Obama's Speech Against the Iraq War," *National Public Radio*, January 20, 2009, http://www.npr.org/templates/story/story.php?storyId=99591469.
21. Richard Wolffe, *Renegade: The Making of a President* (New York: Broadway Books, May 4, 2010), 218.
22. Wolffe, *Renegade*, 43.
23. Paul Kane, "Obama Supports FISA Legislation, Angering Left," *The Washington Post*, June 20, 2008.
24. 同上。
25. John Heilemann and Mark Halperin, *Game Change: Obama and the Clintons, McCain and Palin, and the Race of a Lifetime* (New York: HarperCollins, February 23, 2010).
26. 同上。
27. Wolffe, *Renegade*, 43.
28. Heilemann and Halperin, *Game Change*, 30–31.
29. Perry Bacon Jr., "Obama Accuses Clinton of Deception," *The Washington Post*, March 10, 2008.
30. Sheryl Gay Stolberg, "Filling an Aide's Shoes with Very Different Feet," *The New York Times*, September 30, 2010.
31. Heilemann and Halperin, *Game Change*, 33–34.
32. Harry Reid and Mark Warren, *The Good Fight: Hard Lessons from Searchlight to Washington* (New York: Penguin Group LLC, 2008), 300.
33. Maria Liasson, "Notion of Political Dynasty a Problem for Clinton," *NPR*, December 4, 2007, http://www.npr.org/templates/story/story.php?storyId=16869068.
34. Heilemann and Halperin, *Game Change*, 37.
35. Balz, "Bush Wins Second Term."
36. Josh King, "Dukakis and the Tank," *Politico Magazine*, November 17, 2013.
37. Rothkopf, *Running the World*, 208.
38. "Address to the Nation on the War in Vietnam," *PBS American Experience*, November 3, 1969.
39. Rothkopf, *Running the World*, 62–63.
40. Heilemann and Halperin, *Game Change*, 62.
41. 同上。
42. Heilemann and Halperin, *Game Change*, 69.
43. Heilemann and Halperin, *Game Change*, 69–70.
44. 根据与奥巴马竞选顾问的采访内容。
45. 同上。

46. Rachel Weiner, "Colin Powell Endorses President Obama," *The Washington Post*, October 25, 2012.
47. Heilemann and Halperin, *Game Change*, 73.
48. Patrick Healy, "Senator Clinton Heads to Iraq, Afghanistan," *The New York Times*, January 12, 2007.
49. Jeff Zeleny, "Obama Takes Big Step Toward 2008 Bid," *The New York Times*, January 16, 2007.
50. Patrick Healy and Jeff Zeleny, "Clinton Enters '08 Field, Fueling Race for Money," *The New York Times*, January 21, 2007.
51. Adam Nagourney and Jeff Zeleny, "Obama Formally Enters Presidential Race," *The New York Times*, February 11, 2007.
52. "Senator Obama's Announcement," *The New York Times*, February 10, 2007.
53. 同上。
54. Richard N. Haass, *War of Necessity, War of Choice: A Memoir of Two Iraq Wars* (New York: Simon and Schuster, 2010.
55. "Obama's Remarks on Iraq and Afghanistan," *The New York Times*, July 15, 2008.
56. James Mann, *The Obamians: The Struggle Inside the White House to Redefine American Power* (New York: Viking, 2012), 82 – 83.
57. Mann, *Obamians*, 81, 70.
58. Mann, *Obamians*, 78.
59. Mann, *Obamians*, 77; Kate Pickert, "U. N. Ambassador: Susan E. Rice," *Time*, December 3, 2008.
60. 根据与克林顿 2008 年竞选团队官员的采访内容。
61. Mann, *Obamians*, 77.
62. David E. Sanger and Jodi Kantor, "Rice's Blunt Style Endeared Her to President, but Not All," *The New York Times*, December 13, 2012.
63. 同上。
64. Mann, *Obamians*, 79.
65. Daniel Burns, "12 Key Dates in the Demise of Bearn Stearns," *Reuters*, March 17, 2008.
66. Bethany McLean and Joe Nocera, "How the Roof Fell in on Countrywide," *CNN Money*, December 23, 2010.
67. "Timeline: The Credit Crunch of 2007/2008," *Reuters*, August 5, 2008.
68. Michael Grunwald, *The New New Deal: The Hidden Story of Change in the Obama Era* (New York: Simon and Schuster, 2013), 67; Burns, "12 Key Dates."
69. "Interview: Alan 'Ace' Greenberg," *PBS Frontline*, February 17, 2009, pbs. org/wgbh/pages/frontline/meltdown.
70. Andrew Fisher, "Bear Stearns CEO: No Liquidity Crisis for Firm," *CNBC*, March 12, 2008.
71. Kate Kelly, "Fear, Rumors Touched Off Fatal Run on Bear Stearns," *The Wall Street Journal*, May 28, 2008.
72. 同上。
73. 同上。

74. Hank Paulson, "Hank Paulson: This Is What It Was Like to Face the Financial Crisis," *Bloomberg Businessweek*, September 12, 2013.
75. Burns, "12 Key Dates."
76. Andrew Ross Sorkin, "JP Morgan Pays MYM2 a Share for Bear Stearns," *The New York Times*, March, 17, 2008.
77. Kate Kelly, "Inside the Fall of Bear Stearns," *The Wall Street Journal*, May 9, 2009.
78. Edmund L. Andrews, "Senators Seek Details About Bear Stearns Deal," *The New York Times*, March 27, 2008.
79. Adam Nagourney, "Obama Triumphs in Iowa Contest as Clinton Falters; Huckabee Rolls," *The New York Times*, January 3, 2008; Ann E. Kornblut, "N. Y. Senator Defies Polls, Edges Obama," *The Washington Post*, January 9, 2008.
80. Barack Obama, "Transcript of Obama Speech," *Politico*, March 18, 2008.
81. Jeff Zeleny, "Obama Clinches Nomination; First Black Candidate to Lead a Major Party Ticket," *The New York Times*, June 4, 2008; "McCain wins GOP nomination; Huckabee bows out," *CNN Politics*, March 5, 2008.
82. Elisabeth Bumiller, "A Cast of 300 Advises Obama on Foreign Policy," *The New York Times*, July 18, 2008.
83. 同上。
84. Adam Nagourney and Jeff Zeleny, "Obama's Pick Adds Foreign Expertise to Ticket," *The New York Times*, August 23, 2008.
85. Jennifer Parker, "3 a. m. Call: Why Obama Picked Biden," *ABC News*, August 23, 2008.
86. Heilemann and Halperin, *Game Change*, 341.
87. 根据奥巴马 2008 年竞选团队人员的采访内容。
88. Campbell Robertson and Richard A. Oppel Jr., "Iraqis Fail to Agree on Provincial Election Law," *The New York Times*, August 6, 2008.
89. William Glaberson, "Bin Laden Driver Sentenced to a Short Term," *The New York Times*, August 7, 2008.
90. Carlotta Gall and Sangar Rahimi, "Taliban Escalates Fighting with Assault on U. S. Base," *The New York Times*, August 20, 2008.
91. Peter Finn, "Russia Pushes into Georgia," *The Washington Post*, August 12, 2008.
92. Nicholas Kulish and Tom Rachman, "Rice Signs Missile Deal with Poland," *The New York Times*, August 20, 2008.
93. 同上。
94. Alexander Marquandt, "Biden predicts early crisis will test Obama," *CNN Political Tracker*, October 20, 2008.
95. David Goldman, "Worst year for jobs since '45," *CNN Money*, January 9, 2009.
96. Ron Suskind, *Confidence Men: Wall Street, Washington, and the Education of a President* (New York: Harper, September 20, 2011), 96.
97. Larry Elliott, "Three Myths that Sustain the Economic Crisis," *The Guardian*, August 5, 2012.
98. Ryan Lizza, "Inside the Crisis: Larry Summers and the White House Economic Team," *The New Yorker*, October 12, 2009.

99. 根据与小布什政府官员的采访内容。
100. Suskind, *Confidence Men*, 73.
101. Paulson, "What It Was Like to Face the Financial Crisis."
102. Andrew Ross Sorkin, "Lehman Files for Bankruptcy; Merrill Is Sold," *The New York Times*, September 14, 2008.
103. David Mildenberg and Bradley Keoun, "Bank of America to Acquire Merrill as Crisis Deepens (Update 4)," *Bloomberg*, September 15, 2008.
104. Matthew Karnitschnig, Deborah Solomon, Liam Plevin, and Jon E. Hilsenrath, "U. S. to Take Over AIG in MYM85 Billion Bailout; Central Banks Inject Cash as Credit Dries Up," *The Wall Street Journal*, September 16, 2008.
105. 同上。
106. Suskind, Confidence Men, 114; Jon Hilsenrath, Deborah Solomon, and Daminan Paletta, "Paulson, Bernanke Strained for Consensus," *The Wall Street Journal*, November 10, 2008; James B. Stewart, "Eight Days: The Battle to Save the American Financial System," *The New Yorker*, September 21, 2009.
107. Robin Sidel, David Enrich, and Dan Fitzpatrick, "WaMu Is Seized, Sold Off to J. P. Morgan, in Largest Failure in U. S. Banking History," *The Wall Street Journal*, September 26, 2008; Binyamin Appelbaum, "Wachovia Is Sold as Depositors Flee," *The Washington Post*, September 30, 2008.
108. David M. Herszenhorn, "Bailout Plan Wins Approval; Democrats Vow Tighter Rules," *The New York Times*, October 3, 2008.
109. 同上。
110. Vikas Bajaj, "Whiplash Ends a Roller Coast Week," *The New York Times*, October 10, 2008.
111. Edmund L. Andrews and Mark Landler, "U. S. Considers Cash Injects into Banks," *The New York Times*, October 9, 2008.
112. Jesse Drucker, "Obscure Tax Breaks Increase Cost of Financial Rescue," *The Wall Street Journal*, October 18, 2008.
113. Jon Hilsenrath, Joellen Perry, Sudeep Reddy, and Deborah Solomon, "Central Banks Launch Coordinated Attack," *The Wall Street Journal*, October 9, 2008.
114. WSJ Staff, "G - 7 Leaders Welcome 'Extraordinary Actions,'" *The Wall Street Journal*, September 22, 2008; Mark Landler, "World Leaders Vow Joint Push to Aid Economy," *The New York Times*, November 15, 2008.
115. Hank Paulson, "Hank Paulson: This Is What It Was Like to Face the Financial Crisis," *Bloomberg*, September 12, 2013.
116. Todd and Gawiser, *How Barack Obama* Won, 24.
117. Heilemann and Halperin, *Game Change*, 379, 384.
118. Heilemann and Halperin, *Game Change*, 380 - 381.
119. Jonathan Alter, *The Promise: President Obama, Year One* (New York: Simon and Schuster, 2011), 8.
120. 同上。
121. Jonathan Alter, *The Promise: President Obama, Year One* (New York: Simon and Schuster, 2011), 10; Wolffe, *Renegade*, 275 - 276.

122. Alter, *The Promise*, 13 – 14.
123. 同上。
124. Reid and Warren, *Good Fight*, 299.
125. Keith Hennessey and Edward Lazear, "Who really fixed the financial crisis?" *Politico*, September 16, 2013.
126. 同上。
127. 根据与小布什政府前官员的采访内容。
128. Adam Nagourney, "Obama Elected President as Racial Barrier Falls," *The New York Times*, November 4, 2008.
129. 同上。
130. Alter, *The Promise*, 16.
131. Peter Baker and Jeff Zeleny, "For Obama, No Time to Bask in Victory as He Starts to Build a Transition Team," *The New York Times*, November 5, 2008.
132. Lois Romano, "John Podesta Leads Obama's Transition Team with His Usual Energy," *The Washington Post*, November 25, 2008.
133. "Obama – Biden Transition Project," http://change. gov/learn/transitionstaff.
134. Jon Ward, "Hadley pulls curtain back on transition," *The Washington Times*, January 7, 2009; Michelle Munn, "Clinton Transition Left MYM15, 000 Damage, GAO Says," The Los Angeles Times, June 12, 2002.
135. Alter, The Promise, 16.
136. "Obama's Speech from 2007 Jefferson – Jackson Dinner," *The Washington Post*, December 17, 2008.
137. Kenneth P. Vogel and Mike Allen, "Obama Finds Room for Lobbyists," *Politico*, January 30, 2009.
138. Baker and Zeleny, "No Time to Bask in Victory."
139. Peter Baker and Jackie Calmes, "Building a White House Before the Election Is Decided," *The New York Times*, October 24, 2008.
140. Wolffe, *Renegade*, 313.
141. Alter, *The Promise*, 72.
142. Wolffe, *Renegade*, 180.
143. 根据与奥巴马 2008 年竞选团队高级官员的采访内容。
144. Alter, *The Promise*, 72.
145. Hillary Clinton, *Hard Choices* (New York: Simon and Schuster, 2014), 15.
146. 同上。
147. Clinton, *Hard Choices*, 16 – 17.
148. Clinton, *Hard Choices*, 18.
149. 同上。
150. Clinton, *Hard Choices*, 16 – 17.
151. Clinton, *Hard Choices*, 18 – 19.
152. Jeanne Sahadi, "Obama Names His Economic Team," *CNN Money*, November 24, 2008.
153. 根据与奥巴马政府高级官员的采访内容。
154. 同上。

155. Jackie Calmes, "Obama's Economic Team Shows Influence of Robert Rubinwith a Difference," *The New York Times*, November 24, 2008.
156. Jonathan Weisman, "Obama Taps Froman for Joint Security, Economic Post," *The Wall Street Journal*, January 30, 2009.
157. Peter Baker, "Defense Secretary Said to Be Staying On," *The New York Times*, November 25, 2008.
158. Woodward, *Obama's Wars* (New York: Simon and Schuster, 2010), 37 – 39.
159. 同上。
160. David E. Sanger and Helene Cooper, "Civilian Replaces General in Key Foreign Policy Job," *The New York Times*, October 8, 2010.
161. Peter Baker, "Appointments Begin a New Phase for Obama," *The New York Times*, December 1, 2008.
162. 同上。
163. 同上。
164. "Obama – Biden Transition Team Announces Agency Review Team Leads for Dept of Treasury, State, Defense," *Change. Gov: The Office of the President – Elect*, accessed May 15, 2014.
165. Joby Warrick, "Brennan Withdraws from Consideration for Administration Post," *The Washington Post*, November 25, 2008.
166. 同上。
167. 同上。
168. Carl Hulse and Mark Mazzetti, "Panetta to Be Named C. I. A. Director," *The New York Times*, January 5, 2009.
169. 同上。; Woodward, *Obama's Wars*, 58.
170. Mann, Obamians, 105; Karen DeYoung, "Obama's NSC Will Get New Power," *The Washington Post*, February 8, 2009.

# 第五章
# 你好，我该离开了

> 无须亲临幽室便能感受精神折磨；无须亲临暗宅，思想便能带你穿越其中。
>
> ——艾米莉·狄金森

阿富汗被称为帝国的坟墓。[1]对于贝拉克·奥巴马和乔治·W. 布什而言，阿富汗就是一间教室，他们在这里首次领悟了战争残酷无情、令人沮丧的事实。虽然向伊拉克开战引发了巨大的政治争议，但是即使美国的极左派也认为打击袭击华尔街和国防部的恐怖分子理所当然。活动人士、电影导演迈克尔·穆尔发现："'9·11'事件后，我认识的大多数自由主义者都支持入侵伊拉克。"[2]

美国不得不面对阿富汗的原始地形和兴都库什山脉，山脉一直蔓延进入巴基斯坦无人居住的崇山峻岭。历史证明，没有哪个教室能够比这里更能给美国人留下深刻的教训。在"9·11"事件发生后的第一期《外交事务》杂志上，前中情局驻巴基斯坦站负责人米尔特·

比尔登撰文发出警告，描述了数十年来在该地区作战所带来的绝望，并引用了拉迪亚德·吉卜林的话：

> 当你受伤躺在阿富汗平原，
> 妇女出来击碎剩余的一切，
> 拿起你的步枪打爆你的头颅，
> 像士兵一样前往上帝之所。[3]

20世纪80年代末，比尔登负责支持阿富汗叛乱分子（包括奥萨马·本·拉丹在内的圣战支持者）的隐蔽行动，目的是将苏联逐出阿富汗。[4]他得以近距离体会发动战争带来的挑战。[5]美国一开始在阿富汗的行动被称为“持久自由行动”。[6]行动开始大约五周后，阿富汗首都喀布尔陷落，塔利班领导人在午夜潜逃。[7]

两个月后，联合国安理会加入了行动，成立了国际安全援助部队，一方面为阿富汗提供多国安全保护伞，另一方面帮助训练阿富汗部队。[8]同月，一场国际会议在德国波恩召开，阿富汗临时政府在国际力量的支持下成立。[9]哈米德·卡尔扎伊成为阿富汗新总统。[10]卡尔扎伊是普什图族人，出身显赫的政治家族，善于言辞，头脑精明。

第二年，据美国国会研究局数据，美国在阿富汗的军事存在日益膨胀，2002财年的5200名地面部队人员逐月递增至2003财年的10400人。[11]2006财年，这一数字翻倍，增长了1万多人，最后到2008大选年时已达到了30100人。[12]与此同时，美国的重点转向伊拉克。在伊拉克，美军人数从2007财年的70000人上升到2008年的157800人。[13]小布什政府小圈子成员之一曾表示：“可以说我们还没有在阿富汗开展行动前，伊拉克就把房间里的氧气都抽光了。阿富汗从未得到应有的重视……或所需要的重视。”[14]

阿富汗同样遭受了历史阴影的折磨。不仅有过去曾经在帝国之坟走过的亚历山大大帝和其他外部侵略者，还包括越战和后来的“9·11”、伊拉克战争。这些因素困扰着美国战略制定者和现在的奥巴马。比如越战和阿富汗历史影响了包括唐纳德·拉姆斯菲尔德在内的国防部战略制定者的判断，他们想尽可能地少部署部队，尽可能地控制行动规模。他们认为阿富汗有可能成为难以脱身的沼泽。奥巴马担心，一旦撤离得过于迅速，同时又发生一次类似“9·11”事件的袭击，他将无法招架“事后诸葛亮”式的猛烈抨击，批评他在最需要实力的时候削弱了美国。但是，他也担心伊战之类的战争会消耗美国资源、削弱美国声望，因为伊拉克战争就是他那个时代的越战。结果就是，一届政府长期以来做得太少，而另一届政府难以决定该做些什么。

## 前 廊

阿富汗问题不仅仅涉及阿富汗本身，这让事情更为复杂。入侵阿富汗是美国进入现代后，为打击非国家行为体——基地组织而首次侵犯另一个国家的主权。从一开始，我们就知道基地组织从阿富汗的避难所轻易地潜逃到了邻国巴基斯坦。我们知道这些，是因为当年支持穆斯林游击队对抗苏联时，中情局曾经把巴基斯坦当作行动基地。[15]其实，我们也知道巴基斯坦安全机构的一部分，尤其是情报机构巴基斯坦三军情报局多年来积极与基地组织勾连。阿富汗极度贫困，发展长期滞后，除了因鸦片贸易和滋生恐怖主义出名外，几乎毫无地缘政治价值。[16]但是巴基斯坦不同，它是世界人口第六大国，同时还与世界人口第二大国印度处于危险的对峙状态，这种对立关系导致两国都发展了核能力。美国刚开始在阿富汗行动时，巴基斯坦核武库中估计拥有将近 100 枚核武器。[17]极端分子遍及巴基斯坦，其中包括巴基斯坦政府，一旦有一个人得到了核武器，后果不堪设想，[18]相比之下，阿富汗所构成的威胁苍白许多。正如一位将军曾经对我说的："阿富汗实际上只是巴基斯坦的前廊。真正的问题和真正的威胁都在巴基斯坦。"[19]

此外，由于初期取得迅速进展，美国国防部和国务院被乐观情绪所蒙蔽。康多莉扎·赖斯表示："现在很难回想起，2005 年我们认为阿富汗行动情况还不错。"[20]那时候，美国的入侵行动进展顺利，塔利班被击溃，基地组织遭受重创后藏到了山里，在美军巡逻的阿富汗乡村暴力事件相对较少发生，至少跟后来即将出现的比少多了。[21]事实上，2003 年 5 月，国防部部长唐纳德·拉姆斯菲尔德就已经宣布在阿富汗"作战行动结束"。[22]

作为总统，小布什必须为阿富汗的投入不足和伊拉克的投入过度负责。但是，正如赖斯谈到 2005 年以前的局势时所言："我们并不知道（巴基斯坦总统）穆沙拉夫正在考虑与北瓦济里斯坦的部落领导达成协议，以和平共处为条件，放武装人员穿过阿富汗边境来到巴基斯坦。这一政策最终给塔利班创造了庇护所，阿富汗局势急剧恶化，到我们任期结束前都没办法控制。"[23]

此外，小布什的资深顾问认为，只要派出几千精锐部队和中情局特工，就能驱逐塔利班，就能逮捕、消灭所有基地组织成员。[24]但是历史上在阿富汗失败的侵略教训（苏联和英国对阿富汗的侵略都以失败告终），影响了这一手段的实施。小布什的官员们都希望被看成"解放者而不是侵略者"。[25]其中一人回望这一阶段，评论说，"这就是为什么至今美国都有人支持继续在阿富汗保持军事存在"。

到了 2006 年，形势越发令人不安。[26]塔利班在巴基斯坦和阿富汗南部重新集结。[27]2004 年大选之后美国的经济援助减少，阿富汗也缺少吸收能力——包括人和机构，来保证我们的钱能花在想花的地方。[28]我们给的发展资金阿富汗政府只花了其中的 44%。[29]美国和独立审计部门不断发出报告，过程中存在大量的浪费和腐败。所以西方干涉的好处并没有被广泛分配，这给塔利班和其他极端主义者在乡村的宣传提供了机会。同时，2005～2006 年，拉姆斯菲尔德一直在推动美国撤军。[30]这符合他的观点，即我们在阿富汗的利益只局限于反恐，因而非常有限，如果延长在那里的存在，将遭受与越南战争相同的后果。

拉姆斯菲尔德的推动、对于增加对伊拉克投入的需要、战争的不得人心、总统面对的国内挑战——应对飓风“卡特里娜”的混乱无序以及国内经济的问题，上述种种因素让小布什的国家安全团队和总统本人对阿富汗政策做出了一个反常、无理的决定。[31]为了显示在阿富汗取得了“胜利”，他们在 2006 年做出减少驻军的决定，这一决定也让我们在阿富汗有限的目标——打击基地组织和塔利班，变得不再可能。这一行动也包括向伊拉克转移战略资源，后来证明对美国有害无利、毫无用处。一个特别严重的错误就是转移了特别行动部队，鉴于阿富汗的环境、地形以及敌人情况，他们特别适合在阿富汗作战。我们如此急切地想要成功，以致很快招来了失败。当拉姆斯菲尔德和中央司令部约翰·阿比扎伊德宣布美国要在 2006 年初撤军 3000～4000 人时，阿富汗和巴基斯坦接收到了一个危险的信号（此时人们已认识到塔利班正在复苏），即美国正准备溜之大吉。[32]如拉姆斯菲尔德倡导的那样，美国开始向北约转移责任，而这又削弱了剩下部队的战斗力，因为北约—国际安全援助部队的行动规则是将风险最小化，尽量避免与敌人接触。[33]因此，行动的有效性大大受限。

拉姆斯菲尔德承认：“2006 年初，在阿富汗的东部和南部，重组的塔利班已经出现。越来越多的塔利班从巴基斯坦回到阿富汗，而当联军有所行动时又退回国境线的那一边。”[34]然而，他并没有承认，多年来美国一直无法追踪塔利班在阿富汗南部以及巴基斯坦周边省份的行动。[35]这才让塔利班领导人有机会重振实力，等待合适的时期向“占领者”发动进攻。由于担心塔利班的卷土重来，拉姆斯菲尔德指派了斯特默基完成一份有关地面形势的报告。[36]斯特默基是卡利尔扎德的顾问、尼克松长期的外交政策助手。他给拉姆斯菲尔德提交的报告十分直白，拉姆斯菲尔德回忆说："他没有做任何粉饰。他告诉我最基本的判断是，'我们正面临恶化的安全局势'，原因是塔利班的升级以及阿富汗南部地区虚弱、错误的治理，这些制造了巨大的权力真空，敌人得以乘虚而入。实际上，塔利班已经在阿富汗南部的城镇制造了影子政府。如果我们不采取行动，坎大哈有可能会重新落入塔利班的手中。"[37]拉姆斯菲尔德于是开始动员政府行动，他描述的威胁是"蛰伏的"塔利班又迅速觉醒。然而，他却没有承认，自己将部队规模裁减到不合理的水平，而且没有对塔利班进行重组的地区实行有效监控。[38]

小布什也越发意识到这一地区存在的问题。同时，小布什也意识到，该让拉姆斯菲尔德离开了。他在回忆录中写到2006年11月自己曾经收到一份简报，简报回顾了"塔利班势力取得可怕发展的相关报告"。[39]简报指出，在过去一年，"远程遥控炸弹数量翻番。武装袭击事件数量增至3倍。自杀式炸弹数量增至4倍还多"。小布什决定，是时候"调整我们的战略了"。小布什和拉姆斯菲尔德一样，都责怪其他方面出了问题，主要是"致力于重建的多边方式"失败了。[40]小布什和他几年后的继任者都认为，卡尔扎伊的腐败以及阿富汗政府的无能也是导致问题的核心要素。小布什遵循了华盛顿的另一个处事模式，把依据新报告内容增兵1万人的行动称作"无声增兵"，这种在名称上做文章的手法在好莱坞屡见不鲜，因为模仿常被称为缺乏创意，或者被称作"续集心态"。与此同时，北约还大大提升了空袭力度，这种攻击模式让北约最舒心。[41]2005年最后六个月，北约空袭次数不足100次，一年之后，同一时期内空袭次数增加了20倍还多。[42]

阿富汗及地区问题专家艾哈迈德·拉希德撰写了《陷入混乱》一书，这本书被《纽约时报》称作对小布什政府的"猛烈抨击"。拉希德认为：

> 美国拥有财富、资源和经验，却似乎总在一次次重蹈覆辙。华盛顿官员认为阿富汗的失败会在伊拉克再度上演，失败程度将远超阿富汗。由于缺乏安全、法律和秩序，重建从一开始就步履蹒跚。2005 年康迪·赖斯承认，在伊拉克“我们没有正确的技巧和能力处理这样的重建工作”。美国政府在阿富汗开展了四年工作、在伊拉克开展了两年工作后，赖斯才承认了这一点。在这两个国家，重建失败导致了日趋严重的叛乱活动以及基地组织的扩散。2006 年，塔利班发起攻势，华盛顿向阿富汗提供的援助增加到 33 亿美元——是 2003 年为“加速成功”投入资金的 2 倍。第二年，即 2007 年，反叛形势更加严峻，援助资金再次翻番。[43]

拉希德指出了伴随美国国家安全机构多年的一个问题——尽管美国海外军队过去半个世纪的行动具有在冲突后重建或者维和的功能(二者都与反叛乱需要赢得人心密切相关)，但是美国没有专门机构拥有相关技巧和能力。由于上述行动常常是经济或政治行为，几乎没有人认为这是军队或国家安全任务的重要组成部分，而事实却恰恰相反。这种机制上的缺口自二战以来就存在。虽然这一问题在美国近期干涉阿富汗和伊拉克后已更为明显，但仍未得到解决，阻碍美国实现诸多重要的国际目标。

小布什任内的国安会官员指出，并不是在伊拉克的行动导致资源短缺，从而限制了阿富汗行动的资金。[44]相反，他们采取协调措施“平衡当地需求与有限的吸收能力，以避免通货膨胀和腐败。不过后来这些还是遗憾地发生了”。他们认为，已经提供了“我们觉得当时局势所需要的一切，提供了在那种政治背景下国家所能接受和维持的。要知道，如果军方要求派遣更多部队前往阿富汗，小布什会派兵的。无论他们什么时候提出来，小布什都会答应”。[45]

然而，为了重建或稳定局势，必须完全击败敌人，或者至少重击敌人，达到管控敌人威胁的程度。在阿富汗这样的地方，敌人盘踞在当地，有足够耐心等待入侵者对眼前危机感到疲倦而打道回府，那么，之前提到的目标还能完成吗？在小布什任内，实际上在美国总统与阿富汗打交道的全部任期内，我们都面对一系列来势汹涌的挑战：狡猾、有耐心和韧性的敌人；不愿再次陷入类似越战泥潭的心态；难以提供支持或者对敌我两边下注的当地盟友；当地对于有效援助的有限接收，限制了我们有效使用软实力推动对象国国内发展或者构建对美国及其盟友的良好意愿。[46]但是我们已经在那里了，重大逆转和失败都是无法接受的选项。因此，两任总统都坚持战斗，违反了“掉坑第一定律”——“如果发现自己掉进坑里，就不要再挖了”。

## 形势每况愈下

阿富汗和巴基斯坦形同虚设的边境线、纠缠交织的历史，使这两个国家的问题无法分隔。巴基斯坦政府内有相当多人对塔利班和基地组织的态度在善意容忍和积极支持间摇摆，这种行为的根源在于巴基斯坦的民族认同。[47]部分原因正如一位多年常驻巴基斯坦的美国外交官告诉我的：“巴基斯坦人更愿意接受伊斯兰的认同而不是国家认同。毕竟，这就是巴基斯坦与印度分离、成为独立国家的原因。”[48]很多巴基斯坦人都认为，印度是威胁他们生存的大敌。穆沙拉夫这样的军事领袖在入伍后也一直被灌输这样一个观点。[49]他们非常担心喀布尔的新政府将同情或投入印度怀抱，誓言不计代价阻止。因此巴基斯坦认为干涉阿富汗直接与其国家利益相关，而阿富汗的卡尔扎伊政府对他们的态度和行动十分恼怒。[50]

小布什主持的一次晚宴最戏剧化地捕捉了这种恶意。[51]那是在2006年9月，为了缓解双方的紧张关系，小布什邀请卡尔扎伊和穆沙拉夫来白宫参加一个小型非正式的会面。参加的人还有小布什、切尼、哈德利、赖斯和两国的大使。晚宴的气氛一开始就很紧张，而且越来越糟糕。小布什回忆说："卡尔扎伊开始指责穆沙拉夫窝藏塔利班。'告诉我他们在哪，'穆沙拉夫暴躁地回应，'你知道他们在哪！'卡尔扎伊反击道，'如果我知道，我会抓住他们'，穆沙拉夫说，'那你抓啊！'卡尔扎伊仍然不依不饶。"[52]赖斯说，卡尔扎伊是有备而来。在听完穆沙拉夫冗长的独白后（赖斯认为他是在"粉饰事实"），卡尔扎伊从他飘洒的斗篷下拿出一卷文件来支持他的观点——巴基斯坦不应该搅和塔利班的事。赖斯作为一个前滑冰健将和资深体育迷回忆说："这就好像观看一场重量级拳击比赛……卡尔扎伊是一个很厉害的公诉人，穆沙拉夫没有办法回答。"[53]

几个月内，美国提高了对巴基斯坦的关注程度。[54]新上任的国防部部长盖茨急于清晰地了解伊斯兰堡政府，特别是巴基斯坦三军情报局在支持美国敌人方面的复杂性。[55]美国对穆沙拉夫的疑虑渐渐上升，美国官员认为他在掩藏真实意图，同时没有能力让政府听从他的指令。[56]问题是对付那些协助恐怖分子的人，无论外交手段还是军事手段都不是太管用。[57]

小布什在他的自传中回忆了美国战略的分水岭时刻。[58]美国部队在阿富汗与敌手交火，而且因为伤亡上了国际头条。美国国内的非议和责骂在上升。小布什回忆说："伊斯兰堡很生气。我试着找其他的方法深入部族地区。无人飞行器'捕食者'能够进行视频监控、发射激光制导导弹。我授权情报部门加大在极端分子方面的工作。"

戴维·桑格负责研究新一代冲突，又名"轻脚印"战术，包括使用无人机、网络攻击、特种行动。桑格在他的《遗产》一书中对这一军事战术上的巨大转折给予了鞭辟入里的分析：

> 我们把阿富汗和巴基斯坦当作不同的问题处理，塔利班和基地组织却将这块区域看作一块部落领土。小布什任期的最后一年才签署了一系列秘密“许可”，给中情局以及美国特种部队更多的自由在巴基斯坦发动进攻。直到这时，美国才将这一地区视为一块战区。这再一次证明，政府在形势变化时很难转变政策。在小布什的白宫，任何战略上的改变都被看作展示虚弱或者承认失败。
>
> 实际上，政府发起了一场公关运动。和越南战争的情况一样，统计数字是为了隐瞒真相，转移注意力的。当时关于战争可能失败的警告已经在政府内部流传。[59]

与我对话时，一位布什任内的顶级幕僚强烈反对桑格对形势特点的描述，认为“我们其实已把阿富汗和巴基斯坦当作一个战场看待。我们也调整并改变了方式”。[60]在最后一点上，美国政府应该和军队一样得到赞扬。实际上，无论他们在“9·11”后共同应对恐怖主义威胁的方式上犯了何种错误，最终都调整了过来，遭遇非传统敌人时不再采取传统作战方式，并且开创了新方式，这一方式后来被奥巴马团队所采用。奥巴马政府采取的许多“轻脚印技术”其实是在小布什任内最后几年由他的团队创造和积极实施的，团队成员包括赖斯、盖茨、哈德利以及新任的军队高级指挥官。这些人在在任期间愿意学习，愿意接受新理念。

## 奥巴马的正确战争以及他的新团队

在2008年总统选举期间，贝拉克·奥巴马不断地声称伊拉克战争分散了美国的精力。同年 7 月中旬，奥巴马在华盛顿发表演讲，核心内容是："如果再发生一次针对我们祖国的袭击，攻击源头很可能还是当初策划'9·11'的地区。然而，如今我们部署在伊拉克的部队人数是阿富汗的 5 倍。"他继续说道："作为总统，我会采取强硬、聪明和有原则的国家安全战略——认识到我们的利益不仅仅在巴格达，还在坎大哈和卡拉奇、在东京和伦敦、在北京和柏林。这一战略将会聚焦确保美国更加安全的五个关键目标：负责任地结束伊拉克战争；结束与基地组织和塔利班的斗争；确保所有核武器与核材料不落入恐怖分子与流氓国家手中；真正保障能源安全；以及重塑能够应对 21 世纪挑战的盟友。"[61]

这些理念的背后逻辑是另一系列政治目标。伊拉克非常不受欢迎，美国民众已经厌倦了七年耗资巨大的战斗。奥巴马的主张正是冲着这种厌倦而来：想要摆脱伊拉克、降低对海外能源的依赖（中东能源）、重塑我们的盟友（可以让其他国家冲锋陷阵，美国没必要充当世界警察）。但是，与一位像约翰·麦凯恩这样的战斗英雄对垒，面对在传统上坚持强硬国家安全政策的共和党，奥巴马不能表现得一味倡导减少美国对外干涉，这样会被视作软弱，可能会导致"9·11"再度上演。即使民众厌战，这样的风险也无法接受。因此，奥巴马决定重新把注意力转向本·拉丹和所谓针对阿富汗的"正确战争"，并且承认这场斗争与巴基斯坦日趋不稳定局势间的联系。这种策略让奥巴马看上去坚定而强硬，同时比即将卸任的小布什团队更富战略性。

然而，鉴于在阿富汗和巴基斯坦取得进展尤其困难，转向阿富汗的战略是一个陷阱。在演讲中这么说有利于维持良好的平衡，但是，从一场毫无必要的战争转向一场无法取胜的战争并不一定是实现长期国家安全政策成功的正确药方。

帮助未来总统应对这一挑战的工作始于小布什任期的最后几个

月。[62]哈德利要求道格·卢特完成一份战略评估。小布什想要一份坦诚的报告，一五一十地评估七年来美国的行动究竟对国家和地区造成何种影响。[63]于是，卢特率领跨部门团队奔赴该地区，发现敌人的攻击次数上升迅速，现在已经达到每月 200 次左右。[64]回到华盛顿，卢特开始着手评估，哈德利明确指示他要对情况毫无隐瞒。[65]小布什政府可能无法根据卢特的报告行事，但他们能够把这份更好的路线图交给随后入主白宫的人。[66]

11 月末，报告被提交到国安会会议上。[67]尽管有哈德利的嘱咐在先，又获得了坦率建言的准许，这份报告还是相对温和。[68]报告认为，美国在阿富汗战场并未失势，但也没有取得进展。报告指出了需要解决的三个问题：阿富汗的腐败、阿富汗猖獗的毒品贸易、叛乱分子躲藏在巴基斯坦的安全场所。[69]报告没有明确美国在这两个国家的长期目标，也没有坦率地评估为何美国的军事战略失败了。[70]奥巴马任内一位国安会幕僚与我讨论报告时认为，小布什的军事战略“长期以来在许多方面都大错特错”。

我与小布什国家安全团队的很多高级官员交谈，他们都承认，在经历了最初的成功后，因为伊拉克，这些行动最终被降到次要地位，也因此承担了后果。其中一位知情人士称：“这个错误一直困扰着我。但看到之后发生的一系列事件，我也常想，是不是无论我们做什么都不够。”[71]无论在回忆录还是在私人对话中，赖斯都将此归咎于穆沙拉夫和塔利班的勾当以及卡尔扎伊政府的腐败无能。[72]小布什写道：“我们用较少部队就迅速取得一些胜利，这造成了错误的舒适感，对‘轻脚印’的渴望导致资源供给不足。这一切的后果直到几年后才渐渐显露。”[73]令人吃惊的是，一向拥护用较少部队、一再罔顾风险升级的拉姆斯菲尔德暗示，他就是那个第一个拉响警报的人。[74]他在自传中写道：“2006 年我试图提醒国安会阿富汗存在的风险，但并没有成功。”没有一个版本可以解释为什么在阿富汗的努力失败了，但所有人都同意，确实是失败了。

其中一位知情人士的观点特别有分量，这位职业公务员在小布什和奥巴马的政府都工作过："无论小布什政府在阿富汗做了什么、没做什么，人们关于他们的记忆将和伊拉克联系在一起。"[75]这点后来得到了证实。这位公务员预言式地说道："阿富汗将成为奥巴马的战争。"

奥巴马的战争在他当选两天后就开始了。[76]他作为候任总统第一次接受了国家情报总监迈克·麦康奈尔和中情局副局长迈克·莫雷尔撰写的情报简报。小布什下令说，这次简报的关键内容只能让候任总统听，奥巴马的那些助手，包括交接团队的高层约翰·波德斯塔和吉姆·斯坦伯格渴望参加此次会议，却只能在门外等候。[77]根据鲍勃·伍德沃德《奥巴马的战争》一书，此次简报的关键内容是，与巴基斯坦打交道日益困难，无人机行动的重要性与日俱增。[78]重点是，美国认为一旦告知巴基斯坦有关打击的消息，他们就会给打击的目标通风报信。[79]小布什对此十分恼火，逐渐采取打击结束后才告诉巴基斯坦的做法。简报还详细介绍了重要的网络和军事行动。[80]伍德沃德称，会议结束后，奥巴马走出会议室，对一位助手说："我继承的这个世界，每分钟都可能以不同的几种方法爆炸，我将用一些强大但有限，甚至值得怀疑的手段阻止这一切发生。"[81]

两周之后，奥巴马与参谋长联席会议主席马伦举行会议，也得出了令人沮丧的相同分析。[82]马伦认为，阿富汗没有得到应有的关注和支持，美国缺乏能够指导行动的战略。[83]日后他在私底下也对奥巴马在伊朗和中东其他地区的战略提出了相同的批评。

由于奥巴马有意让阿富汗成为优先事务，并在阿巴战略的角度下重新整合，他在就任总统前的交接阶段就开始找寻方法，对首要国家安全机构的行动进行重组，以反映这一新的关注。巴基斯坦迎来新总统扎尔达里，他是遭暗杀身亡的前总理贝娜齐尔·布托的丈夫。候任副总统拜登和共和党参议员林赛·格雷厄姆最早与扎尔达里政府接触，这是在奥巴马华盛顿宣誓就职的两周前。[84]拜登十分直白地表示，美国需要巴基斯坦的合作，如果合作得好，就与巴基斯坦建立更好的关系；如果巴基斯坦继续破坏美国的行动，美国与巴基斯坦的关系将转坏。[85]扎尔达里比穆沙拉夫的态度更趋于和解。[86]然而，拜登、格雷厄姆与扎尔达里的会面和美国代表团与卡尔扎伊的会面形成了鲜明对比。[87]卡尔扎伊的敌意非常深。在会面中，美国代表团放话说，奥巴马的处事方式与小布什不同。伍德沃德在书中引用拜登的话说："候任总统奥巴马希望能帮助您，但如果想拿起电话就能打给他，像您之前和小布什总统那样是不可能的。"[88]据白宫员工说，这番话是想给卡尔扎伊一个信息，他不能再像之前那样玩弄白宫，不能因为他的装腔作势给总统带来风险，他的行径就曾时不时地伤害小布什总统。[89]这一信息也展露了小布什和奥巴马几乎在所有国际交往中存在的重大区别——奥巴马不愿意开展个人外交，除非这能立刻带来明显的好处。

在这次行程中，拜登也向驻阿富汗的美军总司令暗示，新政府的内部意见以及交接计划都指向将在阿富汗增兵。[90]

而新政府最早也是最明显的重组举动就是在国务院设立了阿富汗和巴基斯坦事务特别代表。希拉里·克林顿力推好友、同盟理查德·霍尔布鲁克为这一职务人选。[91]霍尔布鲁克是一位优秀的外交官，年轻的时候曾在越南服役，后来成为基辛格的助手。[92]在巴黎和平谈判时，在基辛格身边的就是他与另外两位年轻助手——未来的国家情报总监约翰·内格罗蓬特和国务卿克里的阿富汗和巴基斯坦事务特别代表詹姆斯·多宾斯。霍尔布鲁克在卡特政府时期曾任负责东亚和太平洋事务的助理国务卿。早在克林顿执政期间，他先后担任美国驻德国大使、负责欧洲和欧亚事务的助理国务卿、巴尔干特使和美国驻联合国大使。[93]

霍尔布鲁克也是希拉里·克林顿竞选时的首席外交政策顾问。[94]

早在克林顿执政时期，霍尔布鲁克就与奥巴马团队小圈子中的若干成员结下了梁子，其中主要包括安东尼·莱克和苏珊·赖斯。莱克和霍尔布鲁克曾经关系很好，但是由于个人原因和政策分歧不欢而散。在克林顿任内，大家都知道两个人彼此较劲。[95]

在莱克的阵营中，有一个人与霍尔布鲁克的关系尤其糟糕，这就是苏珊·赖斯。两个人有一次在国务院会议室上演了一场针锋相对的好戏。当时，赖斯是负责非洲事务的助理国务卿，她在会上坚守己见，言辞犀利。霍尔布鲁克望着坐在桌子对面的赖斯，说道："苏珊，我明白。我在这里也曾经是最年轻的助理国务卿。"[96]赖斯未来将接替霍尔布鲁克在联合国代表美国担任最高外交官，她朝霍尔布鲁克竖起中指，走出了会议室。[97]

"他们认为我在搅局，"霍尔布鲁克对我说道，"但到最后，问题如此重大，即便有噪音也无足轻重。"霍尔布鲁克表示，他的第一个目标是恢复"政府应有的原型"。他的意思是，只有组建一个真正跨部门、涵盖整个政府的团队，把国务院、国防部、美国国际开发署、中情局、司法部和其他机构的专业人士聚在一起，让他们无缝合作、不必考虑部门竞争，才能实现他的目标。[98]克林顿接受了这种决策机制安排，位于国务院一楼的阿富汗和巴基斯坦事务特别代表办公室成为跨部门的熔炉。[99]霍尔布鲁克也运用自己在华盛顿的广泛人脉帮助处理自己与小布什团队的过渡问题。霍尔布鲁克的团队成员透露过许多例子，其中之一是他曾请老朋友内格罗蓬特与自己新团队的核心成员会面，借此让身处小布什政府核心的内格罗蓬特分享处理地区事务的经验。[100]

霍尔布鲁克任命倪伟立（Vali Nasr）博士担任他的高级顾问。[101]倪伟立是一名出生于伊朗的学者，在麻省理工学院获得政治学的博士学位，对大中东地区问题颇有研究。倪伟立结束为霍尔布鲁克工作的任期后，撰写了《可有可无的国家：节节败退的美国外交政策》，成为首批作为奥巴马任内官员批评政府的人。

“霍尔布鲁克极其关注的重要事项之一，是必须由同一个办公室来处理巴基斯坦和阿富汗事务，”倪伟立回忆道，“在小布什任内，伊拉克和阿富汗事务是由同一个办公室处理的，但巴基斯坦和阿富汗事务却由不同的办公室负责。霍尔布鲁克非常清楚，巴基斯坦和阿富汗构成了共同的战争威胁。”

倪伟立继续说道：“选举过渡年，也就是2008年，小布什政府的快乐故事瓦解了。是的，团队之间的交接很顺利，是的，麦基尔南将军又继续任职了一段时间。但很快，奥巴马政府就改变了在阿富汗和巴基斯坦的整套国家安全行动。”倪伟立指出，除了驻巴基斯坦的安妮·帕特森外，所有大使都被换掉了。“是的，道格·卢特留了下来，继续在白宫处理这些事务，因为他是军方的局内人，白宫团队认为这能助他们一臂之力。”

团队发生变化，政策自然也会变化。“我们对卡尔扎伊更加强硬，”倪伟立说道，“我们对巴基斯坦军方更加强硬。尽管身在幕后，但中情局对制定巴基斯坦政策发挥起更加公开的作用。因此，政策突然转向，对于卡尔扎伊和巴基斯坦来说都算得上是硬着陆。”

2008年4月，扎尔达里任命侯赛因·哈卡尼为新一任巴基斯坦驻美国大使。[102]哈卡尼也记得从小布什过渡到奥巴马、过渡到霍尔布鲁克的新团队是个艰难过程：“霍尔布鲁克成了最主要的人，成了最主要的联系对象。越战给霍尔布鲁克留下过伤痛。他坚持要达成某种大交易——让美国部队能够撤离阿富汗，同时巴基斯坦又能同意帮助确保地区安全。他坚持不懈地为达成这个协议而奋斗。”

对霍尔布鲁克这份工作的另一个注脚是，他起初坚持要加上他眼中对阿巴地区平衡其关键作用的另外一个国家——印度。[103]但是印度政府一听到风声，就全力拒绝。他们不想被拖进阿巴这一问题地区。[104]霍尔布鲁克为了该地区的“大交易”，试图在印度与巴基斯坦之间达成某种协议，印度也完全不想参加。美国政府接受了印度的意见，阿富汗和巴基斯坦事务特别代表的工作仅限于处理这一地区已然十分庞大的问题。[105]

霍尔布鲁克素有不易共事的名声，但对他国务院的同事来说这似乎不是一个问题，对希拉里·克林顿以及她的小圈子尤其如此。安妮－玛丽·斯劳特就是其中之一，她曾任普林斯顿大学伍德罗·威尔逊学院院长，后来成为克林顿手下政策规划办公室主任。她说："可能因为我从学术圈来，我们习惯了个性不好却才华横溢的人。事情就是这样，你要根据一个人的思想而不是个性来评判一个人。霍尔布鲁克就是这样一个非常有能力、见识和思想的人。"

## "挽起袖子干活"

奥巴马过渡团队的成员以及新政府的要员不仅与小布什政府负责交接的人进行了对接，也与政府前要员开始接触。[106]奥巴马的做法很有代表性，他阅读了白宫的历史，并与白宫的前主人包括比尔·克林顿和小布什进行了会谈。[107]国安会的琼斯也与前任国家安全顾问会谈，并阅读了这一机构的历史。[108]

汤姆·多尼伦最初是琼斯的副手。[109]他在白宫内部核心、国务院、政府其他部门特别是副总统办公室建立了广泛的联系网络。2008 年总统竞选辩论中，他花费了很多时间帮奥巴马准备，因此与他建立了密切关系。[110]此外，他还是副总统拜登在白宫最亲密的高级助手，他们的关系可以追溯到 30 年前（多尼伦的兄弟迈克曾是拜登的顾问，他的妻子凯瑟琳·拉塞尔曾任拜登夫人吉尔的幕僚长，之后担任美国负责全球妇女事务的无任所大使）。[111]由于多尼伦负责了国务院的过渡工作，他也深度参与了关于结构改革的讨论，在新政府着手开始确立工作优先时，这一讨论是主要日程。[112]

在与我的对话中，多尼伦介绍了奥巴马的国安会架构以及最初的设计，他的介绍详细而深刻。他开门见山地给出了主题："每届国安会系统都需要体现在位总统。我们的系统也确实体现了（奥巴马总统），他本人就喜欢方法严密、内容广泛的分析和考虑。而且，正如他经常说的，他喜欢'有条不紊'。我们也建立了这样一个能提供他想要的系统。"多尼伦认为，这样的系统需要反映一个事实，即应该由白宫来协调国家安全事务。"这是由于我们面对的问题是多层面的。现在，从一个机构的角度来考虑，或者只与国务院或国防部的人讨论，就决定一个问题来说是远远不够的。必须要有一个顶层战略指导这些活动。而且在战争期间，部门间的偏见已经相当严重。"

多尼伦和琼斯一样，都阅读了大量关于国安会决策机制的文献，他在言语中透露了总统及其团队的意图。多尼伦认为，建立一个以白宫为中心的系统是必要的，他也明白华盛顿"屁股决定立场"的现实。他此时的立场无疑与几年前在克林顿政府担任国务卿沃伦·克里斯托弗的高级助手时不同。这一观点也与国安会建立的初衷不同，国安会本来应成为跨部门决策和执行的协调机制。随着国安会规模越来越大、参与管理程度越来越深，甚至参与到对美国外交政策的执行，它就越来越接近一大风险——让自己与国务院形成竞争关系，政策执行职能太多、规模尾大不掉，无法同时兼具执行、协调以及战略规划的功能。这一风险最终在多尼伦离任后成为现实。由于新闻周期越来越短、互联网媒体触角无处不在，政治上的大事小情都难免牵扯总统及其团队，国安会系统似乎难以避免越来越以白宫为中心。然而，将决策更多集中在白宫，总会疏远总统的内阁成员以及政府其他机构，不能充分利用他们的资源，同时也会转移国安会的资源，使之无法专注首要任务。多尼伦深知这一风险，因而尽量平衡。他认为国家安全顾问应当是一个低调的角色，琼斯和他本人都做到了这一点。但这点却被奥巴马的第三任国家安全顾问苏珊·赖斯推翻。但是，由于接受了白宫中心论，奥巴马的国安会正处于危险的滑坡之上。与总统的会面可能有条不紊，但很多人却认为奥巴马膨胀的国安会开了太多会。一种担忧是，很多会议根本不解决问题，只会产生更多的会议。这一缺点在多尼伦离开国安会之后变得更为突出。

“我们建立的体系，”多尼伦描述起奥巴马任内国安会设想的运作模式，“是以布伦特·斯考克罗夫特—鲍勃·盖茨的国安会为原型的。”多尼伦指的是老布什任期内的国安会模式，当时斯考克罗夫特担任国家安全顾问，盖茨是他的副手，他们任内的国安会模式成为之后历届政府国安会效仿的原型。“这一体系包括核心组成部分——跨部门政策协调委员会、非常活跃的常务副部长级委员会，后者实质上成为运作政府政策的委员会。”多尼伦在 2013 年中接受采访时表示，在奥巴马政府头四年，常务副部长级委员会囊括了国安会所有成员部门的常务副部长，共召开了超过 1000 次会议。多尼伦随后提到，在常务副部长级委员会之上是表现活跃的部长级委员会（包括内阁各部长以及其他国安会规定的成员），再往上一级就是国家安全委员会，召开的会议不仅囊括各部门一把手，还包括美国总统。

“奥巴马上任伊始，我们会向各部门一把手寻求取得一致意见，这将成为决定外交政策重点的独有体系，”多尼伦说道，“在这个体系里，如果你是内阁官员，根本无法像在之前政府工作时一样，对某事做出重大决定后就直接去找总统，要求他签字同意。现在这位总统肯定会盯着这个官员，然后说道，‘你在做什么？你和吉姆说过了吗？你和汤姆说过了吗？这个决定是大家商量出来的吗？不要再这样了。’总统就会这么做。因此，我们建立了独一无二的体系。但是当然了，为了成为独一无二，这也必须是一个高效的体系。需要让大家觉得可以及时有效地决策，而且公平公正，具备操作性。”

多尼伦很显然想把自己的国安会与小布什第一任期内唐纳德·拉姆斯菲尔德的做法区分开。拉姆斯菲尔德出席部长级会议时不会事先准备，而是利用后门渠道绕过这一决策流程，一旦有了想法和立场就直接去找总统。在奥巴马执政初期，尽管内阁官员没有直通椭圆形办公室的后门，但决策流程并非像原先设想的那样独一无二。小布什任内，副总统和国防部部长有后门渠道，而在奥巴马执政后，那些与他关系亲密的政治顾问和前竞选团队幕僚拥有内阁同僚（甚至国家安全顾问）所没有的内部沟通渠道。多尼伦的一段话暗示了，白宫经常召开的内部会议比正式的国安会流程更能影响决策过程："最重要的可能是，我们每天早上会围绕总统的每日简报进行讨论。这是有意识的安排，讨论一般会持续 30 ~ 40 分钟。情报简报是会议最重要的内容。2009 年 1 月 20 日后的每一个早上，我们都会做一段陈述，要么就情报简报中的内容发表看法，要么就世界上的一些热点问题谈谈想法，或者说'今天我们必须做出几个决定'，或者说'希拉里·克林顿亟须在这一点上做出决定，她让我把这件事向您提出来'。此外，奥巴马可能会说，'我昨晚读了 X、Y 或 Z，我现在想就这方面谈一谈。'要知道，这些谈话环环相扣。我们也会在每周四下午尝试与总统待上 90 分钟或者两个小时，我们称其为'国家安全幕僚时间'。在那些时候，我们会聚焦在一两个问题上，这样能和总统有深入细致的讨论。"

虽然多尼伦认为这种方式营造了政府部长级官员间的和谐气氛，但是包括高级官员在内的其他人很早就感觉到，总统和"小圈子"的内部会议让一些国安会部长级官员成为局外人。一开始参加每日内部会议的人包括总统、琼斯、多尼伦、布伦南、伊曼纽尔以及根据当时在政府内所扮演角色而被邀请的丹尼斯·麦克多诺和其他人。多尼伦声称像阿克塞尔罗德和贾勒特等政治顾问从未参与过这样的会议，但是政府内部人士向我透露，这些政治顾问常常通过类似的正式和非正式咨询形式影响决策结果。[113]

比尔·伯恩斯认为奥巴马团队的开端很好，但他发现一个严重问题正处于萌芽状态："我认为大结构存在的问题之一是，过去 30 年中，太多的事集中到了体系的上层……我曾在 20 世纪 80 年代末担任国安会的记录员，我听到现在那些副部长级或者部长级会议中讨论的问题，要是放在 30 年前，都应该是助理部长级官员解决的问题。这些年来，这一问题一直在发酵，也不仅是现任政府存在的问题。我认为，这一问题的后果就是抢占了本该属于重要战略议题的时间和精力。"

另一位奥巴马任内的高级官员这样评论小圈子主导的机制："它的问题是将太多有很好想法的人排除在外。这严重打击了士气。由小团队做出决策有时是必要的，但关键是团队里要有对的人，而奥巴马的小圈子却并不总是有对的人。而且出席这些小型会议的人总是要隔很长时间才把会议信息传达给政府中的其他人，这可能会让做实际工作的人因为走了与总统不一样的方向而做了很多无用功。政府里没有多少人觉得自己在奥巴马的团队中。"[114]

很多人从一开始就对琼斯持保留意见，其中一人就是道格·卢特。卢特曾在北约与琼斯一起共事并成了朋友。琼斯在军中服役多年，履历卓著，深受爱戴。卢特认为琼斯与哈德利不同，哈德利是国安会决策大师，而琼斯在担任这一职务之前"做了七年的四星上将。他是美国海军陆战队司令。然后又做了三年北约欧洲盟军最高司令。在这些极有权势的职位上，他的身边簇拥着很多工作人员，能想领导之所想。然而，国安会却不是这样。国家安全顾问需要挽起袖子闷头干活，每周六天，每天 12 ~ 15 个小时。与总统以及每位世界领袖会面前都需要精心准备。虽然我十分敬仰吉姆，但我认为他必须努力适应这份工作，这或许对每个人都很难。因为说到底，国家安全顾问就是一个高级参谋。"几乎从琼斯刚上任开始，其他白宫官员就担心，尽管奥巴马十分尊敬琼斯，他与琼斯的互动却总比不上他与那些相熟已久的高级幕僚。

## 第一份阿巴形势评估

奥巴马宣誓就职后第一次国家安全会议的主题是伊拉克，而在两天后的第二次会议上，主题转向了阿巴地区的讨论。[115]奥巴马认为，第一步是制定出清晰、有针对性的战略。这需要综合卢特评估中的观点和军队采用的观点。很显然，美国需要增兵，但总统需要一个增兵的理由和能够实现美国目标的长期计划。此外，根据一位内部资深人士透露，从过渡阶段开始就流传着一种观点，即建立与塔利班秘密沟通渠道对实现阿富汗的长久政治稳定是必要的。[116]从这开始，美国开始了漫长、艰苦的努力，试图搜寻所谓“好的塔利班”，与之建立秘密沟通渠道。美国开始以更灵活的方式对待这一组织。[117]之前提到的美国以五位塔利班头目换取鲍・贝里达尔的交易就体现了这种努力。[118]

卢特表示：“不顾巴基斯坦的反对，将阿富汗和巴基斯坦合起来形成阿巴综合视角，我认为政府，特别是总统有很大功劳。这是理解上的一大进步，这一问题并不仅限于阿富汗，而是聚焦基地组织，因此在地理上也需要从阿富汗和巴基斯坦两个国家的角度来处理。”

总统还让前情报分析师布鲁斯・里德尔统管这一份美国阿巴战略评估。[119]里德尔曾在奥巴马竞选活动中处理情报方面的问题。有消息称，奥巴马曾有意让里德尔加入国安会团队，但里德尔婉拒了。但是，总统还是说服了这位在中情局干了 30 多年的资深情报分析师统管这份评估。总统认为这份评估和伊拉克撤军是当前两大外交政策优先事务。这份评估将是跨机构的合作，由霍尔布鲁克和负责政策的新国防部副部长米歇尔・弗卢努瓦牵头。[120]总统希望能加快评估过程，因此给了两个月时间。他希望这份评估能在他首次参加北约峰会前出炉，这样就可以回答欧洲首脑关于他在阿富汗计划的问题。[121]

奥巴马的首要关注点是制定清晰的目标。里德尔的建议成为之后奥巴马政府的政策“口头禅”。[122]内容是“瓦解、拆分和击溃”基地组织及其盟友，竭尽所能阻止他们回到美军七年来努力将其驱逐的地区。在奥巴马执政头几个月，经过与琼斯和国防部高级官员的讨论，计划聚焦于一些在小布什执政最后几年不断演进的核心理念：获得充足资金和支持的反叛乱战略。[123]如果阿富汗和巴基斯坦能够给予美国所需的帮助，应当向阿富汗军队提供更多资源，向巴基斯坦提供更多援助。“在很早的时候，”一位参与政策制定的人透露，“在这个问题上很明显出现了两个阵营。一个是里德尔派，这一派多少得到了军方的支持。另一派是副总统以及与他关系紧密的人。拜登打心眼里不相信我们会在阿富汗取得成功，因为历史不在我们这边。”[124]

拜登的解决方案是把焦点从反叛乱缩小到反恐，因为反叛乱意味着要争取更多民众支持反对极端分子，实际上改变了国家的政治文化。[125]他的想法是，我们向基地组织复仇，并且确保他们不会再发动袭击。[126]我们应该击败他们，击退塔利班，然后离开。简而言之，他的想法与拉姆斯菲尔德的观点差不多，不过出于政治和个性原因，两个人都不太可能承认在这个问题上支持“小规模战斗，然后撤出”的方式。克林顿和盖茨支持更广泛的反叛乱斗争方式。[127]

奥巴马考虑了副总统的看法，尤其是拜登认为扩大在阿富汗的行动在政治上不可行，然而，奥巴马还是受到竞选承诺的约束。[128]奥巴马不得不向阿巴投入更多资源，而且觉得必须尽快这么做。他想确保把更多精力投向巴基斯坦，然后解释向这场遥远战争部署更多军力的决定。奥巴马觉得里德尔的建言提供了他所需要的，随后就宣布了新战略。2009 年 3 月 27 日，奥巴马在白宫发表演讲，强调了取得成功的重要性：“对阿富汗人民来说，重回塔利班统治就是让国家陷入残暴治理、国际孤立、经济瘫痪，阿富汗人民尤其是妇女与女孩的境地无法获得基本人权。”[129]

这是影响深远的时刻，也是掷地有声的言论。但是仅仅四年半后，白宫就在严肃地考虑不计任何代价撤离阿富汗，完全不顾总统的情报机构发出警告，这么做会引发奥巴马在 2009 年初春首次重要政策演讲中提及的后果。[130]

阿巴战略报告并没有终止连续不断的更多相关报告，也没有终结延续多年的事后研判。实际上，这份报告有效划定了战线，大家在美国干涉该地区事务、对盟友的期待、该投入多少资源、用何种指标评估进展等方面持续辩论。此外，尽管报告应该让我们用更现实的眼光看待局势，以便让我们比小布什政府更能了解行动可能造成的后果，但它却掩盖了一个更严峻的问题，即巴基斯坦可能是危机最严重的地方。[131]这主要因为巴基斯坦核武库的规模和不安全性，还因为巴基斯坦与极端分子保持的公开和隐蔽合作。[132]“我个人认为，巴基斯坦存在的风险让阿富汗相形见绌，但是我们不敢指出来，因为有些属于机密事宜，任何能够表明目标为巴基斯坦的举动都会招致巴方强烈反应，”一位熟悉里德尔报告出台流程的国防部高级官员表示。[133]

回头看这一决策讨论过程，负责人之一弗卢努瓦说：“我认为布鲁斯工作很出色，他确实很想成为一个诚实的掮客，为共同的战略把所有相关人士聚集在一起。我觉得，甚至在团队中都存在各部门目标不匹配的问题。我们想要缩小目标范畴，让目标更具体，比如在阿富汗当前形势下如何现实地谋求成功，如何分清我们真正关切的利益和美好的追求。国务院的一些人倾向更高尚、更有野心的目标，比如我们要追求自由和公平的选举、民主、发展、国家建设等，你知道的，就是这些事情。而我们则想更务实一些。”

国防部一位高级官员提供了另一个视角，也反映了这一观点：“国防部的观点被称为‘阿富汗足够好’，就是接受事实，这个国家未来很长的一段时间在发展状况上都会在世界上垫底。但是霍尔布鲁克的关注点总是高政治，而在这个地方高政治即使不算毫无意义，也无法决定成败。与此同时，国安会的道格·卢特却更执着于军事行动的微观管理，而不是确保有一个政治战略能够利用我们在战场上获得的任何优势。”[134]

里德尔评估和战略调整的第一个牺牲品是麦基尔南将军，他已经失去了迈克尔·马伦海军上将以及参联会的信任。[135]5 月 11 日，国防部部长盖茨宣布新的美军驻阿富汗最高指挥官是斯坦利·麦克里斯特尔将军。[136]

在宣布麦克里斯特尔任命的讲话中，盖茨说，他已经嘱托新指挥官重新审视阿富汗局势，寻找获得成功的方式。据白宫高级员工透露，这一决定由总统做出，盖茨也同意。伍德沃德记录说，里德尔听到这一消息后说：“搞什么鬼。六个星期前战略评估刚完成，总统就发表了演讲，盖茨也全部接受。现在他们又要重来一遍？”[137]当然，伍德沃德知道这是较为夸张的表达，因为军队内部早有动力要增兵，规模比奥巴马计划的还大。在六月麦克里斯特尔的就职听证会上，他更是公开地表达了这一观点，说不知道计划部署的部队是否足够。[138]

麦克里斯特尔在回忆录中提到，盖茨给了他四项任务，包括“对战争的战略评估”以及决定“对行动、战略、部队组织方法必要的改变。”[139]正如奥巴马对里德尔提的要求一样，盖茨也给了麦克里斯特尔 60 天时间，让他在不到六个月的时间里提交第二份大的战略评估。[140]吉姆·琼斯造访阿富汗两周后，通过军中渠道得知这一重新思考对阿政策的倡议。[141]他接下来的举动让麦克里斯特尔很吃惊。琼斯说，在已经允诺的增兵全部落实并得到评估之前，白宫不会考虑军队新的要求。麦克里斯特尔认为，这意味着年底前白宫不会考虑军队对于增兵的新要求。“我认为从盖茨防长那里得到的是不一样的指示，进行详细的评估，分析所需的资源，并让我在八月中旬提交，”他在回忆录里这样写道，“而国家安全顾问琼斯给的时间往后推了很多，这让我很担心。”[142]

他确实应该担心。这说明多尼伦口中那个精心设计的国家安全政策机制并不管用。事实上，它问题多多。不仅国家安全部长级官员之间有分歧，国防部与白宫似乎也不在一个频道。而且琼斯和白宫里的任何人都无法阻止这些分歧的加重，这令人不安。

到了2009年夏天，围绕琼斯的问题开始浮出水面。[143]不光是有消息称他不适合做这种幕僚工作，而且从内部已有不利于他的传言，有很多人一开始就反对他的任命。政府里的一些人开始在电话里或餐桌上谈论这位国安会顾问“不理解这份工作的性质”，“在担任北约欧洲司令时对外交就没展示出多少才能”，中午要回家吃午饭，每天要按时离开办公室，留下一大摊活给工作人员，也不管这些活是否需要他个人的参与，不喜欢在周末加班，等等。人们认为他为人固执，不愿意接受团队其他人的观念。[144]他与总统小圈子的成员——伊曼纽尔、阿克塞尔罗德、吉布斯，特别是麦克多诺和利珀特之间也开始出现裂痕。[145]这些人表面上为琼斯工作，实际上比琼斯更接近总统和核心顾问圈。奥巴马和琼斯没有过去的交往和友谊，加深了他们之间的代际与文化隔阂。历史上，总统与国家安全顾问密切的个人关系在工作合作中扮演了重要作用，艾森豪威尔和安德鲁·古德帕斯特、尼克松和亨利·基辛格、卡特和兹比格涅夫·布热津斯基、老布什和布伦特·斯考克罗夫特、克林顿和桑迪·伯杰这些组合都显示了这一点。尽管两人相熟并不意味着合作一定成功，如里根与威廉·克拉克、小布什与康多莉扎·赖斯这些组合所说明的那样，但对于政务缠身的总统来说，与自己的国家安全顾问有陌生感绝对是成功路上不必要的挑战。《纽约时报》的记者海伦·库珀在一篇报道中披露了这一问题，据说在一次会议上，麦克多诺打断了他领导琼斯的发言，纠正他关于总统观点的理解，这一做法损害了琼斯的权威。[146]

不可否认，一些相关人员故意放出小道消息，因为中伤琼斯可以带给这些人好处，不过仍然有其他因素。其中之一是琼斯来自军方，而白宫小圈子成员与军方几乎没有瓜葛。[147]国防部的一位文职官员详细列举了各个问题：琼斯“不是局内人”；与总统关系紧密的人“不知道如何与军方合作，不知道如何了解军方是否在与他们博弈”；参谋长联席会议主席迈克·马伦同副主席詹姆斯·E.“霍斯”·卡特赖特“几乎不与对方交谈”，因为“主席本应负有向总统建言的责任，但是白宫却总喜欢与霍斯打交道，常常把他叫去与各位幕僚沟通，结果副主席与总统在一起的时间比主席更多。”[148]总的来说，国家安全团队在一些关键地方不符合自身定位。

这位长期以来支持奥巴马的官员继续说道：“要知道，甚至副总统的幕僚会请霍斯去白宫……但却拒绝麦克里斯特尔的求见……结果马伦屡屡对霍斯表示，‘你应当辞职，我无法接受这种情况，你越界了。’霍斯有总统的支持，总统希望听到霍斯的意见。他是一个聪明、有创造力的人，他两方面的观点都想了解。”[149]卡特赖特不可争辩地具有领导人素质，而作为一个幕僚，他后来成为政治打击的目标，因为大家都觉得他是“奥巴马的将军”。[150]

在这种争吵的背景下，麦克里斯特尔开始着手撰写评估报告。他告诉团队，要尽可能客观，并且不要预设“高层想要看到什么”的前提条件。[151]麦克里斯特尔的初稿长达 60 页，外加 30 页附录。[152]虽然报告没有提出要扩充军队部署，但核心信息清楚无误。[153]报告明确指出，“资源继续匮乏可能导致失败”。[154]

盖茨感觉白宫要打退堂鼓了，指示麦克里斯特尔先不要公开评估报告，等到定于 8 月 20 日的阿富汗选举结束后再说。[155]与此同时，在白宫内，总统、副总统和小圈子成员开始聚焦于另一个不同的问题——如何抽身。[156]桑格在《对抗与隐藏》一书中写道：“有一次，他（拜登）前往华盛顿军医院看望受伤士兵。一天后，拜登对助手说，‘我不想接下来八年也去沃尔特·里德陆军医院。’”[157]

阿富汗 8 月 20 日的选举让事情更加复杂，加剧了一些质疑美国进一步干涉阿富汗的疑虑。[158]塔利班在阿富汗发动大量袭击。投票率很低。霍尔布鲁克和军方越来越难以和卡尔扎伊合作。卡尔扎伊还试图通过选举欺诈不加掩饰地影响选情。[159]

"选举让怀疑者的态度更加坚定，"一位国务院官员表示，"从那以后，出现缝隙的政策加速分崩离析。幕后讨论的火药味更浓了。"[160]

一方面，麦克里斯特尔暂时保密的评估报告提出要再增加四个旅共 4 万名士兵。[161]盖茨深谙为官之道，了解政策团队内部存在分歧，清楚总统的考虑，他想支持麦克里斯特尔，但是对于能够争取到的增兵数量态度模糊。[162]拜登的回应则是制定另一个方案，主要聚焦于反恐，在这一点上他通过后门渠道得到了卡特赖特的支持与参与。9 月 13 日星期日上午，包括各部门一把手、二把手和总统在内的一组高级官员在白宫"战情室"开会，讨论这位新任驻阿富汗美军和北约国际安全援助部队最高指挥官的最新战略评估。奥巴马尊重麦克里斯特尔提出的警告，认为如果没有恰当的投入，来年即将迎来失败。当时担任国家情报总监副手的彼得·拉沃伊（后来出任国防部副助理部长）从情报机构的角度勾勒出当地形势。根据伍德沃德的描述，在阿富汗的基地组织核心层只有 20 ~ 100 人，但是塔利班正恢复元气，耐心等待时机。与其他一些人一样，拉沃伊认为，里德尔等人撰写的战略评估都回避了巴基斯坦问题。拉沃伊和他的上司、罗兹奖学金获得者、极富思想的分析家丹尼斯·布莱尔将军都觉得，巴基斯坦收容恐怖分子，藏匿基地组织、塔利班等，最后造成的结果会有违美国利益。[163]

克林顿讲述了地区外交形势，盖茨强调了麦克里斯特尔评估报告中他认为重要的部分。[164]拜登则在会上发出了最强势的声音。他坚持要集中精力进行反恐，而且按照一位与会者的描述，他"满怀激情，令人印象深刻"。讽刺的是，奥巴马竞选时猛烈抨击小布什的副总统切尼职能过于膨胀，但很显然，在外交政策上，拜登至少也发挥了与切尼同样有影响力的作用。[165]

尽管过去已经做过评估，奥巴马还是一次又一次地列出自己想知道的问题，以此掌控讨论。[166]奥巴马给出应当不断更新观点的理由。但是他又允许拜登重拾三月份时的不同意见，因此再度重启讨论。[167]而这已经是奥巴马上任八个月内的第四份了——卢特评估、里德尔评估、麦克里斯特尔评估，现在是后麦克里斯特尔评估。

观点的大游行并不能改变什么，在奥巴马上台的第一年，围绕这一场所谓的“正确战争”，支离破碎、混乱不堪、犹豫不决的政策过程就已扎了根。总统没能为自己在候选人时期定下的“优先事务”制定一项战略。就在麦克里斯特尔向总统提交评估，再到奥巴马 12 月 1 日西点军校演讲宣布其“新”阿富汗政策的三个月间，现代国安会历史上最混乱的政策过程出现了。

对复杂问题进行冗长讨论和审议、对动态局势进行持续评估、鼓励高级顾问团队成员提出不同意见没有什么不对，实际上，它们都是决策过程成功的组成部分。此外，美国要解决的问题已经从“困难”发展到了“不可能”。实际上，拜登及其支持者最核心的论调就是：我们不可能实现想实现的，原因如下。[168]第一，我们不想在那里久留；第二，没有手段及专业能力将那些社会改造成符合美国利益的拥护者和保证人。所以，与两党国安政策高级团队很多失败案例一样，这是让可敬的人担负可敬的使命，认为这样可以服务美国人民的利益，哪怕这或许不可能。

所有这些决策过程都需要得到管理，而总统是唯一的终极管理人。奥巴马却一直不知道自己想要的目标和手段是什么。虽然小布什在第一任期过于冲动，轻易地接受了幕僚提供的不可靠的战略，但奥巴马花了太长的时间才决定自己想朝哪一个方向走。他的决策过程不够紧凑，他也没有赋权给任何人，比如让琼斯以他的名义推动这一过程。

从9月到11月，经过数十次国安会会议、内阁会议、副手会议、囊括所有内阁和白宫官员的小组会议，政策仍在来回摇摆。麦克里斯特尔的报告已经提出了核心辩论议题——增兵的人数到底该是多少？[169]8.5万人可以全力支持反叛乱行动，1万人则只可以专注于训练阿富汗部队，居中的3万或4万人也可以支持一定规模的反叛乱行动，而麦克里斯特尔、麦克马伦、彼得雷乌斯都表示为了阻止美国在阿富汗的失败，反叛乱行动是必要的。另一个辩题围绕反叛乱或反恐谁是焦点。[170]还有一个辩题则关注美国应该多强硬，才能保证喀布尔和伊斯兰堡政府合作。其他问题有阿富汗军队和警察部队的规模应有多大，需要给巴基斯坦多少援助才能确保巴基斯坦合作，等等。[171]

布伦南回忆说："决策过程无疑十分紧张，开了很多会议。我认为总统想确保的是所有观点都得到了考虑。对于在阿富汗加大投入的观点显然有很多不同意见，对于反恐和反叛乱也有讨论，击败塔利班还是击败基地组织显然是个困难的问题。但我认为，我们都愿意看到，在外部力量减弱后，阿富汗政府能够自己站稳脚跟，都认识到塔利班不会从阿富汗的版图中消失。"

更能说明问题的是，尽管对于增兵的数量争论不下，最终停留在4万、3万、3.5万等几个方案的时候，总统又在10月初甚至11月中旬重新提出有关任务的问题。他认为自己没有得到详尽的解释，美国为什么要在这场冲突里投入这么多军队、金钱和时间。问题的核心是目标到底是击败塔利班还是扰乱他们[172]（基地组织比塔利班小很多，打败基地组织的可能性更大，尽管五年后，事实证明基地组织的分支机构在地区扩散，使这一想法发生改变）。拜登、多尼伦和奥巴马团队的其他成员认为，在阿富汗的任务应当尽量把目标缩小。[173]用一位知情人士的话说，他们认为焦点在于"击败基地组织核心，阻止恐怖分子避难所的重现"。

2009年"老兵节"那天，奥巴马终于在一次会议上为这场关键争论拍了板。[174]当大家又围绕老话题争论起来时，他表示自己觉得目标应是“瓦解”塔利班，“打击他们的能力，让阿富汗军队能够维护安全”。但是即使奥巴马阐明了目标，大家还是对军队规模和任务重点争论不休，如拜登的支持者多尼伦联系了美国驻阿富汗大使，让他撰写了一份“独立”评估报告，评估增兵 4 万是否能够奏效。[175]当时的美国驻阿大使是前将军艾江山（Karl Eikenberry），众所周知他对增兵持怀疑态度。[176]他最后提议再成立一个专家组，然后再开展一次新的研究。不用说，这个建议对一些人，尤其是对军方的人而言是“难以置信的。我们在白费力气”。[177]

之前已经抛出有关增兵数量的最高和最低选项，而现在场面上有了三组数字：4 万、3 万或 2 万。军方坚持认为，2 万并非切实可行的选择。[178]拜登和他的盟友把数字往下压，认为 2 万这个数太高，在政治上没有可行性。[179]奥巴马则把底牌摊给了大家，告诉所有人，决定增兵数量时也得考虑在 18～24 个月内开始撤离这些部队。[180]据一位国安会高级官员透露，这个时间表是盖茨提议的。在场的人还继续讨论了如何让踌躇不决的巴基斯坦政府与美国合作，共同打击塔利班和基地组织。[181]

这一次会议与其他几次会议一样，无疾而终。

虽然关于政策问题的答案无从得知，但关于人员问题的答案逐渐浮出水面。从这些决策过程看，琼斯没有控制决策流程的能力。拜登通过政府其他部门中的盟友与军方沟通，把正式的跨部门决策过程晾在一边。[182]伍德沃德写书时引用了与国家情报总监布莱尔的谈话表示，美国总统不仅仅只有一个国家安全顾问，因为还有多尼伦、布伦南、麦克多诺，有时候还包括伊曼纽尔，所以实际上有五个国家安全顾问。[183]而且这还没算上职责膨胀的拜登。

“还有总统的厨房内阁”，倪伟立补充道，“这些人仿佛国家安全顾问一样。比如瓦莱丽·贾勒特，比如阿克塞尔罗德……从政治角度看，他们影响力极大，常常主导了决策过程。”每一个总统都有一些从国内政治视角看待决策的幕僚，这些决策也包括外交政策。然而，有些国家安全决策应当以推进和捍卫国家利益为根本，应当与政治因素分割开来，但这些幕僚却过分强调这些因素，造成很多问题。老布什和小布什有时会出现这种问题，因为有所谓“布什的大脑”卡尔·罗夫。奥巴马身边则有阿克塞尔罗德和贾勒特领衔的团队。

决策流程也暴露出军方内部的分裂。[184]马伦、彼得雷乌斯和麦克里斯特尔等人赞成全面的反叛乱战略，而陆军参谋长艾伦和霍斯·卡特赖特却对这一战略持怀疑态度。还有一点也很明显，那就是奥巴马越来越忍受不了霍尔布鲁克，时不时会生气地责备他。[185]最后一点可以作为对历史的一个脚注，一位经常参加会议的人表示：“如果看过2008 年总统选举辩论的人再来看看现场开会的情况，肯定会对克林顿和拜登阐述自己立场时的坚定、专注和高效留下深刻印象。他们一针见血、开门见山、坚持己见。他们有自己的世界观。”[186]

最后，在 11 月 23 日的会议上，大家还有一次向总统争取自己立场的机会。[187]两天后，总统在椭圆形办公室召开小圈子会议，这一次会议出席人员包括琼斯，还有年轻但很有影响力的总统演讲稿撰写人本·罗兹。[188]他们讨论了总统向美国人民发表演讲的内容。[189]然而，尽管已经有了这样明显的进展，奥巴马还是又花了一个星期和他的团队敲定具体的“措辞列表”，确保每个人都同意他的决定，表明他竭尽所能希望之后即使有批评声，这些声音也不能来自小圈子成员。[190]多尼伦表示，在文稿方面自己受到了戈登·戈尔茨坦《灾难中的教训》一书的启示，书中认为，美国在越南战争中犯了一个错误，即军方通常未能清楚理解白宫做出的决定和指示。[191]多尼伦认为，奥巴马的决策过程有助确保军方获得清楚的指示，而且召开的会议有助白宫幕僚和军方指挥官在关键问题上沟通交流。[192]这些再一次证明，总统非常担心有一天会遭到军方领导人的挑战，因为这些人在美国民众中有相当高的支持率。最后，总统在 11 月 11 日制定了目标，下定决心要向阿富汗增兵 3 万。[193]多尼伦在工作期间酷爱阅读历史书，当他卸任国家安全顾问一职时，白宫图书馆给他打来电话，问他方便时能否去一趟和图书馆员工拍张照，因为他是“图书馆最大的客户”。多尼伦喜欢从历史视角看待问题，这一点毫无疑问让他与反应式、新一代的华盛顿截然不同。[194]

然而，另一件事也反映了总统对其政策的模棱两可，他对团队成员坚称自己其实准备了两份演讲稿。[195]最后，发布的那份明显强调在 18 个月后撤军，这让国防部的人大吃一惊，他们普遍觉得这一体系已经“被内部操控”。[196]一位资深的军方官员称：“很多东西都是最后一刻加进去的。对于撤军以及时间表，我们都有所耳闻，我们也说‘全力支持，我是您的士兵’。但事实上，演讲让我们大吃一惊。”[197]

其中一位直接参与整个过程和演讲稿撰写的知情人士透露：“我们不断回到最基本的原则，我们为什么要去那里，美国的利益是什么，目标是什么，等等。整个过程耗时很久。但人们也觉得哪里有缺口，哪里接不上，出现在正式的政策过程、做出的决定以及演讲稿撰写过程中。在撰写演讲稿时，我感到，有人认为写出来的观点与一些内阁成员的观点不符。这全是语气和强调起的作用。我认为，在总统发布之前，没有人看过这份演讲。我也认为，有些措辞明显偏向一种观点，而没有反映每个人的观点。”[198]

据说，其中一个问题就是“与总统接触最多的人，最有能力塑造总统对于这场冲突以及美国投入观点的人，也是对这项计划最持怀疑态度的人。总统的半个团队，包括副总统都不断告诉他，他错了，这注定失败。”[199]

第一次听到演说的时候，我想起了格劳乔·马克思著名的主题歌“你好，我要走了。”这是因为，经过了这么多的政策讨论，在总统反复强调严格和清晰之后，这一错综复杂的政策过程却造就了这样一份演说，总统宣布要加大军事行动，同时又强调撤军计划。在花费了13个段落勾勒美国卷入阿富汗的历史之后，总统说："评估已经完成。作为总司令，我决定将向阿富汗新增3万名美军，这对我们的国家利益至关重要。18个月之后，我们的部队要开始回家。这是我们可以利用的资源，同时是构建阿富汗的能力，让我们在撤出阿富汗时能实现负责任的交接。"[200]

他接着说："我做出这个决定并不容易。"对政府的内部人士而言，这无疑是保守的陈述。他随即列出了目标，这些目标与里德尔评估一致，那就是"瓦解、拆分和击溃"阿富汗与巴基斯坦的基地组织。他对塔利班的语言也软了很多，说目标是"逆转塔利班的势头，剥夺其推翻政府的能力"。[201]

演说的剩下部分主要是对这一决定及转变重点的解释，总统说起这些自在了很多。他详述了美国的注意力为什么要从伊拉克、阿富汗这些花费巨大的冲突转向国内的优先事项："说到底，我们的安全与领导力不光是从武力中得来的。它来源于我们的人民——那些重振我们经济的工人和商人。"[202]

最后的结语是这样的："我们走过了大审判的时代。在暴风雨中我们发出的信息更加清晰——我们的事业是正义的，我们的决心是坚定的。"[203]

演讲背后的情况却说明事实刚好与此相反。自相矛盾的信息证实了美国地区盟友的怀疑，批评的声音认为，这给了敌人谋划的时间表，大大削弱了增兵的有效性。《纽约时报》的头条抓住了这一信息的混乱："奥巴马增兵，但也画好了撤军路线图。"[204]

阿富汗决策过程一团糟，体现了总统对工作充满矛盾的学习过程，揭露了总统国家安全委员会真实的结构性缺陷。决策实际上确保了新增资源将遭到挥霍。这也表明国家安全顾问若想取得成功，必须面对一系列艰难困苦，而这些不利因素正是任命他的总统一手造成的。

还不到一年，白宫就再次要求撰写另一份阿富汗战略评估，没有什么比这个更能证明决策过程的混乱了。[205]这一次，报告主要目的是进一步回调预期、缩小目标，操刀报告的是奥巴马任内第二位国家安全顾问汤姆·多尼伦。吉姆·琼斯的能力被低估，作用得不到充分发挥，官僚机构与他合不来，他在 2010 年 10 月 8 日卸任。[206]

随后还有更多评估与修正。尽管有一份评估报告使得政府决意直到 2016 年都在阿富汗保留一部分兵力，但 2014 年，伊拉克动荡局势持续发酵，大家开始激烈辩论美国留下一部分兵力是否有助于解决问题。[207]出现这类讨论的部分原因在于，公众继续把伊拉克越发混乱的局势和阿富汗联系在一起。做出这一决定还因为美国越来越担心哈米德·卡尔扎伊领导下的阿富汗政府是否能够独自应对挑战。一方面，卡尔扎伊不切实际、反腐不力，选举舞弊威胁了寻找接任者的民主竞争，局面陷入混乱；另一方面，虽然美国已在阿富汗作战十余载，但是大量暴力极端主义分子仍然在阿富汗十分猖獗。经过国务卿约翰·克里和其他团队人员的外交斡旋，终于协商出在阿富汗保留部队的协议（奥巴马总统后来明确了数字，2015 年保留 9800 名美军，2016 年数字减半，此后基本只保留足以维持使馆安全的人数），然而卡尔扎伊却拒绝签署协议。[208]此外，许多人认为，伊拉克之所以动乱，是因为美国未能与伊拉克协商保留一部分美军，因此，倘若美国与阿富汗关系不出现重大恶化，奥巴马离任前美军继续驻留阿富汗的可能性非常大。[209]

时势易变，所以与时俱进的评估是国家安全决策过程的重要部分。决策流程与调整揭露或加剧领导人不确定心态和国家安全团队内部矛盾时，问题就显现出来。当政策导致无足轻重的结果，或者像在阿富汗和伊拉克一样，需要投入大量宝贵的国家资源支持政策执行，但却几乎无法改变局势，或者以某种重要方式让局势更加糟糕时，问题就会变得复杂和棘手。

# 注　释

1. Milton Bearden, "Afghanistan: Graveyard of Empires," *Foreign Affairs*, November/December 2001.
2. "Most liberals I know were for invading Afghanistan right after 9/11 Michael Moore at Brainy Quote," Brainy Quote, http://www.brainyquote.com/quotes/quotes/m/michaelmoo580117.html#7W4rWo5XQTog71J2.99.
3. Bearden, "Afghanistan Graveyard."
4. Milton Bearden and James Risen, *The Main Enemy: The Inside Story of the CIA's Final Showdown with the KGB* (New York: Presidio Press, 2003), 283.
5. Bearden and Rise, *The Main Enemy*.
6. Peter Tomsen, *The Wars of Afghanistan: Messianic Terrorism, Tribal Conflicts, and the Failures of Great Powers* (New York: PublicAffairs, 2011), 595 - 596.
7. Kenneth Katzman, "CRS Report to Congress: Afghanistan: Post - Taliban Governance, Security, and U. S. Policy," Congressional Research Service, April 9, 2014, 8; Tomsen, *The Wars of Afghanistan*, 604.
8. Katzman, "Post - Taliban Governance, Security, and Policy."
9. Norimitsu Onishi, "Clan Leader Turned Statesman: Hamid Karzai," *The New York Times*, December 6, 2001.
10. 同上。
11. Amy Belasco, "Troop Levels in the Afghan and Iraq Wars, FY2001 - FY2012: Costs and Other Potential Issues," Congressional Research Service, July 2, 2009.
12. 同上。
13. 同上。
14. 根据与小布什政府高级官员的采访内容。
15. Tomsen, *Wars of Afghanistan*, 246 - 247.
16. Husain Haqqani, "Breaking Up Is Not Hard to Do," *Foreign Affairs*, March/April 2013.
17. "Table of Pakistani Nuclear Forces, 2002," National Resource Defense Council, November 25, 2002, http://www.nrdc.org/ nuclear/nudb/datab21.asp.
18. Greg Miller, Craig Whitlock, and Barton Gellman, "Top - secret U. S. intelligence files show new levels of distrust of Pakistan," *The Washington Post*, September 2, 2013.
19. 根据与美国军方将军的采访内容。
20. Condoleezza Rice, *No Higher Honor*, 345.
21. Kenneth Katzman, "Afghanistan: Post - Taliban Governance, Security, and U. S. Policy," Congressional Research Service, May 29, 2014; David Rohde and David E. Sanger, "How a 'Good War' in Afghanistan Went Bad," *The New York Times*, August 12, 2007.

22. David E. Sanger, *The Inheritance: The World Obama Confronts and the Challenges to American Power* (New York: Broadway Books, 2009), 146 - 147.
23. Rice, No Higher Honor, 345.
24. 根据与小布什政府资深官员的采访内容。
25. 同上。
26. Rumsfeld, *Known and Unknown*, 687; Bush, *Decision Points*, 210 - 211.
27. Ahmed Rashid, *Descent into Chaos: The U. S. and the Disaster in Pakistan, Afghanistan, and Central Asia* (New York: Penguin Books, 2009), 364.
28. Rohde and Sanger, "Afghanistan Went Bad"; Curt Tarnoff, "Afghanistan: U. S. Foreign Assistance," Congressional Research Service, August 12, 2010; Rashid, *Descent into Chaos*, 355.
29. Rashid, *Descent into Chaos*, 194.
30. Rumsfeld, *Known and Unknown*, 689; Rashid, Descent into Chaos, 353.
31. Rashid, *Descent into Chaos*, 353.
32. Rashid, *Descent into Chaos*, 334.
33. Sanger, *The Inheritance*, 115.
34. Rumsfeld, *Known and Unknown*, 687.
35. Rashid, *Descent into Chaos*, 223.
36. Rumsfeld, *Known and Unknown*, 687.
37. Rumsfeld, *Known and Unknown*, 687 - 688.
38. Rumsfeld, *Known and Unknown*, 689, 691.
39. Bush, *Decision Points*, 210.
40. 同上。
41. Rashid, *Descent into Chaos*, 366.
42. 同上。
43. Raymond Bonner, "War in Progress," *The New York Times*, August 10, 2008; Rashid, *Descent into Chaos*, 194 - 195.
44. 根据与小布什政府高级官员的采访内容。
45. 同上。
46. Gilles Dorronsoro, "The Taliban's Winning Strategy in Afghanistan," *The Carnegie Endowment for International Peace*, 2009; Katzman, "Afghanistan: Post - Taliban Governance, Security, and U. S. Policy."
47. William Dalrymple, "A Deadly Triangle: Afghanistan, Pakistan, and India," *The Brookings Institution*, June 25, 2013.
48. 根据与美国外交官的采访内容。
49. Dalrymple, "A Deadly Triangle."
50. 同上。
51. Bush, *Decision Points*, 214.
52. Bush, *Decision Points*, 215.
53. Rice, *No Higher Honor*, 444 - 445.
54. Rashid, *Descent into Chaos*, 370.
55. 同上。
56. Bush, *Decision Points*, 213.

57. Rashid, *Descent into Chaos*, 370.
58. Bush, *Decision Points*, 217.
59. *The Inheritance*, 122 – 123.
60. 根据与小布什政府高级官员的采访内容。
61. "Barack Obama's remarks on Iraq and National Security," Council on Foreign Relations, July 15, 2008.
62. Bob Woodward, *Obama's Wars* (New York: Simon and Schuster, 2010), 40 – 41.
63. 同上。
64. 同上。
65. Bush, *Decision Points*, 218.
66. 同上。
67. Woodward, *Obama's Wars*, 40 – 41.
68. Woodward, *Obama's Wars*, 43.
69. Woodward, *Obama's Wars*, 43 – 44.
70. 根据与国安会官员的采访内容。
71. 根据与小布什政府安全官员的采访内容。
72. Rice, *No Higher Honor*, 635 – 636.
73. Bush, *Decision Points*, 207.
74. Rumsfeld, *Known and Unknown*, 691.
75. 根据与美国政府官员的采访内容。
76. Woodward, *Obama's Wars*, 1.
77. Woodward, *Obama's Wars*, 1 – 2.
78. Woodward, *Obama's Wars*, 3 – 4.
79. Woodward, *Obama's Wars*, 3 – 4.
80. Woodward, *Obama's Wars*, 7 – 8.
81. Woodward, *Obama's Wars*, 11.
82. Woodward, *Obama's Wars*, 33 – 34.
83. 同上。
84. Woodward, *Obama's Wars*, 62 – 63.
85. 同上。
86. Woodward, *Obama's Wars*, 63.
87. Robert M. Gates, *Duty: Memoirs of a Secretary at War* (New York: Alfred A. Knopf, 2014), 337 – 338; Woodward, *Obama's Wars*, 67.
88. Woodward, *Obama's Wars*, 67.
89. 根据与奥巴马政府官员的采访内容。
90. Woodward, *Obama's Wars*, 70.
91. Clinton, *Hard Choices*, 28 – 29; Jonathan Allen and Amie Parnes, *HRC: State Secrets and the Rebirth of Hillary Clinton* (New York: Crown, 2014), 71 – 73, 76 – 77; Glenn Kessler, "Mitchell and Holbrooke to Be Named Envoys," *The Washington Post*, January 21, 2009.
92. Robert D. McFadden, "Strong American Voice in Diplomacy and Crisis," *The New York Times*, December 10, 2010.
93. 同上。

94. Vali Nasr, "The Inside Story of How the White House Let Diplomacy Fail in Afghanistan," *Foreign Policy*, March 4, 2013.
95. George Packer, "The Last Mission: Richard Holbrooke's plan to avoid the mistakes of Vietnam in Afghanistan," *The New York Times*, September 28, 2009.
96. 根据与美国国务院高级官员的采访记录。
97. Dana Milibank, "Susan Rice's tarnished resume," *The Washington Post*, November 16, 2012.
98. Packer, "The Last Mission."
99. 同上。
100. 根据与美国国务院官员的采访内容。
101. Nasr, "The Inside Story."
102. Husain Haqqani, *Magnificent Delusions: Pakistan, the United States, and an Epic History of Misunderstanding* (New York: PublicAffairs, 2013), 316.
103. Tom Wright, "Richard Holbrooke's Controversial Role in South Asia," *The Wall Street Journal*, December 14, 2010.
104. 同上。
105. Nasr, "The Inside Story."
106. Gerald F. Seib, "Old Hands Meld Continuity, Change," *The Wall Street Journal*, November 11, 2008.
107. Philip Rucker, "Obama Inspired by, Compared to Lincoln," *The Washington Post*, November 19, 2008; John M. Broder, "Obama and Bill Clinton to Hold Summit, *The New York Times*, September 7, 2008; Seib, "Old Hands Meld."
108. Office of the White House Press Secretary, "Remarks by National Security Adviser Jones at 45th Munich Conference on Security Policy," *White House Press Release* (February 9, 2009); David Ignatius, "Gen. James Jones's Outlook as Barack Obama's National Security Adviser," *The Washington Post*, April 30, 2009.
109. Steve Clemons, "Obama's Donilon Machine," *The Atlantic*, October 27, 2011.
110. Peter Baker, "A Manager of Overseas Crises, as Much as the World Permits," *The New York Times*, September 23, 2012.
111. 同上。
112. Huma Khan, "Transition Heads for State Department About to Be Announced," *ABC News*, November 12, 2008.
113. 根据与奥巴马政府官员的采访内容。
114. 根据与奥巴马政府高级官员的采访内容。
115. Peter Baker and Thom Shanker, "Obama Meets with Officials on Iraq, Signaling His Commitment to Ending War," *The New York Times*, January 21, 2009; Gates, *Duty*, 337 - 338.
116. 根据与奥巴马政府官员的采访内容。
117. 同上。
118. Eric Schmitt and Charlie Savage, "Bowe Bergdahl, American Soldier, Freed by Taliban in Prisoner Trade," *The New York Times*, May 31, 2014.
119. Mann, *Obamians*, 123.
120. Woodward, *Obama's Wars*, 90.

121. Woodward, *Obama's Wars*, 123.
122. Woodward, *Obama's Wars*, 99 - 100.
123. 同上。
124. 根据与奥巴马政府官员的采访内容。
125. Woodward, *Obama's Wars*, 101 - 102.
126. 同上。
127. Peter Baker, "How Obama Came to Plan for 'Surge' in Afghanistan," *The New York Times*, December 5, 2009.
128. David E. Sanger, *Confront and Conceal: Obama's Secret Wars and Surprising Use of American Power* (New York: Broadway Books, April 23, 2013), 20.
129. Woodward, *Obama's Wars*, 113.
130. Michael R. Gordon and Mark Landler, "Decisions on Afghan Troop Levels Calculates Political and Military Interests," *The New York Times*, February 12, 2013; Mark Mazetti and Matthew Rosenberg, "U. S. Considers Faster Pullout in Afghanistan," *The New York Times*, July 8, 2013; Peter Baker and Matthew Rosenberg, "Old Tensions Resurface in Debate Over U. S. Role in Post - 2014 Afghanistan," *The New York Times*, February 4, 2014.
131. Woodward, Obama's Wars, 108.
132. 同上。
133. 根据与国防部高级官员的采访内容。
134. 根据与国防部高级官员的采访内容。
135. Ann Scott Tyson, "Gen. David McKiernan Ousted as Top U. S. Commander in Afghanistan," *The Washington Post*, May 12, 2009.
136. Woodward, *Obama's Wars*, 119.
137. 同上。
138. Woodward, *Obama's Wars*, 123.
139. McChrystal, *My Share of the Task*, 294.
140. Thom Shanker, "A New Afghanistan Commander Rethinks How to Measure Success," *The New York Times*, June 19, 2009.
141. McChrystal, *My Share of the Task*, 306.
142. 同上。
143. Mann, *Obamians*, 224.
144. 根据与奥巴马政府官员的采访内容。
145. Woodward, *Obama's Wars*, 137 - 138.
146. Helene Cooper, "The Adviser at the Heart of National Security," *The New York Times*, July 9, 2010.
147. Mann, *Obamians*, 224.
148. 根据与国防部官员的采访内容。
149. 根据与国防部官员的采访内容。
150. Gordon Lubold, "Obama's Favorite General Stripped of His Security Clearance," *Foreign Policy*, September 24, 2013.
151. McChrystal, *My Share of the Task*, 316 - 317.
152. McChrystal, *My Share of the Task*, 330.

153. 同上。
154. 同上。
155. Gates, *Duty*, 356.
156. Sanger, *Confront and Conceal*, 29.
157. 同上。
158. Sanger, *Confront and Conceal*, 24.
159. 同上。
160. 根据与国务院官员的采访内容。
161. Stanley McChrystal, "COMISAF's Initial Assessment," *US Department of Defense*, June 26, 2009.
162. Woodward, *Obama's Wars*, 153.
163. 同上。
164. Woodward, *Obama's Wars*, 163 - 164.
165. James Traub, "The Biden Doctrine," *Foreign Policy*, October 10, 2012.
166. Woodward, *Obama's Wars*, 164.
167. Woodward, *Obama's Wars*, 166 - 167.
168. Peter Baker, "Biden No Longer a Lone Voice on Afghanistan," *The New York Times*, October 13, 2009.
169. Baker, "How Obama Came to Plan for 'Surge' in Afghanistan."
170. Baker, "How Obama Came to Plan for 'Surge' in Afghanistan;" Baker, "Biden No Longer a Lone Voice."
171. Baker, "How Obama Came to Plan for 'Surge' in Afghanistan."
172. 同上。
173. 根据与奥巴马政府官员的采访内容。
174. Woodward, *Obama's Wars*, 270 - 271.
175. Woodward, *Obama's Wars*, 272.
176. Baker, "How Obama Came to Plan for 'Surge' in Afghanistan."
177. 根据与国防部官员的采访内容。
178. Woodward, *Obama's Wars*, 272 - 273, 275.
179. Woodward, *Obama's Wars*, 270, 275; Gate, Duty, 342.
180. Woodward, *Obama's Wars*, 278; 根据与国安会官员的采访内容。181. Woodward, *Obama's Wars*, 284 - 285.
182. 根据与奥巴马政府官员的采访内容。
183. Woodward, *Obama's Wars*, 289.
184. Woodward, *Obama's Wars*, 236, 275; 根据与国防部高级官员的采访内容。
185. Woodward, *Obama's Wars*, 211
186. 根据与奥巴马政府官员的采访内容。
187. Baker, "How Obama Came to Plan for 'Surge' in Afghanistan."
188. Woodward, *Obama's Wars*, 301.
189. Woodward, *Obama's Wars*, 313.
190. Woodward, *Obama's Wars*, 313 - 314.
191. Baker, "How Obama Came to Plan for 'Surge' in Afghanistan."
192. Woodward, *Obama's Wars*, 314.

193. Baker, "How Obama Came to Plan for 'Surge' in Afghanistan."
194. 根据与奥巴马政府官员的采访内容。
195. Woodward, *Obama's Wars*, 319.
196. Sheryl Gay Stolberg and Helene Cooper, "Obama Adds Troops, but Maps Exit Plan," *The New York Times*, December 1, 2009; Background interview with senior Defense Department official.
197. 根据与国防部高级官员的采访内容。
198. 根据与国防部高级官员的采访内容。
199. 根据与国防部高级官员的采访内容。
200. Office of the White House Press Secretary, "Remarks by the President in Address to the Nation on the Way Forward in Afghanistan and Pakistan," *White House Press Release* (December 1, 2009).
201. 同上。
202. 同上。
203. 同上。
204. Stolberg and Cooper, "Obama Adds Troops."
205. White House Office of the Press Secretary, "Overview of the Afghanistan and Pakistan Annual Review," *White House Press Release* (December 16, 2010).
206. Scott Wilson, "James Jones to step down as national security adviser," *The Washington Post*, October 8, 2010.
207. Peter Baker and Matthew Rosenberg, "Old Tensions Resurface in Debate Over U. S. Role in Post-2014 Afghanistan," *The New York Times*, February 4, 2014.
208. Matthew Rosenberg, "Kerry Visits Afghan Leader, Seeking an End to an Impasse," *The New York Times*, October 11, 2013; Matthew Rosenberg, "Talks Clear Path for U. S. - Afghan Deal on Troops," *The New York Times*, October 12, 2013; Mark Landler, "U. S. Troops to Leave Afghanistan by End of 2016," *The New York Times*, May 27, 2014; Dalrymple, "Karzai Still Standing?"; Anne Gearan and Ernesto Londoño, "U. S. Backing Off Its Deadline for Afghan Security Agreement," *The Washington Post*, December 11, 2013.
209. Colin H. Kahl, "No, Obama Didn't Lose Iraq," *Politico Magazine*, June 15, 2014.

# 第六章
# 全世界最有权力的人

权力没有腐蚀力，恐惧有……
可能是对失去权力的恐惧。

——约翰·斯坦贝克

小布什第二任期的就职宣言听上去像是美国干涉主义的宣言。全文混杂了大量关乎宗教使命的语言，与美国的敌人——伊斯兰圣战分子的教令没什么不同："美国的关键利益和最深的信仰是一体的。从诞生之日起，我们就宣布世间所有男女都有权利、尊严和无可匹敌的价值，因为他们都背负着造物主的形象。世代以来，我们都宣扬自治的必要，因为没有人适合当主人，没有人应当为奴。传播这些理念是让美国得以创立的使命。这是我们先人的伟大成就。现在也是我们国家安全的紧迫需求，是时代的召唤。"[1]

对美国以外的听众而言，小布什不仅仅是在为美国的价值唱赞歌。美国总统想表达的是，将这些价值传遍全球，是美国紧迫的甚至是神谕式的使命。这一演说接下来是："美国的政策是在每个国家和文化（特别强调）中寻找、支持民主运动和机构的发展。"他还说："我们将坚持向每一位统治者、每一个国家讲明：镇压和自由之间的道德选择，前者总是错的，后者永远是对的。美国不认为，异见人士乐意被关押，妇女愿意受屈辱和奴役，每个人都想生活在暴君的支配之下。"[2]

这份演说的作者无疑有着高贵的动机——我与事先看过这份演说的白宫工作人员交流时，他们都有这种看法。但是用一位前同事的话说，他们都只"通过自己的耳朵听意见"。[3]同时，他们身上还体现了一个经典的美国式错误认知，用基辛格的话来说就是"错误地认为，任何地区的任何国家，如果有机会都想成为美国"。

在21世纪之初，新加坡驻美大使陈庆珠以亚洲人特有的敏感总结说："想象一下中国人听了这话什么感受。"此后不久我有幸与一位中国外交官交流，其回应更加简练："更多是说教。"

讽刺的是，在小布什总统任期头四年，在中东的残杀与美国政府的失误之中，人们普遍认为这一阶段中美关系达到了高点。中美之间没有明显的冲突。两国交流大多是正面的。坦率而言，中国人乐意看到美国的注意力转向了别处，在中东挥霍资源。中国没有付出任何代价，其能源供应得到了保证，且美国也无力干涉中国事务。

康多莉扎·赖斯担任国务卿后第一次出访亚洲，在东京的演说中展现了一种类似的警惕和规劝。[4]她说，华盛顿的目标是"推动、敦促、劝说中国采取更积极的路线"。尼古拉斯·伯恩斯2005年3月担任负责政治事务的副国务卿，他说赖斯非常明白自己的优先事务是"处理好2002年、2003年造成的损害"，中国与俄罗斯是首要事务。这也解释了为什么赖斯在访问时与中国领导人的会面比较积极，没有太多冲突。

2005年8月接受《纽约时报》采访时，赖斯用"大且复杂"形容中美关系，有“好的方面”也有“不好的方面”。[5]在好的方面，她列举了中国在朝鲜问题以及反恐战争上的合作。[6]回望过去，今天的赖斯说，她当时看到了寻找中美关系新立足点“至关重要”，因为中国的影响力和实力与日俱增。2005 年小布什接待胡锦涛主席访美时也重申了这一理解，小布什称中美关系“对美国和全球都至关重要”。[7]

副国务卿罗伯特·佐利克承认，中国很明显已经融入国际体系，因此建议美国的目标应当是通过多重方式把两国关系提升至下一个阶段，即他所说的“全面接触”。[8]

美国国防部则普遍担忧中国日益增长的军事实力，这一点体现在其出台的《四年防务评估报告》，其中声称中国军事增长的“速度与规模已经让地区军事平衡岌岌可危”。[9]贸易赤字继续扩大，国会担忧中国的汇率操纵问题日益严峻，认为这让中国的出口产品变得更便宜、更诱人，加大了赤字。[10]中国不够重视知识产权保护也引发了美国的焦虑。[11]而一些意料之外的问题也干扰了两国发展关系。

当时，中美关系恐将滑向紧张的新阶段，美国政府拿出了秘密武器之一。在小布什团队所有想成为中国专家的人当中，财政部部长亨利·保尔森前往中国最频繁，与中国高层来往最密切。政府邀请保尔森出任财政部部长时，就确定了他要在塑造对华政策上发挥重要作用。[15]而这几乎花费了两年时间才催生具体的形式。不过，笔者与保尔森的白宫高级幕僚和官员沟通后发现，白宫各级官员中如果有一位“四分卫”能够负责指挥，那将有益于各层级关系。[16]复杂的双边关系需要一种机制（比如国安会），可以协助涉及两国关系的各个机构协调政策。

在这一背景下，2006 年 9 月 20 日，两国宣布设立中美战略经济对话，这是一个面向中国领导层的高规格对话。[17]美国多个部门参与其中，包括国务院、商务部、美国贸易代表办公室、美国卫生与公众服务部以及美国环境保护署。[18]这一对话强调中美关系的核心是经济，在这方面两国的共同利益最为清晰可见，因此，中美通过这样的机制最有可能建设性地交换意见。

时任美国商务部部长的卡洛斯·古铁雷斯积极参与了这一机制，他表示："汉克十分专业。在高盛任职时，他就去了大概70趟中国。毫无疑问，他是个中国通，而且人脉广。因此，总统同意他设立战略经济对话。你知道的，这个机制并非一帆风顺，汉克性格顽固，他会不顾一切打通跨部门障碍。"

2006年11月中期选举后，民主党拿下众议院多数席位，对华最强硬的批评者之一南希·佩洛西成为权高位重的民主党大佬。[19]中国对众议院议长佩洛西的担忧不断上升。由于这位来自旧金山的民主党人一直以来都强调人权、强调与中国对抗，中国担心她担任议长后会变本加厉。在12月14～15日经济战略对话召开的几天前，美国贸易代表苏珊·施瓦布发布一份报告，声称中国的贸易行为违反世贸组织规定，给第一次经济战略对话前中方不太好的预感又蒙上了一层阴影。[20]于是，战略经济对话一开始，双方就像是"清嗓子"般的预热，在争吵和希冀推动关系之间寻求平衡。[21]但是这次对话奠定了基础，此后战略经济对话发展成中美关系的重要机制。对话也突显了一种重要趋势。正如克林顿任内的罗伯特·鲁宾和劳伦斯·萨默斯一样（还包括蒂姆·盖特纳），美国财政部部长近期在外交政策中扮演核心角色，这样的作用在以前难以想象。[22]

虽然在小布什执政最后两年，中美两个大国经历了许多挑战，比如贸易、汇率、防务问题，包括"中国提升反卫星能力"等，但是战略经济对话提供了值得信赖和更为积极的沟通渠道。[23]2007年5月的一次会议上，中国前对外贸易经济合作部部长、国务院副总理、当时中国政府职位最高的女性官员吴仪认为，应当冷静处理两国间的紧张，因为全球化不断发展，对抗完全无益于解决问题，施压和摆姿态只会让形势更加复杂。[24]在贸易方面，中方与美方签署了更多协议，这一次金额达到 200 亿美元。[25]保尔森没有回避美方日益关注的“中国操纵汇率问题”，国会领导层也以威胁的语气肯定了保尔森的说法。然而，保尔森的财政部通过对话取得了很多进展，并且在第二个月拒绝将中国列为“汇率操纵国”。[26]美国抱怨中国操纵汇率，但为了避免经济萧条，在 18 个月内注入资金，结果对美元产生的影响与操纵汇率的影响相似。

中美关系的积极走向也反映在以下事实中。在国会领导人授予达赖喇嘛最高荣誉——金质奖章后，中国并没有因愤怒而采取过多行动。[27]他们谴责了这一举动，但三周后就在北京接待来访的美国国防部部长盖茨。[28]中美关系成熟度的提高再次显现：这次，为了减少两国意外对抗的风险，双方同意建立两军之间的热线，类似冷战期间的美苏热线。[29]此外，两军交流也在“所有层面”建立起来，这表示在财政部之外，通过日常交流，没有任何一个部门比国防部更能清晰感受到中国影响力的增大。比如说，世界最大的军事司令部——美国的太平洋司令部，其领导层中的很多人都潜心研究中国行为，钻研程度超过美国政府任何一个部门。[30]此外，小布什因为很早就表示要参加 2008 年北京奥运会而得到中国的赞赏。[31]小布什敏锐地觉察到，这对中国领导人十分重要。小布什亲自告诉胡锦涛他要去，后来还正式宣布不仅自己要去，还要带着全家人去。[32]当时欧洲领导人正有意发起抵制奥运会开幕式甚至正式比赛的活动，中国认为美国领导人的表态对掐灭这一火苗十分重要，将此理解为美国总统富含深意的支持行动。[33]

而美国却怀抱着利用总统出席奥运会进一步推动中国改革的希望。但当八月的盛会开始后，出现了两个主导性的重要叙述。最直观的感受就是，奥运会展示了中国取得的巨大进步，赛事运行得井井有条，美丽的场馆、崭新的设备，所有的头条都是关于体育和体育精神，奥运会的举办是中国巨大的成功，传达了一条信息，哪怕这已无须再次证明——中国已经登台亮相。[34]

而此时的背景是，美国金融危机愈演愈烈。次贷问题持续发酵时，中国与保尔森及财政部其他官员保持定期沟通。[35]作为美国的头号债权人，中国向美国抱怨其投资机构遭受的损失。这种压力的性质和程度在过去几年里变得更为清晰。保尔森2010年的回忆录《峭壁边缘》中披露的情况令人震惊：正当这位财政部部长出席北京奥运会的时候，俄罗斯却向中国提议一起给美国市场制造麻烦。[36]

就在奥运会开幕式期间，美国驻华大使吉姆·杰弗里悄悄告诉小布什总统，俄罗斯开始入侵格鲁吉亚。[37]同时，保尔森得知俄罗斯向中国领导人建议，“一起抛售房利美与房地美的债务，迫使美国政府出手拯救”。[38]

保尔森回忆说，“这消息让我非常不安，大笔出售两房债券会让大众对这两家公司大失信心，动摇资本市场。我回到美国，置身安全环境后才将这一消息告诉总统。”[39]幸运的是，中国人并没有接受俄罗斯的建议而对美国财政部发起经济攻击。中国因美国市场承受的风险要比俄罗斯大得多，此时中国已感受到损失数十亿美元的痛苦。中国人没有滥用刚获得的筹码，而是在金融危机时以意想不到的方式使用了起来。

“维基解密”的电报显示，整个危机期间，美国被迫不厌其烦地努力打消中国的顾虑。[40]由于中国持有数千亿美元的美国国债，一旦中国不发挥建设性作用，足以造成恶化危机的消极后果，让美国财政部难以承受。

中国国家外汇管理局是直面危机的主要机构之一。另一个是中国巨大的主权财富基金——中国投资有限责任公司（中投公司）。根据《金融时报》所做的评估，中投公司在危机期间的损失已经超过800亿美元。[41]美国政府接管房利美和房地美后，中国领导人普遍担忧中国将蒙受更大损失。[42]“一些人告诉我们，雷曼是中国国家外汇管理局金融交易的交易对手，因此雷曼崩溃后，国家外汇管理局遭受了巨大损失，”美国驻北京大使馆几个月后的电报内容证实了这一点。[43]

然而，由于保尔森和中国领导人之间的关系，他和财政部及美联储的团队人员得以与中国维持开放的沟通渠道，避免了危机升级。[44]事实上，为了表示尊重，在2008年10月金融危机处于高潮时，美国财政部负责国际事务的副部长戴维·麦考密克前往北京，与中国金融界领导会晤。[45]“维基解密”的一份电报写道：“麦考密克的中国同行都对他的到来表示感谢。”[46]中国方面明确表示，如果中方有关房利美和房地美的忧虑无法得到满意解决，可能将不会承担“更大的交易对手风险”，也不会增加对美投资。麦考密克基本上重申了保尔森此前直截了当的表述，美国实际上没有保证政府赞助企业投资的安全性，比如对那两家负责房贷的机构。不过，美国“承诺向两家机构各注资1000亿美元以避免其失去偿债能力，只要这两家机构存在，契约承诺就有效。”这样的承诺与保证也差不了多少，主要是为了让中国满意。[47]

访问中国之行及此行发出的信息表明，小布什政府承认美国对中国雄厚财富的新依赖。与此同时，中国对美进行了大量投资。美国市场在世界市场中独一无二，既能吸收也能保护中国资本，体现了中国对美国的依赖。因此，尽管中国成长为21世纪美国的主要竞争对手，但是中美之间的关系与20世纪的美俄关系大为不同。正因为不同，所以当俄罗斯提议趁火打劫弄垮美国市场时，中国不与之为谋。冷战是零和博弈。两个相对独立的体系互相对立。一方的所得意味着另一方的失去。然而，美国和中国在经济上紧紧捆绑。因此，新时代的挑战将是如何在承认这一相互依赖的基础上，不断推进理念、政策和机制的发展。

罗伯特·霍尔迈茨在共和党与民主党政府中都担任过职务，还是保尔森在高盛时的同事，当时霍尔迈茨担任高盛国际的副总裁。他强调了美中关系的另一个方面，认为稳定、运转顺畅的国际体系符合两国利益，因为美国和中国都是全球经济中的重量级行为体。因此，两国需要互相理解，需要合作模式，这样才能共同承担与影响力和所得利益相匹配的责任。即使两国不能完全达成一致，但也必须在一定程度上对准则和规则形成共识，只有这样体系才能运转，而一旦体系瓦解或恶化，两国都会遭殃。

"因此，长期以来，"他继续说道，"就以准则为基础的体系达成一致，还有商量体系应当有怎样的准则和规则成为两国和其他重要行为体面临的挑战，这些行为体包括传统大国和新兴国家。"美国的目标是向国内和国际证明，以自由市场为准则的体系优于政府主导的体系，因为这样的体系能够带给民众实实在在的好处。而在此之前美国必须证明这种模式在国内能够成功，尤其是在金融危机期间，然后证明在世界范围内也是有效的。

小布什政府最后还采取了一种方式，证明美国意识到全球事务已经出现了重大转变。[48]美国政府支持由法国总统尼古拉·萨科齐和英国首相戈登·布朗提出的解决金融危机国际层面问题的方案，即不仅要召开八国集团会议（G8，包括俄罗斯在内的 20 世纪末传统经济大国），还要召开二十国集团会议（G20，包括中国和世界其他新兴国家）。2008 年 11 月 14 日，G20 峰会在华盛顿举行，成为国际体系历史发展的分水岭，仿佛一场"换岗仪式"，或者说重新安排了国际社会的贵宾席位。[49]会议的召开不但体现了中国和其他重要新兴市场日益增长的影响力，还体现了公平，因为几乎占世界一半人口的各国得以参加会谈，可以影响休戚与共的未来。

这次会议最重要的意义是达成协议，二十国集团小组将保持定期磋商。但一个重要注脚是小布什团队做了一件不同寻常的事。[50]他们邀请了下一届政府的代表参会。事实上，他们邀请了奥巴马，但奥巴马决定不参加，而是派去了资深顾问、前国务卿马德琳·奥尔布赖特和前国会议员、亚利桑那州的共和党人吉姆·利奇。[51]这一史无前例的安排保证了在国家危机时刻换届交接的平稳有效。

## 再平衡

“一个推动了奥巴马外交政策的重要叙述就是，我们在21世纪头十年花费了太多时间在伊拉克和阿富汗上，因此失去了平衡，”德里克·肖莱回忆道，他是奥巴马过渡团队的高级官员，是奥巴马上任初期国务院政策规划室的二号人物。“我们在那一地区投入太多，但事情的发展证明，未来的30～40年其他地区将更重要。因此出现了这样一种认知，无论正确与否，我们的身影没有在那些地区出现，包括亚洲。”

肖莱清晰地记得，就在宣誓就职仪式不久，国务卿克林顿在国务院设宴，这是她第一次请进了外部人士。克林顿马上要开始担任国务卿后的第一次亚洲之行，“因此希望能找一些外人，和国务卿及其他高级官员对话。后来这成了一种模式——我们几乎每六周就要举办一次，通常与出访有关……她会准备类似的沙龙晚餐，对话题进行充分考虑……整个活动的意义在于让我们了解亚洲发生了什么，并和她的出访一样发出信号——我们将把亚太地区视为优先”。

杰克·沙利文是克林顿的亲信，日后接替安妮-玛丽·斯劳特担任国务院政策规划室主任。他同样确认转向亚洲是新国务卿的优先事务。沙利文表示：“她上任前就与库尔特·坎贝尔以及吉姆·斯坦伯格谈过话，强调了对亚洲的重视。库尔特·坎贝尔后来成为负责东亚事务的助理国务卿，吉姆·斯坦伯格成为她的副手。之后她对亚太政策做了具体的政策演讲，并将首访之地选在了东北亚和东南亚，因而发出明显信号，该地区在美国外交政策上的地位将上升。”

同样的对话也发生在奥巴马上任伊始的其他部门中，包括财政部、商务部、其他经济部门、国防部政策研究部门，更重要的是在奥巴马执掌的白宫。多尼伦注意到，在过渡期间，总统已经开始谋划他的亚洲之行，同时，多尼伦也开始使用“再平衡”一词包装本届政府对该地区的重视，亚洲已成为世界上发展最迅速的地区。再清楚不过的是，亚洲，特别是中国将成为新政府的首要优选。

2009 年 1 月上任的任何政府都会给予中美关系、美国和亚洲关系更多关注。但对于奥巴马政府，另一重要因素也促进了这一进程——那就是人。奥巴马的团队，如同小布什第二任期团队，有很多人都希望能在塑造对华及亚洲政策上发挥关键作用。新上任的国务卿希拉里·克林顿希望能尽早发出信号，表明美国将这一地区视为优先。除她之外，会说普通话的财政部部长盖特纳、国家经济委员会主任萨默斯、副国家安全顾问汤姆·多尼伦、国安会高级官员丹尼斯·麦克多诺、国安会及国家经济委员会国际经济顾问迈克尔·弗罗曼、副国务卿吉姆·斯坦伯格都有这一想法。此外，还有两位重要内阁成员同中国有着深厚的渊源——商务部部长骆家辉，他曾任华盛顿州州长，是美国历史上第一位华人州长；还有曾获诺贝尔奖的能源部部长朱棣文。

各机构副部长层级有不少关键人物了解亚洲事务，同时愿意在制定中美政策中发挥重要作用。这些人包括负责经济事务的副国务卿鲍勃·霍尔迈茨——他是一位来自高盛的资深中国问题专家；负责国际事务的财政部副部长莱尔·布雷纳德；商务部副部长弗朗西斯科·桑切斯以及负责国际事务的能源部助理部长戴维·桑德罗。尤其重要的是，在奥巴马第一任期内，在事关日常政策协调的两个职务上都安排了精通亚洲事务、意志坚定的官员，分别是助理国务卿库尔特·坎贝尔（与布雷纳德是夫妇）和国安会负责亚洲事务的高级主任杰弗里·贝德。

在制定政策的早期，贝德写道：“奥巴马团队很清楚，单一的对华政策不会有令人满意的结果。针对中国崛起，美国不能只依赖军事手段、经济劝诱以及在人权问题上的施压和制裁，这样的战略即使在中国实力较弱时也并未成功改变其不受欢迎的行为。”[52]他继续说道：“与此同时，纵容和容忍中国的示强行为，或者对其内政发展毫不关心，都会鼓励中国采取更糟糕的行为，让美国盟友和伙伴害怕。”[53]

这个团队的核心是一位出生于太平洋中央——夏威夷的新总统，他在印度尼西亚度过的岁月影响了其性格形成。按照他本人的话说，他是“美国首位太平洋总统”，因此他鼓励转移重点。在如此个性鲜明的团队里，咄咄逼人、钩心斗角的官僚人数超乎寻常，竞争和分歧逐渐浮出水面。这种情况可能会造成分裂，也可能会促进创新。竞争能够催生行动，分歧能够鼓励创新，主要观点上的一致能够确保大方向的统一。由于在过渡期内总统和他的团队就开始重新重视亚洲，在奥巴马第一任期内，亚洲事务团队发挥了积极作用，结果成为建设性跨部门竞争的典范。

“我们必须再平衡我们的精力，重振我们的实力，”多尼伦说道，“过去一段时间我们用力过猛。由于伊拉克战争和金融危机，我们在全球耗费了大量的权威、实力、声望和经济能力，这两件事情重创了美国权威。”因此，多尼伦继续说道，政府想要做的最重要事情之一是“从多方面重返对我们利益颇为关键的亚洲。我们低估了这个地区的重要性，而这一地区非常需要美国的领导。与中国正确相处或许是我们在世界上需要处理好的最重要的关系了”。

2009 年 2 月下旬，克林顿首次出访亚洲地区。[54]肖莱表示，相关议题的讨论很早就开始了，大家激烈讨论应该由谁主导解决这些问题，还有关于中美关系的对话应采取何种形式。一开始有三种不同方式。克林顿和她的同事认为，国务院应当领衔。[55]盖特纳希望财政部继续通过战略经济对话发挥主导作用。[56]此外甚至出现让白宫主导对话的建议，副总统身边的人提议，应该由拜登牵头一项倡议，正像比尔·克林顿执政时同戈尔共同主持那样。[57]希拉里·克林顿坚称，虽然经济议题非常重要，但是无法代表整个关系，她想采取“更全面”的方式。[58]同时希拉里还强调，在小布什执政期间，尤其是执政初期，对政治和安全议题关注不够。[59]

盖特纳的回应触及了经济恢复议题中的敏感部分，突出了与中国谨慎开展对话的必要性，因为中国仍发挥重要作用。[60]其实，即使是在奥巴马执政初期，继续维持保尔森创立的对华对话机制从而安抚中国投资者也绝对必要。[61]在国安会内，多尼伦和贝德也支持开展联合对话，他们建议一年举行一次。[62]问题在于，中国是否能够接受这种分叉结构，能源和气候等重要优先议题该如何处理。然而，这些问题后来在奥巴马与胡锦涛谈话前得以解决。[63]2009 年 4 月，奥巴马与胡锦涛在参加 G20 峰会时会面。

这种各部门争夺地位和角色的戏码常常上演，尤其是新总统刚上任时更是屡见不鲜。小布什任内的财政部副部长罗伯特·金米特愉悦地指出，这次争斗产生了成果，“奥巴马政府对我们创立的对话的最大贡献就是加了个‘&’”。对话被重新命名为战略与经济对话（S&ED），表明对话扩大到克林顿希望的范围，大家就双头领导结构达成了共识。[64]

在担任国务卿后的首访中，希拉里·克林顿发表了首篇重要演讲，她说：“有些人视崛起的中国为对手。[65]我们的观点与此相反，我们认为美国和中国共同促进、共同获益于对方的成功。”她传递给媒体的信息是，美国将着眼未来，将着眼建设、加深与亚洲的纽带。这不仅包括对中国的重视，也包括认可亚洲盟友对美国关注的需求。[66]针对这一战略目的，她强调出访将发展“伙伴网络”，[67]她将这一做法总结为“有活力的、坚定的承诺”——除了她的演讲撰稿人和政策研究者之外，没有多少人注意这一语义上的细微之处。[68]

尽管克林顿担任第一夫人期间在北京的一次妇女权益大会上尖锐

地批评了中国，但她作为国务卿的访问却采用了建设性的腔调。[69]她巧妙地表达了中美经济相互依赖的事实，说道：“如果我们没能将美国经济搞好，对中国也没有益处。”在人权问题上，她说，尽管将持续提出人权问题，“我们对这些问题的诉求不能干扰全球经济危机、全球气候变化危机以及安全危机”。[70]美国左翼、右翼人士在反华观点上奇怪地走到了一起，希望克林顿能够对中国发出批评的声音。[71]但克林顿言语中拿捏的务实与平衡在中国和亚洲地区深受赞赏。“这是非常成熟、自信的表现，”美国亚洲盟国的一位内阁级官员这样对我说道。

二十国集团峰会于4月2日在伦敦召开。[72]奥巴马在会上强调了对本国经济的治理，承诺一旦经济稳定就会将预算赤字削减一半。[73]这也表明几十年来一直要做别国经济榜样的美国，现在采取了防御性的姿态。胡锦涛则向各国领导人保证，中国将确保可持续的增长，确保稳定、相对较快的经济增长。[74]这再次显示了中国经济的重要性。尽管中美都强调要提升国际货币基金组织的资源，但也都倡导国际货币基金组织的改革，以便能永久性地体现中国的重要地位。[75]最后，胡锦涛和奥巴马同意推进新改组的战略与经济对话，并宣布奥巴马将在十一月访华。[76]在这之后，政府内部对此出现了不少反复。[77]克林顿和国务院认为应当把这次访问当作“胡萝卜”，激励中国政府在一系列问题上取得进步。[78]然而，国安会，特别是贝德认为这种做法过去就不管用。但是中国和亚洲其他国家都注意到了奥巴马初期对华政策的力度和系统性。这位新总统十分重视将对华关系视为自己外交政策的中心，他的内阁和次内阁都为此努力。正如负责地区事务的外交官几次向我吐露的那样，当时美国部分人希望，小布什和保尔森时代中美关系的动力能够延续或者成为继续发展的基础。

接下来，盖特纳六月访华，克林顿在另一篇重要演讲中提到要“特别重视鼓励大国以及新兴的全球国家——中国、印度、俄罗斯、巴西以及土耳其、印度尼西亚、南非，成为全球议题的全面伙伴。”[79]这其实延续了小布什提升二十国集团的努力，也呼应了克林顿执政时期提出的新兴大市场倡议，同时反映出这一做法已被普遍接受，已不是一项新政策，而是代表了新的全球经济现实以及地缘政治格局的转变。一周之后，在泰国举办的东盟峰会上，克林顿再次强调了即将出现的主题——“美国回归”亚洲事务。[80]

战略与经济对话的首次会议在七月召开。克林顿和盖特纳在《华尔街日报》上共同撰写了一篇评论，列出了三大优先事务：“确保从这场几十年来最严重的全球经济危机中复苏，复苏后要保证平衡、可持续的全球增长”，“在气候变化、能源、环境这些互相关联的问题上取得进展”以及“找出补充性措施以应对地区及全球安全和发展挑战”。[81]奥巴马亲自主持召开会议。[82]会议并没有取得多少切实的成果，但会后一位美国官员向我透露，这次会议“发出了重要信号，表明我们对这些问题的重视，也建立了我们需要的沟通渠道”。他补充道：“你可以看出，中国人对此十分认真，他们的团队也越来越了解美国，知道如何与美国打交道。这意味着，我们之后要更加努力向前。”[83]

两个月后，副国务卿斯坦伯格提出了另一个描述两国关系的方式。[84]他认为，中美两国应当寻求“战略再保证”。他表示：“核心是达成心照不宣的协议。正如我们和盟友必须澄清，已经准备好欢迎中国作为繁荣、成功大国崛起，而中国必须向其他国家再保证，其发展及不断扩大的全球角色不会损害其他国家的安全和福祉。”斯坦伯格指出了几个具体领域，在这些领域很容易出现猜忌，他认为“在战略核武器、太空以及日后的网络领域风险尤其明显”。[85]虽然“战略再保证”这个概念又是一次创造时髦词组的乏味尝试，但是斯坦伯格提到了网络，提出一系列逐渐成为奥巴马政府核心关切的问题。[86]

美国政府对外释放的信息是连贯一致的，但政府背后的紧张态势依然存在。斯坦伯格与国家安全顾问一职失之交臂，内心沮丧。[87]白宫一些人觉得很难与斯坦伯格打交道。白宫里的人私下聊天时给斯坦伯格起了贬损的绰号。[88]尽管斯坦伯格在国务院内因为对中国的了解而广受尊敬，但是身边的人明显能够感受到他的沮丧之情。与此同时，政府内还有其他紧张关系，比如竞选时残余的对立情绪，希拉里团队对阵奥巴马团队，另外还有华盛顿本身的政治文化。

克林顿的一位心腹助手回忆道："国务卿一开始就发现了，如果想要在白宫方面取得进展，就必须拉拢他们中的人。她不喜欢那样。但是，"这位助手说道，"我们希望她赢，我们也接受了决策过程就是这么运转的事实。所以，我们设立了平行的网络，但都是用来处理不太紧急的事务。在关键议题上，比如涉及中国、伊朗、中东等时，决策总是依靠这些非常紧密的小团队。团队成员都是男性而且非常排外，是吧？他们并不是最了解某些问题的专家，因此对决策没有益处。"[89]

克林顿和奥巴马达成过"协议"，克林顿负责安排国务院内的职务，而白宫则对大使任命更有发言权，这种协议安排导致摩擦不断。[90]此外，白宫幕僚发现希拉里有一些心腹，尤其是她的办公室主任谢丽尔·米尔斯太过专注于克林顿的长远职业利益，而忽视总统想要实现的目标。[91]积习难改，总统的心腹也想掌控与他相关的议题和信息，让聚光灯打在椭圆形办公室主人身上。[92]

对此我深有感触。2009 年 8 月 23 日，我在《华盛顿邮报》"周日观点"栏目撰写了一篇文章，题目是"现在是凌晨三点。你知道希拉里·克林顿在哪里吗？"。[93]文章的主要观点是，新任国务卿正在改革她部门的运作方式。我列举了她职位定义方面长期存在的争议，认为她正积极把握机遇，闯出一条新路子。"由于挑战频仍，或许白宫必须在国家面临的最紧要事务上发挥日常决策的重要作用。但是，当奥巴马、国家安全顾问吉姆·琼斯、副总统拜登、国防部部长罗伯特·盖茨的精力受到伊拉克、阿富汗以及其他近期历史遗留问题牵扯时，克林顿的国务院能够在处理未来问题上发挥更大作用——尤其是关于美国在未来这个世纪如何领导世界。”[94]

迄今看来，这篇文章对于政府的整体基调是积极的，而我周日上午收到的第一封电子邮件来自白宫的丹尼斯·麦克多诺。麦克多诺对总统极其忠诚，在奥巴马执政初期扮演类似媒体执法人员的角色。如果哪家媒体写了白宫不喜欢的东西，他就会打电话给撰文的记者。麦克多诺没有直接评论我的文章，不过表示我把焦点放在国务卿克林顿身上很有意思。他的言下之意是，我应当把焦点放在总统身上。这其实不算指责，但似乎传递了一种信息，白宫关注和记录外界报道，而且他们并不认为克林顿赢了就是总统赢了。

## “趾高气扬的新人”

当奥巴马团队共同协作，更全面地把重点转移至中国和亚洲时，却不断遭遇一项事实，即中国的国际影响力与日俱增，相比之下，美国显得更加软弱。2009 年 11 月，二十国集团峰会在匹兹堡举行。一位参会的拉丁美洲国家官员表示：“美国似乎不知道自己想要什么。我们想敲定公报时，美国犹豫不决，最后是中国主导了讨论，带领我们达成一致。他们很强。美国不行。”[95]

甚至一位国务院的高级官员也在那年的会后跟我说：“中国人打败了我们，他们在那些问题上都处理得很好，我们有点走神，也没有那种板凳深度。”[96]

而对形势不利的是，政府也开始与斯坦伯格的“战略再保证”拉开距离。白宫走漏的消息（这也是官僚斗争利器）称，斯坦伯格在白宫之前就把话喊了出去。[97]由于奥巴马即将开始亚洲之行，这一举动明显的信号就是，如果有任何人要宣布美国对该地区的新政策，这个人也只能是总统。

在访问行程中，奥巴马在东京的演讲中谈道："美国不试图遏制中国，与中国加深关系也不意味着削弱美日同盟。"[98]奥巴马访问中国时也传达了这些主题。尽管总统还是摆出那些老话题，比如人权、西藏、台湾，双方也都拿出了传统的姿态，但中美也展开了务实的对话，其中最主要的莫过于奥巴马总统和拉里·萨默斯劝说中国调整货币汇率机制。[99]访问结束时的联合声明列举了在一些方面取得的进展，包括朝鲜问题、伊朗问题以及即将举行的哥本哈根会议的准备工作，同时美方在涉及台湾问题的措辞上也给了中国相当大的余地。[101]这在华盛顿引发了反对声音，同时也给媒体造成一种印象，即在这些会议上美国的地位发生了变化，没有摇尾乞怜，但肯定虚弱了不少。《纽约时报》的一篇文章这样写道："这不再是过去的中美关系，而是一个虚弱的巨人和有些趾高气扬的新人之间的会面。过去的会议中华盛顿的相对优势减少了，中国人明显看出了这一点。"[102]

而背地里官僚斗争的戏码并无益处。白宫四处"僭越"不仅让国务院非常沮丧，媒体也不胜其烦。有一次，一位世界大报的资深记者告诉我，白宫派出总统顾问瓦莱丽·贾勒特向媒体通报奥巴马访华之行，"尽管她显然对中国一无所知，但我猜想她与总统、与总统团队走得很近，而这才是重要的"。[103]贾勒特和阿克塞尔罗德等政治顾问的"干政"越来越受到媒体和政策专业人士的诟病。[104]他们认为这些民意测验专家、选举顾问超越了职权范围，在自己专长之外的领域工作。

哥本哈根气候峰会助长了美国正在衰落这一认知。由于中国领导新兴国家进行抵抗，大西洋国家为减排设立具体目标的计划落了空。[105]中国、印度和其他国家知道进程将按自己的节奏而定，他们不愿意自己的发展被迫减慢，不愿意受到不公平的规范限制，毕竟在发达国家发展的过程中并没有这样的制约。新兴国家越发成为全球能源最大的使用者。在这次会议上，由于他们的团结，全球气候谈判的权力天平向新兴国家倾斜，不再偏向美国和欧洲。克林顿目睹这一切，对美国糟糕的计划和执行力大吃一惊（尽管她的气候团队与白宫及能源部官员一起策划了美国在会议上的行动），尽管会议情况难以预测。[107]

2010 年大部分时间里，两国关系持续起伏。总体而言，由于中美都致力于发展双边关系，再加上两国经济实质上越发“交织”（克林顿经常使用的说法），偶尔发生的波折得以抵消，两国关系大致保持平稳。这一点证明，虽然两国关系并非一帆风顺，但历史总是比政策甚至添乱的官员更有力量，推动两国关系朝着更深层次发展。同时，政府内部有众多高级官员希望在两国关系中发挥作用，这种优势或许会化作中美之间有史以来最深刻、最广泛的对话机制。美国国务院、财政部、商务部、美国贸易代表办公室、国防部、能源部、卫生与公众服务部以及其他部门对华广泛开展部长级对话，两国相关部门副部长级和工作层官员也建立起联系。两国关系在任何领域都至关重要。桑德罗在担任能源部助理部长和执行副部长的四年间前往中国十余次。[108]有一次在宴会上，美国食品药品管理局局长佩姬·汉堡向我介绍说，美国药品中超过 70% 的有效成分都是从中国进口的，这种意想不到的依赖令人不安。[109]

白宫人士强调，这种跨领域方式是计划的一部分。其中一位白宫人士表示：“中国与亚洲再平衡战略是政府战略的一部分，包括很多方面，比如外交手段、从伊拉克撤退后进行的军事资产再配置等。这一战略还包括重要的经济倡议，如推动‘跨太平洋伙伴关系协定’，这个贸易协定在小布什政府时期就列入了议程。”

有时候，团队一些成员会反对某些倡议，如“跨太平洋伙伴关系协定”，某些经济团队中的资深幕僚看不起这一倡议，认为该协定“太小了”。但是多尼伦和国安会认为该协定有象征意义，坚持强调其重要性。

奥巴马政府可能受到 2009 年末事件的刺激，在 2010 年 1 月宣布向中国台湾出售先进的爱国者导弹。[110]中国做出了回应，一周后宣布完成陆基中段反导拦截技术试验。[111]中国秉持其一贯立场，表明试验“不针对任何国家”。[112]克林顿随后做出回应，发表了强硬的声明（奥巴马总统夫人米歇尔 2014 年成功访问中国时呼应了克林顿的声明）。[113]她在声明中表示，维护因特网自由是美国外交政策的宗旨。克林顿把网络攻击特意列作为美国特别关注的领域，表示“扰乱我们社会或其他地区信息自由流动的行为对我们的经济、政府和公民社会构成威胁。参与网络攻击的国家或个人应当承担后果、面对国际谴责”。[114]如果克林顿当时也表示该声明“不针对任何国家”，恐怕没有人会相信。

2 月，奥巴马总统在白宫地图室会见达赖喇嘛。[115]这场会面得到奥巴马一些心腹幕僚的积极支持，其中包括瓦莱丽·贾勒特。3 月，斯坦伯格和贝德受邀前往北京，主要是为了缓和中美因为台湾问题出现的紧张关系。[116]斯坦伯格利用这次机会提出一项倡议，希望这项倡议能够成为对战略与经济对话的补充，创立一个关于战略安全议题的固定对话机制，议题主要包括网络、核力量现代化、导弹防御和太空防御。[117] 4 月，两国关系的氛围转好，盖特纳反对将中国列为汇率操纵国后不久，胡锦涛承诺出席核安全峰会。[118]到 5 月时，战略与经济对话制定了适度目标，“稳健的一垒安打，不追求全垒打”。[119]对话确实达到了这个目的，在能源以及诸如供应链安全等商业议题上取得一定进展。

2010 年 6 月末，G20 会议再次召开，奥巴马敦促中国努力支持出口销售，随后又抨击中国对朝鲜不够强硬。[120]与此同时，美国采取的一些行动让中国更不舒服。多尼伦和贝德鼓励奥巴马推动美国加入东亚峰会，更多参与亚洲地区事务。[121]坎贝尔在幕后不知疲倦地做了大量重要工作，帮助美国与地区各国一个个设立双边对话。[122]这些互动并不高调，但是这些国家长期渴望从美国得到认可，这次如愿以偿。它们逐渐帮助美国在地区发展更广泛的关系，制衡中国不断增长的影响力。在这方面，奥巴马政府做了杰出而重要的“再平衡”工作。“这是外交政策中阻挠对手的手段，”坎贝尔那时候这么对我说道，“这种方法没那么吸引人，但能够确保有事发生时，你需要打电话找到某人时，那个人会接电话。”7 月，克林顿直截了当地对中国及其邻国在南海的争端发表看法，声明依照国际法解决南海争端对美国至关重要。[123]克林顿还提出美国可以为促成南海行为准则的相关谈判提供资源支持。[124]中国外交部部长听后脸色铁青（正如倘若中国开始干涉加勒比海事务，美国国务卿脸色也不会好看），他警告东盟国家不要参与外部力量组织的机制。[125]

这个月晚些时候，中国提出对南海“无可争议的主权”。[127]这样说的问题是，由于中国没有真正有实力的蓝水海军，主要依靠其他国家特别是美国保护能源和资源运往中国的海上通道。[128]所以，和经济领域一样，在所有的姿态背后，这两个国家深深地依赖对方，因此在互相施压时也被捆住了手脚（近年来，中国大力建设海军，意味着他们对这种依赖不太舒服）。[129]

认识到两国加深对话的重要性，奥巴马接受了多尼伦的提议，派多尼伦和萨默斯两人赴中国与中国领导人会面。[130]这在很多方面都是非同寻常的安排。这是顶级白宫顾问和中国领导人之间有效的外交往来。这在礼宾方面（中国人非常看重礼宾）也产生了一些有趣问题——因为多尼伦当时仍是副国家安全顾问，尽管早有传言琼斯国家安全顾问的位子不保，多尼伦上升的势头明显。中国人早已认识到白宫的政治格局，竭尽全力接待，和多尼伦、萨默斯会面的中方领导级别是一样的，两人也受到了极大的礼遇。[131]

对多尼伦和萨默斯来说，这次旅行提供了少有的开放和建设性对话的平台。多尼伦说得很清楚，对总统而言，在所有国际倡议中与中国的合作都至关重要。[132]萨默斯则强调，中国需要让人民币升值，否则在中国会造成通胀，在美国会带来白宫难以控制的政治后果。[133]

讨论的基调是积极的，这次访问也被视为中美关系的分水岭——

尽管这在白宫内创造了和战略与经济对话平行的机制。[134]务实的中国人希望确定他们可以接触到真正能办事的人。对美国而言，尽管这次行动操作性很强，超越了传统白宫工作人员的工作范围，但反映了奥巴马政府运作的特点。此外，这也表明尽管政府内有与此竞争的行动，但只要这些行动都朝着同一方向，结果就是正面的。2010 年 10 月，多尼伦升任国家安全顾问。[135]

2010 年 2 月，《金融时报》爱德华·卢斯的一篇文章精确地把握了白宫处于美国政治核心的格局。[136]考虑到奥巴马小圈子里很多人睚眦必报的性格，卢斯写这篇文章可谓很有勇气。《令人畏惧的四人帮》讲述了以阿克塞尔罗德、贾勒特、吉布斯、伊曼纽尔为代表的总统侧近人士打造的现实世界。文章说，这四个人深度参与了奥巴马每一个重大决定，他们对总统的接近、对其他总统身边人的控制让其他人没办法开展工作。卢斯认为“最大的失败者就是内阁成员”，他列举了卫生及公共服务部部长凯瑟琳·西贝利厄斯、国土安全部部长珍妮特·纳波利塔诺和内政部部长肯·萨拉查三人，这些官员与总统很少接触。卢斯认为拉姆·伊曼纽尔性格暴躁是出了名的，阻碍了有效沟通。他回忆有一次伊曼纽尔评价那些企图发起医疗改革的自由派人士为“蠢货”。奥巴马另一位高级别的支持者则说：“我们被当成孩子一样对待。没有人寻求我们的意见。”卢斯这样评论奥巴马的中国之行，他写道：“外交政策上能观察到一样的现象。看看奥巴马 11 月访华吧，能源部部长、诺贝尔奖得主朱棣文被撇在一边，而吉布斯、阿克塞尔罗德、贾勒特却时常陪伴在总统周围。”[137]

这篇文章引起轩然大波。此后一段时间，卢斯基本上难以与白宫人士保持来往。但是之后几年内，我和奥巴马内阁部长级和副部长级官员、资产雄厚的金主、现任及前任参议员、其他国会议员等人的交谈不断地证明卢斯文章论点的正确性。[138]

史蒂夫·克莱蒙斯是华盛顿思想深刻、客观中立的著名评论家，他写道："毫无疑问，卢斯的这篇文章精准地切中了要害。国内许多顶尖新闻主持人和编辑来回发送邮件（我私下也发送过三封邮件），表示卢斯写了一篇准确描述政府的好稿。然而，他们担心一旦公开给文章'助威'，'奥巴马白宫的四骑士'就会切断他们获取白宫信息的渠道。"[139]

一位前奥巴马内阁部长级官员告诉我一些细节，支持了卢斯的论点，但略有不同："奥巴马总统决策运作的方式不是把权力分配给其他人。他想要掌控一切，而当一个人想要做到这一点时，就会依靠团结在他身边的人，与他们交谈，与他们一起工作，确保自己想要的能够得到实施。我认为，这是这位总统的一项最根本原则。"[140]这位曾在国家安全决策方面发挥重要作用的高官说道："在克林顿执政期间，国安会面对问题时基本会筛选掉很多解决方案，然后把剩下的一些选择正式递交给总统，总统再决定执行哪一个。奥巴马任内白宫的运作方式有所不同，我们会讨论各个政策选项，但是递交给总统的过程算不上非常正式。基本上，我们会尽量依靠直觉判断总统可能希望会朝哪个方向前进，然后就努力支持他。换句话说，这一过程与过去总统所施行的国家安全决策流程不同，奥巴马任内，这一流程往往是以总统本人为起点。"[141]这位官员曾担任要职，他表示每隔两到三周能够单独面见一次总统，大多时候都是和其他人一起面见。不过，他在强调卢斯的分析文章时指出："一个幕僚，尤其是与总统关系亲密的幕僚，能够推动议题取得进展，能够通过摆出'总统告诉过我'之类的话强调事情应该向某一方向发展，如此总结这类幕僚的作用确实不为过……因此，那些与总统关系好的幕僚常常为总统代言，想要影响正在发生的事情。我和其他内阁部长级官员，出于背景和经验，会觉得哪里有问题。如果我们想要制定政策半成品，必须看看所有不同的选择，然后看看哪一个最有道理，而不是追随总统可能对幕僚说的话甚至是子虚乌有的话。"[142]

倪伟立在国务院工作，说起白宫那些内幕人士时更加直白："我认为，他们就是想掌控决策过程，而不是让国务院和国防部有能力和经验的人负责，决策过程就此崩塌。此外，白宫还有种习惯，处理事务总像竞选时一样。他们想要完全掌控所有事情。这种决策方式就像处理每一份报纸头条一般，国务院、希拉里·克林顿或者盖茨都不可能这样工作，因为他们的部门不是这么运转的。"倪伟立继续说道："我们来政府工作后，他们告诉我们，基本上如果没有得到丹尼斯·麦克多诺的允许，谁也不许上电视。麦克多诺（当时）在白宫负责战略沟通。希拉里也不让上。所以，你知道的，什么周日秀啦，'新闻小时'啦，都严格禁止。管理这么严倒不是因为他们不信任这些人，而是因为他们采取竞选时的管理方式。"其他一些奥巴马政府内阁部门的官员则表示（比如负责经济和内政部门的官员，而不是负责国家安全政策的官员），严格限制在媒体上抛头露面是奥巴马整个执政时期的标准管理方式。[143]

史蒂夫·哈德利评论道："他们没有赋予内阁官员权力，从而调动整个联邦政府的力量，相反，他们解除了这些人的权力，然后把权力都集中到白宫。当遭遇一系列危机时，这就成为一个严峻的问题……最后危机管理就能忙得你焦头烂额。如果只有空应付危机，更多危机会接踵而至，因为你没能塑造事件，没能塑造我们利益的未来发展方向。恐怕这就是他们的写照。"

权力集中会造成危害。"白宫发号施令的人必须首肯决策过程，不然没人会做事，"一位国务院的高级官员说道，"你指挥不动任何人，而且你知道自己一直要在某方面下功夫。比如说，美国国际开发署如果不从盖勒·史密斯（之前负责竞选政策的心腹幕僚）那里争取白宫的后门渠道，那么只会一事无成。这是一个典型的例子。她为（迈克尔）弗罗曼工作，而弗罗曼（与总统上的同一所法学院）是小圈子一员。"[144]

奥巴马次内阁的一位成员补充了白宫权力集中的另一大缺陷："很少人参与决策，所以他们听不到所有的意见和不同观点。大部分人都是执行型人才——穿梭在会议之间，但是在会议桌上没有战略思维和新鲜的观点。很多人因为觉得被排除在核心圈外，而没有在工作上全力以赴。国安会工作人员对待其他部门的人员也摆出高高在上的样子，这也引起了不少矛盾。"[145]

此外，国安会很多功能性职责都是在高级主任这一级别完成的，这也引发了其他问题。一位奥巴马国家安全事务上的高级顾问、前国安会官员告诉我，当国安会规模更小的时候（在美国前几届政府中），国安会的高级职位很重要。[146]克林顿时期，很多助理国务卿级别的官员和其他有多年经验的官员担任国安会职位。但是，"在奥巴马时期，很多国安会职位都成了年轻政客的培训岗位"。这位前国安会老将认为，这不仅造成经验不足的问题，也让国安会无法召开高级别跨部门会议，因为这些部长们认为自己的级别与副国家安全顾问相似，而不愿意被低级别的国安会官员召见。这无意间进一步使国安会的架构和行事方式稀释了政府部门在决策过程中的影响力。[147]

圈子之内还有圈子。积极进取的国安会和人手众多的白宫驱动着政策。但在白宫内部，只有真正的圈内人士才能决定什么是优先政策，该如何采取行动。一位顶尖的白宫律师这样说："白宫其余的人都讨厌国安会，因为国安会的人认为自己了解一切。而国安会也讨厌这些人，认为他们不懂真正的门道。"[148]吉姆·琼斯担任国家安全顾问20个月，却从未跨进小圈子，也未在这一职位施展自己的才能。[149]

同时，国安会相关的管理职能持续扩大。琼斯任期结束时，国安会的员工已经达到370人，是基辛格时代（20世纪70年代）的10倍之多。这也反映了一个长期趋势，即奥巴马时代的决策权显著地集聚白宫。由此产生的问题是，政府别的部门显得多余，至少他们感到了自己的多余。一位前国安会官员这样说："当国安会有300多人，这就是一个内阁。他们所有人都想做些什么，他们什么都想掺和。”[150]

布伦特·斯考克罗夫特称琼斯为“好友”，他认为选择琼斯任国家安全顾问“是个很奇怪的决定。他们（琼斯和总统）之前并不了解对方。我认为他们之前只见过两次。他不是核心圈子成员”。布热津斯基说：“他比总统年长，而且是前北约总司令，但不得不遵从这位聪颖过人、固执己见的平民官员，同时总统对琼斯的话也听不进去，因为他更愿意同汤姆或丹尼斯讨论。”

劳伦斯·萨默斯和帕内塔都认为多尼伦升任国家安全顾问代表了一种进步。“我必须承认，我对汤姆非常尊敬，”萨默斯说，“他很有思想、严肃、认真，对国家安全问题的思考不夹带个人目的。他把所有精力都投入到这份工作中去。”此外，“与政府其他官员相比，他的一项长处在于密切关注和联系思想界、外围学者以及各部著述研究的国家安全问题。能够做到这一点，又能保持管理工作井井有条相当了不起。我认为总统十分幸运，汤姆在他身边这么多年，没有他，事情将变得很困难”。

## 你说转向，我说再平衡

由于多尼伦是美国转向亚太的主要倡导者，他的推动也让这一政策在白宫获得更多重视。[151]在奥巴马执政的头两年，多尼伦就赢得了奥巴马和周围人的信任，因此与琼斯不一样，他被视为内部人士以及总统的忠诚派。[152]同时，由于头两年多尼伦掌管下的副部长级决策流程是整个国安会中最高效的，政府中大部分同僚都认为他对这一体制十分投入。[153]

美国决定转移重点的一个月后，克林顿参加在河内举办的东亚峰会前在火奴鲁鲁发表演讲，进一步阐述这一政策。[154]她把美国对亚洲的承诺称为“前沿部署性外交”，强调美国政府的目标是在该地区的

“每一个角落”开展外交。在峰会上，她试图平息中日之间因为贫瘠小岛——钓鱼岛（日方称“尖阁诸岛”）等导致的紧张关系。[155]关于岛屿的争议烈度已经远远超过其本身的价值。中日两国在岛屿争议中夹杂了对对方的历史厌恶感，两国关系从第二次世界大战之前就已经开始紧张。在私下会谈中，克林顿提出美国可以居中调停争端，但是无果而终。[156]中日两国的紧张关系一直延续到2014年，也就是奥巴马第二任期。[157]钓鱼岛成为中日关系的摩擦点，导致两国军事上可能擦枪走火，双方民众仇恨加深，大家都担心这场争端可能无意中引发更激烈的冲突。

为了配合地区总体战略，更广泛地重新接触该地区，奥巴马延续了克林顿及其团队的出访工作，开始亚洲之行，访问的国家包括印度、印度尼西亚和韩国。[158]在印度，据内部人士透露，奥巴马“几乎是临时起意”做出一个决定。[159]为了体现对美印关系的重视，奥巴马表态支持印度申请加入联合国安理会常任理事国。印度一直以来都对“入常”梦寐以求，希望能够与联合国“五常”大国平起平坐。尽管奥巴马的口头表态在短期内很难化作实际行动，但是仍然让新德里高兴不已。[160]中国对此可能会不太高兴，因为中国的外交官员认为，这再次证明美国致力于打造抵消中国影响力的联盟。

尽管中美之间存在上述问题以及朝鲜半岛问题、汇率问题等，中国内部对自身的国际角色也存在辩论，但是中国国家主席胡锦涛仍然决定应奥巴马邀请在2011年1月末对美国进行国事访问。[161]在胡主席访问期间，中方接受了斯坦伯格提出的“战略安全对话”机制，并宣布签订总额达450亿美元的经贸协议，其中包括购买200架波音飞机。[162]这次出访确保了2011年中美关系总体态势积极，各部门在决策流程更协调的国安会下进一步推动了两国沟通。

到2011年秋季，在白宫多尼伦的指挥协调和克林顿的带头领导下，有关对华政策的多个机制得到合并，决策过程更加协调。为了更好地定义政策，克林顿在《外交政策》上发表了《美国的太平洋世纪》一文。[163]她在文章一开始写道：

> 伊拉克战争逐渐落下帷幕，美国开始从阿富汗撤军，美国正处于转折点。过去十年，我们向两个战场投入了巨大资源。今后十年，向何处投入时间和精力要做到灵活和系统，从而让我们处于最有利的地位，维持我们的领导力，确保我们的利益，推广我们的价值观。因此，今后十年，美国外交策略的最重要使命之一将是向亚太地区大幅增加投入，包括外交、经济、战略和其他方面。[164]

这一战略被称为“转向亚洲”，是克林顿早先提出的“前沿部署性外交”的体现，但并未博得该战略所有涉及国家的欢心。战略包含六条行动方针：加强双边联盟；深化美国与新兴大国的关系，尤其是中国；参与多边机制；扩大贸易和投资；增强有广泛基础的军事存在；推广民主和人权。克林顿在文章中继续写道：“过去十年，我们的外交政策经历了转型，从处理后冷战时期的和平红利到履行在伊拉克和阿富汗做出的巨大承诺。随着这两场战争逐渐进入尾声，我们需要加快转向以适应新的现实。”[165]

差不多在当时，莱昂·帕内塔取代盖茨出任国防部部长。[166]他支持克林顿的观点，在2011年末首次出访亚洲地区时表示：“我讲得很清楚，即使我们在国内面对预算限制，国防部和白宫的讨论都毫无疑问地认为，太平洋地区是美利坚合众国的一项首要关注。”

2011年11月，奥巴马在火奴鲁鲁进行的亚太经合组织峰会上发表重要演讲，进一步阐明这一战略的意义。[167]奥巴马表示，亚太地区“对美国发展绝对至关重要”，随后又说道，“没有哪一个地区更能塑造我们的长远未来。”[168]四天后，他宣布计划派遣2500名海军陆战队成员驻扎在澳大利亚，以便“更有效地加强两国及该地区安全”。[169]此举彰显奥巴马对该战略的承诺与重视。同帕内塔一样，奥巴马表示削减国防开支不会阻碍美国处理这一优先事务。多尼伦也在《金融时报》发表评论，进一步加强美国在这方面的承诺。[170]

在白宫新团队的协调下，战略和信号的整合和传递做得非常好，但是任何好事在华盛顿都能找到批评者。“转向”一词受到了美国中东盟友以及华盛顿中东专家的攻击，认为这一词意味着美国要离他们而去。[171]中国也很生气，因为整套政策看上去都像是在“遏制”中国，要对中国发起新冷战。[172]同时，这一政策在白宫地位的提升也激化了白宫与国务院的竞争。国务院认为对这一政策意味着特别的所有权，正如肖莱指出的那样，本届政府上台几小时后，他们的焦点就已转向了亚太。而坎贝尔和多尼伦的关系也因此变得紧张，在本届政府上台之初，两人还非常亲密，甚至经常一起去钓鱼。[173]坎贝尔在幕后做了大量工作，在亚洲各国政府间穿梭，与这些国家建立了空前的深厚关系；而克林顿在中东及其他重要问题直接受白宫掌控时，已有力地转向了亚洲。他们有理由感到沮丧。

多尼伦更青睐“战略再平衡”一词，而不是“转向”，因为前者没有“抛下某地区”的暗示。[174]但这位律师出身的国家安全顾问很少对公众表达自己的看法。他采取了斯考克罗夫特的做法，即躲在幕后，只有与克林顿、帕内塔、新中情局局长彼得雷乌斯密切磋商后，才会发表重要的讲话。这种对镜头的“羞怯”只有在最优秀的国家安全顾问身上才能找到，因为这一职位的工作最好在幕后完成。一旦强占聚光灯，就会给总统带来政治损害，也会招来国务卿以及其他高级官员的不满，因为这些人一向将美国政府的国际代言人身份视作自己的特权。

将这一政策当重大转折来宣布，政府给自己下了套。[175]关于优先事项的任何调整、任何将美国注意力转移的事件——比如后来发生的中东和乌克兰危机，都可能被视为美国的重新考虑或撤退。高级官员替换、新官员与上一任的优先事务不同，也会造成同样效果。克林顿、盖特纳和多尼伦都积极关注中国，但后来的克里更关心中东，苏珊·赖斯则几乎没有亚洲经验，主要关注白宫的危机管理。[176]如果后续落实不到位，有时高调宣布某项主义或政策调整具有很大风险。同样的政策如果宣布时低调一些，激起的反应没那么大，风险也会小很多。

## 新断层线的出现

随着2012年大选到来，出于美国国内政治的需求，美国与中国的关系又不可避免地变得紧张起来。2012年初，奥巴马称，中国贸易手段不公，是美国贸易的威胁。[177]他威胁要将中国告上世贸组织的次数是小布什的两倍。[178]他坚称，美国“不会将太阳能、风能、电池产业拱手让给中国或德国”。在接下来的九个月中，美国政府在这些问题上对中国揪着不放，宣布反倾销制裁、向世贸组织递交抗议，而且十分罕见地签发总统令，命令一家中国企业停止在美国军事基地旁边修建风力发电厂。[179]

“成熟的关系”，之后坎贝尔对我说道，“在两个复杂国家之间并不简单。能够经受偶发问题的考验是成熟的标志。”

## “让我夜不能寐的一件事情”

当年年中，在英国伦敦国际战略研究所举办的年度香格里拉对话上，莱昂·帕内塔谈论了“亚太再平衡”。[188]几乎与此同时，希拉里·克林顿处理了与“再平衡”相关但却不那么吸引眼球的议题，签订了向湄公河下游国家提供5000万美元的新方案。[189]此举向该地区的小国证明，“再平衡”不仅仅停留在口头。当年末，奥巴马访问泰国、缅甸（美国正与缅甸恢复关系）和柬埔寨。[190]这是克林顿卸任前最后一次与总统出访，而且出访的目的地是她工作卓有成效的地区，因而这次访问具有象征意义。[191]

然而，尽管美国与东南亚国家关系在许多层面取得进展，“苹果里仍然有一条虫子”——网络安全成了一大难题。美国情报机构认为中国是潜入美国商业和政府系统的主要来源国，给美国造成急剧上升的经济损失和战略风险。[192]“网络，”前反恐主管约翰·布伦南说道，“是让我夜不能寐的一件事情。”

2013 年 2 月，一份美国国家情报评估显示，美国已经成为大规模持续性网络间谍攻击的目标。[193]虽然评估提到俄罗斯、以色列和法国从事盗窃经济情报和知识产权的行为，但是都无法与中国行为的全面程度和影响相提并论。[194]网络安全问题已经上升到一定高度，奥巴马总统在国情咨文中不得不单独提出，以引起大家的关注。[195]

多尼伦、布伦南以及情报机构密切合作，把网络问题当作新的国家安全首要事务。[198]2013 年 3 月，多尼伦针对网络问题发表演讲表示：“越来越多的美国商界人士表明了他们的忧虑，担心中国通过前所未有的网络入侵全面盗取商业机密和技术产权。国际社会不能容忍任何一个国家做出这样的行为。”[199]美国极其重视这一问题。多尼伦发表演讲数天后，奥巴马打电话祝贺中国新任领导人习近平时提及网络安全问题，表示这是“共同的”忧虑。[200]习近平上任后六周内，三位美国高官雅各布·卢、莱尔·布雷纳德、麦艾文前往北京商议网络安全问题。[201]两个月后，美国国防部一份关于中国军事实力的报告对中国的网络攻击行为着墨颇多，认为中国已经系统性地发展了先进的网络攻击能力。[202]这一问题成为之后 6 月奥巴马与习近平会谈的主要内容。[203]

但在此之前，另一个分水岭式的事件发生了。2013 年 5 月 20 日，前美国政府雇员爱德华·斯诺登抵达香港。[204] 世界很快就会知道，斯诺登逃离美国事出有因。他有计划地从超级秘密机构美国国家安全局偷取了大量文件，而国安局本身就是美国的网络间谍机构。斯诺登准备把这些文件披露给媒体，并向中国寻求庇护。虽然中国没有给予斯诺登庇护，但是同意他乘坐商业航班前往莫斯科。[205] 斯诺登原计划把莫斯科作为临时中转站，然而美国的压力让他难以找到可行方式前往能够提供庇护的少数国家，他不得不滞留在莫斯科。俄罗斯最终给予斯诺登居留许可，激怒了奥巴马政府。作为崛起大国，中国尽管已在小布什和奥巴马执政时期站稳脚跟，但正如北京奥运会期间面对俄罗斯提出借金融危机打击美国时的反应一样，相比俄罗斯，中国更愿意用灵巧的手法处理这一桩发生在 21 世纪的间谍故事。[206]

中美关系无疑至关重要，南海与网络安全争端时常上头条，同时汇率问题、商贸大单也显示了两国经济的深度依赖。但奥巴马第一任期结束时，美国外交政策转向亚洲却没有得到很多讨论。因为这时已经很难找到讨论人了。克林顿、多尼伦、盖特纳，还有几乎全部在“再平衡”战略中发挥支持作用的人纷纷离开政府。尽管总统、副总统、高级内阁成员仍然继续访问该地区，“再平衡”的日常引擎、设计师和真正的信徒都已经离开。这些人也是亚洲地区很多高级官员熟识的人，建立的关系在亚洲文化中很重要（尽管这一点可能有些夸大，但良好长久的个人关系对外交乃至任何行业都很重要）。当这些前官员卸任后造访亚洲，他们总能听到差不多的反馈：“我们该给谁打电话？谁在管事？之前我们可以找国务卿克林顿、多尼伦、坎贝尔或者霍尔迈茨。但我们不觉得国务卿克里或者苏珊·赖斯会像之前那样关心这些问题。”[207]

这一结果应当让人警醒。为了适应变化的世界，美国调整战略优先是必要的。但一旦开启这项工作，就应当努力保持。忽视或者任由其自由发展都会让人认为这是一种回调。消极面对或关注不够都会让海外国家认为美国是在积极撤退。调整的反作用力会损伤国与国之间的关系。正如奥巴马第二任期开始以来，他与拜登不得不一再发出信号，向盟友保证美国对维持在亚洲领导力的承诺。

## 注 释

1. "President George W. Bush's Inaugural Address, 2005," Council on Foreign Relations, January 20, 2005.
2. 同上。
3. 根据与国务院官员的采访内容。
4. Robert Marquand, "As China Rises, US Taps Japan as Key Asian Ally," *The Christian Science Monitor*, March 21, 2005.
5. Joel Brinkley, "Rice Warns China to Make Major Economic Changes," *The New York Times*, August 19, 2005.
6. 同上。
7. Peter Baker, "President Revisits Foreign Policy," *The Washington Post*, September 14, 2005.
8. Robert B. Zoellick, "Wither China: From Membership to Responsibility?" *US Department of State Archive*, September 21, 2005.
9. "Annual Report to Congress: The Military Power of the People's Republic of China 2005," Office of the Secretary of Defense, 13.
10. Keith Bradsher, "As Trade Deficit Grows, So Do Tensions with China," *The New York Times*, March 10, 2006.
11. 同上。
12. Sanger, *Inheritance*, 392.
13. Joseph Kahn, "Bush and Hu Vow New Cooperation," *The New York Times*, April 21, 2006.
14. Rice, *No Higher Honor*, 525.
15. Paul Blustein, "Treasury Nominee Has Ties to China," *The Washington Post*, June 6, 2006.
16. 根据与小布什政府官员的采访内容。
17. Peter S. Goodman, "Paulson Gets Promise Only of Dialogue With China," *The Washington Post*, September 21, 2006.
18. 同上。
19. Charles Hutzler, "China Anticipates Bumpy Road with U. S." *The Washington Post*,

November 9, 2006.

20. Steven R. Weisman, "U. S. Rebukes China on Trade Ahead of Paulson Trip," *The New York Times*, December 11, 2006.
21. Ariana Eunjung Cha, "U. S. , China Clash on Currency," *The Washington Post*, December 15, 2006.
22. David M. Lampton, *Same Bed, Different Dreams: Managing U. S. – China Relations*, 1989 – 2000 (Oakland, CA: University of California Press, May 2002), 34.
23. William J. Broad and David E. Sanger, "Flexing Muscle, China Destroys Satellite in Test," *The New York Times*, January 19, 2007.
24. "UPDATE 1 – China's Wu urges trade cooperation, not confrontation," *Reuters*, May 22, 2007.
25. Michael M. Phillips and Rick Carew, "U. S. Presses for Results from China Talks," *The Wall Street Journal*, May 23, 2007.
26. Steven R. Weisman, "Chinese Officials Extol Benefits of U. S. Relations," *The New York Times*, May 25, 2007.
27. Brian Knowlton, "Bush and Congress Honor Dalai Lama," *The New York Times*, October 18, 2007.
28. Mark Mazzetti, "Gates Offers to Work with China's Military," *The New York Times*, June 2, 2007.
29. Edward Cody, "China and U. S. to Establish Military Hotline," *The Washington Post*, November 6, 2007.
30. 同上。
31. Sheryl Gay Stolberg, "Bush to Attend Opening Ceremonies of the Beijing Olympics," *The New York Times*, July 4, 2008; Background interview with senior Bush administration official.
32. 根据与小布什政府高级官员的采访内容。
33. 同上。; Robert Marquand, "E. U. weighs Olympic Boycott Over Tibet," *The Christian Science Monitor*, March 27, 2008.
34. Amy Shipley, "China's Show of Power," *The Washington Post*, August 25, 2008.
35. Henry M. Paulson, *On the Brink: Inside the Race to Stop the Collapse of the Global Financial System* (New York: Business Plus, 2010), 82 – 83, 128.
36. Henry M. Paulson, *On the Brink*, 160 – 161.
37. Bush, *Decision Points*, 434; Baker, *Days of Fire*, 602.
38. Paulson, *On the Brink*, 160 – 161.
39. Paulson, *On the Brink*, 161.
40. Emily Flitter, "China Flexed Its Muscles Using U. S. Treasures: The U. S. Did a Lot of Hand Holding with Its Biggest Lender During the Financial Crisis," *Reuters*, February 17, 2011.
41. Jamil Anderlini, "China Lost Billions in Diversification Drive," *The Financial Times*, March 15, 2009.
42. Flitter, "China Flexed Its Muscles."
43. 同上。
44. Paulson, *On the Brink*, 52.

45. Flitter, "China Flexed Its Muscles."
46. 同上。
47. 同上。
48. Sheryl Gay Stolberg, "As Leaders Wrestle with Economy, Developing Nations Get Ringside Seats," *The New York Times*, November 15, 2008.
49. 同上。
50. Mark Landler, "World Leaders Vow Joint Push to Aid Economy," *The New York Times*, November 15, 2008.
51. 同上。
52. Jeffrey A. Bader, *Obama and China's Rise: An Insider's Account of America's Asia Strategy* (Washington, DC: Brookings Institution Press, 2013), 3.
53. 同上。
54. Glen Kessler, "Clinton Packs Full Asia Agenda for First Trip as Secretary of State," *The Washington Post*, February 6, 2009; Mann, Obamians, 175.
55. Mann, Obamians, 175 - 176.
56. 同上。
57. Bader, Obama and China's Rise, 22; Ted Osius, "Legacy of the Clinton - Gore Administration's China Policy," *Asian Affairs*, 28.3, Fall 2001, 125 - 134; James Mann, *About Face: A History of America's Curious Relationship with China from Nixon to Clinton* (New York: Alfred A. Knopf, 1999), 351 - 352; Wolf Blitzer, "Republicans Hammer Gore over U. S. Policy Toward China," *CNN. com*, March 10, 1999.
58. Mann, *Obamians*, 176.
59. Bader, *Obama and China's Rise*, 105.
60. 根据与财政部高级官员的采访内容。
61. 同上。
62. Bader, *Obama and China's Rise*, 22.
63. 同上。
64. Mann, *Obamians*, 176.
65. Mark Landler, "Clinton Seeks a Shift on China," *The New York Times*, February 13, 2009.
66. 同上。
67. Jill Dougherty, "Clinton Heads to Asia on First State Trip," *CNN Politics*, February 16, 2009.
68. Landler, "Clinton Seeks a Shift on China."
69. 同上。
70. 同上。
71. Washington Post Editorial Board, "Hillary Clinton's Silence on Chinese Human Rights," *The Washington Post*, February 24, 2009; "US: Clinton Remarks Undermine Rights Reform in China," *Human Rights Watch*, February 20, 2009; Bret Stephens, "Does Obama Believe in Human Rights?" *The Wall Street Journal*, October 19, 2009.
72. Henry J. Pulizzi, "Obama to Visit China, Resume Dialogue," *The Wall Street Journal*, April 2, 2009.

73. White House Office of the Press Secretary, "News Conference by President Obama," *White House Press Release* (April 2, 2009).
74. Office of the White House Press Secretary, "Statement on Bilateral Meeting with President Hu of China," *White House Press Release* (April 1, 2009).
75. Pulizzi, "Obama to Visit China."
76. 同上。
77. Bader, *Obama and China's Rise*, 22 – 23.
78. 同上。
79. David Barboza, "Geithner Says China Has Faith in U. S.," *The New York Times*, June 3, 2009.
80. Simon Montlake, "Clinton Stresses US Commitment at ASEAN Forum," *The Christian Science Monitor*, July 23, 2009.
81. Hillary Clinton and Timothy Geithner, "A New Strategic and Economic Dialogue with China," *The Wall Street Journal*, July 27, 2009.
82. "U. S. and China launch 'new dialogue,'" *CNN*, July 27, 2009.
83. 根据与美国高级官员的采访内容。
84. Sanger, *Confront and Conceal*, 387 – 288.
85. 同上。
86. Al Pessin, "U. S. Calls on China for 'Strategic Reassurance,'" *Voice of America*, September 24, 2009.
87. 根据与奥巴马政府官员的采访内容。
88. 同上。
89. 根据与希拉里·克林顿资深助手的采访内容。
90. Allen and Parnes, *HRC*, 59, 102.
91. Allen and Parnes, *HRC*, 99 – 101, 141 – 145; Alter, *The Promise*, 236 – 237; Jonathan Alter, "Woman of the World," *Vanity Fair*, June 2011.
92. Mann, Obamians, 211 – 212; Allen and Parnes, HRC, 102 – 103; Ben Smith, "Hillary Clinton Toils in the Shadows," *Politico*, June 23, 2009.
93. David Rothkopf, "It's 3 a. m. Do You Know Where Hillary Clinton Is?" *The Washington Post*, August 23, 2009.
94. 同上。
95. 根据与拉丁美洲国家官员的采访内容。
96. 根据与美国国务院官员的采访内容。
97. Josh Rogin, "The end of the concept of 'strategic reassurance'?," *Foreign Policy*, November 6, 2009.
98. Mike Allen, "America's First Pacific President," *Politico*, November 13, 2009.
99. Bader, *Obama and China's Rise*, 54 – 55.
100. Mann, *Obamians*, 180 – 182.
101. Bader, *Obama and China's Rise*, 55 – 56.
102. Michael Wines and Sharon LaFraniere, "During Visit, Obama Skirts Chinese Political Sensitivities," *The New York Times*, November 17, 2009.
103. 根据与记者的采访内容。
104. Edward Luce, "America: A Fearsome Foursome," *The Financial Times*, February 3,

2010.

105. Mann, *Obamians*, 183.

106. 同上。

107. Clinton, *Hard Choices*, 491 - 492, Allen and Parnes, HRC, 178 - 180; Michael Hirsh, "How Hillary Found Her Groove with Obama," *The Daily Beast*, April 22, 2010.

108. Matthew L. Wald, "Coming and Going at the Energy Department," *The New York Times*, April 10, 2013.

109. 根据与奥巴马政府官员的采访内容。

110. "China Complains About Arms Sales to Taiwan," *CNN. com*, January 8, 2010.

111. Andrew Jacobs and Jonathan Ansfield, "With Defense Test, China Shows Displeasure of U. S. " *The New York Times*, January 12, 2010.

112. 同上。

113. Chris McGreal and Bobbie Johnson, "Hillary Clinton Criticizes Beijing over Internet Censorship," *The Guardian*, January 21, 2010; Hannah Beech, "Michelle Obama Defends Free Internet in China Speech," *Time*, March 22, 2014.

114. Mark Landler, "Clinton Urges Global Response to Internet Attacks," *The New York Times*, January 22, 2010.

115. Bader, *Obama and China's Rise*, 72 - 73.

116. Bader, *Obama and China's Rise*, 76.

117. Bader, *Obama and China's Rise*, 77.

118. Bader, *Obama and China's Rise*, 77 - 78.

119. ark Landler, "Clinton and Geithner Face Hurdles in China Talks," *The New York Times*, May 24, 2010.

120. Sewell Chan and Jackie Calmes, "World Leaders Agree on Timetable for Cutting Deficits," *The New York Times*, June 27, 2010.

121. Bader, *Obama and China's Rise*, 14, 96.

122. Elizabeth Economy, "Missing in Asia: the Pivotal Person in Obama's Pivot," Forbes, May 1, 2014; *Principles of U. S. Engagement in the Asia - Pacific*, United States Senate, 111th Congress (2010) (testimony of Kurt M. Campbell, Assistant Secretary of State, Bureau of East Asian and Pacific Affairs, US Department of State) .

123. Mark Landler, "Offering to Aid Talks, U. S. Challenges China on Disputed Islands," *The New York Times*, July 23, 2010.

124. 同上。

125. Bader, *Obama and China's Rise*, 105.

126. 同上。

127. John Pomfret, "Beijing Claims 'Indisputable Sovereignty' over South China Sea," *The Washington Post*, July 31, 2010.

128. Ronald O' Rourke, "China Naval Modernization: Implications for U. S. Navy Capabilities—Background—and Issues for Congress," Congressional Research Service, April 10, 2014.

129. 同上。

130. Bader, *Obama and China's Rise*, 115 - 116.

131. 同上。
132. Bader, *Obama and China's Rise*, 116 – 117.
133. Bader, *Obama and China's Rise*, 117 – 118.
134. Bader, *Obama and China's Rise*, 118.
135. Scott Wilson, "Security Job Goes to Insider," *The Washington Post*, October 9, 2010.
136. Luce, "America: A Fearsome Foursome."
137. 同上。
138. 根据与奥巴马政府官员、美国捐款人、前任及现任国会议员的采访内容。
139. Steve Clemons, "Core Chicago Team Sinking Obama Presidency," *The Washington Note*, February 7, 2010.
140. 根据与前奥巴马政府高级官员的采访内容。
141. 同上。
142. 同上。
143. 根据与奥巴马政府官员的采访内容。
144. 根据与美国国务院官员的采访内容。
145. 根据与奥巴马政府官员的采访内容。
146. 根据与奥巴马政府官员的采访内容。
147. 根据与奥巴马政府官员的采访内容。
148. 根据与奥巴马政府官员的采访内容。
149. 根据与国安会人员的采访内容。
150. 根据与小布什政府官员的采访内容。
151. Mark Landler, "Rice to Replace Donilon in the Top National Security Post," *The New York Times*, June 5, 2013.
152. Wilson, "Security Job Goes to the Insider."
153. 同上。
154. Hillary Rodham Clinton, "America's Engagement in the Asia – Pacific," US Department of State, October 28, 2010.
155. Mark Landler, "U. S. Works to Ease China – Japan Conflict," *The New York Times*, October 30, 2010.
156. 同上。
157. Simon Denyer, "Obama's Asia Rebalance Turns into Headache as China, Japan Relations Spiral Down," *The Washington Post*, January 23, 2014.
158. Ewan MacAskill and Jason Burke, "Barack Obama Begins 10 – Day Asia Tour," *The Guardian*, November 5, 2010.
159. 根据与奥巴马政府高级官员的采访内容；Sheryl Gay Stolberg and Jim Yardley, "Countering China, Obama Backs India for U. N. Council," *The New York Times*, November 8, 2010.
160. Stolberg and Yardley, "Obama Backs India for U. N. Council."
161. Austin Ramzy, "Will Obama and Hu Jintao Find Middle Ground?" *Time*, January 18, 2011.
162. Bader, *Obama and China's Rise*, 120 – 127.
163. Hillary Clinton, "America's Pacific Century," *Foreign Policy*, October 11, 2011.

164. 同上。
165. 同上。
166. Elisabeth Bumiller, "U. S. to Sustain Military Power in the Pacific, Panetta Says," *The New York Times*, October 23, 2011.
167. White House Office of the Press Secretary, "Opening Remarks by President Obama at APEC Session One," *White House Press Release* (November 13, 2011).
168. 同上。
169. Jackie Calmes, "A U. S. Marine Base for Australia Irritates China," *The New York Times*, November 16, 2011.
170. Tom Donilon, "America Is Back in the Pacific and Will Uphold the Rules," *The Financial Times*, November 27, 2011.
171. Chris Carroll, "Hagel: US Pivot to Asia Doesn' t Mean Abandoning Middle East," *Stars and Stripes*, December 6, 2013; Vali Nasr, "America Must Assuage Saudi Anxiety," *The New York Times*, February 5, 2014.
172. Kevin Rudd, "Beyond the Pivot: the Future of U. S. - Chinese Relations," *Foreign Affairs*, March/April 2013.
173. 根据与奥巴马政府高级官员的采访内容。
174. White House Office of the Press Secretary, "Remarks by Tom Donilon, National Security Advisor to the President-as Prepared for Delivery," *White House Press Release* (March 11, 2013).
175. Philip Ewing, "Obama's Asia Pivot: A Work in Progress," *Politico*, April 20, 2014.
176. Ely Ratner, "Has Foggy Bottom Forgotten Asia?" *Foreign Policy*, July 2, 2013; Robert D. Kaplan, "Kerry's Middle East Obsession," *Forbes*, September 25, 2013; Julie Pace, "Rice Helping Obama Juggle Foreign Policy Crises," *The Associated Press*, May 31, 2014.
177. Mark McDonald, "Obama Gives China the Business," *International Herald Tribune*, January 25, 2012.
178. McDonald, "Obama Gives China the Business."
179. Michael Scherer, "Obama Welcomes Campaign Season with China Trade Complaint," *Time*, July 5, 2012; Carol E. Lee and Damian Paletta, "U. S. to File WTO Charges on China," *The Wall Street Journal*, September 17, 2012; Helene Cooper, "Obama Orders Chinese Company to End Investment at Sites Near Drone Base," *The New York Times*, September 28, 2012.
180. Kim Ghattas, *The Secretary: A Journey with Hillary Clinton from Beirut to the Heart of American Power* (New York: Times Books, 2013), 332.
181. Kim Ghattas, *The Secretary*, 332；根据与美国国务院官员的采访内容。
182. Ghattas, *The Secretary*, 332.
183. Steven Lee Myers and Mark Landler, "Behind Twists of Diplomacy in the Case of a Chinese Dissident," *The New York Times*, May 9, 2012.
184. 同上。
185. 同上。
186. Ghattas, *The Secretary*, 333.
187. Michael Wines and Annie Lowrey, "China Agrees to Measures to Ease Trade," *The*

*New York Times*, May 4, 2012.

188. William Wan, "Panetta, in speech in Singapore, seeks to lend heft to U. S. pivot to Asia," *The Washington Post*, June 1, 2012.
189. Patrick Barta, "Southeast Asia Gets a Boost from Clinton," *The Wall Street Journal*, July 13, 2012.
190. Daniel Ten Kate and Margaret Talev, "Obama Courts ASEAN as China - Japan Tensions Rise: Southeast Asia," *Bloomberg Businessweek*, November 15, 2012.
191. Peter Baker, "For Obama and Clinton, Their Final Tour in Asia as Partners," *The New York Times*, November 20, 2012.
192. Ellen Nakashima, "U. S. Said to Be Target of Massive Cyber - Espionage Campaign," *The Washington Post*, February 10, 2013.
193. Nakashima, "U. S. Said to Be Target."
194. 同上。
195. White House Office of the Press Secretary, "Inaugural Address by President Barack Obama," *White House Press Release* (January 21, 2013).
196. David E. Sanger, David Barboza, and Nicole Perlroth, "Chinese Army Unit Is Seen as Tied to Hacking Against U. S.," *The New York Times*, February 18, 2013.
197. 同上。
198. Mark Landler and David E. Sanger, "U. S. Demands China Block Cyberattacks and Agree to Rules," *The New York Times*, June 4, 2013.
199. White House Office of the Press Secretary, "Remarks By Tom Donilon, National Security Advisor to the President: The United States and the Asia - Pacific in 2013," *White House Press Release* (March 11, 2013).
200. Siobhan Gorman, "Obama Raises Cybersecurity in Call to China's Xi," *The Wall Street Journal*, March 14, 2013.
201. Jane Perlez, "U. S. Treasury Secretary and Chinese President Meet," *The New York Times*, March 19, 2013.
202. "Annual Report to Congress: Military and Security Developments Involving the People's Republic of China 2013," Office of the Secretary of Defense, May 2013.
203. Jackie Calmes and Steven Lee Myers, "U. S. and China Move Closer on North Korea, but not on Cyberespionage," *The New York Times*, June 8, 2013.
204 Devlin Bartlett and Te - Ping Chen, "Snowden on the Run," *The Wall Street Journal*, June 24, 2013.
205. 同上。
206. 同上。
207. 根据与前奥巴马政府官员的采访内容。

# 第七章 再次对峙

首要的是，不要说谎，所有的谎，特别是对自己说的谎……不要藐视，他人和自己……不要恐惧，尽管恐惧是每个谎言的后果。

——陀思妥耶夫斯基，《卡拉马佐夫兄弟》

如果说小布什和奥巴马政府关注中国是为了应对中国崛起以及崛起的结果，那么俄罗斯的情况刚好相反。作为苏联的一部分，由于体制的失灵，在冷战结束之前俄罗斯经济就急速下滑。当苏联解体、它的前卫星国转到西方轨道，这种衰落进一步加速。同时，人口不断萎缩带来的人口危机也加剧了这一衰落。

1991 年后，俄罗斯的经济体系很快就腐败遍布，形成了寡头控制、开采产业主导、有政府或领导人背景的人操纵的系统。[1]民主的命运并不顺利。1999 年后，普京逐渐主宰了政治格局。[2]

普京个人愿意用民主、经济、军事或其他任何手段实现俄罗斯的复兴。他主持了一项巨大工程，开采俄罗斯的石油天然气和矿物资源，积累外汇储备，并将出口转化为对进口国特别是欧洲的筹码。[3]他给寡头施以恩惠，以提升经济增长数字，更有传言说他从中获取好处。[4]在本书撰写之时，有谣言说他是世界上最富有的人之一，资产可能有600亿~700亿美元。[5]他对反对人士毫不留情——从寡头敌手米哈伊尔·霍多尔科夫斯基到异见流行乐队造反猫咪——使用了警察国家的传统招数。[6]他有时采用粗暴的方式，有时却把自己塑造成滑稽的公众形象——曝光裸露上身骑马、练习柔道、打猎以及传出他年轻运动员女友的照片，展示的其实是他的中年危机而不是男子气概。[7]但在俄罗斯的衰落时代，他提振了俄罗斯民族主义认同感，因而赢得了民众支持。[8]

普京赢得支持的一种方式就是毫不留情地对抗和挑战所谓的外国敌人，他认为这些外国敌人威胁了俄罗斯的未来，或者参与打垮俄罗斯，并试图一直压制俄罗斯。[9]因此，普京发起许多行动，不仅包括打击俄罗斯境内和国界南部的伊斯兰极端组织，还包括经常、持续地与美国和西方鲁莽对抗。[10]

对于这个国家的民众来说，他们仍然能够回忆起俄罗斯在冷战期间的世界地位，因此普京采取的招数广受欢迎，这一点让乔治·W.布什和奥巴马十分沮丧。其实，普京的行为并不出人意料，但是这两位总统似乎总会大吃一惊。普京出任要职不久，俄罗斯就在科索沃直接挑战美国，抢在北约部队前占领了机场。只要觉得不会承担太大代价，普京就会不断选择激怒西方。普京冷静沉着、深谋远虑，他明白，只要俄罗斯民众认为国家正在恢复国际地位，他们的忍耐程度就会提高。在蒙受失败的国家中，这类民族主义觉醒很常见，应当引起西方政治精英的警惕。过去，未能恰当处理这样的民族主义曾经引发世界战争。正是为了避免历史在未来重演，美国才在二战后投入大量精力重建德国和日本。当然，遏制苏联也是出于这种考虑。

从2008年开始，谢尔盖·基斯利亚克就担任俄罗斯驻美大使，他讨人喜欢，能力出色，常常放狠话。按照他的话说，美俄关系“并不成熟”。两国关系过于聚焦在个别问题，而且商业和文化交流不足以制衡消极面。两国关系还被若干个人主导，最明显的就是普京。实际上在一些关键领域，美俄关系恰恰是美中关系的相反面。

乔治·W. 布什担任总统后不久曾谈及普京：“我看着那个人的眼睛。我觉得他很直接，值得信任。我们交谈甚欢。我能够了解他的内心；他是一个深深奉献于国家、服务于国家利益的人。”[11]如果小布什与普京确实惺惺相惜的话，这种情愫只是昙花一现。普京最终让小布什沮丧而愤怒，正如克林顿和贝拉克·奥巴马的感受一样。

小布什开启第二任期后，虽然有意与世界主要国家修补关系，但是政府内部许多高级官员怀疑，美国是否能够与普京治下的俄罗斯真正发展关系。俄罗斯聪明的外交部部长谢尔盖·拉夫罗夫和他的上司一样，常常直言不讳地惹怒美国官员。康多莉扎·赖斯与拉夫罗夫第一次会面时表示，俄罗斯对民主的承诺是推动两国关系的基础。[12]事实很清楚，俄罗斯近期开展了一系列行动，比如关闭独立电视台、没收私人公司财产等，这些行为表明，即使有可能推动两国关系，这个过程也不会容易。[13]

“康迪和拉夫罗夫可以和对方纠缠不休，”赖斯在国务院的心腹幕僚表示，“有时拉夫罗夫就是个混蛋。他英语说得很好，会在一些说法的语义上反复纠缠。我记得有一次，我们在一起开会，是联合国五常加德国的小组会议，他们俩开始互掐。当时，你肯定会看着其他部长，心里想，天呐，这太尴尬了。然后，俄罗斯官员‘不小心’打开了会议用的话筒，会议内容传送到了媒体中心，媒体能够听到一些谈话内容。尼克·伯恩斯原本是要向媒体介绍会议情况的。于是，他介入了会议，开始简要总结说会议非常顺利……他介入的时机恰到好处。康迪没有受到干扰。与俄罗斯人开会，这样的事情是家常便饭。”[14]

这一期间一度在莫斯科的是美国驻俄大使比尔·伯恩斯。哈德利及其国安会团队也拥有大量与俄罗斯打交道的经验。[15]但是美俄关系从头至尾都保持紧张状态。小布什第二任期伊始与普京在斯洛伐克有一场面对面的会谈，两个人都传递出了各自的核心信息。[16]小布什坚持强调俄罗斯的民主改革，普京则回应道，民主“不应与国家的瓦解和民众的穷困绑在一起”。双方确实都同意进一步削减俄罗斯核武器，然而根据与会者的描述，那次会谈的总体基调是“冷冰冰的”。[17]

2005 年 5 月，小布什宣布在其访问俄罗斯纪念二战胜利 60 周年的行程中又加上苏联的拉脱维亚和格鲁吉亚，这又惹怒了普京和俄罗斯人。[18]在很多敏感的俄罗斯人看来，这种安排与其说是纪念他们为打败纳粹发挥的关键作用，还不如说是提醒他们冷战的失败。访问中，小布什的言论进一步激怒了俄罗斯人。[19]他提到共产党征服波罗的海三国制造了很多悲剧，提醒普京“激起恐惧和过去的仇恨没有什么好处。”其实，对俄罗斯人来说，他这句话应该说给自己。

针对小布什对俄罗斯民主改革的呼吁，普京的回应很不客气：“四年前，你们的总统选举是由法院裁决的。但我们不会指责你们的民主体制，因为这由美国人民决定。”[20]

对公众，哈德利和赖斯仍用“开放性、建设性、坦率”等炫目的词来形容小布什和普京接下来在莫斯科的会面。[21]但在场的人说，“会议的紧张气氛从一开始持续到最后。你了解俄罗斯人，他们不好对付。”

然而对美俄关系影响最大的莫过于，小布什在与普京会面的 24 个小时之后就访问了格鲁吉亚。[22]在这里，小布什赞颂了和平的玫瑰革命。2003 年的这场革命给格鲁吉亚带来了改革以及“向西看”的愿景。他还说格鲁吉亚的主权“必须得到所有国家的尊重”，此话不幸一语成谶。[23]

## “我没有放弃俄罗斯”

康多莉扎·赖斯努力修补小布什第一任期美俄受损的关系。[24]如果说美俄背后的角力时常很凶险，赖斯则努力为此贴上笑脸。她担任国务卿一年后即公开说：“总体来说，我认为美俄关系很不错，可能是一段时间以来最好的情况了。”[25]这显然不是真的，但外交官的工作就是按照自己的愿望描述这个世界。

针对普京打击异己、压制西方非政府组织的举动，小布什准备在2006年圣彼得堡八国集团会议时与其对质。[26]尽管如此，他也说：“我没有放弃俄罗斯。”在后台，美俄仍然是那套戏码：小布什推俄罗斯改革，普京斥美国虚伪。[27]在晚宴上，小布什告诉普京自己想在伊拉克推动宗教和媒体自由。普京尖刻地回应：“诚实地告诉您，我们不想要伊拉克式的民主。”[28]如果将普京比作说唱乐手，那么此刻的他丢下了话筒——结束了一幕完美演出。

就在小布什任期的倒数第二年，美俄关系又因美国计划在东欧部署反导系统而驶入浅滩。[29]尽管美国公开称这一系统并不针对任何国家，背后称这一系统是防止伊朗这样的流氓国家发射导弹。[30]而俄罗斯认为这就是针对莫斯科，是美国蓄意重新撕开冷战的伤口。

这引发了普京愤怒的回应。[31]2007年他以慕尼黑安全大会为平台，指责美国有意挑起新一轮军备竞赛，称“美国已经越了界”，这样说确实不过分。他攻击“单边”、“不合法”的美国军事行动，称这总是“把我们推入一个接一个冲突的险境”。[32]罗伯特·盖茨第二天发言，他有意缓解紧张，称“一次冷战就已足够”。[33]而赖斯与哈德利以及幕后的比尔·伯恩斯和尼克·伯恩斯急忙向俄方表示，他们不想看到美俄关系进一步恶化，他们正在努力。[34]在柏林的一次会议上，赖斯将拉夫罗夫拉到一边，寻求在伊朗问题上的合作。[35]哈德利飞往俄罗斯知会俄方美国军事计划的细节，包括导弹防御的目标。[36]随后，美国政府又提出在国防科技上与俄罗斯合作，融合美俄系统使“俄罗斯人不将导弹防御视作威胁”。[37]盖茨访问俄罗斯时也继续这一努力，随后表示“在系统的技术特征方面澄清了误解”。[38]

但是，普京因为导弹防御倡议大动肝火，而且把北约扩张看成对俄罗斯边境的蚕食，于是宣布暂停履行《欧洲常规武装力量条约》以作为回击。[39]赖斯仍然继续对导弹防御事项进行“公开化”解说，希望以此挽回不利影响。[40]在一次北约秘密会议上，赖斯说道：“无缘无故认为东欧的十架拦截机和几部雷达会威胁俄罗斯的战略威慑力量，大家都知道，这种想法实在是荒唐可笑。”拉夫罗夫表示美国“仍然在自寻敌人”，认为其他有些说法指的就是美国和俄罗斯，这种态度被心理学家称为“投射”。[41]美俄双方你来我往，一报还一报，到了年中的时候，普京表示，如果美国继续导弹防御计划，俄罗斯就会把自己的导弹对准欧洲的城市。[42]至于是否迈入了新冷战，普京说道：“当然了，我们正在回到那个时候。很清楚，如果美国把一部分核能力部署在欧洲，而在我们的军事专家眼中这种行为威胁到了俄罗斯，那我们只能采取相应的反击措施。该怎么做呢？当然只好在欧洲锁定新目标。”[43]

这就是典型的普京作风，之后几年会数次上演。一方面，他和许多俄罗斯人一样，西方多数人难以感受到俄罗斯冷战失利对他的刺痛。北约扩张似乎戳中了俄罗斯耻辱的伤疤。然而，正如一战后德国崩溃的例子所示，欧洲历史清楚地表明，羞辱惨败的对手十分危险。这种耻辱不可避免地导致强烈的反击，民族主义的领导人能够体会并利用民众的不满与愤怒。这恰恰就是普京一以贯之的做法。

此外，普京也试图分化更为大胆的美国与不太好斗的欧洲盟友。如果能够通过军事威胁实现目标，普京会这么做。如果之后能通过威胁停止向欧洲供应关键的天然气而实现目标，普京会这么做。他知道，许多欧洲国家不像美国，没有与俄罗斯对抗的兴致。尤其是美国在中东发动耗时耗力的战争后，更难有所作为。其实，尽管普京指责美国单边主义，但是他清楚，正是由于伊拉克和阿富汗战争，美国才陷入了近年来最难做出抉择的时刻。

虽然普京访问了美国缅因州小布什家族的庄园，但是两国关系继续恶化，莫斯科不断抛出威胁话语。为了扭转美俄关系，2007 年 10 月，赖斯和盖茨在莫斯科提出了联合地区导弹防御的架构。[44]普京出席会议时迟到了 40 分钟，他不理会美方提出的计划，讽刺地说道："当然了，我们未来还可以决定在月球的某个地方建设反导防御系统。"[45]接着，在 12 月 17 日，正当国际社会因为伊朗核项目争执不下时，俄罗斯向伊朗一个发电厂提供了核燃料。[46]

由于受到宪法限制，普京无法在 2008 年谋求第三任期。德米特里·梅德韦杰夫当选俄罗斯总统，并在年中就职。[47]然而，普京仍留守政坛，成为俄罗斯总理，操控俄罗斯的政治体系。虽然梅德韦杰夫更加柔和可亲，但是外界认为他只是普京最终重掌大权的占位符，梅德韦杰夫任内的所作所为也未能打消这种想法。[48]

2008 年 4 月迎来了转折时刻。[49]小布什在他参加的最后一次北约峰会上力推吸纳乌克兰和格鲁吉亚加入北约。[50]欢迎乌克兰和格鲁吉亚加入北约的申请，小布什说道："将会向它们的民众发出信号，如果继续走在民主和改革之路上，欧洲机制就欢迎他们加入。这么做还会向整个地区传递一个信号，这两个国家现在是、将来也会是拥有主权和独立的国家。"一位参加会议的德国外交官后来对我说："我们警告美国人，这么做是个错误，而且后果很可能与小布什想要的南辕北辙。这么做会让那些国家成为靶子，处境更危险。"[51]美国官员承认，小布什没有理会美国几个北约盟友的建议。[52]

由于德国和法国反对，小布什的努力未获成功。[53]普京对美国的想法表示蔑视，并且拿出真正行动证明这一问题极其敏感。[54]普京威胁，如果乌克兰和格鲁吉亚就此加入北约，那么就要取消自己的首次峰会之行。

预料到事情可能变糟，小布什和普京从峰会来到黑海海滨不太知名的度假地索契。[55]索契距离格鲁吉亚和乌克兰都很近，对普京来说更具象征意义。[56]会谈的目标是消弭因导弹防御而形成的紧张关系。赖斯把这次小布什和普京之间的会议称为“高点”。[57]会谈达成了推动导弹防御体系的合作协议，即俄罗斯、欧盟和美国会成为合作伙伴。[58]此外，双方在打击恐怖主义和防止核武器扩散方面签署框架协议。然而，小布什和普京对待协议的态度迥然不同，小布什称协议是“重大突破”，普京却认为协议“算不上任何突破”。[59]这种矛盾不是好兆头，但究竟谁会付出代价尚不清楚。

这些疑问很快就得到了解答。2008 年 8 月，北京夏季奥运会刚刚开幕，盛大的开幕式让全球数十亿观众惊艳不已；就在小布什和普京“高点”索契会面的四个月之后（2014 年索契冬奥会举办之时也是俄罗斯另一次侵略的前夕），俄罗斯开始对格鲁吉亚发动军事行动。[60]如果俄罗斯真的成功说服中国对脆弱的美国市场发起攻击，可以想象美国的反应。小布什政府的回应与奥巴马第二任期俄罗斯入侵克里米亚时非常类似。美国谴责俄罗斯侵犯格鲁吉亚主权、要求俄罗斯停止轰炸，并表示对格鲁吉亚人民的支持。[61]正如后来的拜登挑起了沟通的大任，小布什的副总统切尼也给格鲁吉亚总统萨卡什维利打电话，表示美国的支持，还说“绝不会默许俄罗斯的侵略”。[62]

正如奥巴马担心俄罗斯拿下克里米亚后将吞下整个乌克兰，小布什日后在书中也披露他担心俄罗斯还将长驱直入，向格鲁吉亚首都第比利斯进军，他的反应也与奥巴马类似。[63]他十分坚定，称“俄罗斯的举动在 21 世纪是不可接受的”。[64]他表示美国和北约都没有考虑军事回应——这并不是真的。[65]小布什的国安会团队对军事选项展开了激烈的讨论，最后的结论是“成本太高且有害美国利益”。[66]因此，与日后的奥巴马一样，小布什的目标是止损，推动停火，希望俄罗斯得到南奥塞梯和阿布哈兹后就能满足。[67]而普京就像日后在入侵克里米亚之后做的那样，宣称美国这样一个入侵了伊拉克的国家没有权利指责别的国家发起军事行动。[68]

作为小布什和奥巴马两位总统任内国防部部长的罗伯特·盖茨给出了深刻的分析。当时他在一次记者招待会上说："我的观点是俄罗斯人——主要指普京总理，不仅有意恢复俄罗斯大国或超级大国的地位，还有意恢复俄罗斯传统的势力范围。我的估计是，以后人们看待俄罗斯的方式将发生很大转变。"[69]

## 没有吸取的教训

盖茨这一点说得没错，他曾任中情局的分析师，是苏联问题专家。他可能会惊讶地发现，几年后他加入的奥巴马政府将之前小布什和克林顿政府同普京打交道的所有教训都忘得一干二净。俄罗斯入侵格鲁吉亚的两周后，小布什政府就与波兰签订了反导协议，而奥巴马政府在俄罗斯入侵克里米亚后只是发起了经济制裁。[70]前一种回应比后一种要有力得多。而且几个月之后，奥巴马团队就企图推翻之前的努力，"重启"对俄关系。这将无助于解决普京在格鲁吉亚和乌克兰行动的深层次动机。

奥巴马努力与前任拉开距离，但普京看到了他们的相似之处。普京的算计是，美国绝不会以武力反击。这种信心也来源于事实。小布什的一位高级顾问称，他们的决定基于"对地理位置、武装力量相关性以及伙伴盟友可能的反应等因素的冷酷计算"。[71]计算的结论是，军事回应将困难重重、耗资巨大，且难以获得北约欧洲盟友的支持——俄罗斯是欧洲的邻居、重要的能源来源地以及贸易伙伴。这种计算对奥巴马和小布什是一样的。另一个重要的因素是美国自己也面临严峻的国内和国际问题，而且由于中东的两场冲突，美国对战争的厌倦感强烈，不足以积聚政治意愿对普京的行动采取军事手段。此外。尽管普京在很多方面都与中国人不一样，但他们都愿意分化美国与西方盟友。事实上，美国与其盟友的关系即使不是在衰落，也失去了从前的那种活力和坚决。

小布什实质上没能让普京朝着有利于美国的方向走去，小布什自己也知道这一点。小布什认为普京“诡计多端”。[72]他观察普京的框架打上了小布什时代的烙印，其刻板程度丝毫不亚于苏联宣传的老掉牙故事：“我之前希望自己和普京能够成功避免冷战重演，但在我们推广自由的议程中，俄罗斯太让人失望了。”迪克·切尼表示，自己从不相信俄罗斯未来可能会西化。“我和普京打交道时，”他说道，“一定会记住他出身苏联克格勃，他作为俄罗斯领导人时的很多表现都能体现这一点。”[73]当康多莉扎·赖斯结束了这段惊险刺激的工作时，她知道俄罗斯人不会想念她：“我敢肯定，拉夫罗夫翘首期待华盛顿另一个团队的到来。”[74]

俄罗斯宣布将在西部边疆部署短程导弹，以示欢迎奥巴马入主白宫。[75]但是，奥巴马团队新官上任的“第一把火”是与前任小布什划清界限。他们犯了一个常见的自恋错误，以为只要美国单方面改变就能够重新引导美俄关系。实际上，这一关系很大程度上受到俄罗斯的引导。

俄罗斯以宣布部署导弹的方式奚落奥巴马履新，梅德韦杰夫对此的解释荒谬可笑：“我很尊敬美国，我绝对是忘记了那天有如此重要的政治事件发生”。[76]这样的解释，再加上近期历史可供参考，奥巴马应当能够看清美俄关系未来的发展方向。然而，一位参与政府交接工作的官员表示，“通过积极接触、抛弃小布什冷战冲动以修复和重塑美俄关系”的方针早在奥巴马团队进入白宫前就已敲定。[77]其实，在慕尼黑安全会议上，约瑟夫·拜登作为副总统第一次发表重要外交政策演讲时就指出："是时候按下重启键了，在许多领域重新展开讨论，并且可以也应当在这些领域与俄罗斯合作。"[78]

戴维·利普顿当时是萨默斯的副手，或许还是白宫处理该地区事务最有经验的经济官员。利普顿提及拜登时表示："他对俄罗斯很了解，细致考虑了我们该如何与俄罗斯互动。我和他一起去过几次俄罗斯和乌克兰。我发现他准备充分、见解深刻，而且与政府官员打交道时应付自如。让人印象深刻。"但是，拜登并不比前任政府官员更能影响普京。

五个月前俄罗斯出兵南奥塞梯和阿布哈兹后，小布什政府采取了措施，奥巴马上任后则开始快速有序地撤销这些措施。这不仅包括取消制裁，还包括渐渐拒绝接受小布什团队推广的导弹防御项目。[79]

在迈克尔·麦克福尔的领导下，奥巴马国安会中的俄罗斯团队向梅德韦杰夫写了一封信，发出美国新一届政府重启美俄关系的首个明确信号。[80]信中表示，如果伊朗停止制造核弹头和弹道导弹项目，美国就会停止部署导弹防御系统的计划。[81]这一信息还透露出另一个引领美国对俄政策的因素，即美国希望与俄罗斯一起解决中东的当务之急，而当时最重要的事情似乎是停止伊朗的核项目。梅德韦杰夫的回应几乎在意料之中。[82]他对奥巴马的提议表示了谨慎的热情，对伊朗问题关注不多，重点更多放在美国将重新考虑小布什在该地区实施的政策核心内容。

4 月 1 日，梅德韦杰夫和奥巴马在 G20 峰会期间首次会面，他们都表达了在更广泛议题上合作的意愿，希望能够推动两国关系向好，其中最重要的合作是新军控条约。[83]核武库曾经是美苏冷战安全态势的基石，但毕竟维持庞大臃肿、各方面严重落伍的核武库已不再符合任何一国的利益。维持和保护老掉牙的武器让两个国家一直承担沉重的成本和风险。此外，一位奥巴马的顶级幕僚透露，他们的讨论"范围极其广泛"，两个人讨论了在伊朗、阿富汗等问题上开展合作。[84]梅德韦杰夫接受了美国的合作提议，愿意重新开放通入阿富汗的北部供给路线，这对支持当地盟友和打击基地组织与塔利班极端分子十分重要。两国关系迈出积极一步，不过要想好好利用这一机会，希拉里·克林顿和她的资深团队也得努力发挥建设性、创造性的外交才能。

奥巴马不仅同意推动参议院批准《全面禁止核武器测试条约》，而且执行了一项关于美俄和平利用核能的协议。[85]第二项协议正是小布什在俄罗斯入侵格鲁吉亚之后暂停的。[86]所以，奥巴马团队的疏忽其实是向俄罗斯人发出了信号，入侵格鲁吉亚后受到的有限惩罚会变得更少。这是糟糕政策的两连击。为了惩罚俄罗斯在格鲁吉亚的行动，小布什团队暂停了一些有价值的项目（《全面禁止核武器测试条约》和和平利用核能的协议），这些项目本来可以减少俄罗斯造成的威胁。所以，"制裁"同时损害了俄罗斯和美国的利益。然后，为了重启美俄关系，奥巴马取消了一些小布什的制裁。[87]这又给俄罗斯人发出信号，侵略南奥塞梯和阿布哈兹不会有持续的后果。时间将会证明，这不是对付普京的正确方式。

奥巴马称他与俄罗斯领导人的第一次会面是成功的，他说："今天我们看到了美俄关系的新进展。我认为梅德韦杰夫总统的领导对美俄关系的进步起到了关键作用。"[88]然而，在很多方面，美俄关系的进展与梅德韦杰夫在俄罗斯的"领导"一样，只是幻象。

奥巴马2009年7月访问莫斯科时，美俄达成重要一致，裁减1/4的核武器，并用新的《削减和限制进攻性战略武器条约》取代年底过期的旧条约。[89]双方还同意重启两军接触，这样又取消了一项小布什对俄罗斯的惩罚措施。[90]最后，美俄成立了一个双边委员会，加强两国对话，这一机制被认为是中美迅速扩大的战略与经济对话的初级版。[91]

尽管有这么多鼓舞人心的进展，美俄的分歧仍然十分明显。奥巴马与普京——真正操控俄罗斯政局的人进行了首次对话。这次会议持续时间长，气氛也更冰冷。[92]为了掩盖会谈时你问我答的尴尬气氛，在会后例行的记者招待会上两人都谈了美俄关系的进展和期望。[93]但是，会后有人听到奥巴马这样评论普京："我认为他十分强硬、机智、精明、不露感情、非常务实。在我们有分歧的地方，比如说格鲁吉亚，我不认为我们很快会有共识。"[94]奥巴马的评论反映了他和普京的一大差别。普京从不期待或寻求共识。他不介意持截然不同的意见，只要美国的行动对其没有实质危害。奥巴马嘴上说他希望格鲁吉亚怎样怎样，但实际上他将小布什做出的惩罚措施一一取消了。

此后，克里国务卿也告诉我，在世界领导人之中，奥巴马与普京的关系最困难。他称之为"非常棘手"，说两人显然很难理解对方或沟通。多尼伦认为普京是"美国政府最难处理的人物"，潜台词就是"难办的混蛋"。

奥巴马在莫斯科的演讲中强调了民主价值和尊重法治。但他也传递了一个重要信号，带来了积极和消极的双重后果。[95]他说："我带着谦卑之心来到俄罗斯。我认为美国过去有一种倾向，就是总是教训而不倾听。美国的民主当然也有需要改进的地方，但是在俄罗斯和美国建立强大、民主的文化上我们有一些相同的价值观和利益。"奥巴马认识到，过去的 20 年中，俄罗斯厌倦了美国不断炫耀冷战的胜利，而自己仍作为苏联的影子在国际舞台上挣扎。但是，奥巴马代表美国的道歉却为普京身边的强硬派所利用。

9 月 17 日，奥巴马正式取消小布什在东欧的导弹防御系统计划，代以部署离伊朗更近的海基导弹拦截系统。[96]这一举动安抚了俄罗斯，同时更能应对伊朗威胁。奥巴马似乎承认了美国媒体的论断，即反导系统本身就不是为了应对俄罗斯可能的侵略——但实际不是这样。[97]波兰和捷克知道这两者的区别，他们需要得到保证，华盛顿却没有承诺。他们认为俄罗斯在所处地区构成威胁。

希拉里·克林顿在美国一开始试图“重启”美俄关系时就被贬为边缘角色。[98]2009 年 10 月，她第一次踏上访问莫斯科之行。克林顿强调了奥巴马和拜登创立的主题，说道：“重启关系，感觉很好。”这次出访在新军控协议方面取得了进展，却因为媒体报道白宫将继续批评俄罗斯的民主状况而被抢了风头。[99]这暴露出外交团队和白宫一些人在这一问题上的分歧。其中，迈克尔·麦克福尔颇受尊敬，他从前是斯坦福大学教授，在当时担任国安会负责俄罗斯问题的高级主任。[100]他主张积极推动俄罗斯的政治改革，并在这方面得到国务院高官的支持。白宫小圈子的一部人则持不同意见，认为对俄罗斯的批评点到为止就行了，这样可以让政府有机会与俄罗斯在其他重要事务上取得进展，比如军控、伊朗问题等。奥巴马站在了小圈子一边。[101]一位国务院高官表示：“这是一个很明显的例子，地区专家败给了一群政治背景出身、依靠政治直觉的人。”[102]实际上，白宫也存在这种分歧。比如多尼伦说过，他想不起来自己在哪次争论中是和麦克福尔唱反调的。

比尔·伯恩斯可能是奥巴马时代国务院最重要的俄罗斯政策专家，他也表示：“希拉里·克林顿和总统一样，2008 年末格鲁吉亚事件后，美俄关系坠入谷底，他们都意识到了两国关系的价值。当时，两国关系确实朝着错误的方向前行。尽管克林顿有理由怀疑我们究竟能取得多大进展，但是她仍然认为尝试推动关系有好处，因为如果在伊朗问题上想让俄罗斯做符合我们心意的事情，而做这些又未必发自他们的内心，那我们就不得不为这对关系投入精力。”“政府有条不紊地有意采取一种战略”，最终促成审议一项联合国安理会决议，决议“指出伊朗未能遵守联合国关于其核项目的规定。进入安理会投票环节时，通过这项决议几乎是板上钉钉的事情，而在 2009 年初时却绝非如此。”

短期看，白宫务实派采取的措施似乎硕果累累。在成果令人沮丧的哥本哈根气候大会间隙，奥巴马和梅德韦杰夫同意将各自的核弹头数量从原先的2200枚削减至1500枚。[103]两位领导人并未在老协议失效前签署正式的新协议，但是他们确实解决了核心问题，并为解决困扰世界数十年的问题迈出了重要一步。[104]然而仅仅这么做还不够，两国也并未预料到未来还会有更新、规模更小但更容易实施的威胁。

眼看美俄就要签订新协议了，这时候俄罗斯却突然提出要美国进一步限制导弹防御部署。[105]俄罗斯感觉能够在这个问题上更进一步。[106]奥巴马个人介入了这一问题，表示自己无法再让步，梅德韦杰夫和他的团队应当领情放弃这一要求，要不然协议就没法签署。这一僵局没有持续太久，2009年4月时，美俄在布拉格正式签订新的《削减和限制进攻性战略武器条约》。[107]

布拉格之行也让奥巴马得以在第一任期内发表了一次重量级演讲，勾勒出“无核世界”的宏远目标。[108]他在开罗发表了另一场重要演讲，内容是修复和深化美国与穆斯林世界的关系。这一时刻对奥巴马来说确实是“无畏的希望”。美俄签署《削减和限制进攻性战略武器条约》后，外界更加期待两国能够取得更多类似进展。奥巴马演讲中的词句听上去很美，而直到2014年，美国的盟友日本才终于同意交出武器级钚。[109]

当时和随后几个月确实迎来了“重启关系”的高峰，也是整个小布什和奥巴马执政时期美俄关系的高峰。美国帮助俄罗斯加入世界贸易组织。[110]俄罗斯取消贸易壁垒。两国宣布能源合作方面的新倡议。[111]到年中时，奥巴马和梅德韦杰夫在华盛顿著名快餐连锁店雷氏汉堡店共同享用汉堡。[112]奥巴马声称“这次交谈极其愉快，17个月前不可能有这样的会谈”。虽然奥巴马所言属实，但同样属实的是，几年后两国之间也不再可能有这样的会谈。

2010年，美俄关系出现摇摆，美国违背了有关导弹防御的承诺，同意在罗马尼亚南部部署反导防御系统。[113]梅德韦杰夫宣称，俄罗斯不得不以发展核打击能力作为回应。[114]美国做出这一决定是基于一个团队所做出的评估，团队成员包括国防部的吉姆·米勒、米歇尔·弗卢努瓦和卡特赖特将军。奥巴马国家安全团队积极向俄方解释，导弹防御系统并非针对俄罗斯，而是针对诸如伊朗等国家带来的威胁，但是俄罗斯的反应让他们垂头丧气。[115]团队声称，宣布部署的系统甚至没有“影响战略资产的能力”。[116]俄罗斯当然知道这点，因此他们的反对并不太像表现得那样是基于事实的。他们可以利用美国宣布的事情把美国塑造成好战的大国，并在国内和国际上强化这一信息。有时候，如果言论在一开始就没有从事实出发，那么即便搬出事实也没法驳倒这样的言论。

7 月，形势再度恶化。[117]美国国务院悄悄限制了几十名俄罗斯高官进入美国，并冻结了他们在美国的资产，起因是他们与俄罗斯一位反腐维权律师的拘押和死亡有关（日后看，这次限制入境的人数比俄罗斯入侵克里米亚后限制的还要多）。[118]此后，美俄关系进一步恶化，政府向国会递交报告，披露俄罗斯“展开一系列行动，针对美国目标搜集经济情报及技术信息”。[119]俄罗斯对美国的网络间谍和偷窃行为让美国恼怒，给美国造成了安全威胁。

俄罗斯接着威胁说，如果美国和北约在该地区重新部署导弹防御系统计划，俄罗斯就要退出新的《削减和限制进攻性战略武器条约》并在波兰边境附近部署高科技的导弹系统。[120]美国驻北约大使伊沃·达尔德也是奥巴马竞选早期的外交团队成员，称“无论俄罗斯喜欢与否”，北约都将推行计划。[121]

希拉里·克林顿继续推动俄罗斯民主改革，这些举动收到普京强硬的回应。[122]他说：“国务卿做的第一件事，就是指责（2011 年杜马选举）不真实公正，但她连观察员的报告都还没收到。她给俄罗斯国内一些人定了调，并发出信号。有了美国国务卿的支持，这些人积极工作起来。”克林顿称美国将继续推动俄罗斯民主改革，因为“美国生来如此”，有力地改变了早前美国对俄罗斯的安抚政策。[123]后来美国一些右翼人士指责克林顿是对俄安抚政策的始作俑者。这是错误的。实际上，她与盖茨、帕内塔在奥巴马第一任期坚定地支持对俄罗斯、中东采取强硬立场。正是由于她的强硬，普京对她发起语言攻击，有时还拿她的性别做文章。[124]

到了2011年末，一个新问题出现并成为奥巴马第一任期美俄关系争锋的焦点。美国及其盟友准备对叙利亚阿萨德政权实施制裁，阿萨德对反对派的镇压越来越血腥。[125]拉夫罗夫却在国际外交舞台为大马士革独裁者助威。他在联合国说："给叙利亚或任何地方的反对派发出信号——'如果你们拒绝任何合理条件，我们会帮助你们'——不符合任何人的利益。"[126]俄罗斯十分看重叙利亚政权，因为它给了俄罗斯一个在中东的立足点，是俄罗斯武器的销售市场。[127]同时，俄罗斯也认为阿萨德的阿拉维政权是重要的隔离带，可以防止中东极端组织渗透到俄罗斯车臣等地区。俄罗斯一位高级外交官告诉我："美国没能认识到叙利亚对地区安全的重要作用。那些宗教激进主义者谈论着要在车臣建立一个哈里发国家。大马士革政府的下台无疑将会向那些人打开大门。"[128]

迈克尔·麦克福尔向来和克林顿一样，支持推动俄罗斯改革。[129]2012年他被任命为美国驻俄大使。[130]俄罗斯一家媒体发起对他的攻击，说派他过来就是要给马上举行的俄罗斯总统大选捣乱。麦克福尔的回应是发了一些俄英双语的推特（他整个任期经常这样做），说自己实际上是来打碎冷战遗留的偏见的。[131]

2012年5月4日多尼伦以国家安全顾问的身份访问莫斯科，他带来了要与俄罗斯深化合作的积极信息。[132]但新当选的总统普京却并不打算缓和。[133]在长达三个半小时的会面中，他经常摆出对抗姿态，称自己不信任美国在全球的动机。普京尖刻地问道："你们打算什么时候轰炸叙利亚？"他用一种招牌式的讽刺，表达了对美国干涉主权国家内政的不满。[134]此后，俄罗斯也破坏了美国在联合国推动的关于叙利亚向民主制度政治转型的决议。[135]

随着阿萨德的动作越来越大，美国提高了批评叙利亚政府的调门。俄罗斯声称他们正在缓解叙利亚危机。克林顿驳斥了俄罗斯的说法，表示如果俄罗斯继续支持阿萨德，那将会“助推内战”。[136]俄罗斯加入世贸组织是值得庆祝的事情，但是叙利亚依然成为两国关系的紧张之源。[137]到 2012 年 7 月时，两国关系已经糟糕到在联合国互相谩骂。[138]俄罗斯声称提议的某些联合国决议会导致外国力量军事干预叙利亚，美国驻联合国大使苏珊·赖斯直呼这种指责是“偏执和虚伪的”。赖斯在联合国和其他地方都以毒舌著称。有一次，一位拉美国家的外交官问我：“为什么她觉得有必要用水手才会用的语言表达观点？难道她不知道，这样显得她更弱吗？”[139]姑且不论这句话中的性别歧视因素——因为很少有人指责男人说下流的风趣话，这位外交官指出的问题是，赖斯说话过于粗鲁且带有火药味。在这段时期，美国和俄罗斯的关系越发不稳。

美俄关系继续恶化。2012 年末，俄罗斯要求美国国际开发署停止在俄罗斯的民主推广和其他项目，还表示不会重新启动纳恩—卢格计划，而该计划此前已成功协助确保核武器系统的安全与处置。[140]早前美国国务院因反腐败律师谢尔盖·马格尼茨基死于狱中而对俄实施制裁，接着，美国参议院由此通过了一份制裁法案。[141]奥巴马签署了法案，俄罗斯则立法禁止美国公民领养俄罗斯儿童。[142]这种以牙还牙的方式狭隘小气，令人厌恶，昭示着两国关系的未来并不轻松。

比尔·伯恩斯全面回顾了“重启”这一理念。他认为这个词早该束之高阁了，“倒不是因为不值得为双边关系投入，而是因为‘重启’一直就是个暂时的现象，就是把关系重新放在一个更好的立足点上。我觉得，我们应当把面打开，尤其是在经济领域，这是双边关系中最欠发达的部分”。与俄罗斯发展更牢固的经济关系效果可能依然有限：“并不是说经济关系好了就能改变俄罗斯对叙利亚的谋划。

或许美俄关系之下仍会暗流涌动。”但是，没有什么可输的了。“叙利亚危机爆发以及之后的18个月，我们在两国关系中并没有太多筹码。”

## 新任期和越发复杂的麻烦关系

约翰·克里首次与谢尔盖·拉夫罗夫会面。[143]拉夫罗夫之后成为与克里工作最紧密的国际领导人之一。这一次，两个人都尽责地表示讨论富有建设性。[144]到2013年3月15日，奥巴马政府针对导弹防御计划的“精神分裂症”再次发作，取消在欧洲部署导弹防御体系计划的最后一部分。根据一位国安会高级官员透露，美国这么做“主要是因为导弹防御计划已经成为美俄关系的绊脚石，阻碍美国希望并可能与俄罗斯在重要领域的合作，其中包括在伊朗和叙利亚的合作”。[145]

2013年4月，多尼伦继续在莫斯科做出自己的外交努力。[146]这一次，他仍然想挖掘一些两国可能达成一致的领域，比如削减核武器、加强经济关系，在朝鲜、伊朗和叙利亚问题上合作等。他也尝试缓和因马格尼茨基之死美国对俄制裁导致的紧张关系。[147]

多尼伦2013年6月卸任时，他的观点已经转变。他同意一个提问者的看法，或许俄罗斯确实是能从破坏现状中获益的大国之一。即将卸任国家安全顾问前的某一天，多尼伦坐在白宫西翼宽敞的办公室中说道：“我认为总统肯定会强烈同意你的观点，美国、欧洲、中国确实构成了世界经济增长的核心引擎。追求协同合作、秩序、世界准则符合这些国家的深厚利益。最后，我觉得追求这样的观念对俄罗斯也有裨益，但俄罗斯的表现却不会一直符合这一点。”

“我认为他们在叙利亚的政策，”多尼伦继续说道，“是短视的，而且受到一种对近期历史分析的推动，这些历史包括西方通过联合国实施行动，还有通过其他方式颠覆国家政权……他们从科索沃到利比亚总结出了这个趋势。所以，我觉得，他们认为符合他们利益的是……某种程度出于政治原因，想要宣示俄罗斯自己的独立道路，并且将这一道路视为抵抗西方和美国的方式以及反制措施。其实，当然了，俄罗斯的未来与美国、中国、欧洲都已融为一体。”

多尼伦总结时还是强调了他和拜登等人最初的观点，尽管他们了解这些年来美俄累积的挫败感，他们仍然相信美俄分歧并非难以避免。多尼伦深信“在地缘战略上，美俄之间不存在不可避免的冲突”。

拉夫罗夫和普京让俄罗斯成为美国在叙利亚和伊朗等问题上的关键伙伴，尽管并非志同道合的伙伴。[148]这本可以成为奥巴马团队扩展合作以及拜登口中“重启”的基础。然而，在索契冬季奥运会结束的几个月之后，俄罗斯就做出决定，出兵乌克兰、吞并克里米亚半岛、让乌东（乌克兰东部）地区陷入不稳定状态，这让俄罗斯与西方的关系跌至冷战以来的最低点。[149]

美国官员之前完全没有预料到俄罗斯的举动，尽管这与六年前入侵格鲁吉亚有极大的相似之处，事后他们认为欧洲应当对危机升级负责。[150]危机发生的起因是欧盟希望接收乌克兰为联系国。[151]然而，欧洲官员却将联系国协议描绘成了“有我没他”的交易，让乌克兰在东与西之间做出选择。在乌克兰总统拒绝联系国协定之后，亲欧盟的乌克兰人发起示威活动，迫使总统下台。[152]而这惹怒了亲俄罗斯的乌克兰人以及普京。[153]美国与西方欢迎亲欧盟的一方发起的行动，将此称为人民的意志。[154]俄罗斯指责这一行动是违宪的，称此举威胁了亲俄罗斯、说俄语的乌克兰人。[155]这为他们的侵略行动提供了借口。

普京算准了西方不会以武力回击，他又算对了。和小布什一样，奥巴马很快宣布他不会采取军事行动，而将对俄罗斯施以大规模制裁。[156]不幸的是，在宣布制裁之前，奥巴马团队并没计划好所有盟友都支持的方案。[157]德国和其他欧洲国家都过于依赖俄罗斯的天然气和商贸联系，因而无法承受大规模的经济对抗。[158]制裁的力度不得不减弱。

“白宫同样也让我们摸不清方向，”一位参与与欧洲协商统一行动的美国国务院官员说，“苏珊·赖斯及其国安会团队宣布的行动，我们只有在推特或者其他媒体那里得知。我相信克里国务卿的消息是灵通的，但在工作层面这一系统并非十分高效。”[159]

尽管美俄双方都不断放出狠话，也有一些分析人士预测新冷战的到来，但实际上，美国及其盟友对俄罗斯侵略行动的回应只有一系列不温不火的制裁。[160]在第一轮制裁中，华盛顿限制了一些俄罗斯和乌克兰官员入境、制裁了俄罗斯第十七大银行。[161]这并不是什么有力的回击。同时，俄罗斯轻而易举地拿下了克里米亚。[162]意识到俄罗斯入侵克里米亚的既成事实后，用一位高级官员的话来说，美国的注意力转移到“灼烧伤口”上——确保俄罗斯不会有越过克里米亚之外更大的行动，这样乌克兰局势的紧张就不会影响叙利亚特别是伊朗问题的进展了。[163]

然而，俄罗斯并没有善罢甘休，而是派出了格勒乌情报机构以及军队成员，让他们脱去制服前往乌克兰东部地区，支持亲俄武装获得更大自治。[164]美国及其盟友的第二轮制裁又是限制普京小圈子成员入境，同时还有金融及贸易制裁。[165]然而，到本书完稿为止，这些制裁对普京的影响有限。[166]尽管俄罗斯经济在与西方的僵局中受到了影响，普京的国内支持率仍然很高。[167]

在乌克兰危机发酵的过程中，一位奥巴马国安会顶级官员对我说：“我认为普京成功地将整个乌克兰推向了西方，但我不愿用这种思维方式，我认为这是有害的。”他继续说：“欧洲人在追求联系国协议时犯了一些错误，让这成了本不该成为的零和游戏。”[168]此后，美国对其欧洲盟友的不满进一步深化，因为欧洲特别是德国由于害怕对自己经济的副作用，不愿意对俄罗斯施加严厉的制裁，这挫伤了美国对俄发起全面回应的能力。曾经牢固有力的大西洋联盟已渐渐失去锐气。[169]

到了2014年3月末，大家主要担心西方的行动能力和意愿太弱，不能有效阻止普京对乌克兰采取进一步行动。[170]国务卿克里告诉我："如果普京进去了，那就会制造迥然不同的形势。我们会陷入非常困难的境地，非常可怕。即使进入乌东也是如此。如果他比现在更进一步，那将预示着一段更为可怕、更为艰难的阶段。"

克里强调，在危机期间他一方面要花费大量精力劝阻俄罗斯不要在乌东地区和克里米亚挑事，另一方面要继续与俄罗斯在叙利亚和伊朗问题上保持密切合作。在危机最严重时，克里每天都会与拉夫罗夫交流，拉夫罗夫也表达了和克里相同的愿望，希望克里米亚危机不会让美俄其他合作倡议脱轨。拉夫罗夫与克里的工作关系比与克里近几位前任的更加紧密。[171]

国务卿克里解释了俄罗斯对他和奥巴马中东计划的重要性："关键确实在于，俄罗斯和伊朗是否能够想通，不能再折腾下去了，必须向阿萨德施压，拿出一个政治解决办法。但是我们不得不重新考虑俄罗斯、伊朗和阿萨德的问题，这可能有些难以理解——并不是因为我们没试着做，而是因为打击极端分子的紧迫性超过了反对阿萨德。"克里表示，俄罗斯担心叙利亚会出现大量基地组织成员和暴力的萨拉菲派圣战者，阿萨德聪明地利用了俄罗斯的忧虑，把支持自己描述成避免极端分子泛滥的最佳选择。但是"没有人可以重塑阿萨德执政的合法性。他永远不可能执掌这个国家。永远不。俄罗斯人似乎知道这一点，但是他们还不知道应该由谁替代阿萨德，不知道如何过渡，不知道阿萨德该去哪里"。

2014年7月17日，俄罗斯分离主义者击落马航MH17航班，重创了国际社会为危机降温的努力。[172]分离主义者使用俄罗斯提供的地对空导弹击落客机，机上298名乘客全部丧生。[173]奥巴马总统宣称，这场悲剧“令人愤怒到无法形容”。[174]事件最终震惊了欧洲，使得欧洲改变之前态度，更愿意对俄罗斯施加更严苛的制裁。[175]这最终给俄罗斯与西方的紧张关系火上浇油。不过，事件并未将危机推入死胡同，直到本书付梓时，危机仍在发酵。[176]

俄罗斯控制克里米亚，并由此在乌东地区引发动荡，现在对这一事件的整个意义下结论为时尚早。然而，有几件事情却清楚无疑。美俄关系从未真正“重启”。美国的软弱或许鼓励了普京采取行动，但当前的形势并不仅仅是奥巴马在叙利亚或者中东其他地区的软弱与彷徨造成的。可以说，并不是奥巴马个人的犹豫不决给普京制造了在克里米亚和乌东地区钻空的机会，因为同样的事情也发生在小布什执政时期，当时是普京出兵南奥塞梯和阿布哈兹。普京认为，伊拉克和阿富汗战争耗费了美国军事资源，美国的软弱在于无意在这两场战争后立即采取军事行动。这是普京时代的信号，而不是某个领导人的症状。

奥巴马对叙利亚的踌躇态度并没有帮助推进美国对俄的利益。奥巴马迅速废除俄罗斯进军格鲁吉亚而导致的制裁，但他希望赢得俄罗斯青睐的幼稚想法也未能开花结果。不过，推动这一系列事件的主要行动者不是美国总统，而是俄罗斯总统，他不是回应美国人民的意愿，而是回应了自己本国人民的需求和愿望。普京吃准了这是一个机遇，可以用大胆的方式满足那些呼声，因为美国厌倦战争，美国的欧洲盟友则惧怕风险，都没有做好应对的准备。

## 注　释

1. Jim Nichol, “Russian Political, Economic, and Security Issues and U. S. Interests,” Congressional Research Service, March 31, 2014.
2. 同上。

3. 同上。
4. Andrew S. Weiss, "Russia's Oligarchy, Alive and Well," *The New York Times*, December 30, 2013; Andrew Foxall, "Kicking Putin off the Island," *Foreign Policy*, April 29, 2014; Peter Baker, "Sanctions Revive Search for Secret Putin Fortune," *The New York Times*, April 27, 2014.
5. Leonid Bershidsky, "Vladimir Putin, the Richest Man on Earth," *Bloomberg View*, September 7, 2013.
6. Nichol, "Russian Issues and U. S. Interests."
7. Alan Taylor, "Vladimir Putin, Action Man," *The Atlantic*, September 13, 2011; Lizzie Crocker, "Meet Putin's Olympic Torch – Lighting Paramore," *The Daily Beast*, February 7, 2014.
8. Kathy Lally and Will Englund, "In Russia, Politics and Nationalist Pride Are Basis of Putin's Anti – American Turn," *The Washington Post*, September 14, 2013.
9. Nichol, "Russian Issues and U. S. Interests."
10. 同上。
11. White House Office of the Press Secretary, "Press Conference by President Bush and Russian Federation President Putin," *White House Press Release* (June 16, 2001).
12. Steven R. Weisman, "Rice Chides Russia on Quieting Dissent but Rejects Penalty," *The New York Times*, February 6, 2005.
13. 同上。
14. 根据与前国务院官员的采访内容。
15. Colby Itkowitz, "Bill Burns, a 'diplomat's diplomat' retires," *The Washington Post*, April 11, 2014.
16. Elisabeth Bumiller and David E. Sanger, "Bush and Putin Exhibit Tension Over Democracy," *The New York Times*, February 25, 2005.
17. 根据与前国务院官员的采访内容。
18. Elisabeth Bumiller, "Bush Tells Putin Not to Interfere with Democracy in Former Soviet Republics," *The New York Times*, May 8, 2005.
19. 同上。
20. Elisabeth Bumiller, "In Pointed Message to Putin, Bush Hails Freedom in Georgia," *The New York Times*, May 10, 2005.
21. "Interview with Condoleezza Rice," *CNN Larry King Live*, May 11, 2005; Rice, *No Higher Honor*, 363; "Bush in Moscow to Mark Victory in Europe," *CNN World*, May 8, 2005.
22. Bumiller, "Bush Hails Freedom in Georgia."
23. 同上。
24. The Associated Press, "Rice Is Concerned for Russian Democracy," *The Washington Post*, February 13, 2006.
25. 同上。
26. Elisabeth Bumiller, "Bush Rejects Idea of Boycotting Meeting in Russia," *The New York Times*, March 30, 2006.
27. Jim Rutenberg and Andrew E. Kramer, "As Tensions Rise, U. S. and Moscow Falter on Trade," *The New York Times*, July 16, 2006.

28. 同上。
29. Stuart D. Goldman, "Russian Political, Economic, and Security Issues and Implications for U. S. Policy," Congressional Research Service, August 26, 2008, 22 - 23.
30. Michael R. Gordon, "U. S. Is Proposing European Shield for Iran Missiles," *The New York Times*, May 22, 2006.
31. Thom Shanker and Mark Landler, "Putin Says U. S. Is Undermining Global Security," *The New York Times*, February 11, 2007.
32. 同上。
33. Thom Shanker, "Gates Counters Putin's Words on U. S. Power," *The New York Times*, February 11, 2007.
34. William J. Burns, "Russia's Economy and Prospects for U. S. - Russian Economic Relations," *Johnson's Russia List*, October 23, 2007, http://www.russialist.org/archives/2007 - 222 - 33.php; R. Nicholas Burns, "Challenges and Opportunities Facing the Transatlantic Community," *US Department of State Archive*, March 26, 2007.
35. Thom Shanker and Helene Cooper, "U. S. Moves to Soothe Growing Russian Resentment," *The New York Times*, March 6, 2007.
36. 同上。
37. Thom Shanker, "Pentagon Invites Kremlin to Link Missile Systems," *The New York Times*, April 24, 2007.
38. Linda D. Kozaryn, "Gates Announces Formation of U. S. - Russia Working Group on Missile Defense," American Forces Press Service, April 23, 2007.
39. C. J. Chivers and Mark Landler, "Putin to Suspend Pact with NATO," *The New York Times*, April 27, 2007.
40. Matthew Lee, "Harsh U. S. - Russia Words at NATO Meet," *The Washington Post*, April 26, 2007.
41. Matthew Lee, "Harsh U. S. - Russia Words at NATO Meet," *The Washington Post*, April 26, 2007.
42. Luke Harding, "The New Cold War: Russia's Missiles to Target Europe," *The Guardian*, June 3, 2007.
43. 同上。
44. Thom Shanker and Steven Lee Myers, "Putin Criticizes U. S. Officials on Missile Defense," *The New York Times*, October 13, 2007.
45. 同上。
46. Helene Cooper, "Iran Receives Nuclear Fuel in Blow to U. S.," *The New York Times*, December 18, 2007.
47. Nichol, "Russian Issues and U. S. Interests."
48. 同上。
49. Peter Baker, "Bush Pressing NATO to Set Membership Path for Ukraine, Georgia," *The Washington Post*, April 2, 2008.
50. Steve Erlanger and Steven Lee Myers, "NATO Endorses Europe Missile Shield," *The New York Times*, April 4, 2008.

51. 根据与德国政府官员的采访内容。
52. 根据与小布什政府官员的采访内容。
53. Steven Erlanger, "Putin, at NATO Meeting, Curbs Combative Rhetoric," *The New York Times*, April 5, 2008.
54. 同上。
55. Peter Baker, "After Recent Discord, Bush to Meet with Putin in Russia," *The Washington Post*, March 27, 2008.
56. Baker, "Bush to Meet with Putin."
57. Rice, *No Higher Honor*, 681.
58. Peter Baker, "No Pact, but Bush, Putin Leave a Map," *The Washington Post*, April 7, 2008.
59. 同上。
60. "Russian Tanks Enter South Ossetia," *BBC News*, August 8, 2008.
61. Karen DeYoung, "Bush Question's Moscow's Motives," *The Washington Post*, August 12, 2008.
62. "Cheney: 'Russian Aggression Must Not Go Unanswered,'" *Reuters*, August 10, 2008; Julie Pace, "Biden at Center of US Diplomacy with Ukraine," *The Associated Press*, February 25, 2014; Marina Koren, "Joe Biden Lurks Behind Every US Action on Ukraine," *National Journal*, March 13, 2014; Andrew Higgins and Andrew Roth, "Biden Offers Strong Support to Ukraine and Issues a Sharp Rebuke to Russia," *The New York Times*, April 22, 2014.
63. Bush, *Decision Points*, 434 - 435.
64. DeYoung, "Bush Question's Moscow's Motives."
65. 同上。
66. 根据与前国安会官员的采访内容。
67. Tom Parfitt, Helen Womack, and Jonathan Steele, "Russia Brushes Aside Ceasefire Calls After Georgia Withdraws," *The Guardian*, August 10, 2008.
68. 同上。
69. Steven Lee Myers and Thom Shanker, "Bush Aides Say Russia Actions in Georgia Jeopardize Ties," *The New York Times*, August 15, 2008.
70. Daniel Michaels, "U. S. - Poland Deal on Missile Base Riles Russia," *The Wall Street Journal*, August 21, 2008; Peter Baker, "Obama Resets Ties to Russia, but Work Remains," *The New York Times*, July 9, 2009.
71. 根据与小布什政府高级官员的采访内容。
72. Bush, Decision Points, 433.
73. Cheney, In My Time, 514 - 515.
74. Rice, No Higher Honor, 693.
75. Ellen Barry and Sophia Kishkovsky, "Russia Warns of Missile Deployment," *The New York Times*, November 5, 2008.
76. Steven Lee Myers, "Russian Hopes Obama's Win Will Warm Relations," *The New York Times*, November 15, 2008.
77. 根据参与政府交接工作的奥巴马与拜登团队负责人的采访内容。
78. Helene Cooper and Nicholas Kulish, "Biden Signals U. S. Is Open to Russia Missile

Deal," *The New York Times*, February 8, 2009.
79. Peter Baker and David E. Sanger, "U. S. Makes Concessions to Russia for Iran Sanctions," *The New York Times*, May 21, 2010.
80. Peter Baker, "Obama Offered Deal to Russia in Secret Letter," *The New York Times*, March 3, 2009.
81. 同上。
82. Ellen Barry, "Russia Welcomes Letter from Obama," *The New York Times*, March 3, 2009.
83. Helene Cooper, "Promises of a 'Fresh Start' for U. S. – Russia Relations," *The New York Times*, April 2, 2009.
84. 根据与奥巴马政府高级官员的采访内容。
85. Nichol, "Russian Issues and U. S. Interests."
86. Steven Pifer, "George W. Bush Was Tough on Russia? Give Me a Break." *Politico*, March 24, 2014.
87. Baker and Sanger, "U. S. Makes Concessions."
88. Cooper, " 'Fresh Start.' "
89. Clifford J. Levy and Peter Baker, "U. S. – Russia Nuclear Agreement Is First Step in Broad Effort," *The New York Times*, July 7, 2009.
90. 同上。
91. Nichol, "Russian Issues and U. S. Interests."
92. Mann, *Obamians*, 186.
93. 同上。
94. Baker, "Obama Resets Ties to Russia."
95. 同上。
96. Peter Baker, "White House Scraps Bush's Approach to Missile Shield," *The New York Times*, September 18, 2009.
97. 同上。
98. Luke Harding, "Clinton Hails US – Russia Cooperation on Iran," *The Guardian*, October 13, 2009.
99. 同上。
100. Mann, *Obamians*, 188.
101. 同上。
102. 根据与美国国务院官员的采访内容。
103. Helene Cooper, "U. S. and Russia Close on Arms Pact, Leaders Say," *The New York Times*, December 19, 2009.
104. 同上。
105. Ellen Barry, "Russia Cool to U. S. Plan for Missiles in Romania," *The New York Times*, February 5, 2010.
106. Wolffe, Renegade, 259.
107. Michael D. Shear, "Obama, Medvedev Sign Treaty to Reduce Nuclear Weapons," *The Washington Post*, April 8, 2010.
108. White House Office of the Press Secretary, "Remarks by President Barack Obama," *White House Press Release* (April 5, 2009).

109. Michael D. Shear and David E. Sanger, "Japan to Let U. S. Assume Control of Nuclear Cache," *The New York Times*, March 23, 2014.
110. Ellen Barry, "Russia Declares Deal to Join Trade Group," *The New York Times*, November 3, 2011.
111. Jackie Calmes, "Obama and Medvedev Talk Economics," *The New York Times*, June 24, 2010.
112. Jackie Calmes, "Obama and Medvedev Talk Economics," *The New York Times*, June 24, 2010.
113. Thom Shanker and Ellen Barry, "U. S. and Romania Move on Missile Plan," *The New York Times*, May 3, 2011.
114. Alla Eschenko and Maxim Tkachenko, "Russia Threatens Nuclear Build - Up over U. S. Missile Shield," *CNN. com*, May 18, 2011.
115. 根据与奥巴马政府官员的采访内容；"Ballistic Missile Defense Review Report," US Department of Defense, February 2010.
116. 根据与奥巴马政府官员的采访内容。
117. Andrew E. Kramer, "Russians Linked to Jail Death Are Barred from U. S. ," *The New York Times*, July 26, 2011.
118. Anne Gearan, "U. S. Applies Sanctions Against 10 More Russians in Magnitsky Case," *The Washington Post*, May 20, 2014.
119. Thom Shanker, "U. S. Report Accuses China and Russia of Internet Spying," *The New York Times*, November 3, 2011.
120. David M. Herszenhorn, "Russia Elevates Warning About U. S. Missile - Defense Plan in Europe," *The New York Times*, December 8, 2011.
121. Thom Shanker and David M. Herszenhorn, "U. S. Official Says Missile - Defense Shield Will Move Forward," *The New York Times*, December 2, 2011.
122. David M. Herszenhorn and Ellen Barry, "Putin Contends Clinton Incited Unrest over Vote," *The New York Times*, December 8, 2011.
123. 同上。
124. John Ransom, "Hillary, Obama and the Russian Reset," *Townhall Finance*, March 2, 2014; Clinton, *Hard Choices*, 243 - 245, 461 - 463.
125. Henry Meyer, Brad Cook, and Ilya Arkhpov, "Russia Warns U. S. , NATO Against Military Aid to Syria Protests After Libya," *Bloomberg*, June 2, 2011.
126. 同上。
127. David Kenner, "How Putin Turned Moscow Back into a Middle East Powerhouse," *Foreign Policy*, September 13, 2013.
128. 根据与俄罗斯高级官员的采访内容。
129. Ellen Barry, "Putin Aide Says Foreign Hands Are Behind Protests," *The New York Times*, February 3, 2012.
130. 同上。
131. Ellen Barry, "New U. S. Envoy Steps into Glare of a Russia Eager to Find Fault," *The New York Times*, January 23, 2012.
132. Peter Baker, "U. S. - Russian Ties Still Fall Short of 'Reset' Goal," *The New York Times*, September 2, 2013.

133. Baker, "Ties Still Fall Short of 'Reset.'"
134. 同上。
135. Neil MacFarquhar and Anthony Shadid, "Russia and China Block U. N. Action on Crisis in Syria," *The New York Times*, February 4, 2012.
136. Bradley Klapper and Matthew Lee, "U. S. Pressuring Russia over Syria," *The Christian Science Monitor*, May 31, 2012.
137. Patrick Wintour and Ewan MasAskill, "Obama Fails to Secure Support from Putin on Solution to Syria Crisis," *The Guardian*, June 18, 2012.
138. Joe Lauria, "Russia, China Veto Syrian Resolution at U. N." *The Wall Street Journal*, July 19, 2012.
139. 根据与一位拉丁美洲国家政府官员的采访内容。
140. David M. Herszenhorn and Ellen Barry, "Russia Demands U. S. End Support of Democracy Groups," *The New York Times*, September 18, 2012.
141. Samuel Rubenfeld, "Obama Signs Magnitsky Act into Law," *The Wall Street Journal*, December 14, 2012.
142. Rubenfeld, "Obama Signs Magnitsky Act"; Will Englund and Tara Barhampour, "Russia's Ban on U. S. Adoptions Devastates American Families," *The Washington Post*, December 27, 2012.
143. David M. Herszenhorn and Michael R. Gordon, "U. S. Cancels Part of Missile Defense That Russia Opposed," *The New York Times*, March 16, 2013; Nichol, " "Russian Issues and U. S. Interests."
144. 同上。
145. 根据与国安会官员的采访内容。
146. David M. Herszenhorn, "As U. S. Seeks Security Pact, Obama Is Set to Meet Putin," *The New York Times*, April 15, 2013.
147. 同上。
148. Kenner, "How Putin Turned Moscow Back into a Middle East Powerhouse."
149. Andrew Higgins and Steven Erlanger, "Gunmen Seize Government Buildings in Crimea," *The New York Times*, February 27, 2014.
150. Peter Baker, "Pressure Rising as Obama Works to Rein in Russia," *The New York Times*, March 2, 2014.
151. David D. Herszenhorn, "Unrest Deepens in Ukraine as Protests Turn Deadly," *The New York Times*, January 22, 2014.
152. Andrew Higgins and Andrew E. Kramer, "Archrival Is Freed as Ukrainian Leader Flees," *The New York Times*, February 22, 2014.
153. Yuras Karmanau, "Pro – Russian Rally in Crimea Decries Kiev 'Bandits,'" *The Associated Press*, February 25, 2014.
154. Jamie Dettmer, "Euromaidan Protestors: We Want U. S. Protection," *The Daily Beast*, March 3, 2014.
155. Kathy Lally and Will Englund, "Putin Defends Ukraine Stance, Cites Lawlessness," *The Washington Post*, March 4, 2014.
156. Michael D. Shear, "Obama Rules Out Military Force over Ukraine," *The New York Times*, March 20, 2014.

157. Scott Wilson, "Obama Warns Russia on Ukraine," *The Washington Post*, February 28, 2014; Colum Lynch, "U. S. Increasingly Isolated on Russia Sanctions," *Foreign Policy*, March 3, 2014.
158. Lynch, "U. S. Increasingly Isolated on Sanctions."
159. 根据与美国国务院官员的采访内容。
160. This frustration with America's European allies: Lynch, "U. S. Increasingly Isolated on Sanctions."
161. Dmitri Trenin, "Welcome to Cold War II," *Foreign Policy*, March 4, 2014.
162. David M. Herszenhorn, Michael R. Gordon, and Alissa J. Rubin, "Crimea Approves a Secession Vote as Tensions Rise," *The New York Times*, March 6, 2014.
163. Gregory L. White, "Russia's Putin Signs Treaty to Annex Crimea," *The Wall Street Journal*, March 18, 2014.
164. Peter Baker and Michael D. Shear, "U. S. Challenge Now Is to Stop Further Putin Moves," *The New York Times*, March 25, 2014; 根据与奥巴马政府高级官员的采访内容。
165. Eli Lake, "U. S. Eyes Russia Spies Infiltrating Ukraine," *The Daily Beast*, March 21, 2014.
166. Karen DeYoung and Michael Birnbaum, "U. S. Imposes New Sanctions on Russia," *The Washington Post*, April 28, 2014.
167. Peter Baker and Andrew E. Kramer, "So Far, U. S. Sanctions over Ukraine May Be Inflicting Only Limited Pain on Russia," *The New York Times*, May 2, 2014.
168. 同上。
169. 根据与奥巴马政府高级官员的采访内容。
170. Lynch, "U. S. Increasingly Isolated on Sanctions."
171. What it did not do: Michael R. Gordon, "Russia Moves Artillery Units Into Ukraine, NATO Says," *The New York Times*, August 22, 2014.
172. Baker and Shear, "U. S. Challenge Now Is to Stop Further Putin Moves."
173. Hanna Kozlowska, "Idaho Potatoes and Furry Pink Hats: This Is What Now Passes for Diplomacy," *Foreign Policy*, January 13, 2014.
174. Michael Birnbaum and Anthony M. Faiola, "Missile Downs Malaysia Airlines Plane Over Ukraine, Killing 298; Kiev Blames Rebels," *The Washington Post*, July 18, 2014.
175. Birnbaum and Faiola: "Missile Downs Malaysia Airlines Plane"; Karen DeYoung, "Obama Says Malaysian Plane Shot Down by Missile from Rebel – Held Part of Ukraine," *The Washington Post*, July 18, 2014.
176. White House Office of the Press Secretary, "Statement by the President on Ukraine," *White House Press Release* (July 19, 2013.)
177. White House Office of the Press Secretary, "Statement by the President on Ukraine," *White House Office Press Release* (July 29, 2014); Peter Baker, Alan Cowell, and James Kantor, "Coordinated Sanctions Aim at Russia's Ability to Tap Its Oil Reserves," *The New York Times*, July 29, 2014.
178. Michael R. Gordon, "Russia Moves Artillery Units Into Ukraine, NATO Says," *The New York Times*, August 22, 2014.

# 第八章
# 所有善意都消失的地方

我用一捧尘土让你看到恐惧。

——T. S. 艾略特

反常的是，使用武力这种最直接的外交工具需要最灵活的手段。2001 年以来美国在中东的经验表明，武力使用得太多、太少、用错对象，都会带来苦果。当一国拥有巨大实力时，往往会错误地认为自己理所应当地拥有巨大影响力。过去几十年的教训是如此清晰，一些国家都成了特定的代名词：伊拉克等同于说美国滥用实力；叙利亚指美国对于发挥领导力的犹豫。中东，对每个普通美国人都象征着美国深度卷入世界事务的失败，正如越南等同于外交和军事的泥潭。

## 本该如此?

通常决定领导人成败的因素是他们决定不了的——经济循环的潮

起潮落、所处年代中的世界形势，等等。他们只能在这些大局势的边缘发挥作用，而我们却将他们的行动视作重要的因果，实际上这种因果联系不存在，或者人们看不清。当然可以通过领导人对重大事件的回应名正言顺地定义他们，但我们必须要非常小心地客观看待他们的角色、选择和可能的影响。小布什不应当为发生在他任期之内的"9·11"事件负责，但他得为美国在伊拉克和阿富汗的军事行动负责。这些行动是否引起了中东后来的动荡，还是出于别的原因这些动荡本来就难以避免，这是非常好的辩论题目，而不是事实。奥巴马不应当为他"继承"的世界负责，但他应当为美国撤军的影响、美国在中东问题上的选择负责。

"我不认为美国的任务就是在全世界转悠，告诉别的国家什么是正确的。我不认为美国的任务就是走到一个国家说，我们是这样做的，你也应该这样做。"[1]这是2000年小布什在总统竞选时说的话。这里我们发现他似乎与奥巴马有相同的观点。但是与奥巴马竞选后一样，小布什并没有遵守自己的言论。

当小布什发表第二任期的就职演说时，他的想法变了。[2]用康多莉扎·赖斯的话来说："他想在中东巴以问题上做点大事。"

赖斯之后写道："60年来美国的中东政策非常特殊——以民主为代价追求稳定。但我们两样都没得到。"她接着写道，美国已意识到"中东'自由'缺口带来的苦果，意识到'稳定压倒民主'政策下，美国与中东威权现状之间的联系不可饶恕"。[3]

然而，这一观点并没有得到政府所有高官的同意。拉姆斯菲尔德在回忆录中对赖斯提出了尖锐批评，说"国务院对总统关于民主红利思想的解读给我们需要的朋友和伙伴制造了混乱……有时候这些话听上去就是说教……有时候说教的国家对此感觉良好，在国内政治上也有加分。但也可能因此失去重要合作，让别国以为美国恃强凌弱而疏远我们"。[4]拉姆斯菲尔德列举了和赖斯在处理乌兹别克斯坦问题上的分歧，事情的起因是几名乌兹别克斯坦示威者被杀。“在一次国安会会议上，”他写道，“赖斯这样回应我，‘人权优先于安全。’我怀疑她是否考虑清楚。她的意思是只要一个国家不按照我们的方式和期待处理问题，我们就应当不理它，哪怕这样会损害美国的国家安全。”[5]

随后发生的事件无疑体现了这种分歧中讽刺的奇异之处。大多数人认为小布什是强硬的干涉主义政策的制定者，喜欢无视国际法律和国际准则，相比拉姆斯菲尔德更像是一个理想主义者。虽然大家认为拉姆斯菲尔德是鹰派，但他实际上在小布什执政年代更多地扮演了实用主义者的角色。提出要速战速决的人是拉姆斯菲尔德，他还提出要根据不同形势采取不同政策。其实，更加讽刺的是，拉姆斯菲尔德在很多方面是奥巴马政策的鼻祖，奥巴马因发表的演说而把理想主义推到极致。小布什和赖斯都是理想主义者。毫无疑问，出于不同原因，拉姆斯菲尔德和奥巴马基本都算得上是现实主义者。不过，奥巴马偶尔会在关系密切的理想主义者（有些人是小圈子成员）和实用主义者之间摇摆不定。

## 关于圣地的顿悟

执政第一任期，小布什对以色列和巴基斯坦局势发表看法后遭到了猛烈批评，但熟悉这一地区局势的人知道他说的并没错。哈德利对此表示：“他在外交上采取了很多强势姿态，比如认为（巴勒斯坦解放组织主席）亚西尔·阿拉法特是一位失败的领导，没法说到做到。”小布什回顾第一任期时总结道：“根本问题在于巴勒斯坦的土地上缺乏自由。巴勒斯坦没有立国，在世界上就缺乏合适的位置。巴勒斯坦人在决定未来的过程中没有发言权，成为极端分子招募的成熟对象……由于没有合法选举的巴勒斯坦领导人致力反恐，以色列人也就没有一起维护和平的可靠伙伴。我认为出路是建立民主的巴勒斯坦国家，由能够为人民负责的、选举产生的官员领导，与以色列一起反对恐怖主义、追求和平。”

有一位以色列高级官员告诉我，他认为小布什的看法“幼稚”，但是这确实表明，小布什已经认为，问题不是巴勒斯坦有没有权利建国，而是如何建国。[6]

小布什如此亲以色列的部分原因在于，政府中不少重要职位都由所谓的新保守主义者（“新保派”）把持。[7]他们的观念受到意识形态塑造，也受到与以色列右翼密切关系的影响。“新保派”逐渐成为指代那些支持战争（如伊拉克战争）的鹰派代名词。[8]大家使用“新保派”一词描述政府中常被视作小团体的挺犹帮派，同时该词还能让人联想起支持犹太人的传统色彩①。[9]小团体包括国防部副部长保罗·沃尔福威茨、道格拉斯·费思和副国家安全顾问埃利奥特·艾布拉姆斯等，他们犹太人的身份进一步加强了这种认知。伊拉克战争并不受欢迎，而把这一错误归咎到某一个小团体身上的需求更使得民众认为，小集团推动的美国政策导致了战争、形成了与以色列的长期盟友关系（以色列是地区唯一长期运行良好的民主国家，是数十年来美国值得依靠的支持者）。[10]比如，两位来自美国顶尖大学的学者约翰·米尔斯海默和斯蒂芬·沃尔特认为，“新保派”和超级强大的“以色列游说团体”联合操纵决策，把政策引向了符合中东那个犹太小国利益的方向，而不是符合美国自身利益的方向。[11]然而，这两位学者主要观点中提及的游说力量却因为小布什在任期间的行动而有所削减。与“新保派”联系密切的小布什也极力推动建立巴勒斯坦国家，并且把这项事务列为国务卿的头等大事。[12]事实上，他在第二任期内采取了多项措施，比如从伊拉克撤出、寻求与伊朗开展协商等，这些都与以色列右翼的立场截然相反——不过，他处理这两个问题的方式

① 此处原文有误。——译者注。

要比继任更加偏向“新保派”。

至于政府的偏心问题，虽然与我对话的人都不否认把支持美国关键盟友以色列作为首要事务，但是埃利奥特·艾布拉姆斯在其书《锡安的考验》中以更宽泛的方式回答了是否“偏向”以色列这个问题：“我愿意认罪，不过这当然还是取决于‘偏向’的意思是什么……小布什总统认为，如果不停向以色列施压要求其妥协，效果未必比得上与其领导人结成伙伴关系，所以他发展了与以色列的关系。他‘偏向’以色列，也‘偏向’巴勒斯坦，他有信心可以处理好两边的关系，可以帮助双方迈向和平与安全进程。”[13]艾布拉姆斯继续说道：“小布什总统接手的是支离破碎的和平进程……他留下的则是与以色列更加深厚的关系，还有巴勒斯坦开始起步的国家建设。”艾布拉姆斯在国安会时负责以色列和巴勒斯坦事务，他又提供了另一个重要视角，可供观察小布什团队处理该地区事务的方式：

> 一旦将全面和平的目标摆到台面上，双边关系就会居于次要地位。是否支持全面和平行动变成国家政策中唯一重要的事……一旦你致力于国际和平会议或为中东全面和平斡旋，这些目标就会超过其他所有。这一种处理方式会模糊事实，让人忽略阿拉伯国家巨大的复杂性，而只关注外交部部长口中的巴以问题。[14]

他的观点与奥巴马政府，特别是克里执掌的国务院截然不同。

赖斯也不认同这一观点，事实上她挑起大梁，试图在达成大规模协议方面获得进展。艾布拉姆斯在书中以及在后来与笔者的对话中，都对此愤怒不已。他说：“还记得吗？2006 年是小布什执政以来最差的一年。中期选举、卡特里娜飓风后续发酵、政府知道正在输掉伊拉克战争。这是难以想象的灾难。夏季，以色列在与黎巴嫩的战争中表现不佳，用理查德·哈斯的话来说，是可以选择的战争。我认为，正是因为2006年诸事不顺，在那时候，为了她自己、总统、政党和国家，康迪决定‘我要做一件对的事’。我们要达成一项协议，那项难以实现的中东全面和平协议。我认为她是在2006年夏天做出决定的，花费了两年半的时间，基本上独立于白宫。我并不是说，小布什不知道这件事，但她让这一协议成为她的关键任务。”

达成这一项协议真的可能吗？当然，最后并没有达成。艾布拉姆斯说：“你必须心里有数，（巴勒斯坦领导人）阿巴斯是否真有能力签署和平协议，我不这么认为。”艾布拉姆斯认为阿巴斯不具备达成协议的性格：“他不是一个英雄。他不是一个有领袖气质的人。他不会这么做的。阿拉法特也不会这么做，（前中东谈判代表、后来成为奥巴马中东问题顾问的）丹尼斯·罗斯在过去就注意到，巴勒斯坦人没准备好做出牺牲。”艾布拉姆斯认为：“康迪对可能发生的事情过于乐观，我认为她最大的错误就是太想要在白宫草坪上实现握手，以致无法关注其他关键问题。（巴勒斯坦总理）萨拉姆·法耶兹说，‘你们不是在帮助我。我在建设一个国家的基础，而你们只是想要白宫草坪的握手。’”

赖斯和哈德利都认为，最终结果不足以反映取得的进展。尽管最终没能达成协议，但哈德利坚称他们已经比人们想象的更接近这一结果：“到最后，沙龙已经从加沙撤出，并愿意与巴勒斯坦人讲和。我看到了他的地图，我在他办公室亲眼见到的。如果他没有中风，他会谈判的。”沙龙的继任者埃胡德·奥尔默特也努力推动了和平进程，这才有了在马里兰州安纳波利斯的谈判，在谈判中奥尔默特向巴勒斯坦领导人阿巴斯提出了全面和平的主张。[15]但是奥尔默特惹上了法律和政治麻烦，阿巴斯才退出谈判。[16]

正如中东经常发生的那样，事情变化得很快——谈判的伙伴来去匆匆，局势进一步恶化，到了最后，赖斯的努力结果令人失望。她将此称作“国务卿生涯最大的失落之一”。[17]

## 再也不会一样

就在奥巴马发表就职演说不久前，我和太太前往华盛顿与另外两对夫妇用餐，他们是乔治城大学的访问学者迈克尔·奥伦和太太萨利，《大西洋月刊》记者杰弗里·戈德堡和太太帕梅拉·里夫斯。

餐桌上的讨论让人愉悦，与这些人讨论总会如此。而且讨论的话题十分广泛，从戈德堡正在网上创办的犹太摇滚名人堂到我和奥伦在哥伦比亚大学的求学生活（我和奥伦在哥伦比亚大学读研究生时是室友）。

话题一时间转向了美国对以色列政策，还有奥巴马任内是否会转变这一政策的问题。我和戈德堡提到了奥巴马过去的表现，包括他竞选团队中一些人的观点以及民主党自由派的大体走向，我们都认为转变即将到来，一旦机会登门，奥巴马就会牢牢把握，表明自己不会死守美国外交政策中传统的挺犹“偏向”。奥伦是著名的美以关系史专家，他对此不屑一顾，认为这样的转变毫无意义，也没有理由这么做。那时候奥伦还不知道，几个月后，他就会成为以色列总理本雅明·内塔尼亚胡政府新任命的以色列驻美大使。[18]到时候，奥伦将会近距离见识到美国新政府究竟是什么样子。

整个竞选期间，虽然奥巴马仍支持以色列，但越来越多的证据表明，他对这个问题有不同的看法。而且在奥巴马整个职业生涯中，他与许多批评美国传统对以政策的人来往密切，比如哥伦比亚大学教授拉希德·卡利迪。[19]当有人在竞选期间声称他们俩之间的关系可能会影响奥巴马的观点时，奥巴马否认自己在政策事务上向卡利迪咨询过意见，并且重申自己对以色列的重视。[20]但是一位民主党资深内部人士指出：“卡利迪是奥巴马家人的好朋友，如果说他没有为奥巴马出谋划策，这段关系至少也能证明，奥巴马思想形成时期接触的都是什么样的观念。”[21]此外，奥巴马竞选团队中的许多幕僚在私下场合都表达了之前提及的观点，认为如果要取得进展，美国需要对巴勒斯坦采取更“不偏不倚”的政策。或许最重要的是，许多美国人的态度转变了。从 1982 年贝鲁特难民营大屠杀、以色列占领区巴勒斯坦人的暴动以及近期以色列在巴勒斯坦土地上扩张定居点等一系列事件使美国人认为以色列政府采取了高压政策。更鲜明的一个例子是，2008 年 4 月，正当奥巴马在民主党初选中占据上风时，一个新组织“J 街”在华盛顿成立，旨在反对美国以色列公共事务委员会的观点，因为大家公认该委员会是“犹太游说团体”的大本营。[22]米尔斯海默和沃尔特的书《以色列游说集团与美国对外政策》也在同年出版。[23]

当年初，竞选人奥巴马与犹太裔美国人领袖的会谈内容被录了下来，奥巴马说道：“在这里我必须坦诚相告，我希望自己没有被你们‘退学’。我认为，支持以色列的团队中有一个严格规定——没有坚定不移支持以色列利库德集团就等于反以色列。这个规定不能成为我们处理与以色列友谊的方式。”[24]后来在美国以色列公共事务委员会年度会议上，奥巴马呼吁以色列停止建设新的定居点，并且批评小布什与以色列过于亲密。[25]奥巴马表示，小布什的政策导致美国“在地区更加孤立，削弱了美国的力量，损害了以色列的安全”。[26]

与此同时，奥巴马积极表态，仍然坚定支持发展未来美以关系，不过对如何更好推进持有不同意见。他积极与犹太裔领导人会面，从犹太裔捐助者那里成功获得大量选举资金，在竞选期间前往以色列，并且一有机会就澄清自己所说的是战术转变，而非长期政策优先事务的转变。[27]

奥巴马上任后开始进行政策微调。[28]他担任总统的第一天就给巴勒斯坦总统马哈茂德·阿巴斯和以色列总理埃胡德·奥尔默特（他只在奥巴马任期的前两个月内任职，于 2009 年 3 月 31 日卸任）都打了电话。[29]奥巴马强调，对他来说该地区仍是首要事务，并敦促以色列停止定居点建设。[30]一些与奥巴马关系密切的幕僚让奥巴马做出了这一表态，其中包括白宫办公厅主任拉姆·伊曼纽尔，他曾是以色列国防军的民事志愿者。奥巴马还敦促以色列尽快完成从加沙撤军，并要求哈马斯结束对以色列的火箭弹袭击。[31]奥巴马盛夏时节在开罗发表演讲，公开呼吁以色列停止扩建定居点。[32]在 2009 年 7 月一次与犹太领导人的闭门会议上，他批评了小布什政府："在那八年里，我们和以色列之间一点空间都没有。美国和以色列亲密无间时，以色列只是袖手旁观，这侵蚀了我们对阿拉伯国家的信誉。"[33]奥巴马把作为总统后第一次接受海外媒体的机会给了阿拉伯电视台，这家媒体是美国人持有的阿拉伯有线电视网。[34]而直到就任 18 个月后，奥巴马才第一次接受以色列电视的采访。接受阿拉伯有线电视台采访时，奥巴马表示："我对穆斯林世界的工作是表明美国人并非你们的敌人。"这一说法呼应了他就职演讲中的内容，当时他希望寻求"新的前进方式"，如果地区领导人愿意"松拳"，他将"伸手"。[35]

艾布拉姆斯认为："总统真心觉得美国不应该与以色列表现得太亲密，不应采取这种'密不可分'的政策。他认为这不是一个聪明的政策。之后，我认为他放弃了这一观点，因为他和克林顿、小布什一样，都意识到拥抱以色列人比疏远他们得到的更多。以色列和美国出现缝隙让以色列人害怕，让他们表现得不再灵活。"

马丁·因迪克、李侃如、迈克尔·奥汉隆在记叙奥巴马第一任期的历史时，也持相同观点：

> 奥巴马认为，处理以色列的方式不应该是像克林顿、小布什那样热情拥抱它，而是满足它所有的安全需求。他多次强调美国对以色列安全的承诺是"坚定不移"的，他也确实是这样想的。在他的指导下，国防部、中情局、国务院与以色列方面的安全合作都达到了新的高度。无论政治上紧张到了什么程度，奥巴马政府从未有过半点暗示要拖延对以色列的安全援助。另一方面，奥巴马也在美以关系中积极地追求"第三者"。[36]

就任第二天，奥巴马就宣布任命前参议院多数党领袖缅因州的乔治·米切尔为中东和平特使。[37]这一举动显示了奥巴马对阿以冲突的重视，同时也发出信号，本届政府与上几届不一样，巴以和平被放在了优先考虑的地位。米切尔是一个不说废话、聪颖过人的外交官。他出身律师，在斡旋北爱尔兰和平的事务中获得了巨大成功。[38]与奥巴马的阿富汗和巴基斯坦问题特使霍尔布鲁克一样，米切尔很快成为奥巴马执政初期迅速扩大的“政策沙皇”团队一员。这些“沙皇”都是高层任命，担负着特殊使命，表明总统本人极其关注外交、科技等多个领域。① 这种特殊职位尽管能发挥一些小作用，但总是难以避免与现有官僚体制形成紧张关系。[39]

米切尔和丹尼斯·罗斯之间重叠的责任和利益无疑导致了摩擦和运行不畅。[40]罗斯可以算是当代美国经验最丰富的阿以谈判专家，也是国安会体系中的一员。

奥巴马宣誓就职的一周后，米切尔访问了这一地区，当时加沙地区的冲突刚刚结束。在早期的会议中并没有批判小布什政府的政策或手段，其主要目的是“创造一个可以重启和平进程的氛围，因为我们知道很多国家的态度已经强硬起来。有太多感情和公众情绪与这场冲突联系在了一起。”[41]

---

① 我在《外交政策》杂志上发表过一篇文章，在那篇文章中我调侃地写道，到4月时“沙皇”人数不断上升，“随着艾伦·柏尔辛被任命为‘边境沙皇’，奥巴马政府产生的‘沙皇’比罗曼诺夫王朝的还要多。罗曼诺夫王朝于1613年由米哈伊尔一世开创，末代沙皇尼古拉二世于1917年退位。在这段时间里，共有18位沙皇即位。尽管奥巴马任命的‘沙皇’具体数字无法统计，但随着昨天的任命，显然已经超过了18。”我随后列举了18位，包括柏尔辛、“能源沙皇”卡罗尔·布劳纳，“城市沙皇”小阿道夫·卡里翁，“信息技术沙皇”维韦克·孔德劳，“信仰沙皇”乔舒亚·迪布瓦，“医疗改革沙皇”南希·安德帕尔，“新‘不良资产救助计划’沙皇”赫布·阿里奥斯，“刺激计划问责沙皇”厄尔·德瓦尼，“不扩散沙皇”加里·萨莫雷、“反恐沙皇”约翰·布伦南、“监管沙皇”卡斯·桑斯坦（他是萨曼莎·鲍尔的丈夫）、“药品沙皇”吉尔·科力考斯基，“关闭关塔那摩沙皇”丹尼尔·弗里德，再加上特使霍尔布鲁克、米切尔、苏丹事务特使J. 斯科特·格雷申、气候变化特使托德·斯特恩以及波斯湾和西南亚特别顾问丹尼斯·罗斯。

米切尔随后与总统身边负责该地区的官员会面，包括后来成为美国驻以色列大使的国安会成员丹·夏皮罗；近东局局长杰弗里·费尔特曼，2009～2012年国务院近东事务助理国务卿、费尔特曼的副手、职业外交官戴维·黑尔（后来被米切尔招为副手）。

米切尔和克林顿磋商时拟定了执行任务的方式，他有意采取了与其他“沙皇”不一样的方式，尤其是与霍尔布鲁克截然不同：“首先，当我处理北爱尔兰事务时，我五年里往返那里多次，主持了三次独立讨论，发现保持一个较小的团队很有用，而且很有必要依靠已有的英国和爱尔兰政府提供的后勤和行政支持（米切尔当时并不是美国政府代表）。我想要雇用的人大多数不是行政人员，而是了解议题的专业人员，我觉得这些人可以帮我。我认为，最好在这里也能这么做，而不是从头建立一个庞大团队。我知道迪克正在做什么。我们有时候会聊这个。我也接到了参谋长联席会议主席打来的电话，向我推荐了一些军方人员和官员，这些人选我几乎都拒绝了。”①

米切尔上任头几个月时，工作重点放在了建立双边互信、尝试理解地区其他领导人的视角。[42]然而，本雅明·内塔尼亚胡赢得以色列的选举，让这一进程复杂化。[43]内塔尼亚胡之前在克林顿执政时期就担任过以色列总理。[44]当时，白宫官员认为他这个伙伴不易相处，有时傲慢自大，有时还不靠谱。2009年5月18日，内塔尼亚胡首次访问华盛顿与奥巴马会晤。[45]奥巴马在椭圆形办公室站在内塔尼亚胡身边，面对记者再次传递出他不会继承前任做法的信息，直截了当地说道：“定居点建设必须停止，这样我们才能继续前进。”内塔尼亚胡私下里对奥巴马如此直率的行为感到震惊。[46]在奥巴马第一任期大部分时间内，有一个可以概括两国关系的主题浮现，那就是白宫准备的

---

① 推荐人员并非完全出于政府的团队精神。通常来说，军方、情报界和国务院都会为一个新任务团队推荐其职业官员，希望借此监视任务情况。

东西不符合以色列对伙伴的预期。其实，这也是地区其他盟友共同抱怨的事情，他们觉得虽然经常与美国会谈沟通，但是他们事先盼望的实实在在的分享和许多事先筹备的协商均未兑现。[47]

几乎与内塔尼亚胡会面的同时，奥巴马见了助理本·罗兹和白宫办公厅主任丹尼斯·麦克多诺。[48]奥巴马向他们表示，希望能够对阿拉伯世界发表重磅演讲，想在演讲中结合个人经历强调连接西方和伊斯兰世界的共同利益，试图解决造成紧张关系的历史根源。罗兹和麦克多诺再一次担当了总统小圈子成员的角色，与他们的直接领导拉开了距离，但是他们与总统的互动证明了总统对他们的信任程度。[49]尤其是罗兹，他既是幕僚也是演讲稿撰写人。[50]白宫一位与罗兹关系密切的同事认为他天赋异禀，“能够引导总统的想法和感觉。当要撰写演讲或讲话重点时，罗兹就像总统的亲密知己”。

奥巴马执政首年值得被铭记，因为他对国内经济发展议程提出了很高的要求。同时，他在中东问题上提出了许多倡议，可能其中最能引发共鸣的要数他发表的演讲《一个新的开端》。这篇演讲有6000字左右，是奥巴马与罗兹、麦克多诺对话后的产物。2009年6月4日，奥巴马在埃及的开罗大学发表这一演讲。

《一个新的开端》在很多方面都与之前美国总统发表的演讲不同，不过，其中一个核心信息却呼应了2000年还是竞选人时的小布什所说的话：“不能假定美国知道每个人都最适合什么。”[51]奥巴马演讲中有关法治和公正的言论也直接来源于小布什的“自由议程”。然而，就在美国入侵伊拉克六年之后，一位名叫贝拉克·侯赛因·奥巴马的美国总统站在阿拉伯世界的中央，以《古兰经》的一句话——“铭记真主，永吐真言”引出了他的观点，并向伊斯兰文明取得的成就致敬，这样的演讲所能产生的影响不言而喻。奥巴马描述了自己与伊斯兰相关的大量个人经历，说道：“我是一个基督教教徒，但我的父亲出生在一个肯尼亚家庭，世世代代都是伊斯兰教信徒。我小时候在印度尼西亚生活过几年，在黎明和日落时分都能听到宣礼塔召唤的声音。我年轻时在芝加哥社区工作，那里许多人都从穆斯林信仰中找到了尊严与宁静。"[52]

他说："我们必须持续努力倾听，向彼此学习，尊重彼此，并寻求共识。"他引用了约翰·F. 肯尼迪的话："我们作为人共有的利益远比让我们分离的力量强大。"[53]

在谈到巴以问题的时候，奥巴马重申美国与以色列"不会破裂"的纽带，同时说美国不会"对巴勒斯坦人民对尊严、机会、属于自己的国家等合法愿望视而不见……以色列的存在权不容否认，巴勒斯坦也是"。接着他再次提出以色列应停止建设定居点，号召哈马斯停止暴力，敦促该地区政府不要以巴以冲突为借口耽搁其他问题的解决。[54]

奥巴马的演讲也考虑了听众，他把自己的经历和听众联系在一起。听众积极互动、激情澎湃。"几世纪以来，"他说，"美国黑人忍受了皮鞭的驱使、隔离的羞辱，但是黑人获得全部平等权利并不是依靠暴力，靠的是对美国立国思想的信念和坚持。"[55]这显然美化了美国历史，忘记了美国打了一场人类历史上最血腥的战争才结束了奴隶制。

演讲还有一些道歉成分。尽管奥巴马称阿富汗冲突是"必要的"，他对伊拉克战争的描述却截然不同，称这是"一场可以选择的战争，美国和全世界对此都有不同意见。"他接着说："尽管我认为伊拉克人民脱离了萨达姆的残暴统治会更好，我也认为伊拉克提醒了美国人应当用外交和国际共识来解决问题。"他接着承认了美国在该地区滥用权力的历史，成为第一位承认美国在20世纪50年代参与推翻伊朗政府的美国总统。[56]

阿巴斯评价这篇演讲"清晰而坦承……政治上创新的一步"。[57]以色列总统也发表了类似看法。然而巴以两边都有人对此持批评态度，一个以色列人对我说："想想看，一个美国总统对一个宗教、对伊斯兰世界发表演讲。竟然发生了这样的事？"该地区的极端力量（包括本·拉丹到伊朗最高领袖哈梅内伊）以及美国右翼都谴责这篇演讲——前者称他们不需要美国更多的说教，而后者则指责奥巴马为敌人辩护。[58]日后的分析显示，这次演讲可能刺激了从伊朗到埃及的改革运动，当地民众认为美国总统了解他们的疾苦，可以从他那里得到积极、显著的支持。[59]

此次演讲为奥巴马加了很多分，显示了他用语言制造影响力的巨大能力。但是和其他演讲一样，奥巴马讲完之后并没有实质举动。2013 年底，一位前奥巴马政府高级外交官对我说："有时我觉得总统和他的身边人认为，做了一篇有力的演讲后他们的任务就完成了。把总统和演讲推出去就行了。结果，他们不注重后续工作，经常把这些工作交给其他人，因此提出的倡议无法实现。"[60]

到了 2009 年底，奥巴马不得不承认团队重启和平谈判十分艰难，因为"巴以双方政策有抵触时，美国很难劝他们坐下来谈判。"[61]但美国还在为此努力。到了 2010 年 3 月，米切尔开始了长达四个月的努力，推动"临近会谈"，即为内塔尼亚胡和阿巴斯的正式会谈创造过渡阶段。[62]副总统拜登前往以色列，表示政府对这一新方案的投入——这也表示，作为参议院前外交关系委员会主席，拜登可能是美国对外交政策最积极的副总统，切尼在国家安全事务上的影响力都不及他。[63]事实上，因为拜登的威望和政治敏锐度，他也相当于第二位国务卿，特别是在中东事务上。这在奥巴马第一任期内尤其如此，因为国务卿主要对白宫的领导起支持作用。

然而，以色列内政部宣布批准在东耶路撒冷修建 1600 套住房，大大削弱了拜登访问的影响。[64]尽管内塔尼亚胡坚称对此一无所知，拜登还是非常愤怒，在与内塔尼亚胡的会面中也毫无克制地表现了出来。[65]

奥巴马发现很难在自己的观点与真实形势之间达到平衡，尤其是在他第一任期内，美以关系恶化，新任以色列驻美大使甚至认为，两国关系处于三年半以来的最糟状态。[66]奥巴马特别在乎表面状况，认为以色列突如其来宣布建设定居点是“打脸”行为。[67]同时，这一宣布直接违背了以色列暂时停止建设定居点的承诺。[68]巴勒斯坦方面则暂停参与“接近对话倡议”。[69]米切尔和克林顿推迟了原定的访问，克林顿的发言人 P. J. 克劳利表示：“美国认为，这一宣布是以色列处理两国关系方面极其消极的信号。”[70]

在这沮丧时刻，白宫逐渐对米切尔能够取得有意义的进展失去信心。更糟糕的是，其他代表白宫的使者开始插手地区事务。[71]有报道透露，米切尔的幕僚对地区阿拉伯领导人表示：“你们最好和我们打交道，不然的话你们就得和丹尼斯·罗斯以及他在白宫的团队打交道了。”[72]此外，以色列和巴勒斯坦都认为国务院没有足够的影响力办成事情，因此只能直接去找国安会，如果可以的话尽量找那些总统的身边人。[73]而在 2010 年 10 月琼斯和伊曼纽尔卸任后，所谓的身边人就是多尼伦、麦克多诺、罗兹、罗斯以及其他白宫西翼的人。

多尼伦被任命为国家安全顾问后，美国政府开始寻找另一个方案，尤其是能够让以色列不必在定居点问题上妥协太多的方案。[74]国务卿克林顿也开始推动总统制定他自己的方针——“奥巴马参数”，即可能实现和平的方式。总统原则上同意在“合适的时间”接受这个想法，并计划发表另一次演讲作为开端。多尼伦和罗斯不太喜欢这个想法，认为到目前为止的所作所为已经让关系根基不稳，担心棋错一步将会导致情况继续恶化。[75]

奥巴马总统计划就中东和平发表重要演讲的风声走漏后，内塔尼亚胡的团队立即着手行动，积极安排总理下一次访问美国以色列公共事务委员会会议时，在国会两院联席会议发表演讲。[76]白宫随后决定，奥巴马的演讲要早于内塔尼亚胡的访问，于是安排他在以色列总理来访前两天发表演讲。[77]多尼伦和罗斯认为，演讲应该更温和些。克林顿则觉得，重要的是继续强调定居点问题，以免让外界认为白宫已经彻底放弃解决这一点。[78]

在这种辩论的背景下，5 月 19 日，奥巴马最终在国务院发表演讲，奥巴马的其中一句话惹恼了以色列："以巴边界应该基于 1967 年前的边界线，并达成双方同意的土地交换。"[79]奥巴马的表述与以往的美国政府不同，所用的词句直白地亮明了态度，让内塔尼亚胡难以忍受。内塔尼亚胡火冒三丈，认为现在美国的态度已经严重偏向巴勒斯坦。在国会的演讲中，内塔尼亚胡直截了当地表示，自己完全不同意总统的看法："以色列不会回到 1967 年那个无法自我防御的边界。"[80]内塔尼亚胡的演讲受到国会听众的热情支持。[81]几天后在美国以色列公共事务委员会的活动上，双方又重申了立场。[82]迎接奥巴马的是冰冷的反应，很显然，美以关系再创新低，总统的政治顾问至此不得不按下"暂停钮"，敦促总统放弃在该地区采取进一步行动，等到来年谋求连任的竞选结束后再说。[83]

鉴于当时形势、失望情绪和运转不良的情况，米切尔在奥巴马发表演讲的几天前卸任也并不出人意料。[84]"以色列和巴勒斯坦政府都已经与美国官员打了很长时间的交道，都总结出相同的一条：直接与白宫沟通最符合他们的利益，上至总统，下至副总统、国家安全顾问等——能接触谁就接触谁。因此，以色列和巴勒斯坦都拼尽全力。在大多数情况下，以色列人还是比巴勒斯坦人做得好。"

与内塔尼亚胡的斗争削减了美国对巴勒斯坦的影响力，巴勒斯坦悄悄地采取了新战术。[85]随着全球舆论转向支持巴勒斯坦，包括美国一些关键组织也出现类似转变，马哈茂德·阿巴斯大胆且精明地决定寻求联合国承认独立的巴勒斯坦国。[86]尽管这一赌博式的行为遭到以色列和美国的强烈反对，但还是逐渐取得进展。[87]

奥巴马第一任期快结束时，因迪克（后来成为约翰·克里手下主要的谈判者，当时他野心勃勃地想要化解以色列和巴勒斯坦的仇恨，但失败了）和布鲁金学会的同事总结认为，奥巴马把重点放在实现全面冻结定居点建设上，这个要求并不现实，最后花费了大量时间和精力，也未能达成目标。[88]因此，“奥巴马损害了美国作为冲突协调者的声誉”。[89]这种评价标志着奥巴马开启第二任期后，政府和新任国务卿约翰·克里会积极寻求应对局势的新视角，而前美国驻以色列大使因迪克被任命为中东特使。然而，这次的权力结构迥然不同。在国务卿约翰·克里的领导下，阿以倡议得以继续。[90]克里不会向白宫谋求指点，更不会像克林顿那样被蒙在鼓里。这一倡议成为克里担任首要外交官初期的核心支柱，在与他交谈时会发现，由于奥巴马希望重新向和平进程注入活力，克里因此拥有了推动和平进程的广阔回旋余地。

当被问到如何从奥巴马总统那里拿到进军令时，克里回忆道：“我们谈了与进程有关的问题，因为总统和我曾在外交关系委员会共事，我任委员会主席后也和他密切合作了四年时间。所以他知道我的立场。这并不是一场面试，而是一起找寻共同立场。”

尽管克里尽责地指出，国务卿不能仅凭自己的愿望办事——“我代表美国总统工作”，奥巴马还是给了他充分的活动空间，让他放手利用有利的（可能也是有风险的）局势，这是最慷慨的政治礼物。克里说：“他愿意让我走出去，承担一定风险，因为他有这样的信念……我很钦佩他赋权他人的能力。能做到这一点不容易，他在这点上不同寻常。”而这一点之所以能实现，克里也指出：“整个过程的协调比别人认为的要紧密得多。我并不是出去单打独斗。”但是奥巴马信任克里“能够在这一领域有所建树，并在一些地方取得进展”。

克里能够得到这么多活动空间，部分是因为他与总统不寻常的关系。一位克里的侧近人士指出，这位马萨诸塞州的民主党人在2004年成为民主党总统候选人，在提名大会上，他选择了奥巴马做主旨发言。[91]他们在参议院亲密共事。[92]早在2008年1月，克里就宣布支持奥巴马参选总统，而当时的热门人选是希拉里。[93]克里也帮助奥巴马竞选连任准备辩论。[94]换言之，奥巴马对克里的信任是其他内阁成员都没有的。克里符合奥巴马小圈子的标准，总统一开始就与他相处融洽。尽管这让国安会和克里团队的关系变得复杂，但也让克里能够在和平进程谈判中能作为有真正授权的代表，发挥创造性作用。

因此，在奥巴马第二任期的头两年，这个他第一任期时没有太大作为的进程被注入了活力。[95]尽管普遍认为希望不大，克里不知疲倦的工作态度、对此全情投入的劲头，还是让人们一度燃起了对于协商走向和平的希望。[96]哪怕后来这些谈判陷入停滞，人们也看到，为了解决该地区常态化的冲突，美国试图发挥建设性作用。约旦国王阿卜杜拉在纽约的一次私人会议上这样说："约翰·克里为和平进程付出的努力是我自成年以来看到的最杰出的。他非常执着。有一次，他与阿巴斯在阿曼会谈，阿巴斯说他要返回约旦河西岸进行磋商。这是一个拖延的老招数。但克里说他可以等。结果，他真的这样做了。两天之后，他给阿巴斯打电话说，'我还在这里等'。这么做影响重大。"这也是克里取得进展、获得各方尊敬的原因之一。

尽管包括内塔尼亚胡在内的以色列人对这一进程充满怀疑，他们还是认为克里将会谈提到了两年前无法想象的高度。但是，争吵还是会出现。2014年1月，以色列国防部部长攻击克里的努力"幼稚、有救世主心态"，还称"美国向我们展示的安全安排一文不值。既没有提供安全也没有提供和平"。[97]美国非常愤怒，克里直接向内塔尼亚胡告状。[98]几周后的三月初，内塔尼亚胡总理表态坚决支持克里。[99]此后在美国以色列公共事务委员会的演讲中，他说："我们可以让几亿人的生活更美好。这也是我要感谢约翰·克里的原因，他从不气馁。"[100]

克里对他的贡献十分谦虚，但他对一点很肯定："在外交工作中，个人关系很重要，这点毫无疑问。非常非常重要。我认为自己能够推动（和平进程）的原因之一就是，这些年来我一直参加会议，与那些人建立关系。阿卜杜拉国王这些年来一直在亚喀巴开会，还有托尼·布莱尔、巴林的哈立德·哈利法、沙特的阿卜杜·阿齐兹、阿联酋的阿卜杜拉·本·扎耶德以及他的兄弟穆罕默德。”克里继续说道：“我认识了这些人，听他们的故事。我很爱倾听他们的故事，他们讲述国家的成长、童年、文化和沙漠，所有的事情。这令我着迷。而且我认为，在我与他们的关系中，他们感受到了我这种兴趣是真诚的。”

几个月的对话几乎没有走漏一点风声，但和平进程在2014年春陷入僵局。[101]双方都对谈判进展感到沮丧，开始采取一些不利于进程的做法。由于巴勒斯坦不同意继续和谈，以色列拒绝释放第四批也是最后一批关押的巴勒斯坦人。[102]作为回应，以阿巴斯为首的巴勒斯坦领导层重拾之前的战略，继续在联合国内寻求对巴勒斯坦独立国家的承认。[103]阿巴斯还与竞争对手哈马斯达成和解协议，这无疑是终结和平进程的最后一击，彻底惹恼了以色列。[104]因为以色列与美国一样，都认为哈马斯是恐怖组织。内塔尼亚胡政府内的高级官员垂头丧气，不仅猛烈抨击巴勒斯坦，在某些情况下还严厉指责克里。[105]

白宫方面尤其是总统对和平进程越来越沮丧，甚至决定撒手不管。事态越发复杂。这种紧张态势的根源在于，国务院官员想要继续解决问题，但是随着以色列和巴勒斯坦的沮丧情绪日益升高，奥巴马想甩手不干了，对话走进了死胡同。

对话谈崩成为以色列和哈马斯在加沙堕入新一轮冲突的预兆。这一轮冲突是十年来的第三次。哈马斯袭击以色列后，以色列采取了报复措施，包括空袭、炮击和地面行动。[106]以色列的攻击导致超过2000名巴勒斯坦人丧生，其中多数是平民，另外还造成美以关系进一步恶化。[107]因此，2014 年夏末，一位国务院高级官员怀疑和平进程“在本届政府任期内难以为继”。[108]

## 秘密接触伊朗

当奥巴马在总统竞选期间被问及接触政策在哪里能够瓜熟蒂落时，他首先提到的就是伊朗。[109]奥巴马特别提到，期待伊朗能够松开拳头，这样我们就能够伸出手去。奥巴马就任后通过发出一系列私人信件，试图接触伊朗最高领袖，表达与伊朗接触的愿望，并提出具体的倡议，比如在阿富汗安全峰会上的合作是否能够为更广泛的对话铺路。[110]

与此同时，以色列把伊朗核项目视为“事关生死的威胁”，其理由是以色列国家面积小，距离伊朗近，而且伊朗多次声称要摧毁以色列。[111]以色列人告知丹尼斯·罗斯，如果美国未能阻止伊朗，那么以色列会毫不犹豫地采取单边军事行动。[112]其实，如何管控好以色列已经成为伊朗问题挑战的一部分。总统要求整个国家安全团队“结成两人或多人组轮番上阵”，确保以色列不会鲁莽行事，不会酿成难以避免的灾难，把美国拖入另一场地区重大冲突。[113]海湾地区盟友也向美国政府施压，要求美国对伊朗保持强硬，遏制伊朗似乎正与日俱增的地区影响力。[114]沙特国王阿卜杜拉多次呼吁美国要“斩掉蛇头”。[115]

2009 年 6 月，伊朗举行总统选举。[116]选举期间，民间发起的“绿色革命”遭到执政力量压制。奥巴马政府没有立即支持抗议者，部分原因是他不想被认为插手伊朗内政，因而关上了未来与伊朗接触的大门。然而，针对抗议者的暴力却令人难以忍受。最后，在 6 月 23 日，奥巴马总统表达了愤怒之情。[117]这时候距离抗议爆发已经过去十天，伊朗政府早就采取了措施。伊朗最高领袖谴责了奥巴马，双边对话的前景逐渐暗淡。[118]

伊朗的情况与中国、俄罗斯一样，都在不同层面反映出新科技在国家安全事务中发挥越来越重要的作用。在“绿色革命”期间，克林顿的小团队探索了他们称之为的“21 世纪治国之术”，开始使用社交媒体和类似工具与“绿色革命”参与者交流并表示支持。[119]随后，政府推出另一个倡议，希望能够让美国公司更容易把软件和服务卖往伊朗，帮助伊朗人使用因特网。[120]伊朗政府对因特网实施了严苛的管理政策，希望更好地控制和过滤网上信息。美国政府的做法显然是想削弱这一管理政策的效果。

美国、以色列与欧洲及企业伙伴合作对伊朗核设施发起了一次大规模的网络攻击。[121]这次行动被美国政府称为“奥运会”，把名为“震网”的计算机蠕虫病毒植入伊朗的核测试设施里。[122]据称，伊朗20%的离心机因此遭到破坏。这次行动主要针对离心机使用的西门子软件。[123]美国和以色列国安系统认为取得了巨大成功。不过，这次行动刺激了伊朗提升其网络攻击能力，大力发展针对美国和其他西方目标的恶意软件和网络攻击工具，成为发展中国家（仅次于中国和俄罗斯）中的领导者。这次行动也展示了网络攻击的复杂结果。如果投掷炸弹，炸弹会与目标一起炸毁，但蠕虫和病毒即使能够关闭目标设施也会留下代码，被遭到攻击的人利用。这就多次发生在“震网”病毒上。

奥巴马延续其第一任期协调最为得力的多边、多层次外交努力，派遣盖茨和彼得雷乌斯定期访问波斯湾伙伴国，确保他们能够获得足够的军事硬件应对伊朗威胁。[124]此后，奥巴马政府获得巨大胜利，争取到了俄罗斯对联合国安理会 1929 号决议的支持，为对伊朗发起全面、密集的制裁项目亮了绿灯。[125]多尼伦、贝德、斯坦伯格和罗斯都支持这一行动，他们努力赢得并维持了中国的支持。[126]美国和欧盟的合作使制裁项目超越了联合国的要求范围，在一定程度上比过去的金融制裁更复杂。[127]比如说，美国财政部向海外银行施压，让其不要与伊朗人做生意。[128]奥巴马还签署了法案，对与伊朗石油业交易的公司实施惩罚。

然而，一些人认为，伊朗很快就要制造出核武器，制裁再复杂、再细致都不够有力。一个不安的高级将领说：“我们不对王权效忠，不对国王效忠，也不对总统效忠。我们效忠的是宪法。我们没有打打杀杀的许可。但对于伊朗政策这样重大的事情，如果没有得到应有的关注，轻轻地推一下并不是什么背叛。”[129]

以色列官员定期向美国同行通报，他们担心距离伊朗核计划取得关键进展只有“半年或一年时间”，在那之后就“太晚了”，军事行动将成为唯一选项。[130]“当奥巴马总统说，保留采取一切手段的权利，我们不知道他是不是认真的，”一位以色列官员说道。[131]迈克尔·奥伦与一些人相信，当总统说有必要时会采取行动，他是认真的。[132]2012年3月，奥巴马接受戈德堡采访时重申了“保留采取一切手段的权利”，包括“军事行动”。他还加上了“感叹号”，坚称“我不是虚张声势”。[133]此后，拜登在美国以色列公共事务委员会上的演讲中说：“让我明确一点，我们的战略承诺是阻止伊朗获得核武器。句号。到此为止。阻止，不是遏制，是阻止。总统也明确地说过，他不是虚张声势。”[134]这种表态十分重要，因为要对伊朗进行有效的军事打击，只有美国才具备这种能力。[135]比如说，伊朗的核设施都有水泥掩体，或者是藏在深山里。只有重型轰炸机，如美国的B－52或B－2才能发射有足够穿透力的弹药击中目标。[136]

然而，到了第一任期快结束时，奥巴马对伊朗问题的进展感到沮丧。多尼伦和罗兹告诉我，在一次常规评价中，奥巴马给他们的很多工作都打了高分，唯独在伊核问题上打了低分。这不是因为奥巴马对他团队处理伊核问题的方向或管理不满意，而是因为他对这一威胁本身忧心忡忡，觉得解决问题的进度太慢。一位国安会官员说：“总统希望他的团队加倍努力。”[137]

## 德黑兰的第二任期惊喜

鉴于伊朗最高领袖的绝对权威，伊朗基本算不上民主国家。然而，随着总统马哈茂德·内贾德结束任期，哈桑·鲁哈尼在 2013 年 6 月当选总统后，伊朗出现重大转变。[138]鲁哈尼绝对不是改革者，但是他发出的声音比内贾德更温和。[139]鲁哈尼上台没多久就发出信号，他可能没有那么敌视西方和美国，同时对待改变的态度更为开放。[140]

鲁哈尼之前在伊朗最高国家安全委员会当了 15 年以上的负责人。[141]他是伊朗核项目方面技巧高超、谨小慎微的谈判者，在国际舞台上屡屡露面。鲁哈尼的竞选承诺之一就是努力恢复国家的国际地位，更具体的目标则是争取放松针对伊朗的国际制裁。[142]这一制裁正是由奥巴马团队一手编排的，团队领袖包括克林顿、多尼伦和其他幕僚。2013 年 9 月，鲁哈尼和能力卓越的伊朗外交部部长穆罕默德·贾瓦德·扎里夫在纽约联大会议上对一小群记者表示，伊朗做出改变是有可能的，而且他们的最终聚焦点与比尔·克林顿曾经提出的口号极其类似——“是经济，笨蛋”。[143]他们甚至不遗余力地向外界推出一位伊朗议会议员，这名议员代表了伊朗国内尚存不多的犹太人社区。[144]他们认为纽约有人数众多的犹太人选民，一些参与联大活动的媒体也有犹太色彩，这么做是想证明伊朗政府是包容的，这么做对伊朗有利。这位犹太议员受邀发言时，发表了精心准备的演讲，表示没有任何一个国家（这里意指以色列）有权代表世界所有犹太人发声。[145]

在联合国还有一种说法，奥巴马和鲁哈尼可能会拍一张合照，这或许会是历史性握手的瞬间。[146]根据伊朗方面的消息，这一幕终究没有上演，因为伊朗想要更多东西。[147]随后，克里和扎里夫举行“P5 + 1”（联合国五常 + 德国）会谈，伊朗的要求逐渐明晰。[148]两国领导人错失合影机会的两天后，奥巴马终于实现了长期以来的承诺，与伊朗有了高层接触，同鲁哈尼通了电话。[149]这是自伊朗 1979 年革命以来，美伊两国在最高层面的首次接触。

内塔尼亚胡和海湾国家领导人旋即谴责鲁哈尼，并敦促美国保持谨慎。[150]内塔尼亚胡称鲁哈尼是“披着羊皮的狼”。以色列私下认为，美国太容易上当受骗。但这些说法已经无法阻止两国释放善意催生的明显动力。[151]六周之内，两国在日内瓦达成一致，为解决伊朗核威胁将启动多边对话。

然而，大家很快发现，更多进展浮出水面。事实证明，奥巴马团队实际上正在秘密挖掘渠道，推动改变两国关系。[152]根据美联社报道，在奥巴马和鲁哈尼通话以及达成多边对话共识之前，双方数月来已经开展了面对面的高层对话。奥巴马总统首肯后，比尔·伯恩斯和杰克·沙利文代表美国参与会议。他们“至少五次”与伊朗官员会面，会谈地点不尽相同，其中包括阿曼。阿曼的那场会议甚至在六月选举前就已安排，目的是看看能否建立起有效的秘密渠道。[153]会议之后，克里奔赴阿曼，确保一旦两国继续会谈伊朗能够给予支持。鲁哈尼当选后，奥巴马向他发去贺信，鲁哈尼的回应也算鼓舞人心。特别要指出的是，这一系列事件似乎清楚地表明，伊朗最高领导人支持两国互动。伯恩斯和沙利文继续参与了更多秘密对话，负责政治事务的副国务卿后来也参与了一场会谈。

时断时续的互动通向了最终的一致。[154]法国因认为会谈最后阶段未与其商量而有些气愤。不过，到了 11 月中旬，所有参与方都明白，对话是首要事务，不仅对于美国和伊朗是这样，对于俄罗斯和欧洲同样如此。一开始大家同意讨论确定达成最终协议的临时步骤，并有限放松对伊朗的制裁。[155]“我们需要，”一位国务院高级官员表示，“给予鲁哈尼一场胜利，证明有足够理由向西方开放并走向对话协商。这么做的结果就是放松制裁。制裁很显然发挥了我们想要的效果。”[156]

本书完成之前，谈判的焦点是达成最终协议，为伊朗核项目确定最后的约束，确保伊朗无法发展核武器。[157]如果达不到这一目标，对话会继续，并始终保留能够达成协议的前景。美国国会中反对协议的力量是主要的绊脚石，这一阻力部分源自以色列和一些美国海湾盟友，他们敦促美国反对任何协议，主张对伊朗施加更多制裁。[158]2014年初，一位以色列高级官员对我预测表示，这样的协议无法在美国参议院获得足够的票数，因此，以色列政府认为，奥巴马政府正考虑采取其他方式保证谈判处于正轨，比如连续达成多项临时协议，或者通过行政命令取得进展。[159]

然而，一位以色列前高级安全官员说，这样的方式有风险。[160]据他观察，很多人说谈判时间加长是给了伊朗人更多时间，其实以色列也一样。他们努力确保一旦遭受袭击，自己可以不再依靠任何政府，包括美国。[161]

美国是否有决心制止伊朗干预地区事务和支持恐怖主义，不只以色列一国对此不确定。海湾盟友担心，一旦达成核协议、放松对伊朗制裁，伊朗和美国的关系就可能会有所缓和，而且美伊的一些共同利益会促使他们加大合作，这也让海湾国家不安。[162]比如说，在伊拉克蔓延的“伊斯兰国”（从基地组织中分裂出来）就威胁了伊拉克的马利基政权，而美国和伊朗都希望该政权稳定。[163]这种共同的担忧也促使两国在日内瓦核谈判的间隙讨论了如何应对这一威胁。考虑到自20世纪70年代以来伊朗就是美国在该地区的头号敌人，而以色列和海湾国家历来是美国在这一地区最可靠的盟友，美伊关系哪怕出现一点变化，都会带来深远影响。这种影响或许是积极的，如果能推动伊朗内部改革的力量，如果能最终让伊朗减少对恐怖组织以及阿萨德等政权的支持。但如果对伊朗放松制裁，伊朗获得了影响力、经济利益，恢复了元气，却没有改变其危险、挑衅的行为，那将会产生消极的结果。与我交流过的几乎所有温和的以色列、阿拉伯领导人都有后一种担忧。[164]但无论结果如何，现在美伊关系的变化已经给美国与中东国家的关系增添了不安和变数，整个中东地区正在经历前所未有的动荡。

## 黑天鹅并不存在

我从高级美国安全官员那里听到的最普遍的抱怨就是，尽管有极大的资源，但美国没有远见。从斯考克罗夫特到多尼伦，历任国家安全顾问都想提升国安会的规划能力，然而到了最后，用前国家安全顾问伯杰的话来说，还是随了华盛顿的大流，“让紧急事务让位于重要事务”。虽然美国是民主国家，但新闻周期是一个无情的独裁者，给每天的小事件加上政治含义，让白宫和国会疲于应付。

情报系统中有做前瞻性规划的单位，如国家情报委员会。它负责发布长期的评估报告，名为趋势报告。[165]国家情报委员会网站显示，从 1997 年开始，《全球趋势 2030：变换的世界》等报告耗费了巨大人力成本进行编纂，参考“20 多个国家专家的观点”，进行了“深入研究、细致建模，从公开、私人和学术来源中吸取了多种分析手段”。[166]然而，阅读后会发现报告也掉入了最大的启发式陷阱：专家们让当前的经历束缚了我们对未来的思考。换言之，他们让过去发生的事影响了我们对未来的预测。网站“改变全局”这一部分列出的小标题就让人觉得形势不妙：危机频仍的全球经济、治理能力的差距、更多的潜在冲突、地区动荡蔓延、新技术的影响、美国的角色。这和达沃斯会议、麦肯锡报告的标题没什么两样，都是流行“未来学”的浮渣。

但尽管报告有缺陷也比完全没有好。这至少迫使我们在新闻之外做系统性的思考。政府的其他部门很少做这种尝试。但在这一领域还有卓越的专家，如果真想找到对未来的洞见，还是可以找到的。很久以来，军队做的就比其他部门好，他们开展了战争推演、情景规划等项目。尽管并不预测未来，却让人们对未来做好了准备。美国政府在这方面最好的机构，又多亏了军队，是安德鲁·马歇尔净评估办公室。[167]马歇尔已90多岁，仍然掌管这一机构，他迫使国防部思考新科技对新威胁和战略的影响。[168]如此高龄的他仍然积极工作，说明国防部的决策者没有受传统标准的限制，不问年龄，只希望拥有最强大脑。但令人担忧的是，这也说明马歇尔的本领尚无人可替代。

我在前东家“智慧之桥”的工作经验表明，在商界和政府找到正确的答案并不是最困难的，提出正确的问题才是。在当今时代，政府内部实际上有无穷无尽的信息资源，或者说有取之不尽的信息供政府支配使用。挑战在于应该着眼何处以及如何审视发现的事务。霍尔迈茨主持会议前会思考同样的问题，他说道：“我会反复对自己说一句爱因斯坦的名言，‘如果我有一个小时去解决问题，那我会花55分钟思考问题，然后用5分钟思考解决方法。’”

杰克·沙利文的职责使他拥有双重视角，一是领衔国务院，需要深谋远虑；二是担任副总统的国家安全顾问，涉及政策规划。沙利文表示：“我反复思考这个问题。深谋远虑是个复杂的概念，有些抽象，我不确定部门是否能够彻底独立地做到（深谋远虑），或者能够与具体问题的决策分割开来，也就是说能够独立存在，不与决策者的日常工作发生任何实实在在的联系。所以，从来没有人能够说服我，让我可以建立一个完全以未雨绸缪为任务的政府体系。不过，我们确实必须更好地把这部分工作融入决策过程。”

然而，政府内部实际上预判到了许多出人意料的事件，但由于这些判断并未传递到领导人手中，或者这些信息没能得到恰当的评估，事件发生后领导人依然会大吃一惊，手足无措。丹尼斯·罗斯告诉我，他在20世纪80年代是一位年轻的苏联问题分析人员，预料到了美国的冷战对手将如何瓦解。对中国崛起的预测层出不穷，但要么不受重视，要么就遭到搁置，以后再做讨论。“9·11”袭击不仅是可以预测的，而且其实已是同一个组织在八年来对世界贸易中心发起的第二次攻击。在这栋建筑物遭受袭击的几年前，我和安东尼·莱克还跑到了世界贸易中心的顶楼，参加了一场情景演练，讨论遭遇类似袭击的后果。这场活动由华尔街的坎托－菲茨杰拉德公司赞助，而正是这家公司在“9·11”惨剧中损失了最多员工，人数超过公司职工总数的2/3。本地媒体也会透露出一些惊人事件的些许风声。在巴基斯坦核项目公开前，一份面向巴基斯坦裔加拿大人的报纸就抖搂出一些线索。世界卫生组织宣布非典型性肺炎（SARS）危机的数月前，中国的报纸就发出过非典爆发的警告。卢旺达大屠杀发生前，砍刀的销量急剧上升，2014年中非共和国出现类似情况。即使如此，许多情报机构仍然对发生的事情吃惊不已。

“阿拉伯之春”亦是如此。“我认为，”康迪·赖斯评论道，“如果看到历史之弧的话，你会发现这些独裁政府都无法长期生存。他们无法持续下去。你可以看到穆巴拉克政府下的火星，这样的独裁政府不给予任何政治空间，无法满足民众需求，失业人口众多，而且腐败已经深入骨髓。”赖斯回忆起与穆巴拉克的会面。穆巴拉克对她说：“‘你们想怎么说都行。你们不了解我的人民。’……结果证明，他并不了解他的人民。”

这种观点可以叫作“事后诸葛亮”，但是大量证据表明，政府内许多人预测到了那些发酵为“阿拉伯之春”及造成后续余波的动乱（丹尼斯·罗斯更喜欢称之为“阿拉伯觉醒”，因为这么说强调了其开放性未来的本质，这个过程可能需要一代人去不断实践）。

前国安会负责中东事务的幕僚迈克尔·辛格表示：“大家都说，没有人真的预料到‘阿拉伯之春’的到来。我觉得这么说是错的。2010年12月，我和政府官员参加了一场圆桌讨论，提出了埃及政府权力交接时，街头民众将会发挥作用或者表达自己的意见，但没有人重视这个看法。当时的讨论很多……但没有人真正考虑到会出现混乱和革命。我们在小布什政府工作时就长期在私下发出警告，而这也是我们采取当时那种对埃及政策的原因之一。我们认为，穆巴拉克想要独揽大权，如果不想办法阻止，他就会面临倒台的风险。”

当被问到他们从什么时候开始积极讨论这些观点时，他说道：“2005 年当我还负责埃及事务的时候，我们就有了这样一种观点，应当推动穆巴拉克……给世俗反对派一些空间……因为他的做法仅给了大家两个选项，他自己和穆斯林兄弟会，用穆斯林兄弟会执政的前景恐吓人们选择他。我们所有人都知道这是不可持续的，部分也是因为穆巴拉克还没有指定副总统人选，他年龄越来越大，已经失去了优势，而埃及又没有别人可以做决定。”

奥巴马的国安会也对中东和北非地区发生动荡的可能性非常敏感。在琼斯任国家安全顾问时，各负责人就已传阅了一份名为“中东和北非政治改革”的五页备忘录。[169]这份文件称，该地区的改革停滞，动荡的可能性加大。由于担忧穆巴拉克可能使用武力维持权力，局势可能十分微妙。这份备忘录的目标就是找出推动改革的战略，减小突然动荡的风险。[170]此后，罗斯、国安会官员萨曼莎·鲍尔、总统特别助理盖勒·史密斯又牵头开展了另一项评估，与跨机构团体合作，特别关注所谓高风险的四个国家：埃及、巴林、也门和约旦。[171]评估的结论是，美国应当加大力度推动这些国家的政治改革。[172]这份研究的最大价值体现在 2010 年 12 月突尼斯出现大规模抗议之后，工作组为接下来的事情做好了准备。然而，由于每个国家情况都很复杂，为不同国家设计、执行量身定制的政策非常困难，特别是当规模庞大、来势汹汹的抗议已经发生，并在国内和邻国迅速扩散后。

日后，萨曼莎·鲍尔解释了这份研究背后的考量：“我们本来想很快就处理埃及的政治继承问题，社会不满的驱动力已经无法阻挡。很明显，想压制这些问题越来越难。我们在中东和北非的朋友——这些专制政权越使用粗暴的手段镇压人民，美国受到牵连的可能性就越大。”[173]尽管有这份研究，也有一些组织对即将到来的风暴发出警告，很多人还是认为美国政府在阿拉伯世界的动荡面前不知所措。帕内塔2011年2月在国会作证时说，情报机构需要有更好的手段，识别突尼斯和埃及起义背后的“驱动力”。[174]

沙利文认为，地区局势的发展并没有彻底改变他对政府前瞻性研究机制的看法：“在我看来，一个再有效的前瞻机制也无法赶上‘阿拉伯之春’发展的速度、广度、范围和本质。这种事件哪怕是设计最完美的体系也难以捕捉。就连当时在现场的人都对事情发展的速度、引发的变革感到震惊。”沙利文还说，讽刺的是，就在突尼斯领导人本·阿里下台的前一天，国务卿还在中东地区发表了一篇演讲，展示了阿拉伯发展报告。[175]演讲认为，该地区的机制正在崩塌，为腐朽的体制敲响了警钟。然而，演说并非政策。无论即将到来的动荡是否可以预测，还是让美国和世界措手不及。

## 注　释

1. “Presidential Debate Excerpts: Gov. George W. Bush vs. Vice President Al Gore,” *PBS Newshour*, October 12, 2000.
2. “Transcript: Inaugural Address by George W. Bush,” *The New York Times*, January 20, 2005.
3. Rice, *No Higher Honor*, 325 – 326.
4. Rumsfeld, *Known and Unknown*, 632.
5. Rumsfeld, *Known and Unknown*, 635.
6. 根据与以色列政府高级官员的采访内容。
7. “Powerful, but Not That Powerful,” *The Economist*, September 27, 2007.
8. Burgess Everett, “Harry Reid Slams Neocons on Iraq,” *Politico*, June 18, 2014; Jacob Heilbrunn, “The Neocons’ War Against Obama,” *Reuters*, October 19, 2012.
9. “Powerful, but Not That Powerful.”
10. 同上。
11. John Mearsheimer and Stephen Walt, “The Israel Lobby,” *London Review of Books*, March 2006.
12. Rice, *No Higher Honor*, 293.

13. Elliot Abrams, *Tested by Zion: The Bush Administration and the Israeli – Palestinian Conflict* (New York: Cambridge University Press, 2013), 2.
14. Abrams, Tested by Zion, 3, 307.
15. Baker, *Days of Fire*, 590 – 591; Abrams, *Tested By Zion*, 253 – 256; Carol Migdalovitz, "Israeli – Palestinian Peace Process: The Annapolis Conference," Congressional Research Service, December 7, 2007.
16. Rice, *No Higher Honor*, 723 – 724; Baker, *Days of Fire*, 611; Ian Black, "Ehud Olmert resignation throws Israel's politics into turmoil," *The Guardian*, July 30, 2008.
17. 根据与赖斯的采访内容。
18. Richard Boudreaux, "Israel Picks Michael Oren, Historian, as Ambassador to U. S. ," *The Los Angeles Times*, May 3, 2009.
19. Marc Santora and Elissa Gootman, "Political Storm Finds a Columbia Professor," *The New York Times*, October 30, 2008.
20. Michael James, "Obama on the Defensive Before Fla. Jewish Voters," *ABC News*, May 22, 2008.
21. 根据与民主党相关人士的采访内容。
22. Neil A. Lewis, "U. S. Jews Create New Lobby to Temper Israel Policy," *The New York Times*, April 25, 2008.
23. John J. Mearsheimer and Stephen M. Walt, *The Israel Lobby and U. S. Foreign Policy* (New York: Farrar, Straus and Giroux, 2007).
24. Glenn Kessler, "Obama's Signals on Middle East Scrutinized by All Sides," *The Washington Post*, January 24, 2009.
25. "Obama's Speech at the AIPAC Conference," Council on Foreign Relations, June 4, 2008.
26. 同上。
27. Martin S. Indyk, Kenneth G. Lieberthal, and Michael E. O' Hanlon, *Bending History: Barack Obama's Foreign Policy* (Washington, DC: Brookings Institution Press, 2012), 116 – 117.
28. Jeffrey Heller, "Israeli envoy Sees 'Historic Crisis' with U. S. : Report," *Reuters*, March 15, 2010.
29. Ori Lewis, "Palestinians Set Out Basis for Talks with Israel," *Reuters*, January 21, 2009.
30. Ori Lewis, "Palestinians Set Out Basis for Talks with Israel," *Reuters*, January 21, 2009; David Ignatius, "The West Bank Settlements Dilemma," *The Washington Post*, June 28, 2009.
31. The Associated Press, "Pelosi Welcomes Netanyahu: 'We in Congress Stand by Israel,'" *The Huffington Post*, March 24, 2010.
32. "Remarks by the President on a New Beginning," White House Office of the Press *Secretary*, June 4, 2009.
33. Scott Wilson, "Obama Searches for Middle East Peace," *The Washington Post*, July 14, 2012.
34. Dan Gilgoff, "Barack Obama Grants First TV Interview as President to Arabic Network," *U. S. News and World Report*, January 27, 2009.

35. 同上。
36. Indyk et al, *Bending History*, 117 – 118.
37. Ed Henry and Elise Labott, "George Mitchell Named Special Envoy for the Middle East," *CNN*, January 22, 2009.
38. 同上。
39. David Rothkopf, "It's Official: Obama Creates More Czars than the Romanovs," *Foreign Policy*, April 16, 2009.
40. Glenn Kessler, "A Key Back Channel for U. S. , Israeli Ties," *The Washington Post*, October 6, 2010.
41. Ewan MacAskill and Rory McCarthy, "Mitchell Heads to Middle East to Initiate Dialogue Between Israel and Hamas," *The Guardian*, January 27, 2009.
42. Mark Landler, "Obama Sends Special Envoy to Mideast," *The New York Times*, January 26, 2009.
43. Howard Schneider and Samuel Sockol, "Labor Votes to Join Netanyahu Coalition," *The Washington Post*, March 25, 2009.
44. Scott Wilson, "Where Obama Failed on Forging Peace in the Middle East," *The Washington Post*, July 14, 2012.
45. 同上。
46. 同上。
47. 根据与中东国家政府官员的采访内容。
48. Mann, *Obamians*, 144.
49. Mann, *Obamians*, 143.
50. 根据与奥巴马政府高级官员的采访内容。
51. "Remarks by the President on a New Beginning."
52. 同上。
53. "Remarks by the President on a New Beginning."
54. 同上。
55. 同上。
56. 同上。
57. Abraham Rabinovich, "Palestinians Hail Barack Obama's Speech," *The Australian*, June 5, 2009.
58. Michael Slackman, "Message on Obama Attributed to bin Laden," *The New York Times*, June 3, 2009; Jon Leyne, "Iran Marks Ayatollah Khomeini Anniversary," BBC News, June 4, 2009;

Daniel Nasaw, "American Right Blasts Obama's Cairo Speech," *The Guardian*, June 4, 2009.

59. Fouad Ajami, "Five Myths About the Arab Spring," *The Washington Post*, January 12, 2012.
60. 根据与奥巴马政府前高级官员的采访内容。
61. Joe Klein, "Q&A: Obama on His First Year in Office," *Time*, January 21, 2010.
62. Laura Rozen, "As Biden Heads to Israel, Plan for Proximity Talks Advances," *Politico*, March 7, 2010.
63. 同上。

64. Wilson, "Where Obama Failed."
65. Indyk et al, *Bending History*, 125.
66. Jeffrey Heller, "Israeli Envoy Sees 'Historic Crisis with U. S.'" *Reuters*, March 15, 2010.
67. Fawaz A. Gerges, *Obama and the Middle East: The End of America's Moment?* (New York: Palgrave MacMillan, 2012), 120.
68. Gerges, Obama and the Middle East, 120.
69. Rory McCarthy, "Palestinians Snub Peace Talks Because of Israeli Homes Expansion," *The Guardian*, March 10, 2010.
70. "Daily Press Briefing," US Department of State, March 12, 2010.
71. 根据与美国国务院官员的采访内容。
72. 同上。
73. Scott Wilson, "James Jones to Step Down as National Security Adviser," *The Washington Post*, October 8, 2010; Michael D. Shear and Jeff Zeleny, "Emanual's Departure Set; Rouse to Replace Him," *The New York Times*, September 30, 2010.
74. Indyk et al, *Bending History*, 132.
75. 同上。
76. Wilson, "Where Obama Failed."
77. Indyk et al, *Bending History*, 133.
78. 同上。
79. White House Office of the Press Secretary, "Remarks by the President on the Middle East and North Africa," *White House Press Release* (May 19, 2011).
80. "Netanyahu: No Return to 'Indefensible Boundaries of 1967,'" *PBS Newshour*, May 24, 2011.
81. Helene Cooper and Ethan Bronner, "Netanyahu Gives No Ground in Congress Speech," *The New York Times*, May 24, 2011.
82. Andrea Stone, "Obama AIPAC Speech 2011: President Seeks to Smooth Out U. S. - Israel Tensions," *The Huffington Post*, May 22, 2011; "Netanyahu's Speech at the AIPAC Conference, May 2011," Council on Foreign Relations, May 23, 2011.
83. Jennifer Rubin, "Reaction to Obama's AIPAC speech," *The Washington Post*, May 23, 3011.
84. Joby Warrick and Karen DeYoung, "Mideast Envoy George Mitchell to Resign," *The Washington Post*, May 13, 2011.
85. Mann, *Obamians*, 325.
86. Neil MacFarquhar and Steven Lee Myers, "Palestinians Request U. N. Status; Powers Press for Talks," *The New York Times*, September 23, 2011.
87. Mann, *Obamians*, 325.
88. Indyk et al, *Bending History*, 136.
89. 同上。
90. David Rohde, "How John Kerry Could End Up Outdoing Hillary Clinton," *The Atlantic*, November 20, 2013.
91. Anne Gearan and Scott Wilson, "Obama Nominates John Kerry as Secretary of State," *The Washington Post*, December 21, 2012.

92. 同上。
93. Carrie Budoff Brown, "Kerry Endorses Obama," *Politico*, January 10, 2008.
94. Gearan and Wilson, "Obama Nominates John Kerry."
95. Rohde, "Kerry Could End Up Outdoing Hillary Clinton."
96. Mark Landler, " 'Framework' for Talk on Mideast in Progress," *The New York Times*, January 30, 2014.
97. Shimon Shiffer, "Ya' alon: Kerry Should Win His Nobel and Leave Us Alone," *Yedioth Ahronoth*, January 14, 2014.
98. Michael R. Gordon and Jodi Rudoren, "Kerry Brushes Aside Israeli Officials' Reported Criticisms of Peace Effort," *The New York Times*, January 14, 2014.
99. Edward - Isaac Dovere, "Benjamin Netanyahu Sounds Optimistic Note at AIPAC," *Politico*, March 4, 2014.
100. John Hudson, "Netanyahu Praises Kerry's Peace Efforts," *Foreign Policy*, March 4, 2014.
101. Jodi Rudoren and Isabel Kershner, "Arc of a Failed Deal: How Nine Months of Mideast Talks Ended in Disarray," *The New York Times*, April 28, 2014.
102. Anne Gearan, "Palestinians Threaten Walkout in Mideast Talks over Israel's Refusal to Free Prisoners," *The Washington Post*, March 29, 2014.
103. Jodi Rudoren, Michael R. Gordon, and Mark Landler, "Abbas Takes Defiant Step, and Mideast Talks Falter," *The New York Times*, April 1, 2014.
104. Jodi Rudoren and Michael R. Gordon, "Palestinian Rivals Announce Unity Pact, Drawing U. S. and Israeli Rebuke," *The New York Times*, April 23, 2014.
105. Mirjam Donath, "Israel, Palestinians at U. N. accuse each other of sabotaging peace," *Reuters*, April 29, 2014; David Horovitz, "12 Ways the US Administration Has Failed Its Ally Israel," *The Times of Israel*, June 3, 2014; Danny Danon, "We Will Not Be Threatened: How Secretary Kerry's 'Apartheid' Warning Set Back the Cause of Peace," *Politico Magazine*, April 29, 2014; Yossi Beilin, "Why Kerry Failed at Peace," *Politico Magazine*, May 14, 2014.
106. Steven Erlanger and Isabel Kershner, "Israel and Hamas Trade Attacks as Tension Rises," *The New York Times*, July 8, 2014; Nidal Al - Mughrabi and Jeffrey Heller, "Israel Launches Ground Offensive in Gaza Strip," *Reuters*, July 17, 2014.
107. Jodi Rudoren, "Israel Kills 3 Top Hamas Leaders as Latest Fighting Turns Its Way," *The New York Times*, August 21, 2014; David Rothkopf, "On Israel's Strategic Defeat in Gaza," *Foreign Policy*, August 6, 2014; Leon Wieseltier, "Israel and Gaza: A Just and Unjust War," *The New Republic*, August 6, 2014; Chemi Shalev, "The Shaming of John Kerry and the Downturn in the Battle for Israel's Image," Haaretz, July 26, 2014; Matthew Lee and Julie Pace, "US Fuming Over Israeli Criticism of Kerry," *The Associated Press*, July 28, 2014; Adam Entous, "Gaza Crisis: Israel Outflanks the White House on Strategy," *The Wall Street Journal*, August 14, 2014.
108. 根据与美国国务院官员的采访内容。
109. Michael R. Gordon and Jeff Zeleny, "Obama Envisions New Iran Approach," *The New York Times*, November 2, 2007.
110. Sanger, *Confront and Conceal*, 158.

111. 同上。
112. 同上。
113. David Sanger, "Obama Order Sped Up Wave of Cyberattacks Against Iran," *The New York Times*, June 1, 2012.
114. Sanger, *Confront and Conceal*, 159 – 160.
115. 同上。
116. Indyk et al, *Bending History*, 191 – 192.
117. Office of the White House Press Secretary, "Press Conference By The President," *White House Press Release* (June 23, 2009) .
118. Indyk et al, *Bending History*, 192.
119. Jonathan Allen and Amie Parnes, HRC: State Secrets and the Rebirth of Hillary Clinton (New York: Crown, 2014), 154 – 157, 164; Mark Landler and Brian Stelter, "Washington Taps into a Potent New Force in Diplomacy," *The New York Times*, June 16, 2009.
120. Patricia Moloney Figliola, Kennon H. Nakamura, Casey L. Addis, and Thomas Lum, "U. S. Initiatives to Promote Global Internet Freedom: Issues, Policy, and Technology," Congressional Research Service, April 5, 2010.
121. Sanger, "Obama Order Sped Up Wave of Cyberattacks Against Iran. "
122. 同上。
123. 同上。; Barton Gellman and Ellen Nakashima, "U. S. Spy Agencies Mounted 231 Offensive Cyber – Operations in 2011, Documents Show," *The Washington Post*, August 30, 2013.
124. Indyk et al, *Bending History*, 194.
125. Indyk et al, *Bending History*, 195.
126. Indyk et al, *Bending History*, 196.
127. Kenneth Katzman, "Iran Sanctions," Congressional Research Service, May 31, 2013.
128. 同上。
129. 根据与国防部高级官员的采访内容。
130. Rick Gladstone and David E. Sanger, "Nod to Obama by Netanyahu in Warning to Iran on Bomb," *The New York Times*, September 27, 2012.
131. 根据与以色列政府官员的采访内容。
132. Michael Oren, "Time Is Short For Iran Diplomacy," *The Wall Street Journal*, August 6, 2012.
133. Jeffrey Goldberg, "Obama to Iran and Israel: 'As President of the United States, I Don' t Bluff,'" *The Atlantic*, March 2, 2012.
134. Office of the White House Press Secretary, "Remarks by the Vice President to AIPAC Political Conference," *White House Press Release* (March 4, 2013) .
135. Tucker Reals, "Ex – CIA chief Michael Hayden: 'Only the U. S. ' Can Strike Iran Nuclear Sites Effectively," *CBS News*, September 4, 2012.
136. 同上。
137. 根据与国安会官员的采访内容。
138. Jason Rezaian and Joby Warrick, "Moderate Cleric Hassan Rouhani Wins Iran's

Presidential Vote," *The Washington Post*, June 15, 2013.

139. Nicole Gaouette, "Iranian Leader's Tweets: Healing # Wound with U. S. ," *Bloomberg*, August 2, 2013.
140. 同上。
141. Rezaian and Warrick, "Rouhani Wins."
142. 同上。
143. Thomas L. Friedman, "Hassan Does Manhattan," *The New York Times*, September 28, 2013.
144. Saeed Kamali Dehghan, "Hassan Rouhani to Take Iran's Only Jewish Member of Parliament to UN," *The Guardian*, September 19, 2013.
145. Adiv Sterman and Elhanan Miller, "Jewish Iranian MP Lauds Country's Religious Freedom," *The Times of Israel*, September 29, 2013.
146. Mark Landler, "Obama and Iranian Leader Miss Each Other, Diplomatically," *The New York Times*, September 24, 2013.
147. 同上。
148. Anne Gearan, "Kerry, Iranian Foreign Minister Zarif Hold Private Meeting on Sidelines of Nuclear Talks," *The Washington Post*, September 26, 2013.
149. Jeff Mason and Louis Charbonneau, "Obama, Iran's Rouhani Hold Historic Phone Call," *Reuters*, September 28, 2013.
150. Tom Watkins, "Netanyahu: Iranian President Is 'Wolf in Sheep's Clothing,'" *CNN*, October 2, 2013.
151. Anne Gearan and Joby Warrick, "Iran, World Powers Reach Historic Nuclear Deal," *The Washington Post*, November 24, 2013.
152. Bradley Klapper, Julie Pace, and Matthew Lee, "How the Nuclear Deal Happened," *The Associated Press*, November 24, 2013.
153. 同上。
154. Jeffrey Lewis, "Vive la Freeze!" *Foreign Policy*, November 20, 2013.
155. Gearan and Warrick, "Historic Nuclear Deal."
156. 根据与美国国务院高级官员的采访内容。
157. John Kerry, "Iranian Nuclear Deal Is Still Possible, but Time Is Running Out," *The Washington Post*, June 30, 2014; George Jahn, "Envoys Report Progress an [sic] Iranian Nuclear Talks," *The Associated Press*, June 20, 2014.
158. Jennifer Rubin, "Congress Nearly Unanimous in Its Dismay over Obama's Iran Policy," *The Washington Post*, March 19, 2014.
159. 根据与以色列政府高级官员的采访内容。
160. 同上。
161. 同上。
162. Gideon Lichfield, "Why Israelis, Saudis, and Republicans Hate a Deal That Stops Iran Building a Nuclear Bomb," *Quartz*, November 24, 2013.
163. Jason Rezaian and Anne Gearan, "Iran, U. S. Signal Openness to Cooperate on Iraq," *The Washington Post*, June 16, 2014; Laurence Norman and Jay Solomon, "U. S. , Iran Discuss Crisis in Iraq," *The Wall Street Journal*, June 17, 2014.
164. 根据与海湾政府国家政府官员的采访内容。

165. "Global Trends 2030: Alternate Worlds," National Intelligence Council, December 2012.
166. 同上。
167. Craig Whitlock, "Yoda Still Standing: Office of Pentagon Futurist Andrew Marshall, 92, Survives Budget Ax," *The Washington Post*, December 4, 2013.
168. 同上。
169. Ryan Lizza, "The Consequentialist," *The New Yorker*, May 11, 2011.
170. 同上。
171. Ryan Lizza, "The Consequentialist," *The New Yorker*, May 11, 2011.
172. Lizza, "Consequentialist"; Mann, *Obamians*, 258.
173. Mann, *Obamians*, 257 – 258.
174. Landler, "Secret Report Ordered by Obama."
175. Alex Arieff and Carla E. Humud, "Political Transition in Tunisia," Congressional Research Service, January 29, 2014.

# 第九章
# 从背后领导

畏惧那些害怕你的人。

——阿拉伯谚语

席卷阿拉伯世界的动乱始于 2010 年 12 月，这种说法现在已经成为常识。[1]当时，26 岁的突尼斯水果小贩穆罕默德 · 布瓦吉吉由于货物遭警察没收而自焚身亡。这一事件很快在突尼斯引发十天的抗议。[2]在这个国家，大约 1/3 的成年男性（甚至更多是年轻人）处于失业状态。12 月底，抗议活动蔓延至突尼斯首都。两周之内，在突尼斯执政近 25 年的总统本 · 阿里出逃。[3]

然而，尽管上述描述属实，但危机并非仅源于布瓦吉吉。危机有多重根源。其中之一是水果和食品等价格走高，民众压力上升，尤其是对于那些穷人和失业人群来说。[4]造成高价的部分原因是俄罗斯与美国的干旱对全球商品市场产生影响。[5]其他原因当然包括突尼斯数十年来的政治腐败、不平等、经济困苦、民主不健全，还有民众越发认为领导层并不关心人民的命运。[6]由于这些都是缓慢发酵的问题，属于“软”问题，因此很难在国家安全体系的“仪表盘”上显现出来，相比之下，武装冲突和暴力的问题更为紧迫。

部分原因在于，有限的资源迫使决策者必须分清轻重缓急，还因为大多数高层国家安全决策者几乎没有经济或者“软”社会科学背景。较多决策者受到的是军事和政治事务方面的训练，而不会强调那些构成动乱和战争基础的因素。

抗议的扩散在一定程度上受到新信息技术的推动，比如网络论坛、新电视、推特和“脸书”帮助抗议者沟通、聚集以及对政府行动做出快速反应。[7]这些技术还让抗议者的手机摄像头能够提供证据，传播给全球观众。2009 年，科技曾经为伊朗“绿色革命”推波助澜，在此基础上，社交网络成为地区和全球政治中翻天覆地的变化因子。[8]在突尼斯的抗议活动中，一位抗议者打出了这样的标语：“谢谢你，半岛电视台”。[10]到最后还有一条推文写道：“今天是本·阿里，明天就是胡斯尼·穆巴拉克”。

即使突尼斯革命发展的速度如光速一般，白宫仍然花了好几周才公开对发生的事情做出反应。[11]这样一个吹嘘重视以网络为“21 世纪治国术”的政府，却仍然反应迟钝、步履缓慢，仿佛仍处于外交官戴着高帽、穿着条纹裤的时代。“我们必须谨慎行事，”一位高级官员表示，“既要尊重现有的关系，又要承认历史的潮流在抗议者一边。”[12]1 月 11 日，国务卿克林顿表达了对动乱的忧虑。[13]两天后，在卡塔尔多哈的一场会议上，克林顿再一次挑战地区领导人，要求他们推动改革。[14]她说的话掷地有声，反映了埃及和马格里布的焦点问题：“在太多地方，地区的根基正以太多方式成为一盘散沙。”[15]

在幕后，现实主义者的老组合克林顿、盖茨、拜登和多尼伦想要抑制年轻幕僚的冲动。[16]用克林顿的话来说，这些年轻人“沉浸在戏剧性事件中，当下怀抱着理想主义”。

2011 年 1 月 25 日，革命蔓延至埃及，动乱从美国关切的边缘升至中心。[17]在美国的盟友里，没有几个能像埃及一样对地区或者对美国利益如此重要。事实上，在过去 40 年中，似乎只有以色列的重要性能与埃及匹敌。1 月 28 日是“愤怒之日”的第一天，开启了撼动维持地区旧秩序信心的进程。[18]穆巴拉克政府压制抗议的手段恶化了形势。[19]政府切断通信、使用催泪瓦斯和橡皮子弹、使用骚扰手段，甚至采取了更糟糕的方式。这些战术反而导致警察局遭火烧、执政党总部遭袭击，最终人群占领了解放广场，这个广场也成为运动的核心标志性地点。[20]穆巴拉克在电视上露面，提出少得可怜的改革措施，而且为时已晚，抗议者更加愤怒。[21]第二天，穆巴拉克要求军队帮助警察镇压抗议，但是军队宣布不会向平民开火。[22]40 年来，埃及的政治势头第一次出现转变。

2009 年，新上任的总统奥巴马在埃及对穆斯林世界发表演讲，他对改革的展望、新世界的许诺让听众震动。然而，与对突尼斯局势的回应一样，美国对埃及局势发展的最初反应很谨慎，并没有鼓励抗议者。1 月 25 日，希拉里 · 克林顿表示支持人民抗议政府的权利，但同时说埃及政府“是稳定的，并努力寻求方法回应埃及人民合法的需求和利益”。[23]那天晚上，奥巴马在《国情咨文》中对突尼斯人民给予了鼓励，但对埃及只字未提。[24]两天之后，美国公共广播公司的吉姆 · 莱勒在《新闻时间》节目中问副总统拜登，穆巴拉克是否应该让位。[25]拜登回答“不”。[26]尽管他鼓励埃及总统回应人民的需求，但他同时说，“穆巴拉克非常负责任……在该地区的地缘政治利益上，包括中东和平进程，伊朗与以色列关系正常化……我不会称他为独裁者。”[27]到了 1 月 28 日，白宫号召双方“避免使用暴力”，并称政府将审视其“协助姿态”。[28]白宫新闻秘书罗伯特 · 吉布斯对穆巴拉克是否该辞职的问题回答是“绝对不”。[29]

尽管准备工作已经开始，尽管美国政府一开始就知道穆巴拉克如履薄冰，尽管奥巴马的国家安全委员会拥有大量资源，尽管已经有了伊朗“绿色革命”和突尼斯的经验，整个体系还是犹豫了：政府对接下来要做什么并无计划。在内部，克林顿这样的现实主义者试图推动对穆巴拉克施压，用渐进、平稳的方式交接权力。[30]克林顿希望，其他盟友不要认为美国搞不清后果就背叛旧友，她知道政策的转变将引起以色列、约旦、海湾国家等传统盟友极大的不安。[31]因为埃及是非常重要的盟友，美国担心走错一步、发出错误的信号。所以美国的回应是，沉默加上模糊，这在埃及各方都不讨好。此外，美国还要考虑一个同样重要的事实，尽管拜登已经表态，但大家公认穆巴拉克不仅是独裁者，而且还未在应该的时候指定接班人。奥巴马给穆巴拉克打电话，敦促其接受变化，但没有直接建议其辞职。[32]穆巴拉克仍负隅顽抗。那天晚上，奥巴马公开呼吁穆巴拉克政府承认埃及人民的权利。[33]

彼得雷乌斯说：“所有这些被推翻的政权都遵循一个模式。这些独裁领导人执政的头十年非常好，接下来的十年一般，后面的十年腐败、任人唯亲、挟持法治、镇压反对派……这些劣迹使人民的怨气越来越大。讽刺的是，穆巴拉克经常对我说这个……我记得有一次，他把手放在我的膝盖上，看着我的眼睛，说，‘将军，不要忘记街头，倾听阿拉伯街头的声音’。如果再回到这一刻，我会说，‘总统，街头怎么了？’”

1 月 29 日星期六，在白宫“战情室”里，奥巴马团队决定宣布支持埃及政权接替，但不明说要求穆巴拉克辞职。[34]他们担心出现权力真空，讨论局势可能的发展。[35]一位白宫资深官员回答过这样一个问题，美国是否充分讨论了未来穆斯林兄弟会可能承担的角色，穆斯林兄弟会是否成为唯一可能的选项。穆兄会一些领导人的极端伊斯兰倾向对美国来说并不有利。这位官员回复说：“我们当然考虑了。但这是一个应当深入讨论的问题，是不是？有人说，从一开始，穆兄会就是唯一一个有组织的政治势力，他们将要掌权，这是个巨大的问题。其他人说，这个问题可以管控，假以时日甚至可以缓解，所以有人已经在考虑埃及第一次民主选举的前景。”[36]这位官员继续说道：“我们对‘阿拉伯之春’的回应之所以很复杂，不是因为对未来看不清，没有办法正确分析趋势，而是因为我们在这一地区的利益集合充满了基本的矛盾和紧张，这影响了我们的价值观。”[37]

大家讨论了可能接替穆巴拉克的继任者，发现每一个候选人都有严重缺陷。[38]国家安全团队决定派遣一名特使与穆巴拉克会面。[39]他们选择了杰出的退休外交官弗兰克·威斯纳，他担任过美国驻埃及大使，而且很了解穆巴拉克。大家希望找一个与穆巴拉克关系紧密的人，能够和他坦承交谈。[40]穆巴拉克必须认为这个人资深，同时这个人还得远离公众和媒体视线，因为一旦曝光合影，事情会变得很糟糕。

2 月 1 日，国安会再次召开会议，官员都在等待聆听威斯纳与穆巴拉克会面后的报告。[41]正当大家激烈争论下一步对策时，一名助手告诉多尼伦，穆巴拉克上电视了。[42]穆巴拉克表示，他会在任期最后下台，但是没有说明将采取何种具体措施安抚抗议者。[43]根据新闻报道，穆巴拉克发表演说后，大家一片沉默，然后奥巴马总统给出了恰当的评估：“这么做不会制止动乱。”[44]罗伯特·盖茨和迈克·马伦经常与美国的海湾盟友打交道，他们观察这次动乱时清楚这一切对地区意味着什么，也明白这一切最后对他们意味着什么。他们领衔的团队建议总统不要呼吁埃及政府立即过渡。[45]

但是奥巴马心意已决。“如果不把‘现在’放入我的表态，那我出去讲话就毫无意义。”[46]

奥巴马与穆巴拉克通了电话，告诉他是时候继续前进了，这位埃及总统勃然大怒。[47]他拖延时间，举一些老生常谈的例子证明美国不了解埃及文化。他表示抗议很快就会结束，但是奥巴马予以驳斥。奥巴马表示美国有不同看法，然后问穆巴拉克是否能够安排成立过渡政府。[48]瑞安·莉莎在《纽约客》写过一篇名为“结果主义者”的文章，根据这篇文章，穆巴拉克的回应是“穆斯林兄弟会、穆斯林兄弟会、穆斯林兄弟会”。[49]在当时没有料到的是，激进伊斯兰取代强人政府的唬人前景不仅被下一个埃及军政府夸大其词，还被叙利亚的阿萨德政府和地区其他统治者滥用。[50]但时间已不在穆巴拉克一边。不过，穆巴拉克离任后随之而来的混乱和错失的机遇表明，“阿拉伯觉醒”不一定会在地区创造民主，而是有可能开创升级版、有时甚至更加残暴的独裁新时代。

奥巴马和穆巴拉克最后一次通话就这么结束了。美国总统很快呼吁埃及有序过渡，而且必须立即开始。[51]美国的下一个挑战是，如何努力在旧秩序消融时的波动下维持影响力。美国数十年来都在培训埃及军官，两国官员之间的关系十分亲密。[52]政府要求那些与埃及官员保持良好往来的美国高官与对方通话，继续维持公开联络。[53]外交官也这么做。[54]美国政府的反应和发出的信息是一致的，直到四天后，威斯纳在慕尼黑安全会议上的即席发言打破了这一切：“在我们理顺通往未来之路时，穆巴拉克总统在未来的日子里仍将发挥绝对关键作用。”[55]这种表态与总统在这一问题上的说法南辕北辙，由此威斯纳在奥巴马政府内的使命结束了。[56]这是总统过度依赖特别官员和特使存在的隐患，这些官员未能融入已有的官僚体系，总是表现得好似政府内部人士，但实际上并不一定如此。

与此同时，克林顿、盖茨、拜登和多尼伦等外交政策传统主义者继续推动建立过渡政府，要求从穆巴拉克的小圈子中吸纳人员，不能再让不确定性激化动乱。[57]另一队人马则主张民主和人权，包括罗兹、鲍尔和麦克福尔。[58]一位奥巴马任内的资深官员称这批人是“做真实的自己”。在瓦莱丽·贾勒特等政治幕僚的鼓动下，这些官员通常会直接或间接地恳请奥巴马与“改革斗士”以及开始担任更高职务的“社团组织者”保持一致。[59]他们认为此刻是推动地区变革的机会。在这种情况下，手握丹尼斯·麦克多诺的支持是他们的优势，更重要的是，总统也支持他们。[60]奥巴马不太适应与地区的旧秩序打交道，他更愿意告诉团队，过去美国在地区的行事之道“过时了”。拿突尼斯为例，奥巴马不想让美国在这个关键时刻站在历史错误的一边。[61]

2月10日，穆巴拉克仍然拒绝立即下台，奥巴马旋即站在了愤怒的示威者一边。[62]一份白宫声明表示：“我们……敦促埃及政府迅速行动，解释发生的变化，并用清晰、明确的语言说明向民主和代议制政府转型的步骤。”第二天，埃及副总统奥马尔·苏莱曼宣布穆巴拉克已经辞职，向一个由军事领袖组成的委员会移交了权力。[63]对阿拉伯的年轻人来说，这是一个代表着希望的分水岭，这一刻华盛顿至少也表现得站在他们一边。但对于从以色列到波斯湾美国盟国的领导人来说，这是焦虑的一刻，他们质疑作为美国的朋友、作为奥巴马的盟友到底意味着什么。[64]

为了安抚后者的担忧，奥巴马和克林顿主动接触了该地区的领袖。迈克尔·马伦和比尔·伯恩斯会见了约旦国王阿卜杜拉，他此时非常担心骚乱马上就要蔓延到安曼。[65]他们敦促他提前改革以应对问题，约旦改革的深度和广度也是该地区任何领导人都没有设想过的。[66]然而，尽管美国在用外交方法应对这一问题，示威游行还是在蔓延。在利比亚、巴林、也门、叙利亚以及约旦，群众都在聚集，寻求变革。

多尼伦开始研究威权国家转型的后续影响，特别是美国支持的威权国家。[67]当时，美国也排出了骚乱风险最大的国家列表。[68]也门和约旦风险最高，然后是利比亚、巴林和安曼。[69]排在最后的是沙特阿拉伯和叙利亚，美国认为这两个政府大权紧握。[70]显然，事后看，这一评估并不准确，但这一过程无疑是必要的。

这项研究开始的时候，德里克·肖莱正在国安会多尼伦手下做战略规划的工作。他回忆说："当我开始工作的时候，'阿拉伯之春'还在蔓延，所以这一时期的特点就是阿拉伯世界的革命。我们启动研究也是因为知道总统即将对'阿拉伯之春'发表演讲。所以整个春天，本·罗兹、我和其他人都在忙着准备总统的演说内容……重点是，作为政府，我们应当如何评价'阿拉伯之春'、优先事项是什么、背后的理论是什么。"尽管很容易就将此看成奥巴马政府在'阿拉伯之春'这样的关键时刻重演说、轻行动的表现，但演说可能成为发展政策、制定纲领的工具。因为，撰写演说之前必定要将关键问题想清楚，这无疑将刺激政策、激发行动。

戴维·利普顿是萨默斯的副手，他负责的好几件事都与埃及经济复苏有很大关系。"我们有一个合理的过程，来决定经济目标和需要的经济项目，以此影响5月总统在埃及的演讲。[①] 关于把钱花在哪里有不同意见，因为克林顿夫人希望花出去的钱可以向埃及人民证明，美国与他们同在，因此她将债务减免作为目标。对于这一点，我们多次讨论，还有国会能批准多少，如何使用，是否一次性付清，是否应当附加条件。说实话，这些事到现在还没有定论。"

霍尔迈茨同意利普顿的观点，他回忆说："革命之后，我去了埃及四五次。国务院、财政部、美国贸易代表办公室、国安会的很多官员也是。关于何种援助计划、援助金额、附加条件的问题，开了无数次会议。我们向埃及人发出很多不同的信号，我认为他们绝对困惑了。此外，经过这么多会议、这么多来回转变，很多参与其中的美国官员也很迷惑沮丧。这是中东的历史性时刻，但我们的应对却没有达到历史所需要的高度。这是一个需要做出清晰决策、展

① 此处，作为可以实施的政策，演讲的重要性再次体现。

示决断领导力的时刻，我们却开了很多的会。我不认为参与其中的人对此很满意。这不是我们最好的时刻，也不是最好的一个月或一年。”

肖莱补充道，危机爆发时世界金融正处于困境，这一点让整个过程更加复杂。肖莱认为：“中东和北非地区选择了一个糟糕的革命时间。要知道，东欧——柏林墙倒塌时，欧洲很强，美国很强，融入对美国和欧洲来说并不是一个负担。而这些人却赶上了坏时机，这是个问题。但是，在评估我们的反应时，必须能够分辨出是否已经尽力、是否采取了合理的措施，我觉得很显然是做到了。”

多尼伦的研究小组总结认为，现在的动乱所体现的巨大变化可与殖民时代的终结相提并论。[71]在这种历史视角下，所有的国家都易受到影响；坏政府让民众不愉快，引发动荡；诸如美国或伊朗等外部力量无法决定事件的后果。从某种意义上说，最后一点并不正确，或者至少与地区许多地方的实情不符。在随后每一次革命中，外部力量都扮演了重要角色，无论是也门、利比亚、叙利亚，还是接着有事发生的埃及。[72]白宫对此的首份分析中还有另一个缺陷，即认为土耳其政府提供了可以效仿的样板。[73]奥巴马与土耳其领导人雷杰普·塔伊普·埃尔多安建立了和谐融洽的关系，这一点非同寻常，因为奥巴马与许多其他世界领导人并没有这种关系。[74]但随着“阿拉伯觉醒”不断发展，埃尔多安越发表现出偏执多疑、独裁而非民主的一面。[75]他常常支持在叙利亚等地的极端伊斯兰组织，这些组织把美国以及地区意识形态目标视作敌人。

下一个是也门。美国政府的公开回应又一次成为生硬的陈词滥调：谴责暴力，寻求推动和平对话与改革。[76]过去，由于“基地组织”阿拉伯半岛分支的活动，也门是主要的反恐战场，在美国发动的反恐战争中，也门总统阿里·阿卜杜拉·萨利赫给予了美国帮助。因此在幕后，美国政府继续支持萨利赫。[77]这一次，抗议者仍然没有偃旗息鼓，而美国支持的领导人也没能以行动帮忙。[78]然而，在也门变局中，海湾合作委员会（海合会）的成员国政府既忧心地区变革，又担心他们所认为的美国的不忠不义，“软弱而唠叨”。[79]因此海合会提出一项计划，呼吁萨利赫和平交出权力，举行选举。一年后，在 2012 年 2 月，新也门政府在海合会方案的基础上继续运作。[80]这一次过渡更加顺利，邻国政府在这个阶段发挥了更重要角色，这一模式成为秘而不宣的重要变化之一。区域外力量不再急于发挥原来的作用，沙特、阿联酋、巴林、科威特、阿曼和卡塔尔开始发挥主导作用。

在巴林，当动乱开始时，沙特和阿联酋军队干涉巴林局势，协助解决与逊尼派、什叶派紧张关系有关的问题。[81]这些手段十分强有力，而独立调查委员会也对此提出了侵犯人权方面的批评。[82]但是，这种快速干涉行为表明，邻国对动乱这一威胁极其警觉，同时体现出它们为避免另一场埃及或突尼斯乱局所愿意采取行动的程度。美国第五舰队就驻扎在巴林，美国军方和政治领导人维持着与巴林的传统亲密关系。[83]因此，美国对动乱和镇压的反应拿捏好了分寸，再一次摆出标准的劝导模式，敦促友好的领导人“要赶在变革之前抽身”，并谴责了暴力。[84]克林顿和盖茨也发出类似信息，并且有限度地倡导改革。[85]但除此之外，美国以降火消灾的态度处理这场危机，精心设计的表态再次体现出美国分裂的利益：既希望民主，又需要与虽然独裁但可靠的盟友保持稳定关系。[86]美国对沙特和阿联酋干涉行为的回应也体现了这一点，无非是例行公事和寡淡无味的呼吁——“保持克制，尊重巴林人民的权利，要采取有助于对话而不是无益于对话的行为”。[87]在沙特眼中，美国的姿态表明其并非靠谱的伙伴。[88]盖茨以及之后的多尼伦都前往沙特做出解释，试图修复关系，但是两国关系的裂痕一直延续至今。[89]用一位海湾国家领导人的话说：“与小布什打交道时你知道他的立场。与奥巴马打交道时你永远也不确定。小布什处于攻势，参与地区事务。奥巴马处于守势，往回撤，怕风险。”①[90]

## 从背后领导

美国对突尼斯、埃及、也门、巴林动荡的回应遵循这一个可预期的模式：起初犹豫不决，之后言语上鼓励改革、要求相应政府克制，接着发起一系列外交行动。也存在例外情况，比如在埃及问题上，总统最终做出选择，站在了示威者一边，要求穆巴拉克辞职。但利比亚问题最为不同。在这里，美国最终选择了有限干涉，一时间人们甚至以为这将成为未来美国全球干预的新模式，但它很快被证明是独特而短命的，只适用于这个被卡扎菲统治了42年的北非小国。

三个因素让利比亚局势与众不同。第一，卡扎菲以残暴著称，曾发誓要杀尽所有反对者。[91]这让利比亚局势令人不安，可能会发生人道主义灾难。第二，利比亚局势关乎美国在欧洲及其他地区盟友的利益，因此他们愿意领头开展行动。[92]第三，美国有可能采取军事行动，但必须采取低风险的支持姿态，关键是不派遣地面部队，速战速决。换言之，这提供了一个用“轻脚印干预”解决人道主义危机的机会——打出一拳而不是全面战斗，而且用多边手段可以减轻美国的负担。这么做招致了一些批评，如《纽约客》记者瑞安·莉莎表示：

① 值得一提的是，巴林危机后，多尼伦的地区之行是国家安全顾问执行良好的一次经典访问。访问并不秘密，但是低调。这是一场周末之行，访问后发布了旨在缓和局势的新闻稿。这次访问主要是聆听，而不是发出信息。这场总统幕僚之行为以正式外交为主的高调互动提供了另一个选择。沙特知道多尼伦能直接向奥巴马汇报情况，因此这次访问让沙特有机会能与这样的人对话。这是国家安全顾问角色价值的体现，之后的苏珊·赖斯继续发挥了这个作用。事实上，一位地区领导人曾表示，他们注意到，当奥巴马总统提起赖斯时，说话的语调与提及其他内阁成员时不同。很显然，奥巴马对赖斯非常信任，二者关系密切，这让赖斯有充足信誉承担起私下交流的任务。“她很显然是，”这位领导人说道，“内幕人士，很显然得到了他的信任。”

“奥巴马正走向某种主义。他的一位顾问说总统在利比亚的行动是‘从背后领导’。”[93]无论这个短语多么恰当，这位不愿透露姓名的白宫官员并不希望这种说法传播出去。

2月17日，骚乱首先从利比亚东部城市班加西开始。[94]数千人走上街头，卡扎菲威胁说要将反对者斩草除根。[95]“不会仁慈，”他放出狠话，[96]“我们的军队将奔赴班加西。”利比亚军队开始残暴袭击示威者以及组织者。[97]反对派请求援助，希望设立禁飞区以及联合国武装支援。[98]卡扎菲称示威者是恐怖分子，称：“不爱我的人都不配活下去。”[99]到3月时，死亡人数已上升至6000人。[100]

据我的前同事、雅虎新闻的劳拉·罗森说：“丹尼斯·罗斯告诉一小帮专家，卡扎菲对班加西即将展开的袭击是‘斯雷布雷尼察屠杀的升级版’。”[101]斯雷布雷尼察是1995年7月针对8000名波黑穆斯林的屠杀。他认为，一场大屠杀在即，但仍有阻止的可能，美国面临选择，如果袖手旁观，美国也将负有责任。[102]

然而，创新并非此刻美国外交的特征，政府再次展现了这一点。[103]美国政府又发出了一份声明，要求相关方克制，并表达了对利比亚人民权利的支持（他们是不是把最近一些新闻稿换了对象国家的名字就又发出了?）。在幕后，白宫的一些官员希望古怪多变的卡扎菲能够像穆巴拉克或本·阿里一样接受下台的命运。[104]尽管越来越明显，卡扎菲选择了一条比其他领导人更残暴血腥的路，但是除了期待与措辞谨慎的声明，美国并未采取什么公开的手段。[105]

法国总统尼古拉·萨科齐率先呼吁针对利比亚实施国际制裁。[106]但法国与意大利等其他欧洲国家一样，在利比亚拥有巨大利益；它们依赖利比亚的石油。[107]此外，利比亚的社会动乱十有八九会酿成规模庞大的移民问题，这对所有地中海沿岸的欧盟国家而言都是政治噩梦。[108]

美国公民和相关人员悄无声息地撤离利比亚。[109]2月25日美国在的黎波里的使馆关闭后，美国改变了方式，对利比亚政府采取更强硬措施，单边实施制裁，并冻结了数十亿美元利比亚资产。[110]美国采取行动的同一天，白宫发言人杰伊·卡尼声称，卡扎菲的合法性“已经降为零”。[111]第二天，美国表示支持联合国安理会第1970号决议，对卡扎菲和其他官员设立国际旅行禁令，实施武器禁运，将利比亚政府行为交由国际刑事法院审议。[112]

3月初，事实清楚证明，联合国的举措对利比亚领导人毫无震慑作用。[113]卡扎菲的军队继续向班加西挺进。[114]法国和英国认为，唯一能让反对派与卡扎菲公平竞争、获得胜利机会的方法就是设立禁飞区，以此抵消卡扎菲从空中轰炸民众的能力。在幕后，英国和法国告诉美国，它们已经就位，而当时美国在阿富汗等地向英法寻求帮助，于是英法提出是时候施以援手了。[115]虽然多尼伦让五角大楼仔细研究所有的军事选项，奥巴马仍然对使用武力踌躇不决。[116]在白宫许多亲密幕僚的支持下，奥巴马的理由是，这种行动会让大家觉得美国开始在“阿拉伯之春”中发挥更大作用。[117]当然，奥巴马不愿意干涉的部分原因还包括，他竞选时誓言让美国摆脱这一地区的战争，而不是投入新的战争。据说奥巴马的顶级政治幕僚向他指出了这一点。

奥巴马在这个问题上的迟疑也与国家安全团队的态度分裂有关。拜登和多尼伦再一次表现出怀疑。[118]在这件事上，麦克多诺和盖茨也持怀疑态度。[119]与此同时，希拉里·克林顿、苏珊·赖斯和萨曼莎·鲍尔三人结成了看似不可能的联盟。[120]克林顿一直以来就属于支持美国采取强有力行动的人之一，而另两位官员都与避免人道主义灾难的工作密切相关。鲍尔写过一本具有里程碑意义的书《来自地狱的难题：美国和种族灭绝时代》；赖斯则在卢旺达大屠杀期间担任国安会负责非洲事务的高级主任，一直努力确保美国尽其所能在未来避免类似惨剧的发生。虽然克林顿和赖斯的关系常常很冷淡，但在这一次，她们联合起来声称仅靠制裁是不够的。[121]克林顿通常会和盖茨抱团，然而这次她最终总结表示，如果卡扎菲成功了，或者国际联盟因为美国的不作为而瓦解，那么由此造成的后果会损害美国。[122]

在国安会3月15日召开的会议上，情报评估表明，如果卡扎菲拿下班加西将导致大规模暴行。[123]五角大楼提供了两个选项：设立禁飞区或者袖手旁观。[124]但是奥巴马要求更加严格的分析，质疑设立禁飞区是否真的会奏效。[125]当部长级官员无法提供奥巴马满意的答案时，奥巴马打破常规，向当场级别更低的官员征求意见。这些官员都坐在屋内的后排座椅上。国防部部长盖茨和参谋长联席会议主席迈克尔·马伦告诉奥巴马，他们不认为美国的核心安全利益受到了威胁。拜登和比尔·戴利支持这种观点。另一方强调，不干涉可能会眼睁睁地看着人道主义灾难发生。这一组人包括在开罗参会的克林顿以及赖斯、鲍尔、本·罗兹、丹尼斯·麦克多诺和托尼·布林肯。[126]

干涉利比亚行动开始后，一些报道开始透露，总统得到了国家安全团队中女强人联盟的支持。一位参与决策过程的高级官员说："事实远比描述的复杂。她们很有影响力，但别弄错我的意思，要求提出正确计划的是总统本人，迎难而上、做出艰难抉择的也是总统。他广泛征求意见，但我觉得他不是一无所知，并没有被这些幕僚所左右。我敢保证，这些幕僚会第一个表示事情不是这样。我知道萨姆不会说总统没有主见，苏珊也不会这么说。"[127]

奥巴马垂头丧气。[128]大家好像都呼吁行动，但是当卡扎菲的坦克与军队挺进班加西、向反对派发起攻击时，禁飞区似乎无法阻止他的脚步。[129]奥巴马让幕僚回来继续思考新办法。[130]那天晚饭后的一场会议上，幕僚提供了另一个选项：通过联合国决议授权使用武力保护利比亚民众，这样不仅可以让美国和盟友设立禁飞区，还能实际上摧毁卡扎菲的军队。正如奥巴马后来对《名利场》杂志的迈克尔·刘易斯所说的："我不想在一个月后听到我们的盟友说，'这没用——你们应该采取更多措施'。"[131]

赖斯坚决支持干预，她说联合国的声誉悬于一线。[132]而盖茨仍不同意，他担心美国的举动可能促成中东的僵局、穆斯林世界第三次战争。[133]来来回回的争论一直持续到奥巴马总结性的发言。[134]根据迈克尔·黑斯廷斯的报道，总统说："谁统治利比亚并不是美国的关键利益。可能发生的暴行也与世界其他地区发生的惨剧无法相比。我知道这些。但是，这里有一个大大的'但是'。首先，行动是正确的，因为我们有机会阻止一场惨剧，利比亚人民、他们的阿拉伯邻居以及联合国要求美国这么做。"

此后，他还指出，美国的行动对中东北非地区的"心理"影响是他支持武装干涉的动机之一。[135]他认为，如果不干涉，会给阿拉伯之春带来"心理钟摆"效应。这种鸡尾酒会上的语言背后展示了一种行为逻辑，但因日后美国对叙利亚问题上的不作为而显得尤为空洞。叙利亚危机，是一个更残暴的政权制造的更可怕的人道主义灾难。这让人不由疑惑，10 万叙利亚人死亡、阿萨德恣意妄为地使用化学武器，这些在奥巴马看来，给地区人民"心理"会带来什么影响？关于利比亚，奥巴马做出了决定，他派赖斯前往联合国，寻求使用武力的授权。[136]

奥巴马开始致电外国领导人，争取他们对联合国行动的支持。[137]同一天，卡扎菲在广播里威胁："结束了。我们今晚就来。我们将把你从衣柜里揪出来。"[138]奥巴马致电梅德韦杰夫，确保俄罗斯不会否决安理会决议。此后克林顿与拉夫罗夫会面。[139]俄罗斯之前并不同意，最后还是同意弃权，这也意味着中国将照做。[140]万事俱备，只欠东风了。

鉴于大西洋联盟在阿富汗以及经济上面临的挑战，此次行动能够大范围动员欧洲的支持，多尼伦认为已经是相当大的成就："如果 2008 年美国能让欧洲人同意反导系统，2014 年支持阿富汗的新项目，而利比亚又是这样一个区域外的行动——我不认为人们会觉得你的话可信。”

在联合国，赖斯发出了有力的行动号召。[141]她的发言非常有力，在场的人称，结束时“静得可以听见针掉落的声音”。[142]几小时之后，联合国安理会1973号决议号召采取“一切必要手段”“保护袭击威胁到的平民和平民居住的地区”。[143]投票结果是10∶0，俄罗斯、中国、印度、巴西、德国弃权。[144]因迪克、李侃如、奥汉隆将此称为“人道主义干预的里程碑”，但其实并非如此。[145]在早期执行阶段，美国和欧洲出现了严重的沟通问题。[146]联盟由最初的10人增加到17人。[147]这是一个分歧严重的联盟，各国政府都对统一领导权的努力表示抗议，直到最后北约接管并执行禁飞区。[148]

此外，正如一位美国高级军事指挥官指出的那样，联盟的成员并不总是心往一处去，而这种分歧也反映了日后利比亚的冲突和紧张将继续扩散。[149]“卡塔尔和阿联酋支持不同的组织，卡塔尔支持的是伊斯兰组织，而阿联酋支持的组织较为世俗化。之后在叙利亚看到的是一样的情况，沙特人支持世俗化的组织，而卡塔尔人支持伊斯兰组织，而海湾地区一些富豪真心支持极端主义者。”

此后，联盟成功地摧毁了卡扎菲的军队，使一代独裁者覆亡。[150]但这种分歧仍在持续。战斗结束之后，新政权很难重建秩序。大量报告显示，卡扎菲的支持者、更危险的伊斯兰极端组织（据称是卡塔尔资助的）以及该地区其他民兵组织构成的叛乱势力，都将利比亚的动荡视为可以推广各自政治观点的机会。[151]此外，利比亚石油储量丰富，更让各种势力觊觎。事实上，在“人道主义干预的胜利”之后，利比亚陷入了极端混乱。这表明，干预后的撤出战略尽管很重要，却远远不够。需要有后撤出战略，以及将此战略付诸实施的决心。美国及其同盟在利比亚并没有这样一个战略，这正合极端组织和其他组织的意，他们有明确的计划，就是要在利比亚的混乱之中壮大自己。

整个事件期间，批评政府的右翼人士认为，欧洲撺掇美国采取了行动，而且美国接受了在干涉行动中担当辅助性角色，这有违美国传统。[152]而包括许多左翼人士在内的那些人，他们一直寻求美国能采取有效的多边主义，或是对盟友不再那么“居高临下”，这些人认为美国这种解决问题的合作模式向前迈进了一步。[153]反对奥巴马的党派人士仍在塑造“从背后领导”这一新说法，虽然这不是唯一的说法，但也引人注目。[154]这些人甚至想将这个说法推而广之，认为奥巴马团队对地区其他危机采取了消极态度，企图规避风险。在我看来，批评和支持这种做法的人可能都对。能够更有效与盟友合作，这一点相比小布什时期笨手笨脚的单边主义显然是进步了。“从背后领导”含有贬损之意，但如果美国真的能够发挥领导作用，同时让其他人冲锋陷阵、收获荣誉、肩负重任、承担风险，也就是美国的领导地位基于一视同仁，美国不再是国际社会的恶棍头头，那么这确实代表进步。不过，追求这些目标并不意味着美国应该唯唯诺诺，奥巴马政府仍然应当有更清晰的视野，应当比在中东动乱过程中承担更多风险。

温迪·谢尔曼举例证明美国政府之后制定了积极和审慎的战略：“这一届总统和国务卿克林顿做到了一件事，无论话筒前是阿拉伯联盟、非洲联盟还是欧洲联盟，总统和国务卿都清楚美国可以推动事情，或者做成事情。他们的意思并不是我们不领导了，或者我们不在最前面领导了。只是有时候，我们不再上头条，因为这么做会损害我们向地区组织或其他行为体分享责任和任务的意义，也会削弱他们的领导力。”

一位前军方高级指挥官表达了相同的看法：“我常常扪心自问，我们（美国）在‘阿拉伯之春’所做的到底有多少算是往回撤。我认为，突尼斯的力量一旦得到释放，我们也阻止不了。我也不认为我们能在埃及做些什么。我知道，我们的地区伙伴有点恨我们，觉得穆巴拉克下台前我们都没有怎么和他站在一起，我们那么快就和反对派站在一起，或者至少是说中立就中立了。但是，评估很清楚，他即将下台了，而且你知道，或许当时明智的做法就是不要和他一起坠落。所以，我不知道这究竟算是从背后领导呢，还是退后一步不想影响局势，因为我觉得我们在埃及的影响力确实有限。我知道我们在突尼斯的影响力也有限，更谈不上在利比亚有影响力了。”[155]

我们影响力有限有些只是因为地区所特有的问题，而美国终究是个外人。由于我们只愿意使用某些手段和方法，一些与地区政治趋势相关的问题浮出水面，超越了我们能够实施政策的影响范围。有些问题则与美国受损的信誉有关，因为美国发动了伊拉克战争，并且因为反恐战争而滥用权力。

哈德利提供了另一个视角：“对于如何与盟友合作有两种观点。一种观点是，你很清楚自己要往哪里走，与盟友交流，倾听他们的意见，把他们拉入伙。这就是我说的在前线领导。小布什就是这样，托尼·布莱尔就是这样。另一种观点就是，你能够让盟友带头。利比亚就体现了这一点。即便如此，奥巴马总统还是愿意在隐蔽活动方面做出艰难决定，比如针对奥萨马·本·拉丹的突袭、无人机行动等。他愿意做这些高技术的事情……问题在于你今天看到的中东局势。我的意思是，我们推翻了卡扎菲，但之后我们没有进去稳定局势，于是枪支和战士从利比亚流入叙利亚、流入马里。这样并不好。”

最终，利比亚不能算作人道主义干涉方面的重大进展。因为联合国支持的袭击执行得并不好，规模太小，撤出太快。利比亚形势恶化，其他更严重的人道主义危机也继续爆发，而后续行动几乎没有，悲剧酿成，人员伤亡惨重。其中最严重的危机当属叙利亚危机，到目前为止，它已成为“阿拉伯觉醒”中最深重的灾难。

## 我们地区的人民很有耐心

2011 年，正当阿拉伯世界陷入动荡之时，巴沙尔·阿萨德接受了《华尔街日报》的采访。[156]他在采访中说："我们的处境比阿拉伯世界大部分国家都困难，但叙利亚是稳定的。"他表示，改革还要再等一代人的时间，称这是可能的，因为"我们地区的人民很有耐心"。[157]

叙利亚人民的耐心只持续到了3月。[158]第一次示威游行3月18日出现在叙利亚南部。几个少年受到"阿拉伯之春"的鼓舞，在墙上涂鸦，向政权发起挑战。[159]他们很快被逮捕。[160]示威者随即抗议政府对这几个少年的残酷对待，警察开枪打死了60人。[161]阿萨德很早就发出信息，他不会重蹈突尼斯、利比亚、埃及那些年迈领袖的覆辙，因为行动迟缓而使自己陷入不利境地。

阿萨德宣布改革措施，包括给媒体更大自由。[162]但是在反叛的大潮下，这些许诺显得微不足道。几周之内，数千名示威者走上街头。[163]4月22日，阿萨德军队杀死了80多人。[164]示威行动很快扩散至霍姆斯、哈马等城市。[165]阿萨德以坦克和威胁予以回应，称他的军队准备好了，将抗击这群恐怖分子、罪犯、原教旨主义者组成的势力。在起义开始的头七周，阿萨德已经逮捕了数千人，死亡人数达600人。[166]

数千难民穿过叙土边境进入土耳其。破烂的难民营尽管很艰苦，但比越来越多的叙利亚城市安全。[167]7月末的斋月期间暴力活动日益增多，引起了全世界的注意。[168]阿萨德告诉联合国，他的军事行动正在收尾，并邀请了国际观察员。[169]然而，联合国监察员一走，阿萨德政府又开始了新一轮针对反对派的军事镇压。[170]到了10月中旬，死亡人数已经上升到了3000人，叙利亚正在陷入全面内战。[171]然而，在没有国际积极干预的情况下，叙利亚这个美国认为最不可能发生"阿拉伯之春"革命的国家，却受到了"阿拉伯之春"灾难性的影响。

叙利亚危机发生后的六个月间，国际社会没有什么行动，十分耐心。叙利亚在危险最小的国家名单之上，尽管有大量证据指向了相反的结论。[172]3 月最后一周，当被问到美国为什么不采取有力行动时，克林顿回答说："最近访问叙利亚的两党议员都认为阿萨德是一个改革者。"[173]她补充说，美国不会像卷入利比亚危机一样卷入叙利亚的事端。[174]卡扎菲在利比亚的行动受到了国际谴责，而且有联合国安理会决议的支持。这时，美国还是一个旁观者。

到了 4 月，总统发布声明称，叙利亚政权使用武力"令人愤怒"，必须"立刻终止"。[175]他还签署了 13572 号行政命令，对叙利亚官员及政府机构实施有限制裁。[176]在 5 月关于阿拉伯之春的演讲中，总统敦促阿萨德开启民主转型进程，否则就"让位"。[177]

但在幕后，国务院、国防部以及白宫的高级决策者已经开始担心，叙利亚的内战可能对同一地区的黎巴嫩、约旦、伊拉克、土耳其、以色列等国产生广泛影响。一些人认为叙利亚局势处在关键节点，美国应该做更多，站在前列的就是希拉里·克林顿。[178]7 月 11 日，她告诉记者："阿萨德总统并非必不可少，美国完全无意看其继续执政。"此后，奥巴马的一条评论指出，阿萨德正在丧失合法性。[179]到了 8 月，官方立场继续发展。白宫发布的声明称"叙利亚的未来必须由其人民决定，但是阿萨德总统阻碍了他们的选择。为了叙利亚人民，阿萨德总统必须下台"。[180]

国际压力也在累积。到了 11 月，阿拉伯联盟暂停了叙利亚的成员资格，这是有利的一击，毕竟 1945 年阿盟创建时叙利亚是六个创始成员国之一（阿盟成员国已经增加到 22 个）。[181]但正当美国考虑其选项时，却不由自主地与俄罗斯利益发生冲突。俄罗斯为阿萨德提供武器，视其为重要同盟。[182]叙利亚为俄罗斯在中东提供了立足点，也为俄罗斯与极端主义势力之间提供缓冲。这意味着，联合国安理会任何反阿萨德的举动都会遭到俄罗斯否决。[183]奥巴马政府已经宣布，没有联合国的支持，美国极不情愿采取行动。[184]这就将主动权交给了俄罗斯。

奥巴马总统告诉幕僚，自己对叙利亚发生的灾难大为震惊。[185]诸如克林顿之类的顶级幕僚敦促总统在危机失控前采取措施，向反对派提供更多支持，衡量防止危机外溢失控的政策选项。[186]但是，总统极不愿以武力干涉，军方指挥官和与总统关系密切的白宫幕僚也持同样态度。奥巴马还反对积极向反对派提供支持，因为无法确定这些反阿萨德力量的真实意图。[187]利比亚具备的独特条件在叙利亚不复存在，比如军队能够快进快出、让其他国家扮演重要角色以及得到联合国支持。此外，利比亚已经陷入混乱，造成一名美国大使及其安保人员丧生。[188]卡扎菲在利比亚发出将采取暴行的威胁后，美国预料到灾难可能会降临到班加西。然而，现在即使在叙利亚可能发生更糟糕的噩梦，出于前车之鉴，美国也不愿冒险置身于一场地面冲突。

2012 年 3 月一场新闻发布会上，奥巴马表示："认为解决每一个此类问题的办法就是部署我们的军队——这在过去行不通，现在也行不通。"[189]在 2013 年初接受《新共和》杂志采访时，奥巴马说道："我如何权衡叙利亚已遭杀害的数万人和刚果正遭受杀害的数万人？这不是简单的问题……我希望在总统任期快结束时，能够回头看看，然后说道，我做的正确决定多于错误的，我已经在竭尽全力拯救生命。"[190]正是这种喜欢反复琢磨、对不作为做出理性化解释的特点塑造了奥巴马的行为，让他在真正需要行动的时候选择袖手旁观，尤其是在全球各个高风险地区。然而，恰恰是奥巴马本人在之前的演讲中巧舌如簧地强调行动，他和自己小圈子的成员过去也常常呼吁要采取强有力的人道主义行动。

2014 年 4 月亚洲之行时，奥巴马借着回顾外交遗产试图澄清这一做法。这一次，他又调低了预期。"会有一垒打，会有二垒打，"[191]奥巴马在菲律宾讲话时表示，"时不时我们还会有本垒打。但是，我们会与世界人民一起，稳步推进美国人民和我们伙伴的利益。"[192]他继续说道："有的时候，世界上总会有灾难、困难和挑战，我们没法立即把这些问题都解决了。”[193]

奥巴马做出这些表态后，在“空军一号”上与随行的记者代表团聊天。据其中一位记者透露，奥巴马显然非常生气，也很沮丧，因为必须回应指责他没有决断力、不愿采取行动的言论。这些指责很大一部分源自奥巴马在叙利亚问题上的优柔寡断，而这一问题已经发酵为全球头号人道主义灾难，威胁到整个中东。于是，奥巴马这次的辩护比先前陈述的渐进主义和外交政策“小球战术”更进一步。他把自己外交政策的指导原则描述为“不做混账事”（don't do stupid shit）。[194]他又重复了一遍这个原则，然后为了强调这一点，起身离开目瞪口呆的记者时又转向他们，如同小学教师一般问他们：“那么，我的外交政策是什么?”各大主要媒体的记者代表们异口同声地答道：“不做混账事。”[195]

这句话不仅浓缩了奥巴马对外交政策和风险的看法，同时代表了后伊拉克与后阿富汗时代将奥巴马送入白宫的整体氛围。你可以指责奥巴马无所作为，可以指责他无视数百万人身陷惨境或者忽略自己在演讲时的豪言壮语。但是你会发现，他没有重蹈前任的覆辙。许多奥巴马的支持者也这么认为，他们在推特、博客和报纸专栏上称赞这一点。然而奥巴马及其支持者忽略了一个核心事实：无所作为可以制造出与错误行径一样严重的灾难。此外，奥巴马人为创造出一些错误选项，比如在无人要求的情况下，排除了向叙利亚“派遣地面部队”的可能性。这种做法将极端的观点互相对立，忽略了正确答案往往介于二者之间。与错误行为相对的不作为虽然很安全，但是并非良策，应当采取精心校准、适度把握、有效合适的行动。越来越多的事例表明，随着第二任期政府内部观点不同的现实主义幕僚大多卸任，缺乏有效的中庸之道成为奥巴马政府的核心问题，面对克里米亚或叙利亚危机时，无法在应对伊拉克局势的方式与小打小闹或无所作为之间找到折中道路。

一位前奥巴马国家安全团队中的高官猜测，情感因素阻碍了美国对叙利亚采取行动："你不能够否认，近期以及最触动心灵的经历最能影响对危机的应对，对我们而言危机就是指叙利亚危机而能够对此产生影响的就是阿富汗和伊拉克。"[196]

私下里，他和白宫其他高级顾问担忧，叙利亚局势会日益演变成类似阿富汗或伊拉克的局面，他们正在努力让美国从这些冲突中抽身。[197]此外，叙利亚不仅是俄罗斯的盟友也是伊朗的盟友。因此，阿萨德得到了相当多的支持，干涉叙利亚局势将对美国在地区以及其他领域的外交努力产生消极影响。[198]本·罗兹的话反映了奥巴马对美国力量局限性的认识，他说："我们必须谦虚地认识到美国决定本地区事件走向的能力，这里存在长期的怨恨和教派分歧。"[199]

对于此刻国安会面临的艰难选择，前中情局局长、前国防部部长帕内塔说："真正的问题不是搓搓手就准备干，而是决定如何处理这种局面，什么是最好的方法？用中情局吗？是否秘密行动？是否在这方面投入更多？用其他手段吗？是否建立一个国际联盟，实施一项共同战略？与北约一起行动吗？要和海湾国家一起吗？我的意思是，需要很多的努力才能推出一个在叙利亚或利比亚能发挥作用的方法。我认为未来的三五年里中东将极不稳定，我们到现在都没有想明白的一件事就是，如何处理这一地区的事务才能掌握先机，不被事情推着走。"

但是，在某一领域总统似乎已经准备好了行动。在一次没有提前准备，也没有经过内部讨论的即兴回应中，总统称，如果阿萨德对他的人民使用化学武器，他就跨越了一条"红线"。[200]当人们追问红线问题时，高级官员立刻把话往回拨。[201]他们称，这不是指使用化学武器，而是"系统性地"使用"一整套"化学武器。[201]尽管总统称使用这种武器将"改变局势"，他对这句话的意思语焉不详。威胁并未得到解决。

2012 年彼得雷乌斯和克林顿提出向反对派提供武器的建议，被奥巴马否决。[203]但是到了 2013 年 4 月，中情局秘密执行了一项在约旦训练反对派的项目，美国还同意为他们提供非致命性援助。[204]尽管如此，这一承诺兑现得尤为缓慢。[205]极端分子以前所未有的速度向叙利亚聚集，因为这里为他们提供了极佳的微生态：叙利亚已分裂成失去管辖、无政府的碎块，极端分子可以在这里建立根据地、训练战士。[206]经常有消息称，多个派系在这里混战。像“伊斯兰国”和“努斯拉阵线”这种本来是小规模的恐怖组织，通过战场历练，已发展成有一定实力的军队。他们的成员也在增加。局势已经十分明白，每耽误一天，解决危机的成本就会上升，风险也在加大。数十万叙利亚难民穿过边境线逃往约旦避难，海湾国家试图从联合国得到更多支持。这些国家的领导人，如约旦的阿卜杜拉国王、阿联酋的穆罕默德·本·拉希德都访问了华盛顿，并向美国共享情报，称外籍极端分子人数至少有 7000 名，实际数字可能是这个的 3 倍。他们都强调了这些组织对中东地区的威胁，当这些外籍极端分子返回欧洲、非洲甚至美国，也会对上述国家和地区造成威胁。他们同时强调并不指望美国军事干预，但希望美国能给予更清晰的支持，给反对派更多援助，给阿萨德更多外交压力。[207]引用其中一位领袖的话，他们希望美国承担的角色“不是地面的行动者，而是能提供领导力的导师”。[208]但他们从一位高级白宫幕僚那里听到的是，“如果我们不小心，未来的几年就得一直跟在后面收拾残局”。[209]

然而，政府规避风险的举动却招来了更大危险。如果危机向地区扩散，或者演变成更大规模的人道主义灾难（尽管此前很难想象），美国将会被视为虚弱、漠不关心、置身事外或者“从背后领导”。

康多莉扎·赖斯呼吁美国应发挥积极的领导作用，她说：“全世界只有美国具备而其他大国不具备的一点就是普救信念。当然这也是着眼于自身利益的，大国也为此展开竞争。但是美国在叙利亚问题上是将主动权交给了地区大国，结果是局面破碎、冲突常态、政策断片……你知道，土耳其支持一些团体，并控制库尔德人势力。这是他们的目的。逊尼派教徒支持逊尼派。卡塔尔人实际上并不在乎他们支持的逊尼派，到头来他们支持的是最坏的人……这和他们在利比亚做的一样。伊朗人希望能统一所有什叶派，所以帮助阿拉维派。我认为这是一个类似‘一战’的生态……美国没有教派目的，本可以介入，但现在已经太晚了。”

提议设立禁飞区等军事选项被一个个否决。[210]政府发言人表示，由于这个国家太过分裂，很难采用空中力量阻止杀戮。[211]军方领导人认为，美国有能力施加影响，但与此同时又越发分不清到底谁才是盟友，或者应该武装谁。[212]有太多动机不清的组织。[213]同时，用一位国务院高级官员的话说：“我们不断收到贝鲁特和阿曼发来的请求，要求人道主义救援。大家越来越担心，这些国家正努力慷慨救助邻国，但灾难和亟须救助的人大规模涌入会导致这些国家不稳。然而，国际援助还不够，恶化了危机。如果我们和其他合作国家能够在叙利亚问题上更快提供资金，危机就不会恶化。”[214]

“努斯拉阵线”、“伊斯兰国”和其他吸引数万名战士的类似极端组织崛起，力量不断扩大，这让外界认为，一旦击败阿萨德，甚至与他对峙，就可能导致伊斯兰国在叙利亚部分地区或全境建立。[215]在接受《纽约客》采访时，一位美国高级官员提到了这种忧虑：“你会遇到这样一种情况，更世俗的反对派组织与更具伊斯兰倾向的组织斗争。这种斗争是‘无底洞’。我认为，即使是高层也都明白这样下去会越来越糟糕。你会看到总统很不安，而且不仅仅是总统一个人有这种感受，大家都有。”[216]阿萨德精明地利用了这种威胁，开始有效地摆出“你知道事情会更可怕”的姿态，在国际社会面前维护自己的行为。

## 漫漫炎夏

2013 年 6 月末，正当汤姆·多尼伦准备把国安会大权交给苏珊·赖斯时，埃及人民又开始焦躁不安。[217]穆斯林兄弟会的穆罕默德·穆尔西领导的政府并没有在埃及重塑民主，而是采取了穆巴拉克式的强硬政策。[218]

在穆斯林兄弟会统治埃及的整个一年间，埃及人对政府越发警惕，美国的盟友以色列和海湾国家等也忧心忡忡，担心埃及不但会朝着不民主的方向前进，还可能成为向中东输出动乱的源头。[219]海湾国家指出，穆兄会建立在现学现用的经验之上，并不单纯是一个国内政党，其中有一派着重强调在国际上推广理念和制造动荡。[220]穆斯林兄弟会在叙利亚边境有培训极端主义斗士的训练营，在约旦、阿联酋和其他地方设有分支，希望煽动伊斯兰革命，推翻现有政府。[221]因此，穆尔西的崛起不仅是对解放广场精神的公然侮辱，也可能导致这个世界上已不稳定的地区更加动荡不安。

即使穆尔西开始表现得更为独裁、不够容忍后，美国政府的回应也仍然十分小心谨慎。[222]当初美国呼吁埃及走上民主进程，所以现在不想让外界认为美国要干涉一个民选政府，但盟友却认为美国反应迟钝。邻国政府的一个高级官员表示："美国没有在能够改变局势的时候向穆尔西施压。他们袖手旁观。但是埃及人民不能袖手旁观。他们正处于从穆巴拉克走向更糟糕形势的边缘。"[223]一位在开罗工作的拉美国家外交官说道："最后，我认为现在把所有埃及人都团结起来的力量就是他们对美国的愤怒。没有人相信美国，也没有人知道美国支持谁、支持什么。"[224]

到 2013 年 6 月末，埃及民众重返街头。[225]根据一些评估，数百万人举行大规模抗议，反对穆尔西的活动，看上去与把穆尔西前任拉下台的运动如出一辙。[226]数日之内，埃及军方呼吁穆尔西满足抗议者的要求，重新恢复自由，并且给他两天时间回应。[227]穆尔西未能做出回应后，在国防部部长阿卜杜勒·法塔赫·塞西领导下，军方联合其他受穆尔西威胁的政治反对力量和宗教组织，最终将其穆尔西赶下台。然后，穆尔西被关押在了监狱中。

穆尔西被赶下台的那一天，苏珊·赖斯接管了国安会。[228]这是一次火的洗礼。她对国安会架构只做了很小的改变，以减小震动，但她的风格与勤奋刻苦的多尼伦差别很大。多尼伦更喜欢待在幕后，天性不爱冲突。[229]他扮演了诚实的掮客这一角色，最后在华盛顿拥有了这样一种声誉——不刻意展现自我，更愿意尊重或稍微引导政策过程，而不是指挥。在政策过程中，他更像一个关键的发言人，在其中发挥观念或意识形态方面的作用。他经常与媒体沟通，但通常都是在私下场合。赖斯更爱抛头露面，从她在联合国的工作、作为奥巴马竞选团队的发言人中就可以看出这一点。她能言善辩、落落大方而且很有气势。她观点鲜明，乐于表达，且从不畏惧冲突。她对担任奥巴马竞选发言人、美国驻联合国代表等职位得心应手，在国务院和联合国时都是积极的外交官。她与总统相识多年，这让她能深刻洞察总统的思想，建立起与他的信任。[230]这种信任通常是国家安全顾问成功的标志。

一位自克林顿时期就与赖斯相熟的人对她钦佩有加，这个人在奥巴马竞选以及上台后都作为副手与她一起工作。“我认为在跨机构的机制里，她真的会严厉训斥阻止人们争吵……她拥有超乎寻常的智力和纪律，心思缜密，能像学者一样钻研，只相信能够经得起推敲和检验的论断。”[231]

在埃及，穆尔西的下台给刚上任的赖斯不少麻烦。穆尔西是民主选举的总统，但他上台后的举动完全不民主。他上台是一场变革的结果，美国支持这一变革，但穆尔西引领埃及的方向让奥巴马内阁成员忧心忡忡。其中一位表示：“坦率地说，十分危险。”[232]奥巴马发表了一则平淡却意味深长的声明："一个诚实、有能力的代议制政府是普通埃及人寻求也理应得到的。美国与埃及的长期伙伴关系基于共同的兴趣和价值，我们将继续与埃及人民一道，确保埃及民主转型的成功。"[233]同时，总统让赖斯评估援助选项以及当前形势的影响。[234]这一评估首先围绕是否应该将穆尔西下台称为政变。[235]如果被定性为政变，美国将自动暂停对埃及的援助，而这些援助不光对埃及，甚至对整个地区安全都十分关键。在美国有线电视新闻网的节目中，埃及军方的发言人竭力解释发生的一切"绝对不是政变"、"肯定不是政变"，而是人民利益的表达以及埃及通向民主的新篇章。[236]但是，现在的前总统穆尔西只能用推特与自己的选民交流，他使用了政变这个词。[237]

美国又打起了太极。在国务院的派遣下，比尔·伯恩斯 7 月 15 日访问埃及，他十分谨慎，避免强硬措辞。[238]直到 7 月 26 日，美国政府做了官方"决定"，即不打算用任何词表述穆尔西的下台过程。[239]一些事情发生了，但为了服务美国的治国利益，不能给它一个名字。因为没有使用"政变"一词，美国将继续每年向埃及提供 15 亿美元，[240]但这并非什么慈善事业，大部分的钱都被埃及用来购买美国的武器，所以美国的大军火商获益最多。[241]

2013 年 7 月 29 日，英国《卫报》将奥巴马政府的难题阐释得明明白白：

> 2011 年 1 月，贝拉克·奥巴马兑现了小布什 2006 年的誓言，即改变美国在中东外交政策的优先选项，从"稳定"变为"民主"。过去的 60 年，美国在中东地区一直将稳定优先于民主。穆巴拉克权力不稳时，奥巴马因为没有支持他而受到沙特等地区保守派的蔑视。在奥巴马背离穆巴拉克后，利雅得花了几年时间才冷静下来，在此期间甚至秘密威胁将会把战略重点从华盛顿转向印度和中国这样的新兴大国……这次，奥巴马两边都不讨

> 好，反穆尔西的支持者认为他支持恐怖分子，穆尔西的支持者认为他背叛了民主……推翻民选政府、逮捕其领袖、关闭其媒体、杀戮其支持者，然而华盛顿仍然拒绝承认这是政变。毫无疑问，过去三周内发生的事件有着广泛的民意支持，与一年前的选举结果一样重要。这让白宫有了一些政治空间不去谴责发生的事件。[242]

白宫的犹豫不决让海湾国家很沮丧，因为沙特阿拉伯、阿联酋和科威特认为，如果想要阻止穆斯林兄弟会威胁埃及和地区，支持新的军政府至关重要。[243]于是，这些国家行动起来，向新政府提供了第一大笔援助，沙特一开始承诺给予超过 50 亿美元，阿联酋则承诺给予超过 30 亿美元。[244]这些金额后来都大大提升。海湾国家明白，埃及新政府想要巩固权力，就必须有能力偿还债务，有能力向埃及人民提供服务。包括约旦、以色列、巴林和埃及等地区在内的许多国家领导人在会议上都觉得，美国政府可能过于同情穆尔西和穆斯林兄弟会，或者可能就是太优柔寡断了。[245]

在内部，约翰·克里和查克·哈格尔都力主维系对埃及的援助，低调处理对新政府的批评，并在幕后寻求推动改革。[246]哈格尔尤其与埃及军方领导人关系紧密，包括其陆军元帅阿卜杜勒·法塔赫·塞西。[247]塞西担任了埃及过渡领导人的职务，在 2014 年中将当选下一任总统。哈格尔认为应当给他们一次机会。克里则与美国的地区盟友来往更密切，因此经常听盟友表示，过渡政府领导下的埃及更有可能为地区和平与稳定做出贡献。[248]无论如何，新政府上台是强大民意的体现。

白宫中苏珊·赖斯领衔的团队则认为，应该先暂停对埃及的援助，等到过渡政府出现承诺民主改革的切实信号时再恢复。到 2013 年秋，政府内的分裂进入白热化阶段，国务卿克里访问开罗之行更是把分歧摆上台面。克里选择强调新政府采取的积极措施，而闭口不谈穆尔西未来依法面临的审判。这一表态与赖斯的指导原则相违背。[249]实际上，一位地区资深外交官认为："美国针对埃及似乎有两套政策。一套在白宫，一套在国务院。"[250]这种公开决裂的背后还牵涉其他问题的幕后角力，比如是否应该邀请埃及新政府参加一场泛非洲的峰会。[251]白宫（也就是赖斯）与组织方合作想把埃及排除在外。当中东一位支持塞西政府的官员把这个信息告诉一位国务院高级幕僚时，这位幕僚颇为震惊，因为没有人咨询过他的意见。[252]正如后来在乌克兰危机时出现的情况一样，苏珊·赖斯的白宫团队和约翰·克里流动性强、随心所欲、相对独立的团队之间有时会沟通不畅、关系紧张。（至少在国务院看来是这样。与赖斯关系密切的白宫幕僚则对这方面的协调和协作问题轻描淡写。）

就当埃及问题考验白宫外交政策机构的凝聚力，让赖斯难有时间适应新岗位时，叙利亚形势急转直下，阿萨德政府跨越了红线。2013年8月21日，在大马士革郊区的戈塔，叙利亚军队使用含有致命沙林毒气的火箭弹，成为继两伊战争后最严重的化学武器攻击事件。[253]攻击造成超过1000人死亡，其中大多数是平民。数小时内，"优兔"网站上就出现视频，展示伤者的伤情明显是遭到化学武器攻击后的症状。[254]自从奥巴马总统一年前宣布"红线政策"后，这已经不是第一例使用化学武器的报道。[255]事实上，根据最新报道，这可能是第13例。不过，其他的规模都更小，细节存在争议。[256]这一次规模如此之大，难以视而不见。

愤怒之情很快难以抑制。叛乱力量指责政府，而政府及其支持者如俄罗斯则指责叛乱分子。[257]由于战事胶着，联合国在数天内都无法向叙利亚派遣检查人员。[258]但在美国以及整个欧洲，大家都在讨论是不是终于要对阿萨德政府采取军事行动了。[259]在这场危机中，已经有超过10万叙利亚人丧生，其中死亡的平民数量令人震惊；叙利亚全国约有 40% 的人口流离失所。[260]一场全球最惨重的人道主义灾难在叙利亚上演，其规模远远超过利比亚和波斯尼亚。但是，美国几乎仍然什么都没有做。

8 月 22 日，美国国家安全高级官员在白宫花了数小时仔细商议可能的军事回应。[261]有一个选项是在靠近叙利亚的地中海海面，从美国海军舰船上发射“战斧”巡航导弹。[262]还有一个选择是飞行员驾驶飞机进行空中打击。两种方式的目的都是摧毁能够使用化学武器的军事和火炮设施。尽管克林顿、盖茨和多尼伦已经卸任，但政府内的老分歧仍然存在。有的人认为军事行动太冒险，可能在政治上不受欢迎。还有人觉得这么做早就为时已晚。[263]奥巴马似乎心意已决。[264]8 月 24 日，在一次国安会会议上，奥巴马的表态让其他国安会部长级官员确信，他下定决心要采取行动。[265]

两天之后，克里表示，对叙利亚人民使用化学武器是无法抵赖的事实，这一耸人听闻的事件震动了世界的良知，奥巴马政府会让阿萨德政府负责。[266]8 月 30 日，政府发布了一份报告，证明化武袭击确实存在。报告称，1429 人在袭击中死亡，其中 1/3 是儿童。[267]

克里成了呼吁美国行动的主要倡导者，为证明这一行动的合法性做了大量基础工作。[268]他在国务院发表了一篇有力的演讲：“我们亲眼看见，数千人在袭击后呼吸困难、痉挛、咳嗽、心跳加速、口吐白沫、失去意识甚至死亡……有人说，行动有风险。我们应该扪心自问，不行动的风险是什么？”[269]他继续说：“这关系到美国及其盟友的声誉及未来利益。因为很多企图挑战国际秩序的国家正在观察，密切观察。他们想知道，美国及其伙伴是否会言出必行。这直接关乎美国的信誉，关乎其他国家是否相信美国的承诺。他们想看看，叙利亚会不会轻松脱身，如果可以的话，他们也会冒险。这会给世界带来很大风险。”[270]

克里的发言有力地号召美国采取行动。如果美国无所作为，这将成为刺耳的审判。据媒体报道，白宫的本·罗兹称克里“非常理解将阿萨德绳之以法的重要性。”[271]他的观点在国安会内部得到了支持。[272]即便奥巴马已经表达了态度，称自己不愿意采取行动，除非有联合国安理会支持——这一支持几乎不可能，克里仍然在做准备工作。[273]最后美国终于看上去要动手了。战舰已经在叙利亚海岸外准备就绪。[274]

为了至少争取一点国际支持，奥巴马同其前任小布什一样，将目光转向可靠的盟友——英国。[275]英国首相卡梅伦立刻为军事干预寻求下院授权。然而，由于下院议员刚结束假期，一些可能支持干预的议员没能回来投票。[276]由于时间不充分、准备没做好，投票十分难堪地否决了首相对叙利亚动武的决议。这对华盛顿无疑是巨大的震动，美国最亲密的盟友给了奥巴马政府制造了巨大的尴尬。[277]只有法国愿意与美国一起行动。[278]阿拉伯国家对于化武袭击只谴责，不动手。[279]俄罗斯的观点掷地有声——任何没有联合国授权的行动都违反国际法。[280]

世界不愿意支持美国。据美国全国广播公司的一份调查，尽管根据《战争权力法案》总统不需要国会同意就可以发起进攻，但是80%的美国人认为，总统在采取军事行动之前应当得到国会授权。尽管8月31日下午克里在激情澎湃的演讲中已经说明了全部开战的理由，总统还是退缩了。尽管国安会同意行动，克里和赖斯都支持行动，首席行政长官还是按下了停止键。他与白宫办公厅主任麦克多诺在白宫南草坪散了会儿步。麦克多诺已经成了总统亲信，由于之前担任过国家安全顾问，他也是合适的谈话对象。同时麦克多诺曾表示对叙利亚动手要谨慎（事实证明，他非常喜欢这次散步的内容）。就在这次散步中，奥巴马告诉麦克多诺，他想等等，在行动前得到国会支持。他想与国会共摊责任。[281]总统肯定知道，对于美国已然无力的回应来说，这一决定更是致命一击。

在这“玫瑰园时刻”之后，奥巴马召集了白宫助手以及国家安全幕僚，其中包括赖斯和麦克多诺。他们在进椭圆办公室之前，都以为重大的军事行动行将开始。然而，当总统说出自己的意见后，整个团队都惊呆了。接下来是长达两小时的讨论。[282]赖斯和哈格尔是反方，认为寻求国会同意将使奥巴马遭受卡梅伦那样的羞辱。[283]其他人都担心美国延迟行动、犹豫不决所发出的信号。[284]奥巴马的回应是“寻求立法支持的方案最符合他的哲学”。[285]

白宫给克里打了电话，据与总统关系密切的幕僚透露，克里同样大吃一惊。[286]几小时之前，白宫还要求他制定行动方案，他把自己的个人信誉押在了上面，现在却出人意料地被拆了台。白宫还给法国总统弗朗索瓦·奥朗德打了电话，据称奥朗德既吃惊又失望。[287]事实证明，美国两年来第二次在军事上表现得没有法国积极。世界变了。奥巴马在白宫玫瑰园对美国民众说道：“根据我所确信的国家利益，我作为总司令已做出决定，同时我还明白，自己是世界上最古老的宪政民主国家的总统。长久以来我都坚信，我们的力量不仅根植于我们的军事力量，还来自我们民有、民治、民享政府的典范力量。所以，我做出了第二个决定——我将寻求代表美国人民的国会授权使用武力。”[288]就是这么一位总统，他的名字却同样因为不征求国会意见采取行动而被铭记，比如向阿富汗增兵、对利比亚发起行动、推动医保法案和环保规定等。实际上，在面对国会拒绝让步的情况下，使用行政命令已经成为奥巴马第二任期落实行动方案的重要手段。然而，当阿萨德使用化学武器后，奥巴马却把是否采取行动这个皮球踢给了国会。一年后，当奥巴马无视咨询国会意见的法定职责，释放关塔那摩监狱的囚犯时，他的政治对手指出了他对待国会的矛盾态度。[289]很显然，奥巴马选择性地与国会合作。

紧接着又召开了两小时的国安会会议。[290]会上，参谋长联席会议主席马丁·登普西向总统保证，无论何时下达命令，军队都已整装待发。不过，登普西应该已经猜到，总统不会那么快下令了。总统开始为劝说国会同意对叙利亚动武做准备。当然，这么做有超越政治的风险。奥巴马把决定权交给国会开创了先河。这样一来，在奥巴马余任内，他很难不经过国会同意就发起军事行动。总统在《战争权力法案》下本可以不经国会同意采取行动（比如在利比亚）。一些反对这种做法的人欢迎奥巴马咨询国会的新举动，因为这符合宪法规定的行政与立法分支协作的精神。但是，奥巴马创造了先例，而且是为了从各方面看都极其有限的军事行动（只持续几天、不派遣地面部队、或许只是朝有限军事目标发射 100 枚巡航导弹）。以后如果总统没有得到国会支持，想发起同样规模或者更大规模的行动将变得尤为困难。奥巴马束缚了自己，或许还束缚了继任。

美国对阿萨德行动上的犹豫不决发出了糟糕的信息。阿萨德已经杀害了 10 万民众，现在会更加肆无忌惮，能够在全国性的自我毁灭活动中使用大规模杀伤性武器。奥巴马的领导能力备受质疑。他最资深和最亲密的幕僚之一后来称此为“奥巴马外交政策记录中的最低点”。1939 年是一个历史节点，当时少于 1/3 的美国人支持干涉在欧洲的战争，83% 的美国民众误读了希特勒和他构成的威胁。[291] 正如奥巴马自己所言，做出艰难抉择有时候意味着采取民众反对的行动。对“红线”的笨拙处理引发奥巴马亲密盟友和支持者雪崩式的质疑，他们不仅质疑奥巴马的领导力，还质疑美国未来在世界的角色。

史蒂夫·哈德利谈到了美国此刻在大中东地区立场中蕴含的更宽泛含义：“我们在做什么？我们在撤退。十年后，唯一终结的就是我们的军事干预。我们在军事上撤退后，在缺少军事力量的情况下，需要找到非军事和外交手段保护和推进我们的利益。然而，说得好却做不到，外交上我们基本也在撤退。幕后领导根本就算不上什么领导。还记得《安妮·霍尔》里的场景，伍迪·艾伦和黛安·基顿正在说话，然后你能看到字幕，知道他们真实的想法。那一刻字幕是这么说的——‘我们想离开’。面对多次违反国际法十恶不赦的行为，总统都不愿意采取对美军毫无直接风险的军事行动，不愿直接发出警告表示这种行为会立即引发后果，那么这样只会发出一则信息，美国已经靠边站了，而且可能就会待在那里。正如后续事件所证明的，这让那些长期依靠美国的盟友很焦虑，却给敌人壮了胆。”

此后奥巴马试图为叙利亚问题投票及自己的立场“辩护”，但这并没有挽救他的国际形象。[292]他在瑞典时说道：“我并没有划设红线，是世界划设了红线。”随后《华盛顿邮报》却引用了总统一年前的话：“我们对阿萨德政府以及其他组织的立场很清晰，我们的红线是，看到运输或使用大量化学武器，这将改变我的计算，改变我的等式。”[293]

这是典型的犹豫和失误。接下来的两个月中，奥巴马最坚定的支持者，甚至其国家安全团队都无法平静。但是他们宣称，奥巴马错在不行动，而没有主动犯下罪恶。他们没有发起伊拉克战争而制造灾难，也没有虐囚而违反美国原则。他们指出，权力没有被滥用，但奥巴马展现了对美国权力的不自在，他缺乏领导力，也无法为美国在这个世界确立目标。

幸运的是，就在这个看似已无法挽回的时刻，国务卿克里无意间制造了一个契机。在一次伦敦的新闻发布会上，他说，如果阿萨德不想被袭击，就必须放弃他的化学武器库。他随后补充说：“阿萨德不准备这么做，也做不到。”但这个想法的种子已经被播下，那天的晚些时候，俄罗斯外交部部长拉夫罗夫称他已经注意到克里的讲话。拉夫罗夫说，他将延续克里的讲话内容，给叙利亚提出建议，让其邀请国际核查员进入，他期待最后叙利亚能够放弃化学武器。据媒体报道，克里的回应是：“我们不会玩什么游戏。如果这是一个严肃的建议，奥巴马政府会考虑。但白宫也不会放慢脚步，将继续争取获得打击叙利亚的国会授权。”[294]

在仔细研究俄罗斯的声明之后，赖斯和奥巴马在随后的官方露面中表示，这一提议可能是“重大突破”。[295]克里与拉夫罗夫落实细节，两人同意9月12日周四下午在日内瓦见面。[296]美国称协议必须具体且现实，但他们急于获得所谓的进展。[297]他们知道俄罗斯对阿萨德有影响力。[298]而俄罗斯也认为这是一个机会，可以重塑阿萨德“有建设性作用”的形象，将负债转为资产，将辩论焦点转为对他们有胜算的论点，即阿萨德是对抗基地组织和其他极端分子的保障。[299]

接下来的是密集而细致的谈判。技术团队讨论出细节。尽管拉夫罗夫在谈判不顺利时威胁要退出，但是第二天一项框架性协议就宣布了。[300]叙利亚政府很快公开宣布，他们将遵守这一协议，白宫对这一外交胜利也深深地松了口气。[301]俄罗斯用一个经典的多边外交协议为美国解了围，这一协议也是为了销毁世界上最危险的武器库。

接下来的几个月，协议的执行过程进展缓慢。[302]到了2014年4月，叙利亚超过80%的化学武器库被销毁。同时，叙利亚人、俄罗斯人和伊朗人都实现了他们的目的。奥巴马的国家情报顾问詹姆斯·克拉珀2014年初在国会作证时承认，这一协议让阿萨德更强大。[303]2014年3月的《洛杉矶时报》也道出了相同观点，头条是“叙利亚内战进入第四年，反对派明显处颓势”。[304]

结果，阿萨德的胆子又大了起来。[305]据称，其对反对派使用了氯弹，这一类型的武器并未包含在俄罗斯与美国在叙利亚推动的协议中。尽管国际社会呼吁对此展开调查，阿萨德却在为6月初的选举做准备。[306]选举的结果当然是没有悬念的，他将轻松胜出，整个阵势虚假得可笑，结果也令人不齿。[307]他仍掌握大权。他将使自己的国家成为坟场，但在可预见的未来，他与盟友已经发出强有力的信息，回响整个中东。[308]那就是，残暴可以获胜。国际社会缺乏领导，天生避险。阿萨德和普京们总是为所欲为，违反国际法，而且只需付出极小代价。

这当然不只是美国或奥巴马政府的责任。联合国很少能发挥积极作用，各种规章和惯例刻意保持其虚弱的状态。[309]在外交政策方面，美国的欧洲盟友只有一个最松散的邦联，北约在阿富汗和利比亚行动不顺，经济问题是欧盟领导人的主要关注。[310]日本受到和平宪法束缚。[311]中国称还未做好准备发挥世界领导力。[312]其他地区大国的主要关注也在国内或地区。

阿萨德在虚伪的竞选中连任成功，在战场也收获切实进展。世界对叙利亚局势的无动于衷引发了另一个糟糕后果，这一震惊世人的后果不禁让美国回忆起在伊拉克的经历。“伊斯兰国”利用叙利亚战争之机，从一个街头团伙成长为真正拥有军队的组织，建立了类似政府的组织架构，从萨达姆解散的军队中吸纳指挥官，其残暴的名声日益响亮，并且在伊拉克攻城略地，不断向名副其实的“伊斯兰国”目标迈进。2014 年 1 月重新夺回费卢杰后，“伊斯兰国”6 月在伊拉克发起闪电战，拿下伊拉克第二大城市摩苏尔，夺取大量军事装备，从银行掠夺数亿美元，剑指巴格达。[313]当时，“伊斯兰国”不仅是世界上前所未有的最富有和最强大的恐怖组织，还有可能重新划分中东版图。美国地面部队曾浴血奋战想要稳定的地区如今掌控在基地组织分支的手下。[314]一个包含叙利亚和伊拉克部分领土的伊斯兰国家正成为现实。或者，该区域也有可能成为一个巨大的失败国家，如同中东的中央出现一个倒下的索马里，其与毗邻的约旦拥有漫长的国界线，威胁地区稳定的可能性远超以往。在最好情况下，可能与其对抗的力量组合将包括伊拉克、美国和其他国家，或许还能与伊朗实现某种形式的合作，将与规模庞大、手段残忍、装备精良的敌人展开持久战，而敌人对赢得控制伊拉克逊尼派的投入远超过这一力量组合。

这是一场噩梦。这引发了大家对美国及其盟友在叙利亚无所作为的怀疑，如果数年前就采取行动的话，遏制或消除“伊斯兰国”的成本可能会更低。[315]大家还在争论美国是否应当把所有部队都撤出伊拉克，这么做是否加速了局势恶化。奥巴马在六月中旬向媒体表示，将部队全部撤出伊拉克不是他做出的决定，而是伊拉克人的决定，因为他们在他刚上任时拒绝签署新的《驻军地位协定》。[316]正如之前奥巴马试图证明是世界而不是他为叙利亚划设红线时一样，《华盛顿邮报》在24小时内刊发了一篇文章，指出奥巴马2008年大选与对手米特·罗姆尼辩论时，实际上曾因为做出把军队全部撤出伊拉克的决定而居功自傲。[317]在美国地区政策受到质疑的时候，这种失言行为无助于解决问题。这证明了观点文字之类的细节会对公众看法以及总统信誉产生巨大影响。伊拉克人确实拒绝签署《驻军地位协定》，但总统确实也想顺水推舟，而他却回避了重点。[318]"他想撤出，"2008年大选后总统的一位国家安全顾问表示。[319]

"伊斯兰国"不仅拿下费卢杰和摩苏尔等大城市，还控制了叙利亚和伊拉克北部及中部大部分领土，这时候奥巴马才开始采取行动。他改变心意的理由是为了解救成千上万困在山上的雅兹迪人以及保护美国人员。[320]但是当大部分雅兹迪人找到安全的藏身之处，大部分美国人员也不再遭受威胁后，美国继续以空袭的方式打击"伊斯兰国"。[321]撰写本书之时，尚不能得知美国的打击任务会持续多久。但有一点清楚无疑：一方面，奥巴马的行动是应对"伊斯兰国"日益增长的威胁；另一方面，大家越发认为美国撤出该地区造成的危险难以忽视，奥巴马这么做也是对这种看法的回应。

奥巴马当选是要带领美国撤出伊拉克，但现在似乎又回去了，导致这一后果的部分原因至少是他撤得太迅速、太彻底。这种局势与小布什留下的地区烂摊子很有关系，而奥巴马想要妥善处理。没有哪里能比这个地区更能说明美国恐惧时代的极端表现——在"9·11"事件后担心过度反应，担心过度扩张，随后不断地自我质疑，想要规避风险。一个错误引发另一个错误，美国及其盟友的利益蒙受损失。20

年前，世界的两极格局困扰地区数百万人，如今，这个在干涉和放手"两级"间摇摆的超级大国同样让人苦恼。

现在的问题是，从一个极端摆向另一个极端会不会达到更有意义的平衡，美国刚刚经历的恐惧时代是不是已经走向终结。有一些鼓舞人心的信号出现。未来的时代需要新形式的美国领导力，而在适应这种新领导力的过程中也存在严峻挑战。

## 注　释

1. Kareem Fahim, "Slap to a Man's Pride Set Off Tumult in Tunisia," *The New York Times*, January 21, 2011.
2. 同上。
3. David D. Kirkpatrick, "Tunisia Leader Flees and Prime Minister Claims Power," *The New York Times*, January 14, 2011.
4. "Let them eat baklava."
5. Brad Plumer, "Drought Helped Cause Syria's War. Will Climate Change Bring More Like It?" *The Washington Post*, September 10, 2013.
6. Stuart Levey, "Corruption and the Arab Spring," *CNN*, June 20, 2011.
7. Blake Hounshell, "The Revolution Will Be Twittered," *Foreign Policy*, June 20, 2011.
8. Jared Keller, "Evaluating Iran's Twitter Revolution," *The Atlantic*, June 18, 2010.
9. Ian Johnson, "Call for a 'Jasmine Revolution' in China Persist," *The New York Times*, February 23, 2011.
10. Leila Fadel and Liz Sly, "Overthrow Delivers a Jolt to Arab Region," *The Washington Post*, January 16, 2011.
11. Indyk et al, Bending History, 144.
12. 根据与奥巴马政府高级官员的采访内容。
13. Hillary Rodham Clinton interview with Taher Barake (of Al Aarabiya), January 11, 2011.
14. Mark Landler, "Clinton Bluntly Presses Arab Leaders on Reform," *The New York Times*, January 13, 2011.
15. 同上。
16. Clinton, *Hard Choices*, 339.
17. David D. Kirkpatrick, "Mubarak Orders Crackdown, with Revolt Sweeping Egypt," *The New York Times*, January 28, 2011.
18. 同上。
19. "Timeline: Egypt's revolution," *Al Jazeera*, February 14, 2011.

20. 同上。
21. Yasmine Saleh and Dina Zayed, "Highlights: Egyptian President Hosni Mubarak's Speech," *Reuters*, January 29, 2011.
22. David D. Kirkpatrick, "Mubarak Orders Crackdown, with Revolt Sweeping Egypt," *The New York Times*, January 28, 2011.
23. "US Urges Restraint in Egypt, Says Government Stable," *Reuters*, January 25, 2011.
24. Office of the White House Press Secretary, "Remarks by the President in State of Union Address," *White House Press Release* (January 25, 2011) .
25. "Biden: Mubarak Is Not a Dictator, but People Have a Right to Protest," *PBS NewsHour*, January 27, 2011.
26. 同上。
27. 同上。
28. Office of the White House Press Secretary, "Remarks by the President on the Situation in Egypt," *White House Press Release* (January 28, 2011) .
29. Office of the White House Press Secretary, "Press Briefing by Press Secretary Robert Gibbs, 1/28/2011," *White House Press Release* (January 28, 2011).
30. Clinton, *Hard Choices*, 340 – 341.
31. 同上。
32. David D. Kirkpatrick and David E. Sanger, "A Tunisian – Egyptian Link That Shook Arab History," *The New York Times*, February 13, 2011.
33. Office of the White House Press Secretary, "Remarks by the President on the Situation in Egypt," *White House Press Release* (January 28, 2011) .
34. David E. Sanger and Helene Cooper, "Obama Presses for Change but Not a New Face at the Top," *The New York Times*, January 29, 2011.
35. 同上。
36. 根据与奥巴马政府高级官员的采访内容。
37. 根据与奥巴马政府高级官员的采访内容。
38. Sanger and Cooper, "Obama Presses for Change."
39. Mark Landler, "U. S. Official with Egypt Ties to Meet with Mubarak," *The New York Times*, January 31, 2011.
40. 同上。
41. Helene Cooper and Robert F. Wolf, "In Arab Spring, Obama Finds a Sharp Test," *The New York Times*, September 24, 2012.
42. Cooper and Wolf, "Obama Finds a Sharp Test."
43. "Text—President Mubarak's Speech After Mass Protest," *Reuters*, February 1, 2011.
44. Cooper and Wolf, "Obama Finds a Sharp Test."
45. 同上。
46. 同上。
47. Mann, *Obamians*, 263.
48. 同上。
49. Lizza, "Consequentialist."
50. Stephen Adler, "Exclusive: Egypt's Sisi Asks for U. S. Help in Fighting Terrorism," *Reuters*, May 15, 2014; Neil MacFarquhar, "Assad Condemns Houla Massacre,

Blaming Terrorists," *The New York Times*, June 3, 2012.

51. Office of the White House Press Secretary, "Remarks by the President on the Situation in Egypt," *White House Press Release* (February 1, 2011).
52. Scott Wilson, "Mubarak Resignation Creates Political Vacuum for U. S. in Middle East," *The Washington Post*, February 12, 2011.
53. Wilson, "Mubarak Resignation Creates Political Vacuum."
54. Mann, *Obamians*, 264.
55. Jake Tapper, David Kerley, and Kirit Radia, "Obama Administration Distances Self from Own Envoy to Mubarak," *ABC News*, February 5, 2011.
56. 同上。
57. Mann, *Obamians*, 266.
58. 同上。
59. 同上。
60. 同上。
61. 同上。
62. Office of the White House Press Secretary, "Statement of President Barack Obama on Egypt," *White House Press Release* (February 10, 2011).
63. David D. Kirkpatrick, "Egypt Erupts in Jubilation as Mubarak Steps Down," *The New York Times*, February 11, 2011.
64. Mark Landler and Helene Cooper, "Allies Press U. S. to Go Slow on Egypt," *The New York Times*, February 8, 2011.
65. 同上。
66. Indyk, Bending History, 150; Massoud A. Derhally, "Jordan's King Abdullah Seeks Rapid Change from New Government Amid Protest," *Bloomberg*, February 21, 2011.
67. Scott Wilson, "Obama Administration Studies Recent Revolutions for Lessons Applicable in Egypt," *The Washington Post*, February 13, 2011.
68. 同上。
69. Mann, *Obamians*, 270.
70. 同上。
71. David Ignatius, "Tom Donilon's Arab Spring Challenge," *The Washington Post*, April 26, 2011.
72. Laura Kasinof and David E. Sanger, "U. S. Shifts to Seek Removal of Yemen's Leader, an Ally," *The New York Times*, April 3, 2011; Colum Lynch, "Security Council Passes Resolution Authorizing Military Intervention in Libya," *Foreign Policy*, March 17, 2011; Ethan Bronner and Michael Slackman, "Saudi Troops Enter Bahrain to Help Put Down Unrest," *The New York Times*, March 14, 2011; Thomas Grove and Erika Solomon, "Russia Boosts Arms Sales to Syria Despite World Pressure," *Reuters*, February 21, 2012; Sharp, "Egypt: Background and U. S. Relations."
73. Mann, Obamians, 271.
74. David Ignatius, "U. S. and Turkey Find a Relationship That Works," *The Washington Post*, December 7, 2011.
75. "Turkish Politics: No Longer a Shining Example," *The Economist*, January 4, 2014.
76. Office of the White House Press Secretary, "Statement of President Barack Obama on

the Violence in Yemen," *White House Press Release* (March 18, 2011).

77. Laura Kasinof and David E. Sanger, "U. S. Shifts to Seek Removal of Yemen's Leader, an Ally," *The New York Times*, April 3, 2011.
78. Kasinof and Sanger, "U. S. Shifts to Seek Removal."
79. Tom Finn, "The Specter of Civil War Grows in Yemen as Saleh Backs Out of Peace Deal," *Time*, May 23, 2011.
80. Jeremy M. Sharp, "Yemen: Background and U. S. Relations," Congressional Research Service, November 1, 2012, 4 – 5.
81. Ethan Bronner and Michael Slackman, "Saudi Troops Enter Bahrain to Help Put Down Unrest," *The New York Times*, March 14, 2011.
82. Kenneth Katzman, "Bahrain: Reform, Security, and U. S. Policy," Congressional Research Service, March 24, 2014, 11 – 12.
83. Joby Warrick and Michael Birnbaum, "As Bahrain Stifles Protest Movement, U. S. 's Muted Objections Draw Criticism," *The Washington Post*, April 14, 2011; Office of the White House Press Secretary, "Press Conference by the President," *White House Press Release* (February 15, 2011).
84. 同上。
85. Mark Landler, "Unrest in Bahrain Presents Diplomatic Puzzle for Obama," *The New York Times*, February 17, 2011; Elisabeth Bumiller, "Gates Tells Bahrain's King That 'Baby Steps' to Reform Aren' t Enough," *The New York Times*, March 12, 2011.
86. Landler, "Bahrain Presents Diplomatic Puzzle."
87. Office of the White House Press Secretary, "Statement by the President on Violence in Bahrain, Libya and Yemen," *White House Press Release* (February 18, 2011).
88. Warrick and Birnbaum, "As Bahrain Stifles Protest Movement."
89. Elisabeth Bumiller, "Defense Chief Is on Mission to Mend Saudi Relations," *The New York Times*, April 6, 2011; Mark Halperin, "Donilon Returns from Saudi Arabia," *Time*, October 1, 2011.
90. 根据与海湾国家政府官员的采访内容。
91. Neil MacFarquhar, "An Erratic Leader, Brutal and Defiant to the End," *The New York Times*, October 20, 2011.
92. Michael Elliott, "Viewpoint: How Libya Became a French and British War," *Time*, March 19, 2011.
93. Lizza, "Consequentialist."
94. Ian Black, "Libya's Day of Rage Met by Bullets and Loyalists," *The Guardian*, February 17, 2011.
95. "'Day of Rage' Kicks Off in Libya," *Al Jazeera*, February 17, 2011.
96. Marc Lynch, *The Arab Uprising: The Unfinished Revolutions of the New Middle East* (New York: PublicAffairs, 2012), 168.
97. Kareem Fahim and David D. Kirkpatrick, "Qaddafi's Grip on the Capital Tightens as Revolt Grows," *The New York Times*, February 22, 2011.
98. Leila Fadel and Liz Sly, "Gaddafi Foes Consider Requesting Foreign Airstrikes as Stalemate Continues," *The Washington Post*, March 1, 2011.
99. Chris McGreal, "Gaddafi's Army Will Kill Half a Million, Warn Libyan Rebels," *The*

*Guardian*, March 12, 2011.

100. "Rights Group Says 6000 Dead in Libya," *The Australian*, March 3, 2011.
101. Laura Rozen, "Averting 'Srebrenica on Steroids': White House Defends Libya Operations," *Yahoo! News*, March 23, 2011.
102. 同上。
103. Office of the White House Press Secretary, "Press Briefing by Press Secretary Jay Carney, 2/23/2011," *White House Press Release* (February 23, 2011).
104. 根据与奥巴马政府高级官员的采访内容。
105. McGreal, "Gaddafi's Army Will Kill Half a Million."
106. 同上。
107. "Relying on Libya," *The Economist*, February 25, 2011.
108. Rachel Donadio, "Fears About Immigrants Deepen Divisions in Europe," *The New York Times*, April 12, 2011.
109. Rachel Donadio, "American Ferry from Libya Arrives in Malta," *The New York Times*, February 25, 2011.
110. William Branigin, "U. S. Closes Embassy in Tripoli, Prepares Sanctions," *The Washington Post*, February 25, 2011.
111. 同上。
112. McGreal, "Gaddafi's Army Will Kill Half a Million."
113. Mann, *Obamians*, 290.
114. 同上。
115. 同上。
116. 同上。
117. Helene Cooper and Mark Landler, "U. S. Imposes Sanctions on Libya in Wake of Crackdown," *The New York Times*, February 25, 2011.
118. Michael Hastings, "Inside Obama's War Room," *Rolling Stone*, October 13, 2011.
119. 同上。
120. Josh Rogin, "How Obama Turned on a Dime Toward War," *Foreign Policy*, March 18, 2011; Hastings, "Obama's War Room"; Samantha Power, *A Problem from Hell: America and the Age of Genocide* (New York: Basic Books, 2002).
121. Rogin, "How Obama Turned on a Dime."
122. 同上。
123. Michael Lewis, "Obama's Way," *Vanity Fair*, October 5, 2012.
124. 同上。
125. 同上。
126. 同上。
127. 根据与奥巴马政府高级官员的采访内容。
128. Hastings, "Obama's War Room."
129. 同上。
130. Lewis, "Obama's Way."
131. 同上。
132. Hastings, "Obama's War Room."
133. 同上。

134. 同上。
135. 同上。
136. 同上。
137. Lewis, "Obama's Way."
138. Lynch, *The Arab Uprising*, 170 - 171.
139. Massimo Calabresi, "Hillary Clinton and the Rise of Smart Power," *Time*, November 7, 2011.
140. Lizza, "Consequentialist."
141. Julia Ioffe, "Susan Rice Isn' t Goin Quietly," *The New Republic*, December 20, 2012.
142. 同上。
143. Colum Lynch, "Security Council Passes Resolution Authorizing Military Intervention in Libya," *Foreign Policy*, March 17, 2011.
144. 同上。
145. Indyk et al, *Bending History*, 163.
146. Jeremiah Gertlet, "Operation Odyssey Dawn (Libya): Background and Issues for Congress," Congressional Research Service, March 30, 2011; Mark Landler and Steven Erlanger, "Obama Seeks to Unify Allies as More Airstrikes Rock Tripoli," *The New York Times*, March 22, 2011.
147. Ivo H. Daalder and James G. Stavridis, "NATO's Victory in Libya," *Foreign Affairs*, March/April 2012.
148. Landler and Erlanger, "Obama Seeks to Unify Allies."
149. 根据与前美国国防部高级官员的采访内容。
150. Lindsay Benstead, Alexander Kjaerum, Ellen Lust, and Jakob Wichmann, "Libya's Security Dilemma," *The Washington Post*, April 7, 2014.
151. 同上。
152. "Is There an Obama Doctrine?" *The New York Times*, March 29, 2011.
153. Lizza, "Consequentialist."
154. David Remnick, "Behind the Curtain," *The New Yorker*, September 5, 2011.
155. 根据与前美国国防部高级官员的采访内容。
156. "Interview With Syrian President Bashar al - Assad," *The Wall Street Journal*, January 31, 2011.
157. 同上。
158. Lynch, *The Arab Uprising*, 179 - 180.
159. Indyk et al, *Bending History*, 170.
160. 同上。
161. 同上。
162. Rania Abouzeid, "With Syria on the Brink, Assad Promises Reform," *Time*, March 24, 2011.
163. Anonymous Syrian writer in Homs, "Syria: Fear and Defiance in Homs," *The New Yorker*, June 1, 2011.
164. Khaled Yacoub Oweis, "Almost 90 dead in Syria's bloodiest day of unrest," *Reuters*, April 22, 2011.

165. Indyk et al, *Bending History*, 170 - 171.
166. 同上。
167. 同上。
168. Khaled Yacoub Oweis, "Syrians Mark Bleak Ramadan After 80 Killed in Hama," *Reuters*, July 31, 2011.
169. Indyk et al, *Bending History*, 171 - 172.
170. 同上。
171. "Syria Uprising: UN Says Protest Death Toll Hits 3, 000," *BBC News*, October 14, 2011.
172. Wilson, "Obama Administration Studies Recent Revolutions for Lessons Applicable in Egypt."
173. Brett Stephens, "Remember Bashar Assad, 'Reformer'?" *The Wall Street Journal*, July 23, 2012.
174. Glenn Kessler, "Hillary Clinton's Uncredible Statement on Syria," *The Washington Post*, April 4, 2011.
175. David W. Lesch, *Syria: The Fall of the House of Assad* (New Haven, CT: Yale University Press, 2012), 152.
176. Office of the White House Press Secretary, "Executive Order 13572—Blocking Property of Certain Persons with Respect to Human Rights Abuses in Syria," *White House Press Release* (April 29, 2011).
177. Lesch, *The Fall of the House of Assad*, 152.
178. Mark Landler and David E. Sanger, " White House, in Shift, Turns Against Syria Leader," *The New York Times*, July 12, 2011.
179. 同上。
180. Office of the White House Press Secretary, "Statement by President Obama on the Situation in Syria," *White House Press Release* (August 18, 2011).
181. David Ignatius, "By Suspending Syria, Arab League Finally Breaks from Its Past," *The Washington Post*, November 13, 2011.
182. Thomas Grove and Erika Solomon, "Russia Boosts Arms Sales to Syria Despite World Pressure," *Reuters*, February 21, 2012.
183. Michelle Nichols and Louis Charbonneau, "Russia, China Veto U. N. Bid to Refer Syria to International Court," *Reuters*, May 23, 2014.
184. "Statement of Robert Ford, Ambassador to the Syrian Arab Republic Before the Senate Committee on Foreign Relations," August 2, 2010, http://www.foreign.senate.gov/imo/media/doc/Ford_Testimony2.pdf; Sanger, *Confront and Conceal*, 361; Clinton, *Hard Choices*, 450 - 455.
185. Dexter Filkins, "The Thin Red Line: Inside the White House Debate over Syria," *The New Yorker*, May 13, 2013.
186. 同上。
187. 同上。
188. David D. Kirkpatrick and Steven Lee Myers, "Libya Attack Brings Challenges for U. S.," *The New York Times*, September 12, 2012; Anthony Shadid, "Libya Struggles to Curb Militias as Chaos Grows," *The New York Times*, February 8,

2012.

189. Office of the White House Press Secretary, "Press Conference by the President," *White House Office Press Release* (March 6, 2012).

190. Franklin Foer and Chris Hughes, "Barack Obama Is Not Pleased: The President on His Enemies, the Media, and the Future of Football," *The New Republic*, January 27, 2013.

191. Office of the White House Press Secretary, "Remarks by President Obama and President Benigno Aquino III of the Philippines in Joint Press Conference," *White House Press Release* (April 28, 2014).

192. 同上。

193. 同上。

194. David Rothkopf, "Obama's 'Don't Do Stupid Shit' Foreign Policy," *Foreign Policy*, June 4, 2014.

195. 同上。

196. 根据与奥巴马政府高级官员的采访内容。

197. 同上。

198. Robin Pomeroy, "Analysis: Iran Sees Ally Syria Surrounded by U. S., Arab 'Wolves,'" *Reuters*, August 15, 2011.

199. Filkins, "The Thin Red Line."

200. James Ball, "Obama Issues Syria a 'Red Line' Warning on Chemical Weapons," *The Washington Post*, August 20, 2012.

201. Peter Baker, Mark Landler, David E. Sanger, and Anne Barnard, "Off-the-Cuff Obama Line Put U. S. in Bind on Syria," *The New York Times*, May 4, 2013.

202. 同上。

203. Michael R. Gordon and Mark Landler, "Backstage Glimpses of Clinton as Dogged Diplomat, Win or Lose," *The New York Times*, February 7, 2013; Clinton, Hard Choices, 462-464.

204. Michael R. Gordon and Mark Landler, "Senate Hearing Draws Out a Rift in U. S. Policy on Syria," *The New York Times*, April 10, 2013; Michael R. Gordon and Mark Landler, "More U. S. Help for Syrian Rebels Would Hinge on Pledges," *The New York Times*, April 19, 2013.

205. Adam Entous, "Legal Fears Slowed Aid to Syrian Rebels," *The Wall Street Journal*, July 14, 2013.

206. Filkins, "The Thin Red Line."

207. 同上。

208. 根据与海湾国家政府高级官员的采访内容。

209. Filkins, "The Thin Red Line."

210. 同上。

211. 同上。

212. Filkins, "The Thin Red Line"; Michael R. Gordon, "Top Obama Officials Differ on Syrian Rebels in Testimony to Congress," *The New York Times*, April 17, 2013.

213. Filkins, "The Thin Red Line."

214. 根据与美国国务院高级官员的采访内容。

215. Filkins, "The Thin Red Line."
216. 同上。
217. Mark Landler, "Rice to Replace Donilon in the Top National Security Post," *The New York Times*, June 5, 2013.
218. Jeremy M. Sharp, "Egypt: Background and U. S. Relations," Congressional Research Service, January 10, 2014.
219. Helene Cooper, "Converging Interests May Lead to Cooperation Between Israel and Gulf States," *The New York Times*, March 31, 2014; Marcus Geore and Isabel Coles, "Egypt's Mohamed Morsi Wants to Renew Ties with Iran," *The Christian Science Monitor*, June 25, 2012; Bruce Riedel, "Saudi Arabia Cheers Coup in Egypt," The Daily Beast, July 7, 2013.
220. Jonathan Marcus, "Egypt's Political Unrest Causes Regional Concern," *BBC News*, July 8, 2013.
221. Hassan Hassan, "How the Muslim Brotherhood Hijacked Syria's Revolution," *Foreign Policy*, March 13, 2013.
222. Sharp, "Egypt: Background and U. S. Relations."
223. 根据与海湾国家政府高级官员的采访内容。
224. 根据与拉美国家政府官员的采访内容。
225. Abigail Hauslohner, "Tension Roils Egypt as Protests Grow," *The Washington Post*, June 30, 2013.
226. Patrick Kingsley, "Protesters Across Egypt Call for Mohamed Morsi to Go," *The Guardian*, June 30, 2013.
227. Anup Kaphle, "Timeline: Egypt's Rocky Revolution," *The Washington Post*, August 19, 2013.
228. Mark Landler, "Obama's Choices Reflect Change in Foreign Tone," *The New York Times*, June 5, 2013.
229. David Rothkopf, "Donilon's Legacy," *Foreign Policy*, June 5, 2013.
230. 同上。
231. 根据与奥巴马政府高级行政官员的采访内容。
232. 根据与奥巴马政府高级官员的采访内容。
233. Office of the White House Press Secretary, "Statement by President Barack Obama on Egypt," *White House Press Release* (July 3, 2013).
234. Mark Landler, "Rice Offers a More Modest Strategy for Mideast," *The New York Times*, October 26, 2013.
235. 同上。
236. David Rothkopf, "Egypt and the C – Word," *Foreign Policy*, July 3, 2013.
237. Hamza Hendawi, "Egypt's Army Ousts Morsi, Who Calls It a Coup," *The Associated Press*, July 4, 2013.
238. Sarah El Deeb, "American Diplomat: US Not Backing a Side in Egypt," *The Associated Press*, July 15, 2013.
239. Bradley Klapper, "Obama Administration Won't Use 'Coup' for Egypt," *The Associated Press*, July 25, 2013.
240. Sharp, "Egypt: Background and U. S. Relations."

241. Sharp, "Egypt: Background and U. S. Relations."
242. Martin Chulov, "How the Middle East and US Have Reacted to Egypt's Post - Morsi Regime," *The Guardian*, July 29, 2013.
243. 同上。
244. Sharp, "Egypt: Background and U. S. Relations."
245. Chulov, "How the Middle East and US Have Reacted."
246. Josh Rogin, "Exclusive: John Kerry Defies the White House on Egypt Policy," *The Daily Beast*, November 18, 2013.
247. Shadi Hamid, "Hey General, It's Me, Chuck. Again," *Politico*, January 12, 2014.
248. Rogin, "Kerry Defies the White House on Egypt."
249. 同上。
250. 根据与中东政府高级官员的采访内容。
251. 根据与美国国务院高级官员的采访内容。
252. 同上。
253. Ben Hubbard and Hwaida Saad, "Images of Death in Syria, but No Proof of Chemical Attack," *The New York Times*, August 22, 2013.
254. 同上。
255. Masuma Ahuja, "A partial list of Syria's suspected chemical weapons attacks this year," *The Washington Post*, August 21, 2013.
256. 同上。
257. Hubbard and Saad, "Images of Death in Syria"; Lee Keath and Zeina Karam, "Syrian Official Blames Rebels for Deadly Attack," *The Associated Press*, August 22, 2013; Holly Yan, "Syria Allies: Why Russia, Iran and China Are Standing by the Regime," *CNN*, August 29, 2013.
258. Noah Rayman, "U. N. Inspectors in Syria Delay Second Trip," *Time*, August 27, 2013.
259. Mark Landler, Mark Mazzetti, and Alissa J. Rubin, "Obama Officials Weigh Reponses to Syria Assault," *The New York Times*, August 22, 2013.
260. Sarah El Deeb, "Activists Say Death Toll in Syria Now Tops 100, 000," *The Associated Press*, June 26, 2013; Erin Banco, "U. N. Reports Increased Number of Displaced People," *The New York Times*, June 18, 2013.
261. Landler et al. , "Officials Weigh Responses to Syria."
262. 同上。
263. 同上。
264. Adam Entous and Carol E. Lee, "At the Last Minute, Obama Alone Made Call to Seek Congressional Approval," *The Wall Street Journal*, September 1, 2013.
265. Adam Entous and Carol E. Lee, "At the Last Minute, Obama Alone Made Call to Seek Congressional Approval," *The Wall Street Journal*, September 1, 2013.
266. Michael R. Gordon and Mark Landler, "Kerry Cites Clear Evidence of Chemical Weapon Use in Syria," *The New York Times*, August 26, 2013.
267. Office of the White House Press Secretary, "Government Assessment of the Syrian Government's Use of Chemical Weapons on August 21, 2013," *White House Press Release* (August 30, 2013) .

268. Peter Baker and Michael R. Gordon, "Kerry Becomes Chief Advocate for U. S. Attack," *The New York Times*, August 30, 2014.
269. Washington Post Staff, "Full Transcript: Secretary of State John Kerry's Remarks on Syria on Aug. 30," *The Washington Post*, August 30, 2013.
270. 同上。
271. Baker and Gordon, "Kerry Becomes Chief Advocate."
272. 同上。
273. Entous and Lee, "Obama Alone Made Call."
274. Julian Barnes, "Navy Moves Ships as U. S. Preps for 'All Contingencies,'" *The Wall Street Journal*, August 23, 2013.
275. Mark Mazzetti and Michael R. Gordon, "Support Slipping, U. S. Defends Plan for Syria Attack," *The New York Times*, August 30, 2013.
276. Hugo Dixon, "Cameron, UK Hurt by Syria Vote Fiasco," *Reuters*, August 30, 2013.
277. David E. Sanger, "After British Vote, Unusual Isolation for U. S. on Syria," *The New York Times*, August 30, 2013.
278. Rebekah Metzler, "Britain Out, France in for Looming U. S. Strike in Syria," *U. S. News and World Report*, August 30, 2013.
279. David D. Kirkpatrick and Mark Landler, "Arab League Stance Muddies U. S. Case," *The New York Times*, August 27, 2013.
280. Alexei Anuishchuk, "Russia Warns Against Military Intervention in Syria," *Reuters*, August 26, 2013.
281. "The White House Walk - and - Talk That Changed Obama's Mind on Syria," *NBC News*, August 31, 2013.
282. Scott Wilson, "Syria Debate in Oval Office Focused on Whether to Put a Military Strike Before Congress," *The Washington Post*, August 31, 2013.
283. "White House Walk - and - Talk."
284. Entous and Lee, "Obama Alone Made Call."
285. "White House Walk - and - Talk."
286. Julie Pace, "In First Major Test, Obama Overrules New Team," *The Associated Press*, September 2, 2013.
287. Entous and Lee, "Obama Alone Made Call."
288. Office of the White House Press Secretary, "Statement by the President on Syria," *White House Press Release* (August 31, 2013).
289. Tim Mak, "Obama Shut Out Congress for 2 Years About Bergdahl Deal, Key Senator Says," *The Daily Beast*, June 3, 2014.
290. Entous and Lee, "Obama Alone Made Call."
291. Ole R. Holsti, *Public Opinion and American Foreign Policy* (Ann Arbor, MI: The University of Michigan Press, 1996), 14 - 15.
292. Tom Cohen, "Obama: It's the World's 'Red Line' on Syria; Senate Panel Backs Military Strike Plan," *CNN*, September 4, 2013.
293. Glenn Kessler, "President Obama and the 'Red Line' on Syria's Chemical Weapons," *The Washington Post*, September 6, 2013.

294. Peter Baker and Michael R. Gordon, "An Unlikely Evolution, from Casual Proposal to Possible Resolution," *The New York Times*, September 10, 2013.
295. Michael D. Shear, Michael R. Gordon, and Steven Lee Myers, "Obama Backs Idea for Syria to Cede Control of Arms," *The New York Times*, September 9, 2013.
296. Baker and Gordon, "From Casual Proposal to Possible Resolution."
297. Shear et al., "Obama Backs Idea for Syria."
298. Major Garrett, "Why Russia Is Now in Control of the Syria Situation," *The Atlantic*, September 11, 2013; Simon Shuster, "Taking Lead in Syria Talks, Russia Works to Preserve Assad Regime," *Time*, September 12, 2013; Rick Ungar, "Putin Offers Surprise Plan for International Control of Syrian Chemical Weapons—Moves to Steal Obama's Thunder?" *Forbes*, September 9, 2013.
299. Garrett, "Why Russia Is Now in Control"; Dominic Evans, "Chemical weapons deal wins time for Syria's Assad but at a cost," *Reuters*, September 16, 2013; Shuster, "Taking Lead in Syria Talks, Russia Works to Preserve Assad."
300. Karen DeYoung, "How the United States, Russia Arrived at a Deal on Syria's Chemical Weapons," *The Washington Post*, September 16, 2013.
301. Anne Gearan and Scott Wilson, "U. S., Russia Reach Agreement on Seizure of Syrian Chemical Weapons Arsenal," *The Washington Post*, September 14, 2013.
302. Naftali Bendavid, "Syria Making Good Progress in Chemical Weapons Removal," *The Wall Street Journal*, April 25, 2014.
303. "Transcript: Senate Intelligence Hearing on National Security Threats."
304. Patrick J. McDonnell, "As Syria Civil War Enters Fourth Year, Rebels Are Clearly Losing," *The Los Angeles Times*, March 28, 2014.
305. Colum Lynch, "Is Assad Now Using Chlorine to Gas His Own People?" *Foreign Policy*, April 29, 2014.
306. Anne Barnard and Nick Cumming - Bruce, "Pro - Assad Areas Are Attacked in Syria, Pointing to Election Trouble," *The New York Times*, April 29, 2014; Bassem Mroue, "Syria's Bashar Assad Prepares to Run for President Despite Bloody War," *The Associated Press*, March 29, 2014; Steven Heydemann, "Assad's Hollow Mandate," *Foreign Policy*, June 2, 2014.
307. Albert Aji, "Syria's Assad Wins Presidential Vote in Landslide," *The Associated Press*, June 4, 2014.
308. Liz Sly and Ahmed Ramadan, "Syrian Election Sends Powerful Signal of Assad's Control," *The Washington Post*, June 3, 2014.
309. Colum Lynch, "Why Has the U. N. Given Assad a Free Pass on Mass Murder?" *Foreign Policy*, November 17, 2013.
310. David Alexander, "Ukraine Crisis Highlights NATO Defense Spending Problem: Hagel," *Reuters*, May 2, 2013.
311. Alexander Martin, "Abe Looks for Speedy Clearance of Japan Defense Change," *The Wall Street Journal*, June 11, 2014.
312. Anne - Marie Brady, "Chinese Foreign Policy: A New Era Dawns," *The Diplomat*, March 17, 2014.
313. Liz Sly and Ahmed Ramadan, "Insurgents Seize Iraqi City of Mosul as Security

Forces Flee," *The Washington Post*, June 10, 2014; Chelsea J. Carter, Mohammed Tawfeeq, and Hamdi Alkhshani, "In Iraq, Militants Press on Toward Baghdad," *CNN World*, June 23, 2014.

314. Rod Nordland and Alissa J. Rubin, "Iraq Insurgents Reaping Wealth as They Advance," *The New York Times*, June 20, 2014; Jeffrey Goldberg, "The New Map of the Middle East," *The Atlantic*, June 19, 2014.

315. Jason Brownlee, "Was Obama Wrong to Withdraw Troops from Iraq?" *The Washington Post*, June 26, 2014; Bill Schneider, "Obama's Impossible Choices on Iraq," *Reuters*, June 16, 2014; Jeffrey Sparshott, Michael R. Crittenden, and Kristina Peterson, "President Obama to Consult with Congressional Leaders on Iraq," *The Wall Street Journal*, June 17, 2014; Michael Tomasky, "GOP Iraq Hypocrisy Hits Overdrive," *The Daily Beast*, June 16, 2014.

316. White House Office of the Press Secretary, "Remarks by the President on the Situation in Iraq," *White House Press Release* (June 19, 2014) .

317. Scott Wilson, "President Obama Took Credit in 2012 for Withdrawing All Troops from Iraq. Today He Said Something Different," *The Washington Post*, June 19, 2014.

318. Beinart, "An Autopsy"; Khedery, "Why We Stuck with Maliki."

319. 根据与奥巴马 2008 年竞选团队顾问的采访内容。

320. White House Office of the Press Secretary, "Statement by the President," *White House Press Release* (August 7, 2014.)

321. Dan Lamothe and Karen DeYoung, "Islamic State Can't Be Beat Without Addressing Syrian Side of Border, Top General Says," *The Washington Post*, August 21, 2014.

# 第十章
# 恐惧时代终结之始

在每一次历练中，你都会得到力量、勇气和自信，你终于不再面有惧色。你可以对自己说，“我挺过了这一切。我可以对接下来的事情坦然处之”。

——埃莉诺·罗斯福

十多年来，美国认为威胁无处不在。世贸大厦和五角大楼遭袭在我们民族的心里种下危险的思想，那就是，如果一小撮和任何国家都无关的人都能对美国发起巨大的攻击和破坏，且这种破坏超过了任何一个传统敌人的能力，那我们必定是处在一个更危险的新时代。从小布什第一任期到现在的奥巴马政府都接受了这一核心假定，我们最大的恐惧是，如果这一群在阿富汗深山里的人都能伤害我们，那么任何人在任何地方也可以这样做。

如果在这个新世界，每个人在每个地方都恨美国、都拥有危险的新科技，那么每个人、每个地方都是美国潜在的威胁。尽管这听上去很不理性，因为很少人有办法、有意愿攻击美国、其盟友或其利益，但这确实让美国前所未有地扩大了行动范围，不仅是在伊拉克或阿富汗，也体现在打击极端主义分子、派遣无人机轰炸，或者创立一个不受制约的大规模监控系统上。

有些时候，几乎与此同时，我们又对自己的反应做出反应。当人们看到，在中东滥用武力成本巨大，美国国民的心态也有所变化。这引发了一种从国际舞台撤退的愿望。我们这么做了，似乎我们已经意识到，在任何地方任何时间使用武力都会引发难以接受的风险。换句话说，当我们把所有人都当作潜在敌人时，我们自己也成了敌人。

这种痉挛式的举动似乎是整个国家创伤后应激障碍的爆发，但其规律也很好理解。我们意识到，对这一种危险的新源头，我们准备不足，因而损失惨重。“9·11”事件之后，我们国家的情绪在极端中摇摆，但也发展了新的能力鉴别威胁、保护自己。在打击敌人方面，我们取得了一些胜利。我们从经济动荡中复苏过来，经济危机比国家安全的遭遇和伤痛更大地打击了我们的自信心。

结果，虽然存在一些失误，但是小布什和奥巴马政府的行动可能为恐惧时代终结的开端播下了种子。当然，仍需要一些重要的行动。美国的世界地位脆弱不稳。传统威胁转移了，新的威胁出现了。我们对自己、对未来的路都不太确定。但是，在政治噪音和极化之中，在错误行动和错误判断中，两位总统在其任期，曲曲折折、兜兜转转，终于把美国引到了现在的路上，让美国复原成为可能。美国人民很有韧性，正处于萌芽的能源革命可能会让美国自给自足、更加富裕，新一代的科技革新即将开始，这一切使美国的复兴成为可能。如果美国现代及未来的领袖能够从过去吸取教训，21 世纪的美国甚至可能会比以往更加强大，在世界上发挥更具建设性的作用。

为了实现这些目标，我们必须仔细审视美国国家安全体系的运作，如何应对这一动荡不安的时代，国安会或其成员在哪些地方犯了错，优势在哪里，需要做出哪些变革。尽管我们在一些领域取得了进展，比如在国内外反恐防卫上进步巨大，但是这一机构日益膨胀，权力向白宫集中，美国国会与政治失灵，华盛顿没有追求智力创新的氛围，关键领域缺乏专业技能。在当今世界，我们制造的问题比解决的要多得多，因此，专业技能十分重要。在这不同寻常的岁月中有很多值得借鉴和运用的经验教训，一些经验教训来自我们迅速发动的针对“9·11”事件主谋的袭击，还有这一时代最伟大的技术革命。

## 正义，还是复仇

差不多十年前，我拜访了“9·11”袭击后设立的纽约市警察局反恐部门。该部门位于布鲁克林的偏僻处，在一条不知名的街道上，那里是工业用地，四周环绕着铁丝网和涂画得乱七八糟的砖墙。

反恐中心仍然处于初创阶段，但已经配备了一排排电脑显示屏幕，一组官员和工作人员能够使用或阅读这座城市常住居民和访客的多种语言。我碰见的一个警察讲述了一个故事。他很低调，是亚裔美国人。“9·11”事件发生后，他是第一批回应无线电呼叫的警员之一。他到达世贸中心南楼后，刚想联系一个同事，建筑物就开始坍塌，只好拔腿就跑。他对我描述当时的情况：“黑暗从四面八方向我压来。”

他认为“纯粹是运气”救了他。他被送往医院，然后挺过了数月的康复治疗。他失去了许多朋友，但是每时每刻都想回到自己的工作岗位。我认识他时，他的新工作是防止再发生类似的灾难。他说起自己的处境时很淡定，描述自己的工作时也很冷静，他的任务是找出潜在的恐怖分子，将可能的阴谋扼杀在摇篮中。在他泰然自若的表情和眼神下，毫无疑问的是他对自己目标的那份坚定。我不知道他是不是有复仇的渴望。但他坚信不疑的是，不能让任何人再经历他和朋友、同事在那个夏末上午遭遇的事件。虽然世贸中心袭击事件通过最难以想象的直接和恐怖方式对他造成创伤，但是他的反应与美国政府的反应截然不同。他承受了打击，逐渐恢复，镇定自若，重新确立保护城市的目标。他没有四处出击。他接受了自认为有效的方式——在冷静镇定、井然有序、时刻警惕、英勇无畏的纽约警察局工作。

双子塔倒塌后，各种混杂的感情四散喷发，如同当时弥漫在曼哈顿下城的黑色烟雾威胁和追赶逃散的群众一般。在这种情况下，那位警官的反应似乎算得上奇迹了。因为有太多的愤怒和悲伤，太多的震惊与失去，而且还出现了前所未有的、糟糕的脆弱感。

“9・11”几天之后，乔治・W. 布什拜访了受害者的家人，前往了双子塔曾经矗立的地方，现在那里满目疮痍，只剩下扭曲的金属。小布什心如刀割，能够体会民众的心情。[1]按照华盛顿不值一文的衡量标准看，他的支持率因此达到了此后无法逾越的高度。[2]但是随着华盛顿每一次决策讨论和关于如何回应恐怖袭击的辩论，应有的回应方式遭到扭曲。政治场合的虚夸言辞、自私自利、怂恿迁就和机会主义削弱了真实感受。原本纯粹的内心恐惧转变为确保支持或者塑造政治立场。当初所有人都由衷地想对骇人事件做出回应，但很快不同个人和政治派系的不同议程就成为主导白宫会议室的大戏。每召开一次会议，这些人就离他们的初衷又远一步。接下来发生的事情折射出这样一个事实，一个毫无经验的总统身处决策顶端，政策辩论强化了不同意见，而一些意见则通过后门渠道占据了上风。由于难以理解有远见的机制所提出的警告，这些参与决策的人只能对危机被动做出反应。结果就是，他们首先对阿富汗采取了任何总统都会做的措施，但随后又把注意力转向了毫无关联的伊拉克，损耗了美国在第一个任务中投入的资源；在国家情报总监和国土安全部构建毫无必要的超级官僚结构；借着《爱国者法案》在关塔那摩和阿布格莱布监狱做出违背各项权利、法律和标准的举动。

如果不想政治偏见妨碍决策，就需要有纪律。纪律是必要的。回应是否得当？优先资源是否得到了合理配置？他们是否产生了最优结果？是否触发了意想不到的后果？很多情况下答案都令人不安。但是人们也在慢慢吸取教训，逐渐取得了一些重要进展。

然而，无论政策过程有多少缺陷、曲折、胜利或是失败，我们仍无法忘记这一新时代的开始。这解释了为什么小布什政府争议最少的行动就是搜寻本·拉丹、摧毁基地组织。这也解释了为什么奥巴马就任后第一次接受情报部门汇报时，他紧追汇报者不放的问题就是本·拉丹的下落。[3]

"'9·11'事件发生的当天，约翰·布伦南就在中情局。此后的几天、几周、几个月，他都在那里。"他亲眼看到了这一新威胁本质的不确定性："当时出现了大量关于基地组织拥有大规模杀伤性武器的报道……很难分辨这到底是真是假。你知道，当时他们还在积极策划袭击美国西海岸。"

但是几年之后这种威胁感稳定了下来，布伦南认为就是这时小布什政府犯了错。他们没有回调所有的措辞，没有规范政府对威胁的应急机制："很多人批评上届政府在'9·11'事件之后的反应。但是头两年我们真的不清楚是否要去面对这个关乎生存的问题。如果我对上届政府有任何批评的话，那也是因为当他们对威胁有所了解之后没有回调一些行动，国会以及其他相关机构没有采取适当措施让所有项目更有法律、政策依据。"简而言之，他们让"9·11"事件引发的恐惧、不安、不确定延续了很长时间——不仅是在公共舆论，也在政府内部的辩论中。"9·11"事件的后续反应让一种行为逻辑占了绝对上风，那就是任何统治之道都可以被扔一边，为了抓住美国的敌人可以不择手段。这影响到了每一个政府部门。

## 矛之尖头

然而，“9·11”事件之后的首要任务、小布什团队最本能的冲动，就是要抓到这些恐怖分子，实际上行动方式很像后来奥巴马团队所谓的“轻脚印”战略。拉姆斯菲尔德这样为“非传统战争”辩护：“在21世纪……敌人不是当地群众，而是隐藏于当地群众之中，生活、训练、战斗的恐怖分子。”[4]早在其参加国防部部长职位的面试时，拉姆斯菲尔德就称，军队未来的重点是“灵巧、速度、部署能力强、精准、杀伤力”。[5]直到“9·11”事件发生的那天早晨，他的团队还在为四年一度的军事重点评估计划做准备，其中就包括迈克尔·威克斯。[6]20世纪80年代中情局训练阿富汗圣战游击队对付苏联红军，他是主要策划者。当然，其中一个游击队员就是本·拉丹。战争的规则被改写了。

“9·11”袭击发生不久后，小布什的国家安全团队在白宫地下掩体集合，而总统本人则被转移到内布拉斯加州奥夫特空军基地。[7]此时情报机构与国防机构开始了一项紧急任务——弄清楚基地组织和本·拉丹。早在小布什刚就任时，理查德·克拉克就已提出这项任务，而克林顿国家安全团队的成员也建议在2000年末、2001年初克林顿与小布什交接时，这项任务成为优先事务。[8]9月12日，时任中情局局长乔治·特尼特和反恐负责人科弗·布莱克向总统汇报了最高优先计划。[9]核心是“这场战争是由情报引导的，而不只是单纯的力量投射。[10]问题不是要在军事上打败敌人，而是要找到敌人”。这是袭击发生后最早的一份清晰评估。在此后十年里，这一结论不断被重复，越来越受重视，而美国在面对从恐怖组织到网络攻击等威胁时，情报也越来越关键。第二天的会议里，在回答中情局能否适应其新角色时，布莱克表示：“中情局关于基地组织的工作完成时，本·拉丹与他的同伙肯定必死无疑。”[11]然而，他只说对了一半。本·拉丹本人逃了十年，最终被杀死，基地组织却仍然在快速成长、发展，其速度已经让美国情报机构难以赶上。

袭击事件发生短短四天后，总统在戴维营与高级国家安全幕僚碰面，商量对基地组织应采取何种措施。[12]当时，国防部副部长保罗·沃尔福威茨试图把伊拉克纳入针对阿富汗的讨论中，不过他和其他在场的幕僚一样，都同意情报加特种部队是近期解决恐怖威胁的良方。[13]9月17日，小布什授权中情局领导一个名为“碎石机行动”的倡议。[14]在那一天，总统下达了至今仍然保密的指令，授予中情局关押和审问罪犯的权力，而此前中情局通常受到重重监管的束缚。这种安排旨在在全球开展更快速、广泛和隐秘的行动，能够实现快速打击。考虑到美国正处于危机氛围，之前的官僚约束成了过度的负担。[15]

看到中情局被选定为矛之尖头，拉姆斯菲尔德不太高兴，于是在国防部内力推特种部队能力的建设，让其在美国特种作战司令部的支持下活动。[16]可想而知，美国特种作战司令部自然十分卖力地承担起了任务。[17]10月初，拉姆斯菲尔德给他的高级军事指挥官和政治顾问发出一份备忘录，针对他日思夜想的问题提出了清晰的看法，备忘录的名称是“军事在反恐战争中发挥什么角色?”。[18]战线不仅仅出现在美国与其新敌人之间，与往常一样，华盛顿各个官僚机构都急于在天降大任之时发挥带头作用，战火逐渐在机构间燃烧。

11月，拉姆斯菲尔德观看了在北卡罗来纳州布拉格堡的演习，开始认为或许最适合这场新战争的军事单位可能是精英荟萃的联合特种作战司令部。[19]联合特种作战司令部是美国特种作战司令部中最秘密的部门，包括美国陆军“三角洲”部队、海军海豹突击队和空军特别战术中队。联合特种作战司令部研究和情报能力出众，在其指挥下的人员都是优中选优，适合开展隐蔽战。这种作战方式是打击新恐怖主义敌人的唯一办法。最终，他们不负众望，击毙了本·拉丹。拉姆斯菲尔德帮助这个司令部走上卓越之路：美国特种作战司令部整体人员数量从2001年的33000升至2014年的66000。[20]拉姆斯菲尔德这么做的部分原因是想提升司令部的情报能力，让它不那么依赖中情局，这典型地反映出华盛顿官僚机构“抢地盘”的思想，造成了多余的开销，而没有促进必要和重要的协作。[21]

拉姆斯菲尔德继续这种做法，在国防部内创设了负责国防情报的副部长职位，并让自己最信任和最忠诚的助手史蒂夫·坎博内出任该职务。[22]国家情报总监一职的创立清楚无误地表明，情报是有效实施反恐措施的必要条件。纽约反恐部门的成立是另一个证明。[23]国家安全局的快速扩张亦是如此。接下来的十年里，美国情报能力有了史无前例的扩展，而就在几年前冷战刚刚结束时，情报机构还在质疑自己的角色和重要性。但必须承认的是，在这一系列驱动力和动向中，最核心的是对情报机构无形行动的清醒认识，这常常与美国特种部队的隐蔽行动以及逐渐兴起的无人机技术有关系，二者实际上成为打击恐怖分子的最有效方式。事实证明，规模庞大的地面战争更有可能制造新的恐怖分子，却无法消灭旧有的。美国针对“9·11”事件的回应大部分是纠结不定、紧张过度、错误频发的，但有些像我在反恐中心遇到的警官一样合理而实际。我们必须看到，即使这个体系不断演进，在某些重要方面确实也仍在发挥应有的作用。

“这个机构（中情局）是矛之尖头，”前局长迈克·海登说道，“我不能确认或否认政府没有确认或否认的事情。但是我们扮演了许多角色。我们肯定关押和审问了别人……我们做了些艺术性处理……那都是发生在袭击后的一年内。接着，当你一年后抓获了（长期关押在关塔那摩）阿布·祖巴耶达赫时，必须提高审问技巧。”接着，他表示，中情局发挥的作用越来越重要，从拓展人力情报能力到使用无人机。非传统的秘密作战能力比大规模战争能力更受青睐。

## 阿伯塔巴德

由于伊拉克战争这样的常规战争延宕不决，对本·拉丹的搜捕进行得比美国领导人设想的缓慢。沮丧心理慢慢滋长。“不要认为这一问题不会定期出现。它会的。而且人们会时不时为此而感到很愤怒，”小布什国家安全委员会一位官员透露。[24]到了 2003 年末，拉姆斯菲尔德的一份备忘录被《今日美国》披露，当中也体现了这种沮丧心情。“我们缺乏一种度量方式，来衡量我们是否已经输掉了反恐战争。”这份备忘录对最终胜利表示乐观，但准确地预测到了“这将是旷日持久的拉锯战。”[25]2004 年初，通过所谓的“基地组织”行政命令，拉姆斯菲尔德授予美国特种作战司令部“从北非到菲律宾这一弧形地区采取行动的广泛授权”。[26]所有行动都是秘密的，这一行政命令得到了国家安全总体指令 38 号的支持，制定了美国特种作战司令部的任务，并确立了其在美国反恐军事行动中的核心地位。[27]

当年晚些时候，打击“基地组织”的行动又迎来了一次转折。巴基斯坦塔利班领导人尼克·莫哈曼德的行踪被发现，将他除掉的机会到来。美国意识到巴基斯坦已经将其视为眼中钉，因而寻求巴基斯坦的准许，将其处死。作为交换，美国希望巴基斯坦能够同意美国在其国土上使用常规无人机。巴基斯坦提出了条件：他们需要批准每一次无人机行动，也需要中情局来操作无人机项目，确保绝对秘密，且巴基斯坦方面有权利拒绝中情局的行动。2004 年 6 月 18 日，针对尼克·莫哈曼德的“地狱之火”导弹表明美国和巴基斯坦的交易已经完成。这是巴基斯坦境内第一起无人机行动。美国反恐战争的新时代开启了，一种全新的、有高度价值的武器开始被大量使用，也打开了未来争议的大门。

第二年，根据巴基斯坦的线报，中情局得知一次基地组织的高级别会议将在巴基斯坦东北部的巴焦尔举行。有消息称，该组织的高级官员包括艾曼·扎瓦希里、法拉杰·阿勒－利比。美国讨论了使用海豹突击队袭击的可能性。中情局及联合特种作战司令部司令斯坦利·麦克里斯特尔将军都认为这一任务值得冒险，但拉姆斯菲尔德与坎博内担心行动太危险。他们认为，这么多人的部队会让行动难以指挥、不切实际——中情局驻伊斯兰堡的负责人将此称为“实质上的侵略”。这一行动最终难产，这显示尽管“9·11”事件之后美国在法律、行动、机构程序上都做了调整，但无论是情报机构还是军队都没有合适的计划或战术，让他们可以在反恐最重要的战场——巴基斯坦——开展反恐战争。[28]

事实上，巴基斯坦已经成了反恐战争的问题儿童。这个国家有多层次的问题：狡猾的敌人、艰苦的地形、同情恐怖分子的上层人士、民族主义、反美情绪强烈的民众，这一切让美国在巴基斯坦的行动无论是从外交还是从法律的角度看都变得极其复杂。

巴基斯坦的边境漏洞极大。塔利班和“基地组织”成员可以在阿富汗和巴基斯坦边境自由穿行，而美国军队却因外交束缚而无能为力。[29]也是出于这个原因，当2007年末有消息称阿富汗境内要举行一次极端分子的大会，阿富汗总统卡尔扎伊希望美国能袭击这次会议时，这个机会看上去难能可贵。一些情报指出本·拉丹有可能参加会议，这让袭击行动看上去更有诱惑力。美国计划了大规模的空中和特种部队行动。然而，由于最后时刻不确定本·拉丹是否参会，还有担心对平民构成威胁，美国取消了这次行动。[30]“说得委婉一点，我们很失望，”一位参与了行动策划的军队领导人说。[31]

到了2008年，巴基斯坦境内的问题越来越严重，“基地组织”也在恢复实力。他们与塔利班同盟变得更加大胆。巴基斯坦三军情报局成了美国使用无人机的障碍。从除掉尼克·莫哈曼德的行动到2007年3月，美国总共才发起了25次无人机行动。[32]同时，巴基斯坦政府正在同极端分子改善关系。[33]2008 年形势变得更糟，在阿富巴边境美军与塔利班的一次交火中，11 名巴基斯坦士兵在美国的空袭下死亡。[34]巴基斯坦非常愤怒，称这些空袭是“毫无理由的懦夫行为”。美国联合特种作战司令部的新司令威廉·麦瑞文非常聪明、口才极佳，在华盛顿的会议桌上与在战场上一样游刃有余。[35]他向小布什总统说明，除非美国获得一些弹性，能在巴基斯坦发起行动，否则美国的目标不可能实现。

此时，“9·11”事件已经过去七年了，美国越发沮丧，而小布什政府也没有多少时间了。[36]总统、哈德利、盖茨、赖斯和海军上将马伦听取并接受了中情局局长迈克·海登的观点，决定加大无人机战争的力度。小布什已经准备好改变战术。他批准了增加“捕食者”和“收割者”无人机的订单，并赋予了麦瑞文要求的弹性。埃瑞克·施密特和汤姆·尚克写过一本十分有洞察力的书《反恐秘密战——美国如何打击“基地”组织》，书中的评估是，小布什批准的行动“让中情局局长成为这场全球秘密战争中的战斗总指挥”。[37]

小布什再次投入精力，开始催生成果。奥巴马的安全团队也在恰当的时候无缝衔接了前任的政策。“你看到了，”海登表示，“从 2008 年 7 月开始，我们采取了更多直接针对基地组织领导的行动，要把他们从战场抹去。这么做取得了巨大成功。”他又说道：“奥巴马政府的管理以及 2009 年所做的事取得了效果。但事实上 2008 年最后六个月的形势已经正常化，如果从巴基斯坦部族地区原因不明的爆炸情况看，2009 年的形势其实与之前六个月一样。直到 2010 年，总的爆炸次数才翻番。”

即使小布什表明了自己新的决心，签署了新的命令，美国有时仍会犹豫不决，不知道应该完成使命，还是尊重巴基斯坦这个亦敌亦友国家的敏感心理。2008 年 9 月，美国海军海豹突击队在南瓦济里斯坦发动突袭，造成持续许久的枪战，导致若干平民伤亡，巴基斯坦人再次深感愤怒。美国又一次决定减少在巴基斯坦的地面攻击，但无人机行动增多了。[38]

这一切发生时，贝拉克·奥巴马正在表达自己的竞选主张，包括声称小布什总统忽略了阿富汗战争，忽略了一开始打击基地组织的任务。这迎合了美国人民长期渴望正义的胃口。这位反战竞选人因此能够表达对武装冲突的厌倦，要求结束前任的大规模战争，而且看上去也不算反军事和软弱。奥巴马早先表示："我们没有在阿富汗完成打击基地组织的任务，我们没能形成击败新敌人的新能力，没能实施耗干恐怖主义支持之源的全面战略，没能重申我们的基本价值观，没能保卫我们的国土。"他还提到了巴基斯坦："如果我们拿到有关恐怖分子目标的高价值情报，而且能够付诸行动，（巴基斯坦总统）穆沙拉夫不行动的话，我们会行动。"[39]

奥巴马作为总统参与了一系列报告会后，逐渐意识到，要实现先前的承诺将面对严峻挑战，并且远比预期得困难。奥巴马当选后没多久，在芝加哥的一次报告会上，国家情报总监、海军上将迈克·麦康奈尔向总统汇报了美国秘密无人机计划的规模，还有阿富汗与巴基斯坦的危险形势。[40]中情局局长海登也向奥巴马汇报了情况，重点聚焦在打击基地组织的无人机行动和隐蔽行动。[41]"我 12 月中旬去了芝加哥"，海登回忆道，"并且向奥巴马总统汇报了所有中情局正在进行的隐蔽行动。他提问最多的一个方面就是关押和审问。他表示自己准备结束这个项目，并且想知道更多内容。不过，也有些项目他很支持。"海登明确表示："尽管美国第四十三任和第四十四任总统的个性和竞选主张截然不同，但是他们依然有着惊人的连续性。我没法更准确地总结这种情况。在安全议题上，奥巴马反对小布什第一任期的政策，但很像小布什第二任期的做法。"

托尼·布林肯如此解释奥巴马第一任期的政策重点："我们要击溃基地组织的核心，防止其重返阿富汗，如果可能，还要防止其重返巴基斯坦，并尽可能确保巴基斯坦的核武器不落入坏人手中。这就是指引我们方向的北极星。”关于巴基斯坦核武器的解释有助于理解以下这一点：尽管与巴基斯坦政府、军方和情报机构打交道困难重重，但与其掌权机构、支持致命性项目的负责人员保持联系至关重要。想到有一枚巴基斯坦核弹某天会丢失并落入恐怖分子之手，事实上，已成为整个紧张时期最令人不寒而栗的一个想法。[42]

在奥巴马即将就任前的会议上，小布什有意向候任总统强调了无人机计划有多重要。他还强调了另一个计划，即针对伊朗核项目的秘密网络倡议。[43]从一开始支持在伊拉克采取“震慑与恐吓”行动到现在，这位即将离职的总统显然绕了很长的远路。八年后，他终于认为非传统、高科技、低风险、低可见性的方式才能有效赢得“9·11”事件挑起的战争。

汇报之后，奥巴马继续这些项目，继续给中情局赋权。这一事实让即将上任的国家情报总监丹尼斯·布莱尔十分沮丧，他在情报机构的“老大”职位尚未起作用时就过早结束了任期。布莱尔有头衔，但帕内塔作为中情局局长有责任也有权威执行最关键的工作。[44]这再次表明，新总统对重组有缺陷的情报体系并不上心。

奥巴马最终决定听从小布什的建议。他和他的团队保留了上一届政府在巴基斯坦和伊朗大部分的秘密行动，同样保留了负责这些行动的人员。事实上，在奥巴马上任的第三天，外向的中情局局长海登（帕内塔的职位尚未确认）就向总统汇报了新政府在巴基斯坦开展的无人机袭击。[45]几小时之后，情况逐渐明晰，在瓦济里斯坦北部和南部的行动造成了平民伤亡。布伦南告诉奥巴马后，奥巴马十分生气。[46]这导致了他与中情局领导层的辩论，中情局领导层试图向总统解释这些意外难以避免，而总统要求以后的行动要有更高标准，包括该类行动以后需要中情局局长的批准。[47]

奥巴马政府对这一新方式感到满意，随即加大了袭击频率。根据乔·贝克和斯考特·谢恩发表在《纽约时报》上的一篇文章，“政府庞大的国家安全架构里有100多名成员”，每周都要通过电话会议讨论，是否要在“绝杀名单”中增加新的人。他们衡量证据、评估情报、确定人员，这成了“私人定制袭击”的固定方法。讨论后推选的名单将交给反恐顾问约翰·布伦南，布伦南将挨个寻求总统的批准。从一开始，这一事件的重要性和奥巴马确立的国家安全反恐重心就让布伦南承担了更重要的任务，也获得了总统更多的信赖。[48]

挤压“基地组织”在阿富汗、巴基斯坦的生存空间，定期袭击其领导层，继续伊拉克的战争，这些举动取得了意想不到的结果。基地组织开始改变形态。新的据点在中东和非洲出现。[49]也门和非洲东海岸成了无人机和特种部队的袭击对象。“基地组织”成员的人数也在上升。这些组织的威胁在显现，也门的“基地组织”直接针对美国。[50]然而，从始至终，奥巴马任内白宫衡量反恐战争进展的标准是对“基地组织核心”造成的损害，即策划“9·11”袭击的最初团伙的领导层。[51]正如奥巴马在与情报机构领导人的第一次会面中所说的那样，“基地组织核心”的核心护身符就是奥萨马·本·拉丹。[52]

这一世界最知名、最受关注的追捕行动直到2010年夏季才有了突破。现在广为人知的是，美国国家安全局截获了一则通话，通话的一方是一名“基地组织”的信使，名叫阿布·艾哈迈德·艾库威提。他在电话里称自己现在和“之前在一起的人一起，”这句话使情报分析人士开始行动，最终找到了他和他的那辆铃木汽车。情报人员追踪他们的行踪，发现他们回到了巴基斯坦的阿伯塔巴德，这里离巴基斯坦军事院校不远。随后，艾库威提走进了一座大型建筑，周围竖着灰泥墙和铁丝网以及其他安保设备。这一切都显示这里的主人可能是高价值的目标。美国又花了一年时间调查，最终确定本·拉丹藏身在此的证据确凿，可以开始行动。这次行动始于情报的突破——那次拦截。随后情报机构又用多种形式进行了现场确认。行动还使用了中情局“哨兵”无人机，躲过了巴基斯坦的侦查，对建筑物拍摄了高空照片。最后，美国联合特种作战司令部完成了行动。这次任务发生在巴基斯坦，符合反恐战争的长期特征，而且地点与巴基斯坦军事精英的所在地非常近，很难想象他们中的一些人对本·拉丹的行踪一无所知。美国花了很长时间准备，才最终扣动扳机。

行动目标是建筑物内一个被称为“踱步者”的人，因为他经常在院子里散步。2011 年 2 月，当帕内塔叫麦瑞文去中情局总部开会，准备这次行动时，政府高层仍在为行动的目的辩论。帕内塔知道奥巴马害怕风险，表示应该用精确制导武器将建筑物整个摧毁，这得到了国防部部长盖茨、副总统拜登以及其他身边人士的支持。[53]但奥巴马则需要证据证明本·拉丹就在那里。这将大大提高行动的风险。据国安会高级官员称，奥巴马觉得，如果没有切实的证据证明本·拉丹死了，仍会有人猜测他逃脱了。[54]他认为本·拉丹的死对基地组织而言是一个重要信息，对世界也是如此。找到本·拉丹、确保他死了，是“9·11”事件真正了结的关键一步。他必须杀掉这个恶魔，让他不留痕迹地消失还不够。

2011 年 3 月 14 日，总统和他的国安会团队碰面，审议麦瑞文和中情局提出的选项。[55]大家主要在两种方式之间展开了拉锯战。由于还有很多其他选项，奥巴马中止了会议，推迟做出决定，希望制订出特种部队在阿伯塔巴德更详细的行动计划。两周之后，派遣两架直升机载满海军海豹突击队成员进入拉丹住所的计划出炉，盖茨、拜登和霍斯·卡特赖特却仍然坚持要用 B－2 隐形轰炸机夷平住所。无人机攻击不可行，因为这么做总统无法获得所需的额外情报。总统的观点占了上风。[56]4 月中旬，24 名海军海豹突击队队员在北卡罗来纳州一处模拟住所接受任务训练。这个事例清楚表明奥巴马深思熟虑的本质和谨慎小心的判断力，同时由于任务的重要性，他也愿意承担预先估计的风险。整个过程十分顺畅。

不过，为了尽量增加确定性，确认目标是拉丹住所的工作仍在继续。由多尼伦授权的独立小组质疑所有已经掌握的假设和证据。交给国安会的报告认为，当他们赶到住所时，本·拉丹在那里的可能性为40% ~70%。多数在场人员要求谨慎行事。

有两个在场人员则认为不应犹豫不决。其中之一是帕内塔，他认为这些情报可能是美国能够获得的最佳情报。另外一个倾向发起行动的是奥巴马本人。[57]正如彼得雷乌斯表示，奥巴马在幕后经常会在此类问题上做出艰难决定，通常会同意采取包含真实风险的行动。“我认为，他这么做不是因为觉得没人会发现这些风险，”将军继续说道，“因为最终迟早有人会发现发生了什么。我觉得他在许多难题上很有冲劲。汤姆·多尼伦也是这样，我觉得他是一位卓越的国家安全顾问。”

第二天（4月29日）早上，奥巴马与多尼伦、布伦南、麦克多诺以及白宫办公厅主任比尔·戴利在一起开会（值得一提的是，奥巴马的白宫团队并不比其他各类国家安全机构庞大），奥巴马冷静地告诉他们决定“执行”突袭。[58]如果气候或者其他条件恶化让风险大大上升，麦瑞文有权选择终止行动。[59]接着，奥巴马就像往常一样继续办公，表现得好像没什么大事发生一样，甚至还在参加白宫记者招待会晚宴典礼时谈笑风生。[60]讽刺的是，全国最厉害的记者济济一堂，却没有发现新闻的蛛丝马迹。

随后，白宫发布了一张象征奥巴马总统任期的照片。[61]照片内容是一场秘密会议，此外一些有关突袭的秘密细节也被逐渐公开，这些都是为了给应该受到褒奖的人加分。这张照片的内容是，奥巴马与顶级国家安全团队的许多人坐在战情室旁的安全通信设施中，一起观看阿伯塔巴德突袭的实时影像。[62]在奥巴马的执政岁月中，取得安全或外交胜利后，披露保密信息细节的事情总是层出不穷。比如白宫领导的秘密外交为与伊朗的外交突破奠定了基础，这一信息后来遭到媒体曝光。如此严格管控信息泄露的政府会有这样的事，也算得上他们的剧本中讽刺的一页了。

阿伯塔巴德的行动被称为“海神之矛”，参与行动的包括两架满载海豹突击队队员的直升机和四架负责支持工作的“支奴干”直升机。[63]现场传来时断时续的影像和无线电通信声，还有莱昂·帕内塔的指挥声，这一切持续了 50 分钟，奥巴马、多尼伦、克林顿和其他人紧张注视着。[64]一架载有海豹突击队队员的直升机坠落，不禁让人想起卡特时代导致解救伊朗被扣人质失败的那场直升机意外，紧张气氛明显升级。[65]麦瑞文从容地指挥团队挺过波折。[66]最后，他们收到了传来的信息：“为了上帝和国家——格罗尼莫、格罗尼莫、格罗尼莫。格罗尼莫 EKIA①。”[67]意思是本·拉丹已经走投无路，已经被击毙并确认。奥巴马只是镇定自若地表示：“我们抓到他了。”[68]

这句话的含义既深刻又简单，容易被误解。这是终结恐惧时代、国家不安全时代的关键一步。“9·11”事件的主谋已经从一名恐怖分子成长为反美、反西方这种危险仇恨活生生的代表。毫不夸张地说，在很多美国人心中，本·拉丹已经成为邪恶的代表，和希特勒差不多。但本·拉丹不是希特勒。本·拉丹并不威胁美国或决定西方存亡，而本·拉丹领导的“基地组织核心”也与过去大不一样。事实上，尽管本·拉丹的死亡让美国人情绪上得到了满足，是奥巴马总统及其团队明确的胜利——更不用提十年来数千名参与追捕的中情局和军队成员、小布什政府参与很多行动（这些行动都为猎杀本·拉丹打下了基础）的官员，但这并不是奥巴马 2012 年在总统竞选活动时所描绘的“分水岭时刻”。这实际上最终证明，本·拉丹对基地组织的未来不再具有中心作用，相比那个策划“9·11”袭击的小规模组织，现在的“基地组织”已经演化成一种更危险、更具全球性、更庞大的组织。

---

① EKIA 为 enemy killed in action 的首字母大写缩写。——译者注

## “这场战争，如同所有的战争，必须结束”

在此之后，奥巴马政府最初认为，相比之前的结构，“基地组织”正向松散的连锁式组织转型，对美国的威胁有所减小。[69]奥巴马政府多次强调“基地组织核心”是最大、最初的威胁和打击目标，从中可以看出这一点。[70]然而，随着形势变化的日渐清晰，大家普遍承认（尽管并非公开）这一松散架构所带来的巨大危险。[71]正如托尼·布林肯回忆时表示：“我们从第一天就意识到，我们面对的是一个巨大的‘转移瘤’，这些组织不是直接附属于‘基地组织’就是受其启发……回头看看约翰·布伦南最开始说的也门、我们在也门的行动、后来的索马里、后来的北非……但如果说谁有能力发起‘9·11’那样对美国的袭击，那还是‘核心’的问题。”

布伦南说：“‘基地组织’已经和它发起‘9·11’袭击时完全不同。那时，‘基地组织’对成员实行很多管理，无论他们在哪里。他们之间有通信，有联系，有行动的往来，还有等级命令。过去十年，由于我们取得的一些进展，‘基地组织’的架构不再像过去那样。基地组织核心很难传送信息给其在阿拉伯半岛的分支、其在马里的分支或者埃及的穆罕默德·贾马尔网络。”

他继续说：“因此，我们见到以下一些情况。第一，组织意图和目标变得本土化……此外，我认为眼前这种现象是一种原子化，这些团体有一些‘基地组织’的意识形态，但没有互动。他们名义上是‘基地组织’，但在很多关键领域并非一个大集团的组成部分。他们基本上各行其是。”

这些变化的直接结果就是，到了2014年，当国务院发布其年度反恐报告时，形势已很清楚，经过了13年的反恐战争、技术方面的极大进步、我们在情报和资源方面的极大投入，美国和世界实际上在暴力极端主义面前节节败退。[72]根据国务院报告，从 2012 ~ 2013 年恐怖主义活动增加了 43%（就在 2011 年除掉本·拉丹之后）。全球范围内的袭击数量从 6700 起增加到了 9700 起。超过 1.8 万人死亡，受伤人数是死亡人数的 2 倍。[73]更能说明问题的是，这份报告明确指出，尽管美国在打击“基地组织核心”这一小规模组织方面取得了成功，但“基地附属组织”的松散网络遍布波斯湾、叙利亚、伊拉克和非洲，而且正如我们所见的那样，变得更加危险。[74]

但是，事情确实起了变化。奥巴马竞选连任的标语很好地把握了这一点：通用汽车还活着，本·拉丹死了。[75]这是最好的汽车保险杠贴纸了。尽管简单，却表明 2011 年之后美国人承受的两大心灵创伤正在恢复。这提供了象征意义上的证据。用 12 个字回答了美国在这一世纪的问题。

除掉本·拉丹事实上并没有削减恐怖主义威胁，但美国人民愿意相信相反的结论——想相信也需要相信。此后在关于美国是否该干涉地区事务时的问卷上，美国人都回答不要，尽管暴力极端分子在那里不断滋长壮大。逐渐地，虽然美国政府没能取得“反恐战争胜利”这样巨大和不现实的目标，但已经开始减轻恐惧对于美国安全政策的干扰。除掉本·拉丹只是其中的一部分。

随着增加情报资本投入、发展更好的国土防卫能力和意识、给予反恐人员更新的工具，并按照报告行事，相关部门聚沙成塔，逐渐取得进展。布伦南对此评价道：“做净评估时，你总会看三样事情。一是看威胁的本质和严重性。二是看存在的脆弱性。三是看正采取的缓解形势的措施。如果我们拿现在与‘9·11’那时候相比较，我觉得，这个国家存在的脆弱性确实大大减弱了。”他总结表示，基地组织等“发动‘9·11’或其他类型袭击的能力大大削弱，这是因为我们的脆弱性在减弱，缓解形势的措施进步了。”我们心无旁骛，打造出更好的体系，做好我们一开始就应当做的事情，让美国民众感到更安全。这完全是因为，我们最终真正要战胜恐怖分子的地方不是在战场，而是在民众心中。看看其他遭受恐怖主义袭击的地方吧，那些地方虽然也会展开抓捕或击毙恐怖分子的有限行动，但是真正的胜利是袭击之后民众生活并未因此受到干扰。[76]我们想要重塑世界，然而，我们真正需要做的只是治愈伤口。“9·11”袭击发生后，如果我们能够更明智、更克制地设定我们的目标，可以想象一下今天会有多少人活下来，又有多少资源可以用在实现更好的目标上。这样的想法让人局促不安，并无益处。但是，我们现在知道了，什么方法行之有效，什么方法毫无作用。运气好的话，这些会对未来的美国决策者有所裨益。

2013 年 5 月，奥巴马在美国国防大学发表演讲。[77]“我们毫不留情地打击基地组织核心领导层，”奥巴马再次提出这一说法，并表示，“今天，奥萨马·本·拉丹已经死亡，他手下的大多数高级头目也是同样下场。”虽然战争让“阿富汗和巴基斯坦基地组织的核心势力……节节败退”，但奥巴马提到了正在演进的威胁——“致命但能力较小的基地组织分支；对国外外交设施和企业的威胁；本土出现的极端主义分子”。这是未来的恐怖主义。即便如此，他仍宣称：“美国正处于十字路口”，“我们现在的决定将决定给后代留下什么样的国家……”。奥巴马接着呼吁改进并最终废止《使用军事力量授权》。《使用军事力量授权》是小布什总统发动大部分战争的启动工具，奥巴马不想“签署进一步扩大此项授权的法律”。奥巴马承认，“必须继续”打击恐怖分子，“但这场战争与所有战争一样必须结束”。[78]

一年多过后，“伊斯兰国”的崛起让世界见识了新的恐怖主义威胁。与基地组织相比，这个恐怖组织资金更充沛、装备更精良、组织更有利、招募能力更强。突然间，奥巴马和他的国家安全团队不得不扪心自问，他们想要结束的战争是不是非但没有终结，反而进入了一个危险的新阶段？回过头看，不免质疑国防大学演讲及其他类似表态是否仅为奥巴马的“任务完成秀”，不免质疑这种希望的胜利是否建立在冷静的分析之上。

## “惊鸿一瞥”下一场战争

奥巴马执政后，无人机攻击拓展到前所未有的规模。这样的技术可能会带来益处，但必须承认，无人机如同其他有利有弊的新技术一样，会提出许多重要的问题，未来的国家安全决策者必须做好妥善解决的准备。

举例来说，为了打赢继承下来的战争，奥巴马必须寻求更好的办法，他实施的无人机项目和其他轻脚印战术不断侵犯他国主权，提出了一系列新的理念、道德和法律挑战。[79]在违背全球国家行为准则方面，这位谨慎的律师总统可能已经创下新纪录。比如基地组织在也门的幕后策划者安瓦尔·奥拉基势力渐涨，美国用无人机击毙了奥拉基和他的儿子，但他们俩均为美国公民的身份引发了新的问题。[80]无人机项目引发了美国与巴基斯坦等国的争执，其他国家认为美国不断侵犯他国主权，挑起针对美国的类似辩论和批评。[81]大家担心美国这样的高科技强国能够发起“白领战争”，在这种战争中，美国公民不会遭遇风险，而其他较落后国家的人民则要承担伤亡风险。此外，人们还担心“远在天边”作战技术进一步扩散和更加精细化。显而易见，由于我们正处于处理冲突新时代的黎明，新问题肯定会接踵而至。

就连普通的美国人都知道，曾经秘密的无人机技术已经成为美国军队大规模新架构的中心。然而，对它的误解仍然存在。美国无人机项目的创始者之一、前空军参谋长诺顿·施瓦茨说：“‘捕食者’和‘收割者’执行任务 24 小时需要 160 名甚至更多空军士兵。这绝不是无人的。它需要操作人、维护人，一些指挥控制人，还需要一整队情报和图像处理人员。这是很大的工程，因此我认为不用担心其他国家会突然在这一领域赶上。”

作为反恐专家，约翰·布伦南的观点与施瓦茨不一样。“未来不仅会有‘捕食者’，还会有更微型的无人机……在一个飞行器上装上几公斤炸药，开到别人办公室里，会造成相当大的损害。科技水平已经发展到这一步了。”他给出了一个阴沉的总结：“你知道，未来五年，科技有可能是我们最好的朋友……但也是我们最可怕的敌人，因为恐怖分子也在利用科技。”

据新美国基金会估计，2005～2013年，美国在巴基斯坦共发起了370次无人机袭击，2010年就有122次。[82]“长期战争杂志”网站以及“新闻调查局”组织也给出了差不多的数字。[83]无人机袭击次数自2010～2011年达到峰值后开始下降。[84]“新闻调查局”组织估计，自2007年以来，索马里发生了3～9次无人机袭击，8～11次“其他类型的秘密行动”，导致47～188人死亡。[85]

然而，在小布什向奥巴马推介的新一代技术战争中，美国在另一领域再次（自伊拉克战争之后）过度延伸实力，发动了范围最广、最让人不安的行动。到了2014年，即将上任的美国国家安全局局长迈克尔·罗杰斯海军上校这样说：“网络将成为未来任何一场危机的组成元素。”[86]如果真是这样，鉴于美国与伊朗、中国、俄罗斯、叙利亚以及其他国家的网络“交手”，我们现在正处在核时代之后最重要的军事和国家安全变革之中。我们将会发现，在这一时代，科技能力走得太快，决策者的理解和管理能力、指导人类行为的法律和哲学都无法跟上。

据理查德·克拉克观察，小布什开始时并没怎么关注网络威胁。[87]由于克拉克是总统的网络安全特别顾问，他的观察能说明问题。克拉克认为，小布什接过了克林顿手中的棒，“不过共和党政府不但继续避免管制，还厌恶联邦政府签发任何类型的管制措施”。[88]为此提供指导的政策框架是《安全网络空间国家战略》。克拉克此后还写道:"2002 年小布什总统给我提了一个问题，这最能总结出他执政早期对网络安全的理解程度和兴趣大小。那次，我去白宫椭圆办公室向他汇报，我们在软件上新发现巨大漏洞，这一漏洞会让黑客肆意进出，除非我们悄悄地说服几大网络及公司修补这一漏洞。小布什的唯一反应是，'约翰怎么想?'约翰是一家大型科技公司的首席执行官，也是小布什选举委员会最大的捐款人。"克拉克 2003 年离开白宫后，并没有人接替他的职位。[89]这意味着，这一网络事务的最高职位被埋葬在了新成立的国土安全局官僚体系中。尽管后来发生了几次网络攻击，其中一次甚至从五角大楼窃取了 10～20 太字节的数据，网络还是没有得到高层官员应有的注意。[90]

小布什第二任期时，这一切开始转变。美国倒没有重新审视网络攻击的威胁，反而将关注点转移到了美国的攻击潜力上。目标是伊朗的核项目。白宫希望能减慢甚至关停伊朗的核项目，正在考虑隐秘行动。[91]詹姆斯·霍斯·卡特赖特将军和国家情报总监迈克·麦康奈尔给小布什和哈德利提供了另一种选择。[92]那就是用代码渗透核设施的软件，实际上等于安插一个电子间谍，向美国汇报伊朗铀浓缩设施的运行情况。[93]

而以色列由于先进的网络能力以及对伊朗纳坦兹核设施的了解，很早就成为美国这一行动的伙伴。[94]在行动的第一阶段，搜集该设施的信息花了数月。[95]下一步就是制造了一种叫"震网"的蠕虫病毒，可以让伊朗离心机在不发送警报的情况下就加速运转或者突然停止。[96]无论怎样，结果不是给纳坦兹制造麻烦，而是要把离心机彻底摧毁。[97]

当政府意识到网络空间的影响力后，新威胁也随之而至。2007 年，在麦康奈尔的推动下，总统和财政部部长汉克·保尔森听取了美国金融系统面临威胁的报告，并敦促实施新行动。[98]政府立即采取的措施包括出台"综合国家网络安全倡议"和第 54 号国家安全政策指令。二者都是为加强保护政府网络，但并未解决麦康奈尔提出的美国金融系统性风险。部分原因在于，白宫并不具备解决此类风险所需的技术，同时防御风险所需的公私合作难以达成，因为其中牵涉太多保密信息。

差不多与此同时，美国战略司令部尝试处理网络空间防御事务，但大家普遍认为其难以解决如此庞大的问题。[99]于是，国家情报总监麦康奈尔和海登想要打造一个更加全面的机构，最好能与国安局了解这一问题的人协作融合（不太可能成为国安局机构的复制品）。在老布什任内担当中情局局长的盖茨也认为需要新方式。[100]盖茨帮助筹划安排，在他的支持下，尽管网络司令部隶属于美国战略司令部，但国安局局长将成为网络司令部的领导。其他单独业务机构将继续执行其网络空间的任务，不过都听从美国网络司令部指导。[101]

于是，当贝拉克·奥巴马执政后，他发现网络空间的行动极其活跃。[102]正如他就职前小布什汇报时指出的一样，针对伊朗的"奥林匹克运动会"计划已经紧锣密鼓地展开。就任后的头几周，奥巴马就收到了有关伊朗行动的深度报告。至于无人机项目，奥巴马会做出关键的行政决定发动袭击，并坚持项目的保密和"不可归罪性"。[103]

随着纳坦兹行动取得一步步进展，美国逐渐了解了伊朗核项目的弱点并加以利用，奥巴马本人也更加投入。正如在华盛顿经常发生的那样，总统明显更加重视网络空间项目后，越来越多的白宫官员希望自己能够在这个项目上受到重用。[104]这就是领导层运作的一种方式。奥巴马竞选时曾经承诺"把网络安全列为头等大事，因为在21世纪理应如此"，他就任后就开始把网络抬升至美国国家安全行动和战略的更重要地位。[105]

为了更好地改进军方和情报机构的结构，提升美国网络空间能力，一份评估报告在60天内得以完成，克拉克和网络空间相关机构的其他人对评估结果大失所望。[106]"就是'综合国家网络安全倡议'

的翻版，”克拉克如是说。没有制订真正的战略、真正的计划“去保护私营行业”，也没有制订计划“启动在网络战方面的国际对话”。[107]最后一点尤其棘手。网络战毫无理念可循。比如，网络攻击是否可以成为军事回应的理由？对于这一点，大家还没有清楚的认识。在克拉克看来，奥巴马继续纵容顶层协调缺失的问题，因为他没有“在白宫安排一个人和一个办公室在整个政府层面设计全面的网络安全或网络战计划”。

2010 年，“震网”蠕虫病毒向伊朗铀浓缩关键设备中的 1000 台发起攻击。[108]一切都按计划进行，但网络攻击本身却引发了与众不同的挑战。投下一枚炸弹时，炸弹不仅会毁灭目标，还会毁灭自身。炸弹不会留下能造成更多损害的碎片。本来一切都按部就班，但意外发生了。在伊朗纳坦兹工厂，有人把笔记本电脑从已受病毒感染的网络中下线，然后又连入了普通的外部互联网。蠕虫病毒在互联网上扩散，使伊朗国内及其他网络专家能够分析、解析病毒，并能够重新为他们所用。

这正是奥巴马不想看到的。[109]不出意料，美国高级官员把问题的责任推到了以色列身上。[110]

《华盛顿邮报》随后报道，受到自身成功以及中国、伊朗、俄罗斯 2011 年日益活跃的网络活动鼓动，奥巴马政府和美国情报机构在 2011 年实施了 231 起网络攻击行动。[111]这个数字遭到了其他专家的质疑。[112]《纽约时报》的桑格认为，此类攻击的实际次数只占上述数字的一小部分。然而，所有人都同意，在这一领域每年都可能有更多行动和新能力出现。

美国最具进攻性的项目之一就是代号为 GENIE 的行动，该行动旨在攻入外国网络，在其中安插“后门”，方便让美国随时进入。[113]美国政府认为这不是“攻击”行动而是“利用”，如果对换立场，这一区别肯定不会被接受。据估计，GENIE 在全世界范围内攻破的网络数目超过 8.5 万个。其中 75% 都是在奥巴马任期完成的，而奥巴马本人是宪法律师，他批评小布什搞侵略战争，时常倡导国际人权。[114]这些项目性质及广泛性得到了披露后，不仅给美国制造了巨大的外交危机、奥巴马就任时最害怕的“归罪性”，还引发了对美国政府及总统的广泛质疑。行动攻入的很多网络都属于美国的盟国，受害者多为私人企业。似乎没有人能逃脱国家安全局和网络司令部的攻击。

为了能让美国政府深入世界各地的网络和电脑，必须要通过专业机构，如国家安全局获取特定情报行动办公室以及它的远程行动中心。[115]600 名黑客夜以继日攻入目标系统。2012 年 5 月，《华盛顿邮报》报道称，美国国防部高级研究计划局与私营部门及高校合作，增强了实力及韧性。[116]这些行动被冠上了一个普通的名字——X 计划，目的实际上是增强美国在网络领域的进攻能力。[117]中情局的网络小组成为其最大分支。[118]正是由于这些项目十分复杂、高度机密，受到的监督也相对少。[119]美国国家安全局的项目更是如此，行动自由甚至比中情局还大。这样就拉开了与决策者的距离——事实上，由于承担监督责任的人很少能真正明白事情的本质和范围，这一距离进一步拉大。雪上加霜的是，立法者和决策者都不愿承认自己并不明白听取的汇报内容。美国一位最顶尖的网络专家说：“我们的政府正因为集体‘数学恐惧症’而付出代价。美国没有我们需要的监督官员。”这位专家认为，唯一的解决方法就是在美国政府内部设立一个高级别网络“沙皇”监督各机构的所有相关活动，就监督问题与官员进行卓有成效的讨论。他认为目前国安会负责网络的官员级别太低，“无法做这样困难又持久的工作”。尽管我一向反对任命“沙皇”，或建立新机构来解决老机构的问题，但任命一个网络“沙皇”看上去是唯一可以解决监督问题的方法。

前国家安全局、中情局局长迈克·海登这样评价他看到的网络汇报："一个人在做网络汇报，才说了三句话，听汇报的所有人就都认为他是个高智商的笨蛋。你明白吗？他们不明白这个人在说什么。小布什执政期间，发生了一起网络事件。后来事态与我预想的不一样，我很生气，事后做了一点调查。我发现之前坐在同一个屋里并做了相同表决的人竟然表决的不是同样的内容。他们对同样一件事情的理解不同，于是仅仅凭着自己的理解表决。"一位奥巴马国安会的高级官员也有相同的批评："如果把我们在网络问题上花的时间叠加起来，会非常非常多。因为这是奥巴马自己推动的议题。但是我们并不适合处理这一问题，因为很多负责该事务的官员、国安会里身居高位的人并不懂这些问题。所以我们会有一些官员和专家做这类工作，但对系统里的高级官员而言，这些内容太难了。"

真实的问题还要复杂，正如奥巴马政府国土安全部负责科技的副部长塔拉·奥图尔指出的，因为"对美国破坏最大的网络行为是商业间谍……那些知道自己被攻击的公司不想谈论这个问题。在这个问题上政府处在外围……另一个问题是国会里并没有很多人明白发生了什么、该怎么办"。

很少有人理解这些项目的后果及范围，直到爱德华·斯诺登的出现。[120]这个大学都没毕业的28岁合同工带着大量数据逃到了亚洲，最后落脚俄罗斯。他把这些数据系统性地披露给媒体，也或多或少地透露给了美国的敌人。

斯诺登明显违反了他同意遵守的美国政府安全规定，他的行为让外界得以一窥一系列规模令人瞠目结舌的项目，还有项目对个人隐私、作为私人财产的信息或者国家主权的无视。[121]美国政府网络空间设计师肯定没有料到斯诺登事件导致的后坐力。[122]（我常常认为，美国政府最大的问题之一是没有一个处理事件后果的部门。）全球各国无论是美国的盟友还是对手都开始重新考虑网络治理，一些国家正式停止与美国科技公司合作（尤其是从斯诺登的文件中得知有那么多家美国科技公司与美国政府合作），有一些国家开始重新思考网络本身。根据一家协会的统计，这一全球“逆风”导致美国信息技术供应商损失了350亿美元，而根据另一机构的统计，损失金额超过1000亿美元。[123]更糟糕的是，原本大家普遍认为因特网是全球化、一体化、融合价值观以及促进经济增长的推动力，但随着俄罗斯、中国、巴西、印度和伊朗开始考虑如何抵御美国的监视和信息掠夺，因特网突然成为网络国家主义和割据化的工具。[124]这些国家考虑建设防火墙、新规则以及更多的内部监视，采用新的更安全的因特网基础结构，让自己的民众无法轻易与美国和世界上其他地区联通。

这样的倒退令人震惊。一项名为“棱镜”的项目遭到披露，进一步推波助澜。[125]项目内容包括对美国亲密盟友的领导人实施间谍活动，搜集数亿份全球电话的通话记录，甚至储存美国国内电话通话的大数据，引发了大家对该项目是否符合宪法的质疑。一份文件显示，2013年3月共从全球网络收集了970条数据。[126]这种做法背后的逻辑是，由于恐怖分子可能是在任何地方的任何人，所以我们需要每个地方每个人的信息，以便锁定恐怖分子。[127]这种扭曲的逻辑认为，获取并储存所有的数据直到必要时才读取，这么做“符合”美国的原则。[128]但如果美国政府有组织地去你的社区一家家登门拜访，拿走你的信息文件，声称他们不会立即阅读，这显然并不会让你或者隔壁邻居感到安心。

如今，几乎所有的数据都是可搜索的数字形式，这么做的风险就更高了。根据国际商业机器公司的数据，每天会产生25亿字节的新数据，速度之快，意味着全部数据的90%都是在过去两年内诞生的。[129]这只是“大数据”时代的开始。在这个时代，到处都是传感器，家用电器、工厂机器和衣服上植入的计算机设备可以抓取信息，并且每时每刻都在把信息传上因特网。到2020年，连接因特网的设备据估计将达到500亿台。[130]所有这些都意味着网络战、监控和黑客行为的诱惑和成本只会继续上升。

国家情报总监詹姆斯·克拉珀为项目辩护，坚称“政府‘没有单方面从电话和因特网供应商的服务器获取信息’，只有书面陈述获取数据以得到海外情报，并且在法院下达命令后，信息才会被递交”。[131]克拉珀的说法未能抚慰美国人因政府行动规模过大导致的不安情绪。根据《华尔街日报》的报道，美国外国情报监视法庭33年来听取了超过33000例案件，只在其中11起案件中拒绝给予监视授权，换句话说，只占案件总数的0.03%。[132]

莉萨·莫纳科是司法部的律师，他后来取代约翰·布伦南进入白宫西翼地下办公室，成为总统的反恐顾问。莫纳科为法院的低否决率辩护，表示“对于外国情报监视法庭的流程有许多误解。”她说道：“我想大家并不了解，尽管同意宣誓书的比例达到99.9%，但是结果出来之前政府和法庭之间会来回讨论。因此，举个例子，法庭拿到宣誓书草稿后可能会说，‘这还不够好；我不明白X、Y和Z这几点。如果不解释清楚，我就不会同意’。然而，公众看到的只是法庭和行政机构反复讨论后的最终结果。”

曼迪安特公司的报告出炉差不多一年后，由于斯诺登在《纽约时报》、英国《卫报》和德国《明镜周刊》上透露的信息，我们得知美国一方面高调指责中国针对美国公司的间谍行为，另一方面也在渗透诸如华为等中国高科技大企业，在华为全球系统中安装“后门”，借助中国公司的“走出去”进一步拓展美国情报机构的触角。[134]美国官员指出，我们并没有把搜集的情报交给美国公司帮助它们竞争。[135]因此，相比中国，我们窃取信息是防御性的，中国则是为了谋取利润，提升国防能力。这种解释苍白无力，也不会让人感觉美国站在了道德高地。

美国政府的辩解越发不可行。当2013年底美国监听外国领导人的新闻曝出来后，白宫发言人回应说，总统不知道监听项目的范围。[136]他还说："我们已经确保总统与（德国）默克尔总理通了电话，向她保证我们没有也不会从她的通信记录里搜集情报。"[137]后来，这也被证明不是真的。[138]同样，詹姆斯·克拉珀及美国国家安全局局长基斯·亚历山大称监听行动对防范恐怖主义袭击十分重要，但这一说法也受到了质疑。[139]一些独立研究也表明，监听行动对防范恐怖主义袭击只起了很少作用，甚至没有发挥作用。

2004 年 7 月，隐私权和公民自由监督委员会发布了一项研究报告草案，《卫报》总结后认为，国家安全局 702 个项目搜集了大量外国数据，这是有价值的。[140]这一报告草案称："在发现、挫败针对美国及其他国家的恐怖阴谋中发挥了关键作用。"这一报告也建议限制美国政府在未授权情况下搜集美国境内数据的能力。[141]美国国安局曾称这 702 个项目在挫败 54 起恐怖阴谋中发挥了关键作用，但该报告对此持异议。最后，报告称美国政府针对性监听活动的"力度令人印象深刻"。

换言之，这些项目不务正业，政府不思其职，每个人都很愤怒，而且它劳师动众、范围极大，却没有取得物质上的回报。最大的问题在于政府。政府的沟通和机制并没有那么好。奥巴马政府直接负责网络事务的一位高级官员曾告诉我，他们在白宫发布保护关键基础设施的总统报告前，对此事一无所知。

贝拉克·奥巴马意识到危机的广度，建立了一个委员会审视这些监听项目，审视结束后提出建议建立一些指导纲领来提升安全、避免侵犯世界无辜公民的个人隐私、加强监督。[142]这一小组的成员包括理查德·克拉克、前中情局副局长迈克·莫雷尔、萨曼莎·鲍尔的丈夫卡斯·桑斯坦教授。[143]他们对调查的结果深感不安。[144]他们发现，尽管项目的负责人称大规模监听是打击恐怖主义的有力工具，但是他们并没有找到任何证据。[145]当他们公布这些发现结果后，又被告知这些项目可以帮助筛查嫌疑犯。[146]但他们对此表示质疑，项目监听了所有数据流量的30%，怎么可能做到筛选。这一辩解完全苍白无力。

2013年12月的报告名为“变化世界中的自由与安全”，呼吁总统终止情报机构一些有争议的行为，比如搜集、存储个人信息。[147]他们同样指出了一些问题，如大规模囤积元数据、强迫科技公司分享客户私人信息等。结论是“除紧急情况外，建议提前进行司法审查”，而且要在尽可能小而集中的领域进行监听。报告认为，保护美国及世界公民权益的行动包括，对海外合法使用这些手段建立更严格的要求、支持精细搜集方法的研究以减少对元数据的需求、增强公民自由及隐私保护委员会的作用。报告还呼吁要用各种手段增强监督机制，包括建立对数据搜集和处理的高级别内部审查机制、加强情报机构与决策者的沟通、拆分民事国家安全局与军事网络司令部的共同领导角色（此时正由基斯·亚历山大将军统管）。[148]

最后，奥巴马总统接受了报告的意见，开始有选择地执行其中的政策建议。2014年1月，他要求国安局分析人员在从电话记录数据库中获取数据前须请求外国情报监视法庭允许，同时把可以调查的通话相关联系人范围从三个缩小到两个①。[149]两个月后，政府提议禁止国安局从私人电信公司获取数据。[150]目前看来，国会推动监视和网络安全改革的工作令人失望，这也在情理之中。[151]6月，众议院迈出了一步，通过法案禁止国安会和中情局迫使科技公司在商业产品中安装后门。[152]正如披露的那样，国安会和中情局之前这么做是为了便于其海外行动。虽然法案在众议院获得两党大部分议员支持而通过，但是撰写本书时，法案能否在参议院通过从而交给奥巴马总统签字还不得而

① 即原来如果A联系B，B联系C，C联系D，政府机构就有权调查B、C、D，调整后则只能调查B和C。——译者注

知。

斯诺登揭发了一大堆项目，其中一些给政府提出了许多问题。然而，情报机构和政策圈普遍认为，美国政府针对部分目标的一些监听项目极其有用。新能力每天都在涌现。尽管这种情况需要我们高度警惕，避免未来违反公民自由，但还有另一种感受，即由于反恐方面无人机技术和“轻脚印”战术的发展，网络安全领域采取的重要措施实际上提升了美国民众的安全程度，并降低了未来遭受这一时代开启时那类打击的可能性。

这些工具和手段显著地改变了美国的反恐行动，情报机构的领导开始对一些有争议的实践活动心安理得。迈克·海登表示，他愿意“清空监狱”并“减少授权的审问手法”，其原因之一是他没有“像2002年、2003年时的（中情局局长）乔治（特纳）那样急迫。我有情报人员网。我渗透进对方。我的人力情报搜集能力很坚实。相比2002年，我更少依赖抓捕和拷问。信息来源更多了。电子情报更好了。现在大家都开足马力。有了必备的情报，就能够让你更加精准（指的是‘外科手术式’或‘轻脚印’行动）。”

莉萨·莫纳科声称：“我认为，从操作和政策层面看，美国政府创造的反恐架构和机制很出色，吸取了‘9·11’事件的教训，能够应对我们面对的威胁，能够共享信息，能够正确运用目前的军事、情报、外交和执法工具……举例来说，假如我们知道有一个恐怖分子过境德国，我们有相应的机制去处理：联邦调查局会与德国相关部门沟通，分享信息，在法律范围内寻求他们的帮助，并试图扣押那个恐怖分子。因此，我们有对应的流程。我们会分享情报。我们会努力阻止威胁。”她承认网络安全领域的体系发展得没那么成熟。重点在于，尽管恐怖主义威胁在全球范围内不断转移，网络领域出现一些匪夷所思和考虑欠周的项目，美国政府还是在以一些重要方式完成确保国家和民众更加安全的核心任务。

## 注　释

1. Bush, *Decision Points*, 147 – 150; Cheney, In My Time, 341 – 344.
2. "Approval Highs and Lows," *The Washington Post*, July 24, 2007.
3. Clinton, *Hard Choices*, 191; Gates, *Duty*, 538; David Corn, *Showdown: The Inside Story of How Obama Fought Back Against Boehner, Cantor, and the Tea Party* (New York: HarperCollins, 2012), 257; Sanger, *Confront and Conceal*, 73.
4. Rumsfeld, *Known and Unknown*, 650.
5. 同上。, 280
6. Eric Schmitt and Thom Shanker, *Counterstrike: The Untold Story of America's Secret Campaign Against Al Qaeda* (New York: Times Books, 2011), 25.
7. Stephen F. Hayes, *Cheney: The Untold Story of America's Most Powerful and Controversial Vice President* (New York: HarperCollins, 2007), 343.
8. Scott Shane, "'01 Memo to Rice Warned of Qaeda and Offered Plan," *The New York Times*, February 12, 2005.
9. George Tenet, *At the Center of the Storm: The CIA During America's Time of Crisis* (New York: HarperCollins, 2007), 175 – 176.
10. 同上。
11. Mark Mazzetti, *The Way of the Knife: The CIA, a Secret Army, and a War at the Ends of the Earth* (New York: Penguin Press, 2013), 12.
12. Rumsfeld, *Known and Unknown*, 359.
13. Cheney, *In My Time*, 334.
14. Bergen, *The Longest War*, 56.
15. Jeremy Scahill, *Dirty Wars: The World Is a Battlefield* (New York: Nation Books, 2013), 20.
16. Rumsfeld, *Known and Unknown*, 346.
17. Hayes, *Cheney: The Untold Story*, 295.
18. Bradley Graham, *By His Own Rules: The Ambitions, Successes, and Ultimate Failures of Donald Rumsfeld* (New York: PublicAffairs, 2009), 301.
19. Mazzetti, *Way of the Knife*, 63 – 64.
20. 同上; Andrew Feickert, "U. S. Special Operations Forces (SOF): Background and Issues for Congress," Congressional Research Service, May 8, 2014.
21. Scahill, *Dirty Wars*, 95 – 96.
22. Graham, *By His Own Rules*, 368.
23. Richard A. Best Jr., "The National Counterterrorism Center (NCTC) — Responsibilities and Potential Congressional Concerns," Congressional Research Service, December 19, 2011.
24. 根据与小布什国安会成员的采访内容。
25. Rumsfeld, *Known and Unknown*, 666 – 668.

26. Mazzetti, *Way of the Knife*, 129.
27. Scahill, *Dirty Wars*, 171.
28. Mazzetti, *Way of the Knife*, 108 - 117
29. Daniel S. Markey, "Reorienting U. S. Pakistan Strategy: From Af - Pak to Asia," Council on Foreign Relations, *CSR* No. 68, January 2014.
30. Schmitt and Shanker, *Counterstrike*, 115 - 118.
31. 根据与美国高级军官的采访内容。
32. Mazzetti, *Way of the Knife*, 266.
33. Sanger, *The Inheritance*, 159 - 160.
34. Scahill, *Dirty Wars*, 217; Jane Perlez, "Pakistani Fury over Airstrikes Imperils Training," *The New York Times*, June 18, 2008; Viola Gienger and Haris Anwar, "Pakistani Troop Deaths at Afghan Border Spur U. S. Military Investigation," *Bloomberg*, November 28, 2011.
35. Perlez, "Pakistani Fury over Airstrikes."
36. Schmitt and Shanker, *Counterstrike*, 101 - 102.
37. 同上。
38. Schmitt and Shanker, *Counterstrike*, 123 - 124.
39. "Obama's Speech at Woodrow Wilson Center," Council on Foreign Relations, August 1, 2007.
40. Daniel Klaidman, *Kill or Capture: The War on Terror and the Soul of the Obama Presidency* (New York: Houghton Mifflin Harcourt, 2012), 21.
41. Klaidman, *Kill or Capture*, 28 - 29.
42. David E. Sanger, "Pakistan Strife Raises U. S. Doubt on Nuclear Arms," *The New York Times*, May 3, 2009.
43. Sanger, *Confront and Conceal*, 190.
44. Mazzetti, Way of the Knife, 225; Greg Miller, "Dennis C. Blair to Resign as Director of National Intelligence," *The Washington Post*, May 21, 2010.
45. Klaidman, *Kill or Capture*, 39.
46. Scahill, *Dirty Wars*, 248 - 249.
47. Klaidman, *Kill or Capture*, 41 - 42.
48. Jo Becker and Scott Shane, "Secret 'Kill List' Proves a Test of Obama's Principles and Will," *The New York Times*, May 29, 2012.
49. Rollins, "Al Qaeda and Affiliates."
50. Mark Mazzetti, Charlie Savage, and Scott Shane, "How a U. S. Citizen Came to Be in America's Cross Hairs," *The New York Times*, March 9, 2013.
51. "Remarks by the President in Address to the Nation on the Way Forward in Afghanistan and Pakistan"; Evan Harris, "CIA: At most, 50 - 100 Al Qaeda in Afghanistan," *ABC News*, June 27, 2010; Office of the White House Press Secretary, "Remarks by the President on the Way Forward in Afghanistan," *White House Press Release* (June 22, 2011); White House Office of the Press Secretary, "Remarks by the President at the National Defense University," *White House Press Release* (May 23, 2013).
52. Clinton, *Hard Choices*, 191; Gates, *Duty*, 538; Corn, *Showdown*, 257; Sanger,

*Confront and Conceal*, 73.

53. Sanger, *Confront and Conceal*, 71 – 80.
54. 根据与国安会高级官员的采访内容。
55. Sanger, *Confront and Conceal*, 88.
56. Sanger, *Confront and Conceal*, 89.
57. Sanger, *Confront and Conceal*, 94.
58. Klaidman, *Kill or Capture*, 243; Scahill, *Dirty Wars*, 400.
59. Scahill, *Dirty Wars*, 440.
60. Sanger, *Confront and Conceal*, 96 – 97.
61. Scahill, Dirty Wars, 442.
62. "President Obama Monitors the bin Laden Mission, *Time*, http://content.time.com/time/photogallery/0,29307,2069208,00.html.
63. Sanger, *Confront and Conceal*, 97.
64. Sanger, *Confront and Conceal*, 98.
65. Sanger, *Confront and Conceal*, 99.
66. Scahill, *Dirty Wars*, 445 – 446.
67. Sanger, *Confront and Conceal*, 101.
68. 同上。
69. Eli Lake, "'Over My Dead Body': Spies Fight Obama to Downsize Terror War," *The Daily Beast*, May 21, 2014.
70. Ty McCormick, "Al Qaeda Core: A Short History," *Foreign Policy*, March 17, 2014.
71. Lake, "Spies Fight Obama."
72. Bureau of Counterterrorism, "Country Reports on Terrorism 2013," US Department of State, April 2014.
73. 同上。
74. 同上。
75. David Horsey, "'GM is Alive, Osama Is Dead' Is Obama's Answer to Republicans," *The Los Angeles Times*, September 5, 2012.
76. Dov Waxman, "Living with Terror, Not Living in Terror: The Impact of Chronic Terrorism on Israeli Society," *Perspectives on Terrorism*, vol. 5, no. 5 – 6, 2011.
77. "Remarks by the President at the National Defense University."
78. 同上。
79. Micah Zenko, "Reforming U.S. Drone Strike Policies," Council on Foreign Relations, *CSR* no. 65, January 2013.
80. Mazzetti, *Way of the Knife*, 310 – 311.
81. Philip J. Victor, "Pakistan PM Uses UN Address to Press US over Drone Strikes," *Al Jazeera*, September 27, 2013.
82. "Drone Wars in Pakistan: Analysis," New America Foundation, http://natsec.newamerica.net/drones/pakistan/analysis.
83. Bill Roggio, "Charting the Data for US Airstrikes in Pakistan, 2004 – 2014," *The Long War Journal*, http://www.longwarjournal.org/pakistan-strikes.php#; "Obama 2010 Pakistan Strikes," The Bureau of Investigative Journalism, August 10,

2011, http: //www. thebureauinvestigates. com/2011/08/10/obama - 2010 - strikes/.

84. "Drone Wars in Pakistan: Analysis; "Drone Wars Yemen: Analysis," New America Foundation, http: //natsec. newamerica. net/drones/yemen/analysis.
85. "US covert actions in Somalia," The Bureau of Investigative Journalism, http: // www. thebureauinvestigates. com/category/projects/drones/drones - somalia/.
86. David E. Sanger, "N. S. A. Nominee Promotes Cyberwar Units," *The New York Times*, March 11, 2014.
87. Richard A. Clarke and Robert K. Knake, *Cyber War: The Next Threat to National Security and What to Do About It* (New York: HarperCollins, 2010).
88. Clarke and Knake, *Cyber War*, 112 - 113.
89. Clarke and Knake, *Cyber War*, 113 - 114.
90. Clarke and Knake, *Cyber War*, 58.
91. Sanger, *Confront and Conceal*, 191.
92. Sanger, "Obama Order Sped Up Wave of Cyberattacks Against Iran."
93. Sanger, *Confront and Conceal*, 193.
94. Sanger, *Confront and Conceal*, 195; Ellen Nakashima and Joby Warrick, "Stuxnet Was Work of U. S. and Israeli Exports, Officials Say," *The Washington Post*, June 2, 2012.
95. Sanger, Confront and Conceal, 196.
96. 同上。
97. Sanger, *Confront and Conceal*, 200.
98. Clarke and Knake, *Cyber War*, 114.
99. Clarke and Knake, *Cyber War*, 38.
100. Clarke and Knake, *Cyber War*, 40.
101. 同上。
102. Sanger, *Confront and Conceal*, 201.
103. Sanger, *Confront and Conceal*, 202.
104. Sanger, *Confront and Conceal*, 330.
105. "Barack Obama's Speech at the University of Purdue," Council on Foreign Relations, July 16, 2008.
106. Clarke and Knake, *Cyber War*, 118.
107. 同上。
108. Sanger, *Confront and Conceal*, 204.
109. Sanger, *Confront and Conceal*, xii.
110. 同上。
111. Barton Gellman and Ellen Nakashima, "U. S. Spy Agencies Mounted 231 Offensive Cyber - Operations in 2011, Documents Show," *The Washington Post*, August 30, 2013.
112. 根据与网络安全专家的采访内容。
113. Gellman and Nakashima, "231 Offensive Cyber - Operations in 2011."
114. 同上。
115. 同上。; Matthew M. Aid, "Inside the NSA's Ultra - Secret China Hacking

Group," *Foreign Policy*, June 10, 2013.

116. Ellen Nakashima, "With Plan X, Pentagon Seeks to Spread U. S. Military Might to Cyberspace," *The Washington Post*, May 30, 2012.

117. 同上。

118. 同上。

119. 同上。

120. Glenn Greenwald, "NSA Collecting Phone Records of Millions of Verizon Customers Daily." *The Guardian*, June 5, 2013; "Snowden Got Stuck in Russia After Cuba Blocked Entry: Newspaper," Reuters, August 26, 2013.

121. Alexander Petri, "Traitor or Patriot? What a Silly Question, After 'Inside Snowden,'" *The Washington Post*, May 29, 2014.

122. Simon Romero, "Obama Tries to Soothe Brazil and Mexico over Spying Reports," *The New York Times*, September 6, 2013; Alyssa J. Rubin, "French Condemn Surveillance by N. S. A.," *The New York Times*, October 21, 2013; Anton Troianovski, Siobhan Gorman, and Harriet Torry, "European Leaders Accuse U. S. of Violating Trust," *The Wall Street Journal*, October 24, 2013.

123. Tim Risen, "Study: NSA Spying May Cost U. S. Companies MYM35 Billion," *U. S. News and World Report*, November 27, 2013; Juergen Baetz, "EU Spying Backlash Threatens Billions in US Trade," *The Associated Press*, October 30, 2013.

124. Zachary Keck, "Has Snowden Killed Internet Freedom?" *The Diplomat*, July 13, 2013; Robin Emmott, "EU Lawmakers Seek to Block U. S. Financial Spying," *Reuters*, October 23, 2013; Andrew E. Kramer, "N. S. A. Leaks Revive Push in Russia to Control Net," *The New York Times*, July 14, 2013; Maddy Fry, "China Looks to Strengthen Internet Security After Spying Reports," Time, March 27, 2014; Sandipan Deb, "The Prism Effect," *Livemint*, June 13, 2013.

125. Troianovski, Gorman, and Torry, "European Leaders Accuse U. S. of Violating Trust"; NYT Editorial Board, "N. S. A. Snooping and the Damage Done," *The New York Times*, October 25, 2013.

126. Jonathan Weisman and David E. Sanger, "White House Plays Down Data Program," *The New York Times*, June 8, 2013.

127. Charlie Savage, "N. S. A. Chief Says Surveillance Has Stopped Dozens of Plots," *The New York Times*, June 18, 2013.

128. Peter Baker and David E. Sanger, "Obama Calls Surveillance Programs Legal and Limited," *The New York Times*, June 7, 2013; Weisman and Sanger, "White House Plays Down Data Program."

129. James Risen and Eric Lichtblau, "How the U. S. Uses Technology to Mine More Data More Quickly," *The New York Times*, June 8, 2013.

130. 同上。

131. Weisman and Sanger, "White House Plays Down Data Program."

132. Evan Perez, "Secret Court's Oversight Gets Scrutiny," *The Wall Street Journal*, June 9, 2013.

133. David E. Sanger and Nicole Perlroth, "Hackers from China Resume Attacks on U. S. Targets," *The New York Times*, May 19, 2013.

134. William Wan, "China Demands U. S. Explanation About Reports of NSA Hacking into Huawei," *The Washington Post*, March 24, 2014.
135. Gellman and Nakashima, "U. S. Spy Agencies Mounted 231 Offensive Cyber - Operations in 2011."
136. Jared A. Favole, "White House Deflects Questions on Journal's NSA Article," *The Wall Street Journal*, October 28, 2014.
137. 同上。
138. NYT Editorial Board, "N. S. A. Snooping and the Damage Done."
139. Weisman and Sanger, "White House Plays Down Data Program"; Peter Baker, "After Leaks, Obama Leads Damage Control Effort," *The New York Times*, June 28, 2013.
140. Spencer Ackerman, "Some NSA Data Collection Is 'Legal and Effective', Says Independent Board," *The Guardian*, July 2, 2014.
141. 同上。
142. Ellen Nakashima and Ashkan Soltani, "NSA Shouldn' t Keep Phone Database, Review Board Recommends," *The Washington Post*, December 18, 2013.
143. "Liberty and Security in a Changing World: Report and Recommendations of The President's Review Group on Intelligence and Communications Technologies," The President's Review Group on Intelligence and Communications Technologies, December 12, 2013.
144. 根据与总统情报和通信技术小组成员的采访内容。
145. "Liberty and Security in a Changing World."
146. 根据与总统情报和通信技术小组成员的采访内容。
147. "Liberty and Security in a Changing World."
148. 同上。
149. Brian Fung, "Everything Yyou Need to Know About Obama's NSA Reforms, in Plain English," *The Washington Post*, January 17, 2014.
150. Charlie Savage, "Obama to Call for End to N. S. A. 's Bulk Data Collection," *The New York Times*, March 24, 2014.
151. Trevor Timm, "Congress Wants NSA Reform After All. Obama and the Senate Need to Pass It," *The Guardian*, June 20, 2014.
152. 同上。

# 第十一章 下一任总统的挑战

克服恐惧是智慧的开始。

——伯特兰·罗素

美国总统是世界上最孤独的工作。至少话是这样说的。如果在谷歌图片上搜索“美国总统”这几个字，奥巴马的图片就会出现。这是真的。

没有人能理解每任总统每一刻承受的巨大压力，或者他或她必须担起的责任。但是让白宫主人有所宽慰的是，没有一个总统能单独做好工作。

为了履行总统就任誓词中“维护、保护、防御”的责任，当代的每一位总统都要能管理世界上最大、最复杂的机构（光美国国防部就是世界上最大的雇主，雇用了320万人）。[1]他或她必须找出方法，发起、管理在美国政府、美国五十个州、各个城市、世界其他国家、国际组织以及大量私人机构、非国家行为体、个人之间的合作、交流和冲突。总统的工作更加令人苦恼的是，他或她还要面对美国 3.15 亿人民以及宾夕法尼亚大街难以管教、有时甚至脾气很坏的 535 名议员（更别提议员们的助手、媒体以及网上的批评者了）。

这就意味着，总统这份孤独工作的核心是极端复杂的合作工作。只有好的经理人和合作者才能成功。如果失败了，那是因为他们没能下放权力、和团队有效沟通、在必要时发挥领导力、以必要的开放心态倾听意见以及选择正确的合作对象。

与世界其他地区打交道时，合作的工具就是国家安全委员会。这是美国总统在国际事务上获得辅佐的必要机制，总统也必须通过这一机制监督自己决定的落实情况。国安会成立于战后的 1947 年，富兰克林·罗斯福总统尽管担任“经理人”角色时有所欠缺，但也是一位成功的总统。[2]国安会的成立是当时美国政府高层的共同愿望，期待在未来的危险时代，这一机制能够让事情变得更好。

1947 年的《国家安全法》规定了国安会的成员是总统的高级幕僚，同样也暗示应有职员来支持这一机构。[3]结果这么多年以来，国安会的规模变化起起伏伏，总体是往更大的方向发展，但其变化总是反映了总统的愿望。[4]美国再也没有另外一个机构，它的规模、大小、角色、执行的细节都完全依赖于每一任总统。每一任总统的国安会都是他想要的，或是他值得拥有的。正如我们看到的那样，总统可以任意甚至是随意赋予或减小个人的权力。如果总统选择咨询一个低级别工作人员或是高级政治幕僚，而不是国家安全顾问或是国务卿，如果他在幕僚之间有偏好，就等于用自己的注意力改写了美国政府的组织章程；他可以只是偏了偏头，或只是在白宫南草坪上走一圈。因此，国安会的组织架构，它如何在美国各机构、美国与其他国家之间发挥作用，必须成为新总统的优先考虑，因为无论新总统是否故意这么做，他或她都将塑造、改变这一机构；无论是主动还是被动，他或她都需要管理国安会。

在过去十年中，我们看到国安会机制的成功，国安会提供了国家运转所依赖的日常服务，但我们也看到国安会的运行不畅甚至失误，从根本上震动了世界，让大家对美国的世界地位质疑。我们看到了小布什政府竭力吸取第一任期的教训，也看到奥巴马政府没能汲取经验。我们看到高级官员对过去的教训置若罔闻，也看到他们和他们应当服务的机制对世界变局大感吃惊，对新生的通信技术、潜在的危机毫无准备。动荡残酷的世界对领导力提出需求，他们却毫无回应。

我们知道风险。因此，当新总统 2017 年 1 月宣誓就职并入主白宫时，这个人不仅有必要对如何使用国家安全机构有清楚的计划，还必须知道要如何改头换面。幸运的话，如果新总统能够听取建议，研究诸如此书中谈及的历史故事，那么将会在执政首年也就是这个机制建立 70 周年时找到应对挑战、重塑机制的最佳办法。正如 70 岁的事物或人一样，汲取历史精华、继续放眼未来、坚持与时俱进是取得成功的关键。

## 时机是一切

幸运的话，椭圆形办公室的新主人将不会面对以危机为主题的阶段。但事实上，每当美国国运暂时低迷时，衰落主义总会相伴而生。未来这一论调可能会减弱，但还会有其他我们已经讨论过的恐惧时代的心态表现。无论谁赢得大选都会依循各竞选人参选时的说法，对未来做出最乐观的描述。这就是近年来美国总统选举的运行方式。某位竞选人能赢是因为美国人相信他或她能终结小布什和奥巴马时代弥漫的不安情绪。正如选民希望小布什能够结束克林顿执政末期的争议和分歧，希望奥巴马能够终结小布什造成的极化和国际上的挫折，某位竞选人能够胜选，总是因为他或她能够令人信服地证明自己比前任做得更出色。

幸运的话，选民将意识到，选择一位有国际事务经验的竞选人在现代世界至关重要。那些国际事务经验丰富的总统处理相关事务通常最有效率、最有创造力，典型的如艾森豪威尔、乔治·H. W. 布什，甚至理查德·尼克松。接下来是那些有一定国际事务经验的人，他们能从错误中汲取教训，首先能想到的最佳例子就是比尔·克林顿。而那些没有国际事务经验的人几乎都会犯下重大错误。

下一任总统成功与否当然并不完全取决于总统的政策，还与当时美国国内的趋势和事件有关，与美国在世界的地位有关。

从这方面看，相比小布什和贝拉克·奥巴马执政前，下一任总统可能会面对更好的一副牌。

2017 年，美国仍将是地球上最富有、最强大的国家，美国的经济会增长，继续从 75 年来最糟糕的经济危机中恢复过来。此外，美国作为地球上最富有、最强大的国家，其领先优势不只是一点点，而是很多。

按照购买力平价计算，中国国内生产总值或许会超过美国，但是按人均算的话，美国在许多方面明显领先，比如自然资源，比如把资源转化为全球实力的能力，比如资本市场的活力和深度，比如私营行业、科学家、科技人才以及其他创新人员重振美国的能力。[5]我们独一无二的国际联盟网络亦是如此，这份资产或许老旧，需要更新，但历史上任何大国都无法与其规模比肩。我们的体系尽管有缺陷，也有不公平之处，但自身就蕴含创新的种子。这就是为什么我们能比其他发达国家更快从经济危机中恢复。你或许不喜欢“不良资产救助计划”，但是当美国政府把美国金融界领袖召集在一起，借助能使用的资源做出艰难抉择，真可谓刮骨疗伤。

正是出于这些原因，大家还会期待美国扮演世界领导的角色，而美国还会继续从这个期待中得到无形的益处。在过去两任总统执政期间，我们见证了怀疑美国领导角色的时刻。没有一个国家可以像美国那样发挥领导作用，而且所有的大国行动前都会向美国求助。尽管令人不舒服，但最能衡量这一点的是，当只有美国能够承担领导角色而其却未能挺身而出时，我们可以明显感受到世界上许多人表达出失望之情。在美国入侵伊拉克的那段黑暗时刻，谁能料到几年之后，中东的亲密朋友会批评下一任总统做得太少，而不是做得太多？要保持平衡难于上青天，或许是不可能的。总会有批评之声。但没有任何一个国家会面对这样一种期待和负担，有时这是巨大的资产，有时又是巨大的债务。

新形势的发展可能会支持美国复兴的论断。其中一项发展就是，我们逐渐认识到自己躲过了子弹，过去几年中安全度过了动荡。另一点就是，由于新能源的发现，美国可能成为世界领先的能源消费者以及生产者。[6]仍然没有一个国家能像美国那样，在太空、天空、海洋以及陆地具备投射能力，此外美国还发展了新能力，通过新科技投射影响力。很多新科技都发源于美国本土，美国的科学家、公司、政府机构是世界当之无愧的行业领先者。比如说，网络领域主要由美国主宰，而世界的商务、政治、教育、社会交往都是在网络上进行的。美国有世界最顶尖的高级教育体系，是 3D 打印、高端制造、生物科技等新一代科技的引领者。[7]此外，美国还有巨大的地理优势。我们两个最近的邻居和贸易伙伴——墨西哥和加拿大都是和平、富裕的友邦。两个国家能源丰富、生产能力不断增强、生活水准不断提高，与美国保持紧密的关系。[8]事实上，人口趋势也显示美国影响力会回升，根据预测，到 2050 年美国人口可能会达到 4 亿，且由于美国欢迎移民，美国人口比欧洲、日本、中国的人口要年轻。[9]墨西哥人口将达到 1.5 亿，加拿大将达到 4100 万。此外，如果趋势不改变，中国人口可能会开始萎缩，而且中国人的平均年龄会比北美国家的人要大上几岁。当然，美国的四周就是“流动资产”——大西洋和太平洋。身在两洋之中，美国能让自己隔绝于世界上的很多问题。

出于上述原因，再加上美国很多潜在对手都有经济、社会、政治上的困难，甚至都面临巨大的转型挑战，有理由推测，美国在未来的几十年可以发挥一直以来的中心作用。为此，美国下一任甚至下下任的领导人一定要解决一系列挑战。过去几年发生的事情说明，在管理和发展美国国家安全和外交政策方面，仍有一些紧急的优先事项需要处理。

正如十年前一样，要发现美国哪里能做得更好，线索就在身边——在过去十年的错误中吸取教训，在世界提供的其他线索里寻找灵感。其中值得关注的一点就是过程、机制的“缺口”或缺陷，通过研究小布什和奥巴马政府国家安全架构的作用及失灵，就可以得出教训。另一个值得关注的领域是与大趋势或新兴话题相关的智力、理念、政策不足。在一些特别薄弱的环节，这两个缺口可能会互相交叉影响。下一代美国国安会的管理者在重塑这个灵活的机制、重新思考美国国家安全和外交政策机制运作时，一定要将这两个缺陷牢记在心。

## 开始：知道哪些应保持不变

既有的一些案例研究充分说明了小布什时期国安会架构的优点。诚然，这样说显然会让很多人震惊，因为不少人仍然用他在位头四五年犯下的大错来衡量他的整个总统任期。在小布什第一任期里，尽管国安会里都是兢兢业业、才华横溢的人，这一体系却断裂了，制定的政策以及后续的执行很糟糕，在美国现代史上都少有。

出现这些问题的原因，本书以及《美国国家安全委员会内幕》一书里都做了全面分析：“反应式”政策；意识形态驱动决策；无法实行连贯的政策过程；副总统和国防部部长叫停、隔绝了国务院等机构的不同意见；一些人绕过体系工作——开后门、忽视决定、将自己个人的建议递给总统；没有清晰、可问责的决策过程就做出重大政策决定，如解散伊拉克军队；总统经验不足；国家安全顾问太多时间直接服务于总统，而很少管理机制；在人事问题上犯了大错。

接下来是第二任期。政府更换了一些关键岗位的官员，国安会调整了结构和方式，重新回到最佳状态，工作表现大大提升。国安会并不需要改头换面，只需要留意一些长期存在的准则。斯蒂芬·哈德利曾经研究指出，这些准则是布伦特·斯考克罗夫特的产物。大家都把斯考克罗夫特当作国家安全顾问的模范标杆。哈德利认为，国家安全顾问是一份幕僚工作，其重要性并不是成为发言人而与国务卿争权夺势，也不是在政策操作层面大放异彩，不必满世界穿梭处理重大协商。哈德利的管理哲学清楚无误，那就是应当作为诚实的掮客传递各方观点，赢得和维持内阁官员对自己的支持。尤其重要的是，哈德利不仅一开始深得总统信任，国务卿康多莉扎·赖斯之前担任哈德利副手时就和他关系密切、合作无间。随后，资深国家安全专家鲍勃·盖茨也加入了，盖茨曾担任布伦特·斯考克罗夫特的副国家安全顾问，他尊崇严格的决策流程，很快解决了拉姆斯菲尔德留下的问题。拉姆斯菲尔德这个人痞气十足，不受控制，常常会创造性地想出有趣的主意，但又会被自私自利的官僚思想所推翻。一个强势、尊崇决策流程的白宫办公厅主任也至关重要。大家通常会低估国安会和整个政府运行的重要性。在所有官员中，总统在树立政府文化方面几乎扮演最重要的角色。白宫团队继续吸纳人员，因为只有团队成员提升，整个团队才能更强。汉克·保尔森加入了团队，在他最熟悉的领域担任领导。保尔森不仅擅长应对金融危机，还熟悉中国事务，算得上是另一个加分点。保尔森、盖茨和赖斯都致力于管理好自己的机构，这是政府成功运作的又一条经验。

最大的改变则是总统努力想学会如何做好这份工作，如何给自己的团队授予权力，如何参与解决最棘手的问题，还有如何接触世界上的其他领导人——这些重要的工作都需要总统全情投入。没有人会认为小布什是一位伟大的总统，但如果给总统的进步程度打分，他会拿到高分。小布什和他的团队取得了一些名副其实的重要成绩，但他们犯下的错误通常遮蔽了这些成就。

简而言之，当基本准则得到认可和遵循后，整个体系就会运转得很好，而且当出现一些不好的情况时（正如以后也会出现一样），体系能够迅速得以修复。这些情况包括：团队中的不同成员成为“有害因素”；突发事件让体系运作模式变糟；政治对管理方面的影响过大；或者总统还未做好领导团队的准备。

奥巴马执政期间，这些基本的经验教训再次浮现，有时候并未借鉴从前。比如总统允许资历较浅的官员在决策程序上绕过琼斯将军，削弱了琼斯的威信；一小群政治顾问和“信徒”创造了排外、平行的小圈子决策流程，导致国安会和内阁许多官员无法发挥应有的作用；总统与自己的团队和国际领导人保持距离。在奥巴马任内，国安会越来越多地参与反恐行动的微操作，或者取代国务院与国际高级官员打交道，或者从事高调的国际事务，这样一来，国安会逐渐步履蹒跚，难以发挥战略规划、协调政策制定和监督政策执行的核心任务。同时，正如我们所见，高级国家安全官员无法理解核心的经济或科技问题，无法向政府中真正懂得相关知识的人获取所需的建议与协作。但是，我们也看到，一旦坚持遵守处理决策流程的核心准则，就会产生明显的积极结果。这在汤姆·多尼伦任职期间最为明显，在抓捕本·拉丹的最后几天中，总统参与决策，果断坚定，并且能够统领决策流程；内阁部长级官员与白宫密切协作，总统赋予他们权力，而且劲往一处使，在奥巴马第一任期提出了亚洲再平衡；2011 年的有效决策催生了新的《削减和限制进攻性战略武器条约》；运作伊朗核谈判和制裁过程中出现新元素。相反，如果不留意过去的经验教训，如果总统和他的团队进步不足，那么第二任期的表现会远比第一任期糟糕。

仅仅从才能看，苏珊·赖斯作为国家安全顾问一点都不比前任们差，但在我撰写本书时，还不能确定她是否愿意或能够成为那种幕后经理型国家安全顾问，而这恰恰是该职位必须做到的。她前往阿富汗或以色列执行高调任务时太爱出风头，表现得像是国务卿而不是国家安全顾问[10]（多尼伦也执行过类似任务，但在媒体上要低调得多）。赖斯没有真正努力建立与内阁同僚之间的信任，白宫、国务院和国防部时常出现紧张与分歧。根据国安会人员的说法，赖斯在大型会议上斥责她的团队，疏远了其中一些成员。[11]国安会日益成长为影子内阁，赖斯无意扭转权力逐渐向国安会集中的趋势，总统本人也没有要求她这么做。其实，他们似乎并不明白，由于扮演了白宫无法承担的角色，因而无法发挥应有的作用，比如战略规划、监督执行积极和有创造力的决策流程。

重要的是，正如小布什第二任期、克林顿第二任期、里根第二任期后期国安会展示的那样，成长、学习、进步是可能的。但这有点像一个老笑话：换（改变）一个灯泡要多少个心理分析师，结果是只需要一个，但是灯泡必须自己想要改变（换）。

但有必要将过程失败、政策错误以及领导力不足区分开来。过程失败可以通过加强管理和纪律、培养愿景、集中优质人力来解决。但我们见识过政策错误以及领导力问题。这通常是由于领导人将个人政治得失置于国家安全利益之上，但也有别的可能——错误的判断、避险的天性、对失败的恐惧、对潜在风险认识不足、没能学习历史、总统及其团队成员的性格。但是国安会的另一条教训以及国安会可靠的手段，也能让人有所安慰。如很多精心设计的政府结构一样，国安会并不只是给伟人设计的。伟大的总统很少出现。事实上，国安会之所以重要是因为它的设计就是用来抵消个人弱点，用团队力量加以补充的。国安会应当成为一个滤网，挡住公共辩论的噪音、转瞬即逝的情绪。说到底，未来总统之所以要接受国安会最好的架构及其过去70年建立的管理原则，是因为这一过程的设计考虑到了总统的局限性。

如果总统们有自知之明，他们就应该能宽慰地发现，国安会有能力在他们的局限以及国家需要的表现和保护之间搭起桥梁。

尽管有以上种种优势，尽管应当肯定国安会正常运作的体系。（在这里，笔者必须要补充，要保证国安会正常运作，不是要增加而是要减少工作人员数量，这样才能将更多责任交还给那些本来就该做这些工作的机构。）国安会还有一些需要改进的地方。下文列出了其中的几项。

## 填补创意缺口

华盛顿的天性就是反应式的。正如本书前言中指出的，理论上智库应当推动对话、开辟智力的新疆土，实际上也应遵守华盛顿的游戏规则。这有点像心理版的少年足球，大家都围着球——哪些话题最热、最容易被媒体关注，研究哪个话题最容易得到当政者赏识甚至加官晋爵。其他几个因素让这一现象更加严重。

首先，政策界人士要在政府就职，必须要通过参议院的批准。而近年来的政治小动作已经让这一过程愈加困难，不是要挑选最优秀、最聪明的，而是要挑最保险、最平和的。如果你的观点不落俗套、不同寻常或是有点争议，哪怕惹怒了一个参议员，这个提名过程就会受阻，就会为你的事业设置难以逾越的路障。所以学术谨慎往往会有好结果——这在任何时候都是有风险的，但在变革时代却最危险。这个年代最需要的就是适应力、观察力，以及对新观点的接受力和理解力。

如果这种情况长期存在，不仅会使鼓励机制与实际需求失调，还会出现这样一种情况，即那些事业获得持久成功的人因为错误的原因而被挑选进来。同时，这些被挑中的人在事业进阶过程中影响力逐渐扩大。他们又会提拔相似的人，培养一种让他们觉得自在的文化氛围。到最后，智库、学术机构和杂志都充斥着循规蹈矩的人，而不是美国最需要的创造力大进步。

最后，人们的思维总会存在启发式偏差这个缺陷，从更广的层面看，这些思维操纵的机构和流程让事情雪上加霜。这种缺陷包括：使用近期历史或熟悉的例子对未来或未来需要做的事情下判断；判断未来风险和成本时过于依赖过去的经验；过去的成功、失败或挑战过于影响对未来成功、失败或挑战的判断。

这种智库和政策期刊的体系显然需要变革，需要打破旧模式。新科技让变革更容易。如今更容易听到年轻的声音，接触传统政界之外的新思想和新人才，建立虚拟对话和开展全球互动。一些智库，比如我曾经待过的卡内基国际和平基金会，还有布鲁金斯学会，它们成为建立全球联盟和推动全球讨论的先驱。一些媒体机构亦是如此。但很显然，由于华盛顿政界狭隘的本质及其机构特征、奖励机制、内部障碍等，在未来一段时间变革可能仍会面临艰苦的斗争。

过去 15 年，我们目睹了华盛顿文化造成的伤害。我们目睹了集体迷思的代价。我们目睹了盲目党派性导致的行动不力。我们目睹了打响上一次战争的代价。就在最近，我们还目睹了政治思维和政治幕僚推动外交决策的代价。政治的关注点必然比较短浅——下一轮民调、下一场初选、下一次大选。而外交决策一般总得考虑长远的国家利益。民调不能主宰外交政策，历史上美国民众曾希望国家能够避世，但这么做并不一定符合国家利益，比如在二战之前。领导人有时候必须勇于走出自己的方向，或许这个方向会让当初选择他或她的人感到不适。要做到这一点不仅需要勇气，还需要战略，因此也需要远见。

仅仅纠正过去的错误并不是战略。发表不切实际的演讲也不是战略。近年来，大家总认为领导人发表的演讲蕴藏深刻的价值。事实上，真正的战略不仅需要清晰的长期目标，还需要日常运作，培育关系，分清主次，为历史性转折未雨绸缪。然而，光是战略还不够，还得是正确的战略。在过去两位总统的任期内，我们目睹了错误的战略，也见识到缺少清晰战略的状况。

政府负责决策的机构需要一些这样的改变。几乎没有人比莱昂·帕内塔更了解这一需求了。帕内塔的人生经历让他能够从国会和行政机构的视角看待华盛顿政治，在这一点上，他的同僚无人能及。说起国家安全机构，帕内塔表示："国安会必须在双轨上运行。一方面，你显然必须处理危机；另一方面，国安会得体现创造性的一面，就是关注一些更宏大的议题，比如网络问题，比如怎样处理与拉丁美洲的关系、如何处理与非洲的关系、如何打造未来我们需要的联盟、如何升级和管理我们的核武库。"帕内塔承认，还有很多重大问题我们没有勇敢面对。他畅想"国安会能够体现出智库的一面，一些关键人士能够坐在一间屋子里，精力不受到危机的牵扯，不受到政治的牵扯，不受到《纽约时报》或《华盛顿邮报》可能会刊载内容的牵扯，而是能够花上一些时间，谈论在这些重大领域我们未来究竟该怎么走……我说的是塑造出总统最终能够欣然接受的政策，然后总统会说，这正是我们要做的事情。这必须是以行动为目标的"。

在国家安全决策流程方面，布伦特·斯考克罗夫特是公认的大师，他如此描述道："冷战期间，如果我们搞砸了，可能会面临核战争。这就是必须把事情做好的动力，必须走在事态发展之前。今天，我们没有覆盖整个世界和未来变化的战略。而有很多变化正在发生。500 年来，我们生活在威斯特伐利亚的国家体系之下。但是，全球化侵蚀了国界。世界人民第一次政治化了，科技让大家互联互通。权力的本质正在变化。冲突的本质正在变化。我们自身的演进却不能很好地适应新形势。现在的世界没有冷战时那么危险，但要复杂得多。"

## “科技创造现在的世界。科技就是世界”

体系中的这一缺口在科技领域表现得更为突出和危险。变革的速度快得惊人。我们面临的国家安全挑战，涌现的威胁，“9·11”事件之后采取的措施、手段和战略最能说明这一点。今天，美国军事科技打击恐怖分子的顶尖技术就是无人机，而无人机的操作者往往是在距打击地点十分遥远的地方，通过飞机和卫星网络以及强大的处理能力进行遥控。新的监控手段从因特网上搜集的情报为操作者提供指引，他们的强大后盾就是美国的网络攻击能力——美国可以不费一枪一弹就让整个社会瘫痪。我们的敌人、对手，甚至一些伙伴，也在使用相同的技术，不是进行战争，而是在相对和平的时代从我们这里窃取想法。

对于这些形势的发展我们掌握了一些情况。这些发展背后的趋势不仅将持续而且将加速。我们同样知道，这一趋势推动的新变革以及人类在高端制造、高级材料、神经科学、生物科学、能源创造及利用方面取得的进步将更大程度地改造世界。这些领域的变革将加速。看看政策界关注的焦点，会发现智库中对这些问题的讨论并不够多。我们甚至没有必要的思考者。最后我们发现，政策界的情况很糟，而美国政府的情况更糟。

一位奥巴马政府的高级官员说，即使是政府内最懂科技的部门也出现了“马和直升机的问题。政府总是想要一匹快一点的马，而他们其实需要一台直升机。但是他们并不懂直升机”。[12]

并不是说，没有顶尖的科学家为美国政府服务；并不是说，美国政府在发展重要技术中没有发挥核心作用。问题在于，科学家和高级技术人员很少能打入政府高层。当偶尔有人进去了——比如奥巴马的能源部部长、诺贝尔奖获得者、著名物理学家朱棣文——他们也会发现与周围同事格格不入。[13]朱棣文甚至因为缺乏“政治技巧”而被体制边缘化。无论华盛顿的两党斗争多么严重、运行多么不畅，在一些事情上还是很统一的。华盛顿从根本上来讲是保守的，不喜欢变化，“非我发明症”严重，拒绝外来人及外来思想，其固有政治免疫系统将自动排斥侵入者，就如同白细胞要拼命杀死外来的病毒。此外，撇开政治言辞，华盛顿还是由“小思维”主导的，关注风险和自我利益而不顾理应服务的体系。

最后，比上述因素都重要的是，曾为现代美国创造伟大变化的公私合作——华盛顿与科技界的合作，现在已经逐步破裂。诚然，过去这些伙伴关系是在美国危机时代建立的，借以应对国家的挑战。第二次世界大战和冷战推动了这一切。那些年，从雷达到因特网，从空间科学、材料科学到公共医疗的突破，美国的伟大之处在于将美国政府的需求、资源和私营部门的创造力相结合，找到新的方案，再将此转换成社会福利。[14]不幸的是，近几十年来这一过程逐渐萎缩。科技界的新发展如今都是在硅谷这样的地方开发的。硅谷的成功来源于充足资金（风投产业也是来源于艾森豪威尔时代政府资助的项目）以及“车库创业”的精神。但那里的观念是，科技不需要政府。硅谷、128 公路高新技术区以及美国其他科技中心的政治氛围是无政府和自由主义的。政府的角色极大地缩小，与政府打交道的模式已经和华尔街无益——“不要找我们，我们会找你”。谷歌、微软、“脸书”、亚马逊等公司最近在华盛顿建立了游说办公室，确保政府的规章制度不要影响他们做生意。[15]国土安全部负责科技的副部长塔拉·奥图尔说：“重心已经改变。人们现在相信革新的中心已经移到了加州。硅谷被神话以及特别的光环所笼罩——那里的公司及产品令人向往。但在这些公司老板眼中，这些成功完全是他们自己创造的，与政府无关。然而，苹果手机、苹果平板电脑中运行的科技（全球定位系统、Siri 语音系统、触屏等）都是由美国政府资助研发的。但是，信息通信行业中的很多人都认为政府与他们不相干或者关系更糟。一个大科技公司的高官对我说，‘我绝不雇用曾为州政府或联邦政府打工的人’。我问他为什么，他说，‘因为我会认为这样的人或蠢或懒，或两者兼具’。这种对政府的傲慢和鄙夷是缺乏教养且十分危险的，却十分常见。”

奥图尔继续说道：“二战期间以及二战刚结束后，范内瓦·布什等顶尖科学家与总统、国防部部长以及其他高级官员密切合作。长期以来，研发能力与机构任务越发脱节，直到苏联发射人造卫星后，艾森豪威尔才成立了美国国防部高级研究计划局。今天，国会领导人认为私营行业能够提供国家所需的大部分创新。大家没能理解政府在资助高风险研究中的重要作用，甚至没能理解政府在资助信息科技革命中的角色。”

不过她指出，这种缺陷是双向的，当私营行业想表达些有价值的看法时，政府也不想听。与她交谈时，我想起自己的亲身经历。我在一家公司工作时，这家公司在网上发现了一种疾病在中国爆发的迹象。后来证明，这就是“非典”爆发的首个信号。我们运用公开情报研究，比世界卫生组织早三个月发现了这类危机的重要情况。我们去了疾病控制中心，告诉他们我们发现的信息，他们对此不屑一顾。他们不会接受私营行业的信息。“毫无疑问，我们在这方面的合作非常糟糕，”奥图尔表示，“想想我们处理跨部门事务时表现得有多差劲吧。1999 年，纽约市暴发西尼罗河病毒。美国疾病控制与预防中心一开始说这是圣路易斯型脑炎，而布朗克斯动物园的一位兽医打电话想告诉中心并非如此，因为据称鹂鹋会死于这种脑炎，但实际上没有。疾病控制与预防中心没有理会她的电话，因为她不过是布朗克斯动物园的一个兽医而已。这位兽医最终找到了疾控中心落基山实验室神经病学的负责人，负责人对此也嗤之以鼻，朝兽医嚷道，‘我们是疾控中心，不和你们这样的普通民众交谈’。这就是他的态度。”

最大的缺陷是在顶层。杰克·沙利文是美国国家安全顶层机制中冉冉升起的明星，之前曾担任国务院负责政策规划行动的官员，后来出任了副总统拜登的顶级国家安全顾问。他表示："现在决策中最大的缺陷在于，我们没有好办法能融合懂政治、外交政策与懂科学、技术和其他复杂领域的人。网络是最佳例证，很难把熟悉网络架构的人与了解大背景、能够分清主次、懂得有舍有得的副部长级委员会联合起来，因此也就很难在最后推出理性、全面的政策。"当今世界，科技日益复杂，还有沙利文提到的金融领域亦是如此，决策者普遍是通才，难以充分理解摆在桌上的选项。这不仅导致决策过程中的缺陷，还会导致专家"暴政"，比如说财政部中的某位官员是美国政府真正理解国际衍生品市场的三位专家之一，或者国安局的核心部门中有一批黑客，他们了解把某一特定蠕虫病毒放入另一个国家的关键基础设施后会有什么后果。

"五朝元老"霍尔迈茨考虑过这类问题，他认为解决的方法可能是适度调整国务院的组织架构（在考虑国安会和其他机构的组织架构时，这种想法也适用）。他表示："要做的就是充分重视科学、技术和金融、经济议题，让个人能够充分发声。在国务卿克林顿的领导下，我们进行了重组，国务院经济部门处理的议题囊括了经济、能源和环境，并且新成立了能源部门，因为我们觉得这个议题十分重要，具有战略意义，需要一个助理国务卿级别的官员去处理。经济团队还包括科学事务顾问和科技团队，但不幸的是，他们都达不到助理国务卿级别。如果要举例说说如何解决问题，我当然要推荐在团队中增加一名新的助理国务卿来负责科技，然后让他们能够从私营和公共行业、最优秀的大学和研究中心招募杰出人才。这么做能够增强国务院开展21世纪外交的能力。"

在讨论中常常被提及的例子就是核时代的出现。有人说，要理解威慑以及冷战时代外交政策的核心概念，就必须要理解我们的核武器能力，还有投掷重量、发射系统的限制等问题。但杰克·沙利文指出，如今技术问题的重要性要比过去重要得多。“对我来说，过去和现在的区别就是，20 世纪 50 年代，理解威慑、相互确保摧毁、对等等问题时，你不需要知道可裂变材料如何变成武器，如何用作弹头。不需要这些知识就可以做决策。你需要知道的只是一些通用科学。”与此形成对比的是，沙利文指出：“要理解网络问题并具有前瞻性，就必须要掌握很多细节，这些细节政府决策者不可能知道，因为需要很多知识才能理解，如何才能阻止攻击、报复性行动的后果是什么、面对对称性和非对称性对手我们到底有什么能力。”前议员、后来担任负责军控事务的副国务卿埃伦·陶舍认为，管理核武器库（帕内塔和其他人认为在这一领域存在较大的理解缺口）的所有过程都在国会进行，但国会很难理解这一问题。她说：“国会完全不理解美国庞大的核武器体系，这个体系做了什么，为什么重要。”

一位奥巴马政府的高级官员称：“科技一直被视为我们理解国家安全的辅助性注脚。但是……科技创造了现在的世界。科技就是世界。我们没能理解它的重要性及发展方向。”[16]这位官员指出，政府从未做出任何努力，思考科技未来的发展路径及对经济和国家安全的影响。举个例子：“总统隆重地宣布我们将投入 1 亿美元在大脑科学上；同时《纽约时报》公布了一项骇人的发现……显示到 2040 年阿尔兹海默症的发病数和治疗成本将增加 1 倍。但这两件事同时宣布意味着总统要将非常少的钱投给一个并不完备的计划、《纽约时报》公布研究结果显示我们的经济和社会将在未来承受巨大负担，我们的下一代人要承担照料我们的负担，等等。”[17]

奥图尔也举出了理解不够而产生的风险。“现在发生的是，20 世纪的计算机革命驱动着 21 世纪的生物学革命。而其重要性却没有被政府领导人注意，部分原因是在国会、政府、政府机构中，很少有生物学家或其他人能理解生命科学进步的意义，部分原因是这些进步尚未产生很多消费品。政府高层大多对此视而不见——我们正在错过巨大的经济机遇，还有可能放过严重的生物威胁。2001 年炭疽病毒袭击发生之后，我们对生物防御的兴趣和投入都经历了一个高峰，但我认为现在美国的生物防御能力在退步。”但是除了传统的国防因素之外，还有经济方面的影响，同样和安全密切相关：

> 我们正放任重要的资本流向亚洲，追逐更高利润。很多制药企业已经撤离美国。他们在别的地方制造一切。美国 80% 的处方药在印度或中国制造。这是一个国家安全问题……我们在这一领域的预算也不多。中国科研经费以每年 24% 的速度增长。亚洲（不包括日本）在科研上的投入与美国大致相等。这会怎么样？这会带来什么样的后果？美国不再进行临床实验。这太难了。我们现在在印度做。谁真正花时间和精力思考过，我们的知识产权政策会造成怎样的国家安全影响？

奥图尔还认为，美国面临风险，可能会将科研革新领导者的地位拱手让人。“最近，政府中有很多讨论，关于如何承担能源部国家实验室持续运作的经费。但国家实验室是政府中少有的可以进行复杂和长期研究的地方。我认为，现在不是关闭这些实验室的时候。但是正如最近有关网络威胁的讨论所展示的那样，国会里很少有人，甚至连那些有兴趣的人，都无法理解关于这些问题的专业词汇。所以要讨论下一代威胁十分困难。”

很显然，弥补这些缺陷不仅需要新政策，还需要新一代决策者采取协调一致的行动。这些决策者必须理解将要面对的议题、威胁和科技造就的机遇。若想推动这一进程，方法之一是必须认识到，最高层的国家安全架构无法解决这类问题。国安会需要提升科学和技术能力，还需要设立新办公室。一个资深的官员与我谈话时表示，白宫科技政策办公室“做的工作只比写演讲稿高级一点点”。[18]这个办公室理应承担更有实质性内容的工作。许多议题都需要跨部门商议，但目前都没有。正如我们所见，因特网监控政策和网络政策会导致经济后果；隐私法或有关网络治理的相关决定会影响国家安全；在教育和制药方面的开销最终会影响国家实力的强弱，新制定的法律和规定也会有这样那样的效果。或许过不了多久，正如杰克·沙利文所建议的那样，就有必要在一位总统助理的领导下，真正采取行动，建立科技议题方面的常规高层跨部门协调机制，让政策圈的不同人员“联姻”，而不只是让这一切成为久未兑现的好想法。

## 从结束所有战争的战争到永不终结的战争

或许一些结构调整很必要，但政府最赖以为生又常遭忽略的准则之一是“对重组诱惑的抵触”，这是前商务部部长皮特·彼得森的说法。这种现象的部分原因是，政府内阻止重组的力量根深蒂固，进入政府的官员试图改变，但最后都被原有的流程所同化。这一流程耗时过长，却几乎没有花时间解决真正的实质性问题，最后的结果总是不尽人意。还有其他原因，正如一位亲历官员告诉我的：“成功的秘诀在于了解重设重点和重新组织的区别。大家总是先重设重点，只有当这招不灵的时候，再尝试重组。”[19]

此外，正如我们所见，再加上恐惧、政治因素或者其他由于改变而引发的反应性因素，结果总是不可避免地更加糟糕。美国国家安全机制在半个多世纪后才经历了最大的重组，也就是在“9·11”袭击发生后，小布什政府创立了国土安全部、国家情报总监、白宫国土安全委员会以及能力增强的反恐中心。[20]然而，即便如此，这些变化也无法解释新国防和情报项目投入的大规模增加。[21]尽管一些举措弥补了原有能力的缺陷，可以解决现有的和正形成的威胁，但还是有一些举措不过是给原已臃肿的国家安全机构又无谓地贴了层膘。

迈克·海登反对设立国家情报总监。“就凝聚力和向心力而言，国家情报总监比之前的中央情报总监还要弱。”莱昂·帕内塔也有这种感受，他说道：“除了协调任务之外，国家情报总监办公室没有太多有效的权力。”“9·11”事件后的紧缩现象是再好不过的证明。国土安全委员会被吸纳进国安会。[22]每一任中情局局长都与国家情报总监争权夺势，确保中情局仍然在美国章鱼般的情报机构体系网络中作领军者。目前，美国情报体系包含了 17 个独立的实体机构。不过随着网络议题越发重要，这种情况可能会发生变化，变化取决于因特网监控方面提出的改革究竟意味着什么。国土安全部是曾作为其他部门机构组成的大杂烩，从来都没有跻身美国政府中的一线部门。

如今的国安会十分臃肿。尽管部分原因是吞并了小布什时代的国土安全委员会的成员还没有得到充分“消化”，但是汤姆·多尼伦表示，大部分原因在于，总统坚持自己是许多决策的核心，因此给总统建言献策、执行总统建议的能力也必须相应提升。国安会很快成为其他机构的复制品，我与其他机构人员交流时他们普遍这么认为。一位克林顿任内的国务院官员提及国安会时表示：“国安会不能扩展为一个执行机构，这一点很重要。应该是斯考克罗夫特模式，对吗？应当是个委员会，而不是一个行政机构。现在无论称它为国安局还是国安会，它都是个行政机构，发展方向完全与设计初衷背道而驰。如今，国安会成了影子国务院，成了影子美国国际开发署。”但国安会又存在一种内在矛盾，这位官员表示：“跟以前的规模相比，国安会现在人员过多，但与他们正在取代和排挤的机构相比，国安会的人员又太少。此外，国安会过于庞大，撰写太多材料，召开太多会议，这让其他……有法定责任做事的机构很难开展重要工作。”[23]

斯考克罗夫特直入主题：“有时你必须往回撤几步。政府非常不善于往后退和思考。国安会是唯一能这样做的机构。你必须要有勇气做分类，你不能处理每一件事物，这需要判断。”

在信息技术发达的年代，当世界上一些最成功的公司已经开始向提高反应速度、灵活性和效率的方向发展、采用去中心的结构时，美国政府这一世界上最大的组织却变得头重脚轻、更多权力向中间转移、官僚体系层次更多。这毫无道理。臃肿的国安会对提高美国外交政策管理的有效性没有帮助。奥巴马和小布什的国安会团队是美国历史上最大的，然而审视一下他们的政策结果以及政策过程、执行结果、对总统的建言献策，我们会发现他们的表现并不比之前小规模的国安会好很多。

美国国家安全机制的中心存在着严重的组织问题。这一机制联系三大体系——外交、国防和情报，而这三大体系当前的结构都不能很好地适应使命。它们的使命在变化，但是它们尚未拿出可以指导未来行动的理念和思想，来帮助实现必要的结构改革。

国务院的挑战同时来自内部和外部。在外部，国务院擅长的政府对政府的交流已经成为古董。今天国家间的很多交流都是在私人层面完成的。国家间有数百万个交流渠道，取代了政府参与交流的重要性。如今，外国政府和个人可以更轻松地与美国政府各部门直接沟通，包括白宫，而没有人可以阻挡这一趋势。国务院的一个重要功能就是作中间人，但科技革命大大削弱甚至废除了这一功能的必要性。尽管如此，国务院还是有独特的能力从世界各国搜集情况，完成伟大的使命——帮助美国塑造其外交政策优先方向。在我们正迈入的世界中，均势地缘政治将成为主导，冷战时期的双极格局以及冷战结束后短暂的美国单极时代都已经终结，传统的外交将变得越来越重要。如果美国不想操办世界上的每件事，不想当这个星球的警察，我们就必须努力了解其他国家，推动它们做出行动。

外交工作做得越多，联盟和有效多边机制建立得越好，美国身上的负担就会越少。和其他国家有效合作可以让美国以更小的风险推动我们的利益。振兴我们参与创造的国际体系并不会削弱美国，并不会威胁美国的主权，反而能增强美国的实力，通过更好地运用美国力量、维护国际法和国际合作来解决争端，而不是武装干涉。拯救叙利亚、克里米亚，这些并不是美国一个国家的工作。但遏制大规模杀伤性武器的使用，确保独裁者将为屠杀人民、欺负或侵略邻居付出代价，这些都符合美国的利益。单打独斗不是正确的路径，但无所作为或袖手旁观也不是正确的选择。奥巴马团队就掉进了这样一个陷阱，声称他们是在“地面部队”和无所作为之间做出选择，这是错误的。他们忽视了这两个选择中间的立场，这一中间立场需要非常有效的联盟构建行动。只有一个有效、积极、有权的国安会才能完成这一工作。无论国安会多么臃肿，白宫也无法取代完成这一工作——它需要美国与诸多国家在很多问题上开展日常对话和沟通。最后，要想有效完成这一工作，美国就必须认识到外交工作不是喝喝茶就行的，不是什么高端信使，而是国家实力的重要基础。它可以成为有效率、有效用的力量，让美国的影响力和声誉更上一层楼。

最后，几乎我们用来处理全球利益的所有多边机制都是二战的遗留物。因此，重建国际体系越来越重要，应对气候变化、规范网络商业或者处理个人隐私等全球性议题变得越发重要。正如斯考克罗夫特所言：“我们从来没有像现在这样需要国际合作。我们应当改变联合国，让联合国能真正做些什么。”

与国安会相比，国务院通常黯然失色。对于国家安全顾问及其幕僚而言，代表总统去协商并做些事务性工作的诱惑太大。当有人在屋里代表总统说话时，其他官员的影响力都相形见绌。这样的做法让国家安全顾问成为另一个国务卿。有一个国务卿就够了，两个太多了。两个的后果就是互相寻找与对方必然存在的分歧，为谋求自身利益而加以利用。这样的事情在最近就发生了。国务院和白宫在埃及政策上出现明显分歧（白宫对塞西政府更加质疑，接受塞西政府的速度缓慢），在以色列和巴勒斯坦的谈判上也出现矛盾（白宫比国务卿克里更想放弃谈判）。布伦特·斯考克罗夫特和詹姆斯·贝克分别出任乔治·H. W. 布什政府的国家安全顾问和国务卿时，他们俩能够坐下来，开诚布公，互相理解。[24]斯考克罗夫特会与贝克讲清楚公开声明的意思。两位官员都会直接与老布什互动，公开分享信息，而老布什与他们俩都保持着密切、互相信任的关系。没有谁想要暗中捅对方一刀，部分原因在于他们清楚互相之间的关系，相信对方不会这么做。斯考克罗夫特不会做操作层面的事务，专注于向总统建言献策，管理决策流程及执行。贝克则是美国首席外交官。他们的幕僚都按照这两种不同的分工发挥支持作用。[25]

国防部和情报系统面临的挑战更加深刻。两个部门的结构都不合理，规模庞大且职能重叠，让美国无法承受。如果去除偿还债务和一些必须支出的项目，联邦预算在其他方面的支出占比从 1974 年的 50% 萎缩至 2014 年的 16% 。[26]国防预算目前是联邦预算中最大的一块，意味着国家越来越不重视教育、研究、基础设施或公共健康。美国国防预算开支超过其他几个大国的总和（8 ~ 13 个国家的总和，数字取决于如何计算以及相信哪一个统计标准），这是不合理的。[27]因此，如果我们真的想要繁荣，想要做一些小事让国家继续成长，比如建路、修桥和投资科研，就不能像以前那样花钱。

事实上，虽然两党政治人物都浅尝辄止地触碰到了这个问题（2012 年，贝拉克·奥巴马和米特·罗姆尼辩论了相对小规模增长与微量削减的区别），但是仍然有更多的方式节省开支。[28]陆、海、空三军都有自己的空中力量。我们有两支远征部队力量（陆军和海军）。我们保留了老掉牙的战斗系统，比如航空母舰战斗群和大规模的战斗机项目。然而我们知道，这些几乎派不上用场，退一万步讲，即使真的到了需要它们上场时，这些军备早就报废了。更不用说还存在浪费、欺诈和滥用的问题（华盛顿对这些问题谈了很多，做得很少）。因此，可以削减开支。情报系统有如此之多的机构，一个情报机构的预算就能与中国整个国家的国防预算匹敌。情报系统同样可以更加理性地调整开支、结构和重点。

但在我们做这些之前，必须了解来势汹汹的威胁，还有我们该如何应对。然而，我们还没能完全理解新生的威胁。首先，过去 15 年来，我们对与恐怖主义相关的单一片面威胁反应过度，导致对崛起国家、战争的新方式及其后果关注不够。这是以恐惧的态度回应恐怖袭击暗藏的真实代价之一。我们面对的是大数据时代，在这个时代，世界经济将在海量的比特和字节之上起起落落。我们进入这个世界后，国家和非国家行为体不可避免地会采取自己的方式谋求成功，比如发展、购买、盗取所需的技术，确保自己安全，确保自己繁荣，攻击自己的敌人。海军上将罗杰斯说过，未来所有的危机都与网络相关，这么说或许是对的。然而，在这个新时代，美国并没有指引我们前行的理念。或许最简单的一个问题就是，遭受网络袭击后能否以传统的军事打击作为回应？（撇开国际法不谈，如果遭受的损害足够严重，我们会这么做。）但是，其他问题会更棘手。核武器让 20 世纪的全球性战争成本大到无法开战。然而，网络武器让这个时代更有可能陷入长期或持久的冲突。这类冲突旨在削弱而不是摧毁敌人，而且这种攻击行为可以在远距离完成，可以隐匿攻击者的身份，而且几乎不会造成人员伤亡。百年之内，我们或许会从结束所有战争的战争走向永不终结的战争。

新时代的到来将模糊国家与非国家行为体的界限，公私资产都可以被视作打击目标或被利用来投射一个国家的意愿。同盟和敌人更难区分。网络安全可能会比核科技更危险，尽管在这本书的主题中这句话显得有些讽刺——思考网络问题、使用网络的人并不觉得它可怕。

玛丽·德罗莎曾任总统国家安全事务副顾问以及国安会法律顾问。谈起小布什时代，她说：“他们收紧了现有的法律架构和国家法。而在网络领域，有很多没回答的问题，比如什么算攻击，网络领域的法律与武装冲突又是什么。对无人机也一样。无人机可能没有那么复杂，因为它基本上算是一种武器。但它引发了一些关于主权的问题。所以，新的情况总是将我们推向新的领域、新的问题。”

## 分隔的世界

美国国家安全体系的能力面临挑战，同样，美国智库面临“关注领域”的挑战，而美国很多高级官员都出身智库。一些领域总是不能得到应有的重视。一些地区存在长期经济问题，对美国政治的利益有限。美国对这些地区的研究水平不够，其中就包括拉丁美洲、非洲和中亚。后两个地区可能会逐渐得到更多重视。全球十大发展最迅速的经济体有七个在非洲，[29]这里丰富的资源吸引了西方石油公司以及中国政府，但“博科圣地”、马里“基地组织”等极端组织也越来越活跃。[30]过去的几年，南苏丹、索马里、尼日利亚、中非共和国和马里的危机突显了非洲日益增加的重要性。[31]美国已经成立了新的指挥部——非洲司令部，旨在处理美国在非洲利益上面临的安全问题。[32]但是在政策领域，美国需要更多、更好的专家。同样的问题也适用于拉丁美洲。一位最近开始负责西半球的助理国务卿说：“我不愿意承认这一点，但有些时候你必须挥手大叫才能吸引别人的关注。这不仅仅是这栋楼（国务院）的问题，在跨机构体系以及白宫都是这样。我效力的每一届政府最开始都说要更多地关注拉美，但最后又将目光转向发生危机的其他地区。由于拉美地区没有很多危机，因此在美国没有多少人关注西半球。尽管有人认为，美国有众多拉丁裔选民，美国必将更加关注这一地区，但除了移民政策，我并没有看到任何证据支持这一观点。”这位美拉关系专家认为，这些地区在美国政策界只有二等公民的地位，而且美国通常仅出于国内政治考量任命这些地区的高级负责人。“如果我们真的尊重邻居以及国内的拉美裔族群，就必须要努力避免使拉美问题‘贫民窟化’。”[33]

美国其他领域的政策也有相同的命运，其中最突出的就是妇女问题。尽管近几届政府中，妇女担任了国家安全机构中的高级职位，但妇女问题仍然被贬损为“软问题”，并不是头等重要的问题。尽管克林顿担任国务卿时做出了勇敢的历史性努力，将妇女问题置于政策讨论的中心，但政策界最核心的部门，包括白宫（特别是在苏珊·赖斯到来之前），仍然是男人的俱乐部。[34]

美国卷入阿富汗事务最能说明这些处理方式间的冲突。几个世纪以来，阿富汗妇女的待遇都十分恶劣。事实上，在今天阿富汗的一些地区，妇女的地位与中世纪并无二致。阿富汗妇女的平均寿命在世界上排名倒数第三，[35]只有 1/6 的妇女可以读写，[36]孕期妇女的死亡率高于世界其他地区，[37]超过半数的阿富汗妇女在 16 岁之前就已结婚或订婚，很多婚姻都是包办或强迫的。在历史上，阿富汗女性一旦结婚，就被视为丈夫家庭的财产。在伊斯兰法中，女性证词的可靠性只有男性的一半。

这些骇人听闻的数据是阿富汗的灾难。未受教育的女性无法在经济和政治上做出贡献。事实证明，女性缺乏教育会提高一个国家的医保成本。压迫女性违反了基本人权，导致扭曲和分裂的政治体系。

希拉里·克林顿在 2010 年 TED① 的女性大会上表示：“让女性工作，她们推动所有行业的经济增长。把女孩送去学校，哪怕一年也好，她这一生的收入就会显著增长，她的孩子更有可能生存下来，她的家人更有可能在未来几年更加健康。给予女性平等权利，整个国家都会更加稳定和安全。否定女性平等权利，国家几乎肯定会陷入不稳。女性平等不仅仅是道德问题，不仅仅是人道主义问题，不仅仅是

① TED 是 Technology，Entertainment，Design（科技、娱乐、设计）三个单词的首字母简写。TED 是美国一家私有非营利机构，以组织的 TED 大会著称，会议宗旨是“值得传播的创意”。TED 诞生于 1984 年，发起人是里查德·沃曼。——译者注

公平问题……还是安全问题，还是繁荣问题，还是和平问题。”金·伽塔丝是英国广播公司驻国务院的记者，她在《国务卿》一书中写道：“克林顿尤其想发挥自己新职务的能量，推进各地的女性和儿童权利。这源自她内心深处的信念，认为只有全球一半数量的人口不再遭到忽视，世界才会更美好。无论前方有多少战争、和平使命、导弹发射或核危机，女性权利都在议程之上。”

尽管这种观点背后有合理的政策逻辑，一些倾向自由派、支持人权的资深现职或退休男性官员却对我表示：“但希拉里·克林顿真的做了什么吗？是的，她谈论了女性权利和相关的事情，但重要的议题呢？”

奥巴马政府内的一位高级官员谈论了美国参与阿富汗事务下一个阶段的工作，掀开了神秘面纱，内容令人大惊失色：“性别问题要让位于其他重点事项。如果我们总是对每个特殊兴趣点和特别钟情的项目投入太多，那就没法取得成功。背包里的这些宠物石会让我们累倒。”

“宠物石？”如此描述阿富汗大多数人口的命运令人沮丧和愤怒。把大多数人都排除在外的成功又算得上什么成功？

仅仅出现女性掌控权力的现象还不够。对于谁可以担任最高职务的态度也必须改变，这些职位人选的产生必须公平公正。此外，应当允许诸如世界女性命运的话题成为白宫“战情室”讨论的重点，成为研究圈和政策圈高额投入项目的重点，而不是男性围坐在权力之桌旁，抽着雪茄高谈阔论未来的征服计划，女性却只能出入厨房和客厅。

其他“次要”历史性问题也遭受了同样的命运，比如气候变化、能源政策和发展经济学。俄罗斯和美洲的干旱抬升了食品价格，为“阿拉伯觉醒”推波助澜。这些都是国家安全问题，其重要性一点都不亚于除掉巴基斯坦或索马里的恐怖分子巢穴。然而，这些问题从未受到重视。

## 长远眼光

“9·11”之后的岁月对于那些美国国家掌权者来说并不容易。远在天边的外部事件、国内复杂经济循环造成的后果让他们承受双重打击。在各种情况下，新信息技术革命既帮助了他们，也让他们的工作更加困难。

副国家安全顾问托尼·布林肯如此解释道：“开展这些工作唯一的挑战就是信息技术，信息流太大了，或者说是过量了。这种情况挑战了我们的吸收能力，让我们难以从反应式行动转向积极作为。20 世纪 90 年代我在这里工作时，白宫所有人几乎会做同样的两件事情。下午 6：30 我们会停下手上的事，打开电视机，看全国晚间新闻。早上，我们会打开前门，捡起一份《纽约时报》和一份《华盛顿邮报》，或者还有一份《华尔街日报》。在办公室你还会拿到一些剪报。现在，当然了，这种静脉输送不再停歇，一直持续、持续、持续。说一些数字吧，在克林顿政府的八年里，国安会系统内有 100 万封电子邮件。在小布什的两届任期内，有 530 万封。现在，奥巴马执政第六年，已经有 1000 万封。这种压力从 90 年代就开始，现在更是无比巨大。90 年代和 80 年代里根执政时期的差别是，80 年代那时候只有三个电视网络，没有有线电视，没有因特网，也没有那么多谈话类的广播节目，完全是两个截然不同的世界。这一切蓬勃发展时克林顿承接了下来，小布什也一样。”

这些力量加剧了总统、决策者每一个举动甚至公开发言的政治化。他们必须抓紧时间，在媒体、反对党领袖、其他国家领导的电话之下做出更快反应。政治人物必须在全部事情水落石出前就做出反应，必须从谣言中筛出真相。美国驻利比亚大使克里斯·斯蒂文斯遇害这类事件刺激了上述情况的出现。托尼·布林肯认为，最大的牺牲品就是长远的眼光。只有目光长远，才有可能在“9·11”事件之后做出不同反应。事实上，如果多一点长远眼光，甚至可以避免这一灾难的发生。本不应该让“9·11”这样的灾难指导我们的行动那么多年。用恐惧回应恐怖分子的行动是宣布他们的胜利，他们知道恐惧会削弱我们，让我们做出错误决策。

没有长远眼光，我们会忘记正在应对的是什么，真正的目标又是什么。对美国过去的错误做出反应，这么做不符合美国利益，只会加重这些错误，从一个极端走向另一个极端，从轻易动武到不愿动武。同样，应当让美国长远利益而不是对（未来危机的）政治风险的恐惧推动我们向前。

长远眼光需要了解形势和各种选项，这反过来又要求我们了解美国的资源、优先事务以及追求的价值。这不仅仅是对领导人、决策者的要求，在民主国家，这也是对普通民众的要求。如果美国人不了解世界、我们真正的决策、长期利益，他们自然就会接受偏见、歧视，做出政治或意识形态的本能反应。

今天，我们生存的社会在政治上和经济上都越来越极化。人们只愿意生活在有相同信仰的人中间。他们带着固有的偏见，观看或收听那些迎合他们偏见的电视或广播。不掺杂政治因素的民间交流越来越难以开展。选区划分中的猫腻让共和党和民主党选区同样一边倒，以致全国大选不再重要。初选成为真正做选择的地方，被最积极的选民主导，这些人往往在政治观点上最极端。这迫使候选人更加向左或向右。

对总统候选人来说，最重要的不是各州举行的初选，而是华尔街与其他美国富人做出的初选，只有在这里候选人才能为后续竞争筹得上亿美元。富人选择总统候选人，也使他们能够摆弄社会正义的天平——美国的不平等现象已经上升至“镀金时代”以来的最高峰，富人和公司的税率很低，公司和华尔街能够迅速从上一次经济危机中复苏，而最穷的美国人继续受苦，收益最少。

美国民主的畸形也造成了华盛顿运作的障碍。2013 年美国国会通过的立法是二战以来最少的。奥巴马总统对与国会共事灰心丧气，因此他在第二任期致力于找到方法绕过国会（除非在一些问题上正好符合他的目的，比如他在叙利亚动武问题上要求国会授权）。政治极化衍生出的运行障碍是对美国外交决策的威胁。在美国政府关门的时期，克林顿国务卿正在国外访问。她不得不解释，美国的体系出了什么问题，安抚盟国和伙伴，说明这些反常举动并不是美国衰落的症状。尽管本书的主题只是美国行政体系中的国家安全机制，书的结尾必须要谈到，美国应对国际挑战的最大障碍之一就是要在白宫与国会、共和党和民主党之间重建有效的合作伙伴关系。

在某种意义上，这可能是下届政府外交难题中最困难、最艰巨的任务，但为了保证美国的实力以及国际领导力，没有什么比这更重要了。我们在 2008 年末观察到的现象在过去的每一年中变得越来越清晰。我们对恐怖主义威胁的恐惧有所减弱，是因为我们逐渐意识到美国更大的威胁实际上来自国内。美国经济、社会、政治问题，必须要成为下一任总统重塑美国国际领导力的重要组成部分。

美国在上一个十年经历了艰难挑战。我们必须正视对自身、领导人、美国价值和未来的种种威胁和怀疑。在遥远的战场、在美国国内，数千美国人捐躯。我们花费了数万亿美元。但我们撑了过来。美国大部分军队已回国，剩下的绝大部分也即将踏上回国的旅程。我们的经济正在缓慢恢复到正常状态。美国军队回国了，美国的经济也在复苏，我们终于有了必要的资源，应对国内急切需要完成的工作。

我们已经目睹了一种趋势，两党的选民甚至白宫领导人都会说“够了”、“以后不会再发生”、“让世界照顾好自己”等，但这些绝对是从过去十年中总结的错误信息。机会主义者和更糟的人急切地想补上我们留下的真空。一些问题需要通过全球或地区行动加以解决，因而需要领导者，如果美国缺席了，事情的结果可能更不利于美国民众，不利于我们的朋友，不利于那些无法为自己发声的人。

世界每天都对我们提出许多困难的问题，不能让过去几年惨痛的经历，比如支离破碎的内政、疲劳的心态、缺乏明确方向的目标成为我们远离难题的借口。这无异于听到警报时把毯子蒙在头上，期盼能够安然度过。然而，这并没有用。正如我们已经明白的，既不能让自己情感狂躁，打着复仇或意识形态的旗号实现不可能的目标，也不能因为一系列错误选择而心安理得地无所作为——认为避免全面战争的唯一方式就是沉默，避免国际风险的唯一选择就是撤退。

对于下一位总统而言，“9·11”事件最重要的经验之一就是，现代世界的每一件事情都与我们息息相关，我们不能像最近两位总统那样走得太远或做得太少。下一位总司令不能让国内的分歧阻止我们与时俱进、接触世界以及推进必要利益。总统拥有一些工具找寻在世界前行的正确道路并坚持下去。国安会如果得到恰当运用，将成为其中最有力的工具。下一个入主白宫的人还算幸运，因为他或她的上一任会传授具体的经验，比如什么可以做，什么不可以做，怎么做会奏效，以及在什么方面需要重大调整。

## 注　释

1. Elizabeth Flock, “Department of Defense Employs 1 Percent of Americans,” *The Washington Post*, September 12, 2011.
2. Rothkopf, *Running the World*, 4 – 5.
3. Rothkopf, *Running the World*, 4 – 8.
4. 同上。
5. “China Set to Overtake U. S. as Biggest Economy in PPP Measure,” *Bloomberg*, April 30, 2014.
6. Grant Smith, “U. S. to Be Top Oil Producer by 2015 on Shale, IEA Says,” *Bloomberg*, November 12, 2013.
7. Justin Baeder, “Why U. S. Schools Are Simply the Best,” *Education Week*, June 30, 2014.
8. David Luhnow and Santiago Pérez, “Mexico Expects Modest Revival Now, Bigger

Bang Later On," *The Wall Street Journal*, May 6, 2014; Carl Ek and Ian F. Fergusson, "CRS Report to Congress: Canada – U. S. Relations," Congressional Research Service, January 2, 2014.

9. "Population Projections," *Population Reference Bureau*, http://www.prb.org/DataFinder/Topic/Rankings.aspx? ind = 15.
10. The Associated Press, "Obama Adviser Susan Rice Visits Afghanistan," *Politico*, November 25, 2013; "Obama Asks Top Aide Susan Rice to Travel to Israel," *The Associated Press*, March 5, 2014.
11. 根据与国安会官员的采访内容。
12. 根据与奥巴马政府高级官员的采访内容。
13. Coral Davenport, "The Education of Steven Chu," *The National Journal*, January 13, 2013.
14. Sean Pool and Jennifer Erickson, "The High Public Return on Investment for Publicly Funded Research," Center for American Progress, December 10, 2012.
15. Rolfe Winkler, "Facebook Closes in on Google in DC Lobbying Spending," *The Wall Street Journal*, April 23, 2014.
16. 根据与奥巴马政府高级官员的采访内容。
17. 同上。
18. 根据与奥巴马政府前高级官员的采访内容。
19. 根据与奥巴马政府高级官员的采访内容。
20. David Stout, "Bush Proposes Restructuring of Homeland Security," *The New York Times*, June 6, 2002; David Stout, "Bush Signs Bill to Revamp U. S. Intelligence Community," *The New York Times*, December 17, 2004; Office of the *White House Secretary*, "Executive Order Establishing Office of Homeland Security," *White House Press Release* (October 8, 2001).
21. Brad Plumer, "America's Staggering Defense Budget, in Charts," *The Washington Post*, January 7, 2013; Ewen MacAskill and Jonathan Watts, "US Intelligence Spending Has Doubled Since 9/11, Top Secret Budget Reveals," *The Guardian*, August 29, 2013.
22. Helene Cooper, "In Security Shuffle, White House Merges Staffs," *The New York Times*, May 26, 2009.
23. 根据与前美国国务院官员的采访内容。
24. Rothkopf, *Running the World*, 262.
25. 同上。
26. David Wessel, "Robbing the Next Generation of Fiscal Freedom," *The Wall Street Journal*, May 2, 2014.
27. Peter W. Singer, "Comparing Defense Budgets, Apples to Apples," *Time*, September 25, 2012.
28. Michael E. O' Hanlon, "Obama, Romney Playing Same Defense," *The Brookings Institution*, September 19, 2012.
29. Howard W. French, "The Next Asia Is Africa: Inside the Continent's Rapid Economic Growth," *The Atlantic*, May 21, 2012.
30. Aaron L. Friedberg, *A Contest for Supremacy: China, America, and the Struggle of Mastery*

*in Asia* (New York: W. W. Norton and Co., 2011), 228; Thomas E. Ricks, "Out of China, into Africa: Tracking the Ways of Private Chinese Investment," *Foreign Policy*, March 4, 2013; Alexis Okeowo, "China in Africa: The New Imperialists?" *The New Yorker*, June 12, 2013; Mark Scott, "As Stability Eludes Region, Western Oil Giants Hesitate," *The New York Times*, October 1, 2013.

31. Sudarsan Raghavan, "With Oil at Stake, South Sudan's Crisis Matters to Its Customers," *The Washington Post*, January 20, 2014; Michelle Nichols and Louis Charbonneau, "Western Oil Exploration in Somalia May Spark Conflict—U. N. Report," *Reuters*, July 17, 2013; Lauren Ploch, "Nigeria: Current Issues and U. S. Policy," Congressional Research Service, April 24, 2013; Alexis Arieff, "Crisis in the Central African Republic," Congressional Research Service, May 14, 2014; Michael R. Gordon, "North Africa Is a New Test," *The New York Times*, January 20, 2013.
32. Walter Pincus, "U. S. Africa Command Bring New Concerns," *The Washington Post*, May 28, 2007.
33. 根据与前美国国务院高级官员的采访内容。
34. Mark Landler and Amy Chozick, "Hillary Clinton Struggles to Define a Legacy in Progress," *The New York Times*, April 16, 2014.
35. "Country Comparison: Life Expectance at Birth," *CIA World Factbook*, https://www.cia.gov/library/publications/the-world-factbook/rankorder/2102rank.html.
36. "Field Listing: Literacy," *CIA World Factbook*, https://www.cia.gov/library/publications/the-world-factbook/fields/2103.html; Lauryn Oats, "The Mother of All Problems: Female Literacy in Afghanistan," *The Guardian*, June 21, 2013.
37. "Country Comparison: Maternal Mortality Rate," *CIA World Factbook*, https://www.cia.gov/library/publications/the-world-factbook/rankorder/2223rank.

# 致　谢

这本书的缘起不仅与我的前一本书《美国国家安全委员会内幕》有关，不仅因为那本书得到了令人欣喜的反馈，还因为公共出版社的克莱夫·普里德尔鼓励我接着上本书继续写下去。他才华横溢，帮了我很多忙，并且不止一次鼓励我写这本书。同时他给了我很大的写作空间，让这本书不至于成为一本续集。美国在世界的角色发生了变化，本书想要审视美国在这种情况下如何以新方式做出决定。除此以外，他还给予我睿智的指导，付出了极大的耐心。他一直惦记着我的事，在整个写作过程中总是表现得风趣幽默。他也得到了公共事务/珀修斯出版社上上下下的工作者协调良好的帮助，尤其是苏珊·温伯格、彼得·奥斯诺斯、梅利莎·雷蒙德、梅利莎·韦罗内西以及海梅·莱费尔。因此，写作从开始到结束是一段美妙的经历。我要对普里德尔和他在公共事务珀修斯出版社的同事们致以深深的谢意。

正如我之前在每本书中所提到的那样，我还非常感谢自己的经纪人——扎卡里·舒斯特·哈姆斯沃思公司的埃斯蒙德·哈姆斯沃思，他勇敢而明智。他已经成为我的挚友，在风云变幻的出版行业中一直引领我前行。

在撰写本书以及前四本书时，卡内基国际和平基金会一直给予我支持。我很荣幸能够成为卡内基国际和平基金会的访问学者。仿佛自从卡内基本人在那里时我就已经在那儿了，不过实际上我在克林顿第二任期时才与卡内基建立关系。我目前在卡内基运作的项目得到了伯纳德·施瓦茨的大力资助，他不仅是一位慷慨的慈善家，还对重振美国增长和提升美国竞争力的政策方案很感兴趣。卡内基国际和平研究院院长马秀丝领导卡内基真正转变为一个智库，我对她非常崇敬和仰慕，并且很荣幸能够成为她的同事与朋友。感谢卡内基执行副总裁白乐然一直以来的支持，感谢卡内基智慧过人、有求必应的图书馆员工，尤其是凯瑟琳·希格斯、基夫·哈蒙德和克里斯托弗·劳斯科特，他们总有窍门把最苛刻的要求转化为实际成果。

塔拉·钱德拉是这个项目从始至终的领衔研究人员。她不知疲倦，有创造力，要求严格，认真勤奋。她是我最好的研究人员，但不止如此，她会向我提出最佳建议。她是本书的亮点的最大功臣。塔拉也得到了一些优秀实习生的支持，最近一位是亚当·科恩，还包括莫莉·帕尔曼、切斯特·恩格以及克里斯托弗·麦圭尔。此外，我前一本书的两位研究人员也帮助我为这次的研究奠定了基础。他们是克里斯·索亚和梅·萨巴赫。

同时，我的得力助手希拉里·克兰也在整个项目期间给予我极大帮助。克兰常常风趣幽默，又耐心细致。我也十分感谢《外交政策》杂志同事的支持，还有格雷厄姆控股公司杰出的领导层：唐·格雷厄姆、安·麦克丹尼尔和格里·罗斯贝格。此外，《外交政策》杂志、网站和新闻部门的编辑和业务团队告诉我很多本书提及的信息，他们是任何人都梦寐以求的明星团队。

过去十年，可能没有人像我这么幸运，能够拥有加藤—罗特科普夫国际咨询有限公司的伙伴和同事。我和杰弗里·加藤在 2005 年创立了这家公司。在克林顿政府内一起共事前，杰弗里就一直是我最亲密的挚友，他还是非凡的最佳商业伙伴、最伟大的老师，甚至是最有耐心、最有帮助的读者。无论我把什么手稿和专栏作品扔给他，他都会仔细阅读。可以说，没有任何人可以像他那样深深地影响我的职业生活，但不知为什么，我竟然觉得有时候也挺怪他这一点的。卡莱尔·凯西是我们公司的总经理和伙伴，是重要的朋友和顾问，也是公司的中流砥柱。我还要对下面几位卓越的同事表示深深的谢意，包括艾利森·卡尔森、艾利森·威廉姆斯、安托万·范阿特梅尔、戴维·桑德罗和林羽新（音译）。

其他一些朋友和尊敬的同事在我筹备本书过程中给予了急需的、恰当的和振奋人心的建议，在此对他们表示由衷的感谢。这些人包括《纽约时报》的汤姆·弗里德曼和戴维·桑格，《金融时报》的爱德华·卢斯，《大西洋月刊》的杰弗里·戈德堡，曾在国务院工作、目前在基辛格顾问公司的鲍勃·霍尔迈茨，还有博雅公共关系公司的唐贝尔。

写这本书最美妙的经历就是能够与美国以及全世界许多才华横溢、辛勤付出的公职人员、决策者、专家、军方人员和商界领袖打交道。在过去几年策划和写作的过程中，我采访了超过100人，包括小布什和奥巴马政府内的官员代表，二者人数相当，另外还有大约30位欧洲、中东、非洲、亚洲和拉美人士。一些人要求不能公开与我的谈话，还有些人要求不能引用名字，不过这丝毫不影响我对他们的谢意。

我想感谢过去几年来腾出时间接受采访、与我交谈或者讨论背景问题的人，他们为这本书做出许多贡献（这些交流有助于我撰写本书和前一本书《美国国家安全委员会内幕》，还对我在《外交政策》的工作有帮助）。不完全名单如下：埃利奥特·艾布拉姆斯、马德琳·奥尔布赖特、格雷厄姆·艾利森、雅科夫·亚米德洛尔、塞尔索·阿莫林、乌齐·阿拉德、理查德·阿米蒂奇、埃文·贝赫、阿卢夫·本、桑迪·伯格、鲍勃·布莱克威尔、托尼·布林肯、乔舒亚·

博尔滕、阿利亚·哈图格·布兰、莱尔·布雷纳德、罗萨·布鲁克斯、兹比格纽·布热津斯基、约翰·布伦南、比尔·伯恩斯、尼克·伯恩斯、库尔特·坎贝尔、纳塔莉·凯利、陈庆珠、德里克·肖莱、理查德·克拉克、希拉里·克林顿、贾里德·科恩、汤姆·达施勒、罗恩·德尔默、玛丽·德罗萨、汤姆·多尼伦、米歇尔·弗卢努瓦、安瓦尔·加尔加什、罗伯特·盖茨、蒂姆·盖特纳、卡洛斯·古铁雷斯、史蒂夫·哈德利、侯赛因·哈卡尼、凯特琳·海登、迈克尔·海登、弗雷德·霍赫贝格、已故的理查德·霍尔布鲁克、鲍勃·霍尔迈茨、罗伯塔·雅各布森、纳赛尔·朱达、鲍勃·卡根、谢尔盖·基斯利亚克、约翰·克里、扎尔梅·卡利尔扎德、鲍勃·金米特、彼得·拉沃伊、马克·利珀特、戴维·利普顿、道格·卢特、肖恩·麦克康玛克、丹尼斯·麦克多诺、戴维·麦克基恩、阿肖克·米尔普里、乔治·米切尔、莉萨·莫纳克、路易斯·阿尔伯托·莫雷诺、倪伟立、约翰·内格罗蓬特、彼得·奥斯扎格、迈克尔·奥伦、尤瑟夫·阿尔奥泰巴、塔拉·奥图尔、莱昂·帕内塔、安东尼奥·帕特里奥塔、巴里·帕维尔、马克·佩恩、西蒙·佩雷斯、戴维·彼得雷乌斯、科林·鲍威尔、本·罗兹、蒂姆·罗默、康多莉扎·赖斯、盖瑞·萨莫雷、弗朗西斯科·桑切斯、米丽娅姆·萨皮罗、阿图罗·萨鲁克汉、埃里克·施密特、诺顿·施瓦茨、布伦特·斯考克罗夫特、尚穆根、尚达曼、汤姆·香农、温迪·谢尔曼、迈克尔·辛格、安妮－玛丽·斯劳特、塔拉·索南夏恩、杰克·沙利文、劳伦斯·萨默斯、艾伦·陶舍、阿图罗·巴伦苏埃拉、约翰·韦罗诺、毛罗·维埃拉和利奥尔·温特劳布。我还要特别感谢熟知这类议题的前同事，包括已故的史蒂夫·索拉兹、亨利·基辛格、杰瑞·布雷默、安东尼·莱克、约翰·甘农、苏珊·赖斯和海军上将史蒂夫·史密斯，他们的真知灼见不仅帮助我撰写本书和《美国国家安全委员会内幕》，还有助我在许多相关议题方面的写作。

正是有了这么多人的贡献，本书才能有精彩之处。不过，对于书中的一切错误以及句子乏味冗长等我自负全责。

当然，归根结底，我必须向家人表达最真挚的谢意。是他们教会我读书写字，让我能够在至少拥有两份半体面的工作后，还能疯狂到坐上整晚努力去写一本书。我的母亲、兄弟姐妹榜上有名，因为他们认识我的时间最长。我的父亲也在榜单上，但痛心的是，我撰写本书的过程中他去世了。我每天都很想念他，希望完成这项工程多少能够让他欣慰。我希望家里至少会有人替他阅读这本书。

我的两个女儿乔安娜和劳拉绝对是我生活中最美好的快乐。她们的成就让我自豪，她们的成长更是让我骄傲。曾经是我教授她们事情，现在反过来了。她们每天都教我，这让我发现，对她们的爱还再不断加深。

已经翻阅过本书前几页的读者肯定知道，这本书是献给我的妻子阿德雷亚的。在充斥着巨大压力的漫长日子里，她一直在那里支持我，成为我能够安心坐下写作的精神动力——尤其是在深夜或清晨时刻，当我夜以继日弥补前几天欠下的文稿而筋疲力尽的时候。她还是一位伟大的妻子、我最好的朋友。或许最重要的一点是，尽管我们养的猫咪有时性情不定，我们却也都很喜欢她。

# 译后记

经历将近一年时间的打磨，终于将这本沉甸甸的《国家不安全》译作呈现给各位读者，内心既激动又忐忑。作为两家智库的研究人员，作为长期从事翻译的爱好者，能够将这么一部内容饱满、笔调生动、分析深刻的著作介绍给中国读者，心中更是洋溢着满满的成就感。

本书作者戴维·罗特科普夫在致谢中写到这本书并非上一本书《操纵世界的手：美国国家安全委员会内幕》的续集。然而，无论从时间跨度看，还是从写作风格看，都能强烈地感觉到这本书与上本书的关联性。但确实又有所不同。如果说上本书更多着墨于美国官僚机构人与人之间的尔虞我诈，描绘了一幅真实"纸牌屋"的场景，那么这本书则从更加宏大的视角审视了小布什政府到奥巴马政府的对外决策机制。

从书名便可看出，罗特科普夫认为"9·11"事件宣告美国正式步入"恐惧时代"，对国家安全的不自信直接影响了其外交决策过程。不过，在批判小布什政府反应过度、发动无法取得根本胜利的反恐战争时，罗特科普夫仍然客观地评价了小布什政府对外决策的优点和一些成功的地区和全球战略。相反，尽管奥巴马的外交政策似乎收获颇丰、有声有色，罗特科普夫却也指出了奥巴马政府在外交决策过程中和制定对外战略时的弊病。

罗特科普夫凭借深厚的人脉，采访了100多位各国政要与官员，试图为我们勾勒出虽不算面面俱到，但也堪称细致入微的美国重大外交、安全决策过程。这幅图景几乎囊括了美国外交最重要的几大板块和大国关系，比如亚洲、中东、拉美、非洲、中国、俄罗斯、印度等等。本书最可贵之处在于，作者为我们提供了一窥美国对外决策流程的宝贵窗口，大量一手和鲜活的访谈资料把一些平时难以知晓的决策过程一一展现，相信无论是研究人员还是对美国外交、安全决策机制感兴趣的人，都能够从中获益良多。

作为美国国内研究国家安全委员会机制的重磅级专家，罗特科普夫对美国国安会决策机制的分析和见解依然成为贯穿全书的亮点。美国国安会也成为观察美国对外决策机制的最佳切入和理想缩影。尤其值得注意的是，罗特科普夫在本书中毫不留情地指出了奥巴马政府国安会与对外决策模式的软肋与缺陷。如国安会规模不断扩大，却无法发挥政策协调的核心职能；国安会会议形式大于内容；国安会低层级委员会如政策协调委员会成员在本部门权力有限，难以监督或推动总统决策在各自部门的实施；等等。

此外，作者还一针见血地指出了奥巴马任内“小圈子”决策的问题，并认为这一点最终将给美国对外决策带来负面效果。2008年奥巴马赢得美国总统选举后曾表示，组建特性鲜明的多元团队至关重要。奥巴马信誓旦旦地表示，白宫应该是一个欢迎不同声音辩论的场所。如今，随着奥巴马执政生涯接近尾声，回望其任内的美国对外决策机制和流程，当年的豪言壮语似乎已抛之脑后，白宫对外决策原本存在的问题没有改善，还被烙上奥巴马独有的印记。作者在书中所提及的“小圈子”成员势力不仅没有“收敛”，还形成了更密不透风的联盟，并呈现两点明显共性。一是代际特点鲜明。核心决策团队成员如赖斯、麦克多诺、罗兹、利珀特等人出生于20世纪60年代之后，认为自己代表了越战后的新一代，而且大多在冷战结束后才正式进入职场。二是“小圈子”成员多出身竞选团队。奥巴马竞选之初，赖斯、麦克多诺、罗兹等人已在其身边形成核心外交政策团队。奥上任初期便将这些人安排在重要岗位，通过他们制定外交政策，与相关部门打交道。

这两点特征外加逐渐走出“恐惧时代”的大背景，使奥巴马对外决策相对较为务实，追求实效，意识形态色彩较为淡薄，更容易采取一些有别于传统外交的手法。同时，团队成员“忠心耿耿”协助总统实现竞选承诺和目标，与所谓“敌人”或“敌对国家”缓和关系，纠正小布什政府对“9·11”事件的过激反应等。然而，“小圈子”排外性日益增强，其封闭性导致团队易陷入“集体迷思”。他们在政策上基本保持一致，决策策略更像一支竞选团队，常以国内政治视角考虑国际政策选项，造成白宫与国防部、国务院在是否打击叙利亚、回应“棱镜门”事件、处理乌克兰危机、应对当前“伊斯兰国”极端势力等问题产生分歧，并且在中东反恐、处理大国关系等方面缺少办法，处于被动。

总体而言，罗特科普夫坚持以访谈材料为基础，通过丰富扎实的信息和资料证明观点，抽丝剥茧地分析了从小布什到奥巴马政府的对外政策及其决策过程。全书读来酣畅淋漓、欲罢不能，一些重要内容和对话甚至属于独家披露，让冷冰冰的国际关系顿时“接了地气”，更有了一番人情味。

在全书的翻译过程中，我们得到了许多亲朋好友的鼎力支持。感谢父母，虽然迫于现实原因无法常回家看看，但我们知道，家永远是最温暖的港湾。感谢中国现代国际关系研究院和中国国际问题研究院的前辈和同事，他们的真知灼见帮助我们更好地理解作者的一些想法。还要特别感谢社会科学文献出版社当代世界出版分社社长祝得彬老师，当我们提议买下这本书的版权时，他的行动力让我们惊叹和敬佩，得以让我们有幸翻译中意的书籍。感谢责任编辑杨慧老师，正是因为有了她，这本书才能以最好的状态呈现给各位读者。由于时间仓促，翻译不妥之处还望各位读者不吝指正。

孙成昊　张　蓓

2015 年 12 月

# 中英文专有名词对照表

## 人　名

Abbas, Mahmoud 马哈茂德・阿巴斯

Abdel Fattah el – Sisi 阿卜杜勒・法塔赫・塞西

Abizaid, John 约翰・阿比扎伊德

Abrams, Creighton 克赖顿・艾布拉姆斯

Abrams, Elliott 埃利奥特・艾布拉姆斯

Abu Ahmed al – Kuwaiti 阿布・艾哈迈德・艾库威提

Abu Faraj al – Libi 法拉杰・阿勒 – 利比

Ackerman, Gary 盖瑞・艾克曼

Ahmadinejad, Mahmoud 马哈茂德・内贾德

Alan "Ace" Greenberg 艾伦・"埃斯"・格林伯格

al – Awlaki, Anwar 安瓦尔・奥拉基

Albright, Madeleine 马德琳・奥尔布赖特

Ali Abdullah Saleh 阿里・阿卜杜拉・萨利赫

Ali, Ben 本・阿里

al – Jaafari, Ibrahim 易卜拉欣・贾法里

Allawi, Ayad 伊亚德・阿拉维

Allawi 阿拉维

Allen, Woody 伍迪・艾伦

Allions, Herb 赫布・阿里奥斯

al – Mahdi Militia, Jaish 迈赫迪军

al – Sadr, Muqtada 穆克塔达・萨德尔

Alter, Jonathan 乔纳森・奥尔特

al – Zarqawi, Musab 扎卡维领导

al – Zawahiri, Ayman 艾曼・扎瓦希里

American Israel Public Affairs Committee (AIPAC) 美国以色列公共事务委员会

Anderson, Brooke 布鲁克・安德森

Anthony・Fauci 安东尼・弗契

Armitage, Richard 理查德・阿米蒂奇

Axelrod, David 戴维・阿克塞尔罗德

Bader, Jeffrey 杰弗里・贝德

Baker, James 詹姆斯・贝克

Correa, Rafael 拉斐尔·科雷亚
Corrigan, Gerald 杰拉德·科里根
Council on Foreign Relations 对外关系委员会
Craig, Greg 格雷格·克雷格
Crocker, Ryan 瑞安·克罗克
Crouch, J. D. 克劳奇
Crowley, P. J. 克劳利
Daalder, Ivo 伊沃·达尔德
Daley, Bill 比尔·戴利
Dangerfield, Rodney 罗德尼·丹泽菲尔德
Daschle, Tom 汤姆·达施勒
DeRosa, Mary 玛丽·德罗莎
Devaney, Earl 厄尔·德瓦尼
Dimon, Jamie 杰米·戴蒙
Disraeli, Benjamin 本杰明·迪斯雷利
Dobbins, James 詹姆斯·多宾斯
Donilon, Tom 汤姆·多尼伦
DuBois, Joshua 乔舒亚·迪布瓦
Dukakis, Michael 迈克尔·杜卡基斯
Dunn, Anita 安妮塔·邓恩
Eikenberry, Karl 艾江山
Emanuel, Rahm 拉姆·伊曼纽尔
Fallon 法伦
Fayyad, Salam 萨拉姆·法耶兹
Feith, Douglas 道格拉斯·费思
Feltman, Jeffrey 杰弗里·费尔特曼
Fernando Henrique Cardoso 费尔南多·恩里克·卡多佐
Flournoy, Michèle 米歇尔·弗卢努瓦
Flum, David 戴维·弗鲁姆
Food and Drug Administration 美国食品药品管理局
Ford, Gerald 杰拉尔德·福特
Foreign Intelligence Surveillance Court 美国外国情报监视法庭
Fox, Vicente 比森特·福克斯
Franks, Tommy 汤米·弗兰克斯
Fried, Daniel 丹尼尔·弗里德
Froman, Michael 迈克尔·弗罗曼
Fuld, Richard 理查德·富尔德
Gannon, John 约翰·甘农
Garner, Jay 杰伊·加纳
Gates, Bob 鲍勃·盖茨
Geithner, Tim 蒂姆·盖特纳
General Schwartz, Norton ("Norty") 诺顿·施瓦茨将军（昵称"诺蒂"）
Ghattas, Kim 金·伽塔丝
Ghoula（原文有误，应为 Ghouta）戈塔
Gibbs, Robert 罗伯特·吉布斯
Goldberg 戈德堡
Goldstein, Gordon 戈登·戈尔茨坦
Gordon, Michael 迈克尔·戈登
Graham, Lindsay 林赛·格雷厄姆
Gration J., J. Scott 斯科特·格雷申
Greenberg, Hank 汉克·格林伯格
Gutierrez, Carlos 卡洛斯·古铁雷斯
Haass, Richard 理查德·哈斯
Hadley, Stephen 斯蒂芬·哈德利
Hagel, Chuck 查克·哈格尔
Halberstam, David 戴维·哈伯斯塔姆
Hale, David 戴维·黑尔
Halperin, Mark 马克·哈珀林

Luti, Bill 比尔 · 鲁提

Álvaro Uribe 阿尔瓦罗 · 乌里韦 · 贝莱斯

Maliki 马利基

Marx, Groucho 格劳乔 · 马克思

McCain, John 约翰 · 麦凯恩

McChrystal, Stanley 斯坦利 · 麦克里斯特尔将军

McConnell, Mike 迈克 · 麦康奈尔

McDonough, Denis 丹尼斯 · 麦克多诺

McFaul, Michael 迈克尔 · 麦克福尔

McGurk, Brett 布雷特 · 麦格克

McKiernan 麦基尔南

McLarty, Mack 麦克 · 麦克拉蒂

McMaster, H. R. 麦克马斯特

McNamara, Robert 罗伯特 · 麦克纳马拉

McRaven 麦瑞文

Mearsheimer, John 约翰 · 米尔斯海默

Medeiros, Evan 麦艾文

Medvedev, Dmitri 德米特里 · 梅德韦杰夫

Mills, Cheryl 谢丽尔 · 米尔斯

Mitchell 米切尔

Mohammad Javad Zarif 穆罕默德 · 贾瓦德 · 扎里夫

Monaco, Lisa 莉萨 · 莫纳科

Morrell, Mike 迈克 · 莫雷尔

Morsi, Mohamed 穆罕默德 · 穆尔西

Mubarak, Hosni 胡斯尼 · 穆巴拉克

Muhammad, Nek 尼克 · 莫哈曼德

Mullen, Mike 迈克尔 · 马伦

Musharraf, Pervez 佩尔韦兹 · 穆沙拉夫

Nancy – AnnDeparle 南希 · 安德帕尔

Napolitano, Janet 珍妮特 · 纳波利塔诺

Nasr, Vali 倪伟立

Negroponte, John 约翰 · 内格罗蓬特

Netanyahu, Benjamin 本雅明 · 内塔尼亚胡

New America Foundation 新美国基金会

New York Fed 纽约储备银行

Nourial – Maliki 努里 · 马利基

Nunn, Sam 萨姆 · 纳恩

Nye, Joe 约瑟夫 · 奈

Office of Science and Technology Policy in the White House 白宫科技政策办公室

O'Hanlon, Michael 迈克尔 · 奥汉隆

Ohlmert, Ehud 埃胡德 · 奥尔默特

Oren 奥伦

O'Sullivan, Meghan 梅根 · 奥沙利文

O'Toole, Tara 塔拉 · 奥图尔

O'Toole 奥图尔

Pace, Peter 彼得 · 佩斯

Paine, Thomas 托马斯 · 潘恩

Panetta, Leon 莱昂 · 帕内塔

Partido dos Trabalhadores 巴西劳工党

Pastrana, Andrés 安德烈斯 · 帕斯特拉纳

Patriota, Antonio 安东尼奥 · 帕特里奥塔

Patterson, Anne 安妮 · 帕特森

Paulson, Henry 亨利 · 保尔森

Perle, Richard 理查德 · 珀尔

Perry, William 威廉 · 佩里

Peter G. Peterson Institute for International Economics 彼得森国际经济研究所

Peterson, Pete 彼得 · 彼得森

Petraeus, David 戴维 · 彼得雷乌斯

Taylor, Bill 比尔·泰勒

Tellis, Ashley 阿什利·泰利斯

Tenet, George 乔治·特尼特

Trainor, Bernard 伯纳德·特雷勒

Tutu, Desmond 戴斯蒙德·图图

Underwood, Frank 弗兰克·安德伍德

Valenzuela, Arturo 阿图罗·瓦伦朱拉

Vance, Cyrus 赛勒斯·万斯

Vickers, Michael 迈克尔·威克斯

Warrick, Tom 汤姆·沃里克

Weinberger 温伯格

Westmoreland, William 威廉·威斯特摩兰

White, John 约翰·怀特

Wisner, Frank 弗兰克·威斯纳

Wolffe, Richard 理查德·沃尔夫

Wolfowitz, Paul 保罗·沃尔福威茨

Wolfowitz, Paul 保罗·沃尔福威茨

Woodrow Wilson International Center for Scholars 伍德罗·威尔逊国际学者中心

Woodward, Bob 鲍勃·伍德沃德

Zacharia, Janine 贾宁·扎卡赖亚

Zardari 扎尔达里

Zelikow, Philip 菲利普·泽利科

Zients, Jeffrey 杰弗里·泽恩斯

Zoellick, Robert 罗伯特·佐利克

Zubaydah, Abu 阿布·祖巴耶达赫

## 地　名

Abbottabad 阿伯塔巴德

Abkhazia 阿布哈兹

Abu Ghraib 阿布格莱布监狱

Al – Askari Mosque 阿里·哈迪清真寺

Anbar province 安巴尔省

Bajaur 巴焦尔

Basra 巴士拉

Bunker Hill 邦克山

Concord 康科德

Fallujah 费卢杰

Farragut Square 法拉格特广场

Fort Bragg 布拉格堡

Fort Sumter 萨姆特堡

Georgetown 乔治敦

Guantanamo Bay 关塔那摩监狱

Lexington 莱克星顿

Lower Manhattan 曼哈顿下城

Mosul 摩苏尔

Nantz 纳坦兹

Offutt Air Force Base 奥夫特空军基地

Pallgutha 帕鲁革撒（河渠）

Palo Alto 帕洛阿尔托

Pumbeditha 庞拜狄撒

Rose Garden 白宫玫瑰园

Samarra 萨迈拉

South Ossetia 南奥塞梯

South Waziristan 南瓦济里斯坦

“Sunni Triangle” “逊尼派三角地带”

Tahrir Square 解放广场

Tal Afar 塔尔阿法

Tripoli 的黎波里

Waziristan 瓦济里斯坦

# 组织、机构及职务

AFRICOM 非洲司令部

AIG 美国国际集团

Air Force chief of staff 空军参谋长

Air Force's Special Tactics Squadron 空军特别战术中队

al – Nusra Front “努斯拉阵线”

al – Qaeda in the Arabian Peninsula（AQAP）“基地组织”阿拉伯半岛分支

American Enterprise Institute 美国企业研究所

Army's Delta force 陆军“三角洲”部队

Baath party 阿拉伯复兴党

Baath party 复兴党

*BBC* 英国广播公司

Bear Stearns 贝尔斯登

Brookings Institution 布鲁金斯学会

CDC 美国疾病控制与预防中心（美国疾控中心）

CENTCOM commander 中央司令部司令

chief of staff 白宫办公厅主任

commander of the US Transportation Command 军事运输司令部司令

Congressional Research Service 美国国会研究局

Council of Colonels 将军委员会

Council of Economic Advisors 经济顾问委员会

DARPA 美国国防部高级研究计划局

DCI 中央情报总监

Defense Intelligence Agency 国防部情报局

Defense Policy Board 国防政策委员会

Director of Central Intelligence（DCI）中央情报总监

Director of National Intelligence（DNI）国家情报总监

Egyptian Islamic Jihad “埃及伊斯兰圣战”组织

EPA 美国环境保护署

Fannie Mae 房利美

Freddie Mac 房地美

GE Capital GE 金融业务

Global Fund to Fight AIDS, Tuberculosis and Malaria 抗击艾滋病、结核病和疟疾全球基金

Government Accountability Office 政府问责办公室

Grace – New Haven Hospital 格蕾丝—纽黑文医院

Gulf Cooperation Council（GCC）海湾合作委员会

HHS 美国卫生与公众服务部

Hoover Institution 胡佛研究所

IBM 国际商业机器公司

imam 伊玛目

Intellibridge “智慧之桥”咨询公司

Interim Iraqi Government（IIG）伊拉克临时政府

International Criminal Court 国际刑事法院

International Institute for Strategic Studies 英

国伦敦国际战略研究所

International Security Assistance Force (ISAF) 国际安全援助部队

Iraq Study Group 伊拉克问题研究小组

ISI 巴基斯坦三军情报局

Islamic Movement of Uzbekistan "乌兹别克斯坦伊斯兰运动"组织

Islamic State in Iraq and Syria 伊斯兰国

Itamaraty 伊塔马拉蒂宫（巴西外交部）

Joint Special Operations Command (JSOC) 联合特种作战司令部

J Street "J 街"

Kellogg Copration 家乐氏公司

Kennedy School of Government 肯尼迪政府学院

Mandiant 曼迪安特公司

mujahideen 穆斯林游击队

Muslim Brotherhood 穆斯林兄弟会

National Institutes of Health/NIH 美国国立卫生研究院

National Intelligence Council 国家情报委员会

National Security Agency (NSA) 国家安全局

Navy's SEAL 海豹突击队

Office of Management and Budget/OMB 白宫行政管理和预算局

Office of Reconstruction and Humanitarian Aid 重建及人道主义援助办公室

PLO 巴勒斯坦解放组织主席

Republican Guards 伊拉克共和国卫队

special representative for Afghanistan and Pakistan (SRAP) 阿富汗和巴基斯坦事务特别代表

the Chinese State Administration for Foreign Exchange (SAFE) 国家外汇管理局

The Citadel 要塞军事学院

Tower Commission 托尔委员会

Troubled Assets Relief Program 问题资产救助计划

UN Global Fund 联合国全球基金

USAID 美国国际开发署

US and NATO commander in Afghanistan 驻阿富汗美军和北约国际安全援助部队最高指挥官

US 82nd Airborne Division 美军第 82 空降师

US Special Operations Command (SOCOM) 美国特种作战司令部

US Strategic Command (STRATCOM) 美国战略司令部

US Trade Representative (USTR) 美国贸易代表

USTR 美国贸易代表办公室

Wachovia 美联银行

Washington Mutual 华盛顿互助银行

World Health Organization 世界卫生组织

## 其　他

al – Arabiya 阿拉伯电视台

Al Jazeera 半岛电视台

Annie Hall《安妮·霍尔》

Authorization for the Use of Military Force (AUMF)《使用军事力量授权》

Bronze Star 铜星勋章

Bureau of Investigative Journalism 新闻调查局

Cabinet Room 内阁会议室

CAFTA - DR 美国与中美洲和多米尼加共和国自由贸易协议

Chinook helicopters “支奴干” 直升机

Comprehensive National Cybersecurity Initiative/CNCI “综合国家网络安全倡议”

*Confront and Conceal*《对抗与隐藏》

Congo Basin Forest Partnership (CBFP) “刚果盆地森林伙伴计划”

Counterstrike: The Untold Story of America's Secret Campaign Against Al Qaeda《反击——美国秘密打击基地组织行动的背后故事》

*Days on Fire*《交火的日子》(彼得 · 贝克的书)

*Descent into Chaos*《陷入混乱》

Digital Freedom Initiative “数字自由倡议”

East Asia Summit (EAS) 东亚峰会

Facebook “脸书”

FISA Amendments Act《外国情报监视法修正案》

Food for Peace Program “粮食换和平计划”

Freedom Agenda “自由议程”

Gallup 盖洛普

*Game Change*《权力的游戏》

Glass - Steagall Act《格拉斯 - 斯蒂格尔法案》

*Groundhog Day*《土拨鼠之日》

*Hard Choices*《艰难抉择》

IED 简易爆炸装置

Israeli Defense Forces (IDF) 以色列国防军

Joint Regional Missile Defense 联合地区导弹防御

*Known and Unknown*《已知与未知》

Lessons in Disaster《灾难中的教训》

*Long War Journal*《长期战争杂志》

Lusitania “卢西塔尼亚号”

Maine “缅因号”

MERCOSUR 南方共同市场

Merida Initiative 梅里达倡议

Millennium Challenge Account/MCA “千年挑战账户”、

Millennium Challenge Corporation 千年挑战公司

Mother and Child Prevention Initiative 母婴传播防治计划

Munich Security Conference 慕尼黑安全会议

National Intelligence Estimate (NIE) 美国国家情报评估

National Security Act of 1947 1947 年《国家安全法》

National Strategy to Secure Cyberspace《安全网络空间国家战略》 Neptune Spear “海神之矛”

Nevirapine 奈韦拉平

*New Republic*《新共和》

Nimitz - class US aircraft carrier 美国尼米兹级航空母舰

*No Higher Honor*《无上荣耀》

NSPD－54 第54号国家安全政策指令

nuclear Non － Proliferation Treaty （NPT）《不扩散核武器条约》

Nunn－Lugar program 纳恩—卢格计划

“Obama parameters”“奥巴马参数”

Occidental College 西方学院

*On the brink*《峭壁边缘》

Operation Phantom Fury “幻影愤怒行动”

Operation Vigilant Resolve “警惕决心行动”

Pew 皮尤

Plan Colombia “哥伦比亚计划”

Predator “捕食者”

President’s Emergency Plan for AIDS Relief （PEPFAR）“总统艾滋病紧急救援计划”

“P5＋1” 联合国五常＋德国

Quadrennial Defense Review《四年防务评估报告》

*Renegade*：*The Making of a President*《叛逆者：奥巴马总统之路》

Rhodes Scholar 罗兹奖学金获得者

Saint Louis encephalitis 圣路易斯型脑炎

Salafi－jihadist “圣战派萨拉菲”

Second Chance《第二次选择》

Shangri－La Dialogue 香格里拉对话

Situation Room “战情室”

START《削减和限制进攻性战略武器条约》

Status of Forces Agreement （SOFA）《驻军地位协定》

Strategic Security Dialogue （SSD） “战略安全对话”

Stuxnet worm “震网” 蠕虫病毒

TARP “不良资产救助计划”

*Tested by Zion*《锡安的考验》

*The Audacity of Hope*《无畏的希望》

*The Best and the Brightest*《出类拔萃之辈》

The counter insurgency （COIN） strategy 反叛乱战略

*The daily show*《每日秀》

*The Dispensable Nation*：*American Foreign Policy in Retreat*《可有可无的国家：撤退中的美国外交政策》

*The Endgame*：*The Inside Story of the Struggle for Iraq*《终极游戏：伊拉克斗争的内幕》

the Global Fundto Combat HIV/AIDS, Malaria and Tuberculosis 对抗艾滋病，肺结核和疟疾的全球性基金

*The Good Fight*《好的战斗》

the Green Revolution “绿色革命”

*The Inheritance*《遗产》

*The Israel Lobby and U. S. Foreign Policy*《以色列游说集团与美国对外政策》

*The Secretary*《国务卿》

the Strategic and Economic Dialogue （S&ED） 战略与经济对话

The Tank “坦克” 会议室

TPP 跨太平洋伙伴关系协定

Twitter 推特

USA Today 今日美国

War Powers Act《战争权力法案》

West Nile 西尼罗河病毒

Yazidi 雅兹迪人

YouTube “优兔”

# 作者简介

PHOTO BY CHRISTOPHER LEAMAN

［美］戴维·罗特科普夫，“外交政策”集团首席执行官、主编，负责《外交政策》杂志、“外交政策”网站内容等，同时是卡内基国际和平基金会访问学者、加滕·罗特科普夫国际咨询公司总裁。他以评论员的身份出现在各大广播节目、有线电视节目及无线电台节目中，为全球许多份重要报刊撰写有关国际安全和国际经济的社论。他曾担任智慧之桥公司的主席兼执行总裁及基辛格联合咨询公司的总经理，并在克林顿政府时期出任负责国际贸易的商务部副部长帮办。他的代表作包括《权力组织：大公司与政府间历史悠久的博弈及前景思考》、《超级精英：看6000人如何操控60亿人的世界》和《操纵世界的手：美国国家安全委员会内幕》。

# 译者简介

孙成昊，中国现代国际关系研究院美国研究所助理研究员，主要研究美国外交，译有《操纵世界的手：美国国家安全委员会内幕》、《西方情报机构与苏联解体》等。电子邮箱：sunchenghao@cicir.ac.cn。

张蓓，中国国际问题研究院欧洲所助理研究员，主要研究英国与欧盟，译有《西方情报机构与苏联解体》等。电子邮箱：zhangbei@ciis.org.cn。

图书在版编目（CIP）数据

国家不安全：恐惧时代的美国领导地位 /（美）罗特科普夫（Rothkopf，D.）著；孙成昊，张蓓译. --北京：社会科学文献出版社，2016.8

（世界社会主义研究丛书. 参考系列）

书名原文：NATIONAL INSECURITY：AMERICAN LEADERSHIP IN AN AGE OF FEAR

ISBN 978-7-5097-8974-2

Ⅰ.①国… Ⅱ.①罗… ②孙… ③张… Ⅲ.①美国对外政策-研究 Ⅳ.①D871.20

中国版本图书馆 CIP 数据核字（2016）第 071450 号

世界社会主义研究丛书·参考系列 84

国家不安全：恐惧时代的美国领导地位

著　　者 /［美］戴维·罗特科普夫（David Rothkopf）
译　　者 / 孙成昊　张　蓓

出 版 人 / 谢寿光
项目统筹 / 祝得彬
责任编辑 / 仇　扬　杨　慧

出　　版 / 社会科学文献出版社·当代世界出版分社（010）59367004
地址：北京市北三环中路甲 29 号院华龙大厦　邮编：100029
网址：www.ssap.com.cn
发　　行 / 市场营销中心（010）59367081　59367018
印　　装 / 北京季蜂印刷有限公司

规　　格 / 开　本：787mm×1092mm　1/16
印　张：29.75　字　数：399 千字
版　　次 / 2016 年 8 月第 1 版　2016 年 8 月第 1 次印刷
书　　号 / ISBN 978-7-5097-8974-2
著作权合同登记号 / 图字 01-2015-2886 号
定　　价 / 98.00 元

本书如有印装质量问题，请与读者服务中心（010-59367028）联系